O ESTADO CONTEMPORÂNEO E A CORRUPÇÃO

HELIO SAUL MILESKI

Prefácio
Diogo de Figueiredo Moreira Neto

O ESTADO CONTEMPORÂNEO E A CORRUPÇÃO

Belo Horizonte

2015

© 2015 Editora Fórum Ltda.

É proibida a reprodução total ou parcial desta obra, por qualquer meio eletrônico, inclusive por processos xerográficos, sem autorização expressa do Editor.

Conselho Editorial

Adilson Abreu Dallari
Alécia Paolucci Nogueira Bicalho
Alexandre Coutinho Pagliarini
André Ramos Tavares
Carlos Ayres Britto
Carlos Mário da Silva Velloso
Cármen Lúcia Antunes Rocha
Cesar Augusto Guimarães Pereira
Clovis Beznos
Cristiana Fortini
Dinorá Adelaide Musetti Grotti
Diogo de Figueiredo Moreira Neto
Egon Bockmann Moreira
Emerson Gabardo
Fabrício Motta
Fernando Rossi
Flávio Henrique Unes Pereira
Floriano de Azevedo Marques Neto
Gustavo Justino de Oliveira
Inês Virgínia Prado Soares
Jorge Ulisses Jacoby Fernandes
Juarez Freitas
Luciano Ferraz
Lúcio Delfino
Marcia Carla Pereira Ribeiro
Márcio Cammarosano
Marcos Ehrhardt Jr.
Maria Sylvia Zanella Di Pietro
Ney José de Freitas
Oswaldo Othon de Pontes Saraiva Filho
Paulo Modesto
Romeu Felipe Bacellar Filho
Sérgio Guerra

Luís Cláudio Rodrigues Ferreira
Presidente e Editor

Coordenação editorial: Leonardo Eustáquio Siqueira Araújo

Av. Afonso Pena, 2770 – 16º andar – Funcionários – CEP 30130-007
Belo Horizonte – Minas Gerais – Tel.: (31) 2121.4900 / 2121.4949
www.editoraforum.com.br – editoraforum@editoraforum.com.br

M643a   Mileski, Helio Saul.
          O estado contemporâneo e a corrupção / Helio Saul Mileski – 1. ed. – Belo Horizonte: Fórum, 2015.
          423p.
          ISBN 978-85-450-0076-1

          1. Direito Constitucional. 2. Direito Administrativo. 3. Direito Financeiro. 4. Direito Econômico. 5. Direito Municipal. 6. Direito Público.
          I. Título. II. Mileski, Helio Saul.

                                                    CDD: 342
                                                    CDU: 342

Informação bibliográfica deste livro, conforme a NBR 6023:2002 da Associação Brasileira de Normas Técnicas (ABNT):

MILESKI, Helio Saul. O estado contemporâneo e a corrupção. 1. ed. Belo Horizonte: Fórum, 2015. 423p. ISBN 978-85-450-0076-1.

Sempre a eles:

A Nelci, razão e consequência de tudo.

Ao Helio Junior, Aline e Cintia, colegas irrepreensíveis e filhos exemplares.

Aos netos, meus adoráveis "sapos cancioneiros": Luana, Lucas e Gabriel.

AGRADECIMENTOS

A minha família, especialmente minha esposa Nelci e filhos, pela compreensão do meu afastamento do seu convívio no período presencial do doutorado, em que todos nós estivemos muito saudosos uns dos outros. Pelo indispensável estímulo à elaboração deste trabalho, mesmo quando isto representava um novo tipo de afastamento do convívio familiar.

Aos professores do Curso de Doutorado da Universidade de Salamanca que participam do *Programa de Doutorado Aspectos Jurídicos e Econômicos da Corrupção* pela excelência do curso ministrado.

Aos meus colegas do curso de doutorado, de diversas idades, origens e nacionalidades, cujo caldeamento de culturas e experiências de vida proporcionou-me um imenso ganho de natureza pessoal e cultural, em decorrência da alegria, jovialidade e capacidade intelectual de todos.

Ao Dr. Pedro T. Nevado-Batalla Moreno, meu Diretor de Tese e Professor Titular de Direito Administrativo na Universidade de Salamanca, jurista de nomeada, professor homenageado e respeitado no âmbito acadêmico espanhol e europeu, a quem expresso a minha eterna gratidão pela forma com que conduziu e orientou a realização deste trabalho. A grandiosidade de seu conhecimento científico não embaça a sua personalidade de homem afável, de trato simples e que demonstra consideração por todos, principalmente pelos seus alunos. Um verdadeiro Mestre.

SUMÁRIO

PREFÁCIO
Diogo de Figueiredo Moreira Neto 13

NOTA DO AUTOR 17

INTRODUÇÃO 21

CAPÍTULO I
EVOLUÇÕES E TRANSFORMAÇÕES DO ESTADO E DA
ADMINISTRAÇÃO 27

1	Evoluções atuais do Estado	30
1.1	O Estado pluralista	38
1.2	O Estado transparente e participativo	44
1.3	A nova configuração do Estado e sua projeção para o futuro	54
2	Turbulência econômica global e seus reflexos no Estado contemporâneo	65
2.1	Fatores econômicos	66
2.2	Fatores Políticos	72
2.3	Fatores relativos à prestação de contas	83
3	Administração Pública e Estado Social e Democrático de Direito	90
4	Tendências atuais da Administração Pública	104
	Interesse público	105
	Discricionariedade	109
	Ato Administrativo	112
	Contrato Administrativo	116
	Serviço Público	119
	Concessão de serviço público	123
	Direito Administrativo Econômico	125
	Processo Administrativo	127
4.1	Reforma Administrativa e Boa Administração	133
4.1.1	Ética Pública	140
4.1.2	Bom Governo e Boa Administração	149
4.1.3	O bom governo na Declaração do Milênio das Nações Unidas e no Livro Branco da Governança Europeia	159
4.2	Sociedade do Conhecimento	169
4.3	A nova Administração Pública	176
	Nova Administração Pública (NAP)/modelo 1: O impulso para a eficiência	179

Nova Administração Pública (NAP)/modelo 2: *Downsizing* e descentralização 180
Nova Administração Pública (NAP)/modelo 3: em busca da excelência 181
Nova Administração Pública (NAP)/Modelo 4: Orientação para o serviço público 182

CAPÍTULO II
A REFORMA ORÇAMENTÁRIA E FISCAL 201

1   Suporte constitucional da transparência orçamentária e fiscal 204
2   Princípios dirigidos à transparência orçamentária e fiscal 220
2.1   Princípio da definição clara de funções e responsabilidades 222
2.2   Princípio do acesso público à informação estatal 224
2.3   Princípio do acesso aos procedimentos de elaboração, execução e prestação de contas do orçamento 226
2.4   Princípio das garantias de integridade das informações fiscais 229
3   Estrutura normativa legal e o controle da responsabilidade orçamentária e fiscal 230

CAPÍTULO III
O CONTROLE DA ADMINISTRAÇÃO PÚBLICA 247

1   Aspectos de compreensão do controle e suas formas 253
1.1   Controle Institucional 263
1.2   O Ministério Público 264
1.3   O Controle Judicial 269
1.3.1 Sistema de dupla jurisdição: contencioso judicial e contencioso administrativo 271
1.3.2 Sistema de jurisdição una 272
1.3.3 O sistema de controle jurisdicional no Brasil e na Espanha 274
2   O controle financeiro e orçamentário 284
2.1   O controle interno 286
2.2   O controle externo 293
2.3   Entidades fiscalizadoras superiores na União Europeia 298
2.3.1 Modelos de Entidades Fiscalizadoras Superiores – EFS no cenário europeu 301
2.3.2 Sistema unipessoal: o controle do Reino Unido 305
2.3.3 Sistemas colegiados 308
2.3.3.1 O Tribunal de Contas e a sua função de controle na estrutura do Estado contemporâneo 309
2.3.3.2 O Tribunal de Contas como órgão inerente ao Estado Democrático de Direito. 311
2.3.3.3 O Tribunal de Contas na Espanha e no Brasil 312
       Composição e organização 316
       Função 318
       Princípios 319

	Objetivos	320
	Alcance da Fiscalização	322
	Competências constitucionais de fiscalização	322
	Resultados da fiscalização	322
3	O controle social	323
3.1	Transparência e Controle Social	323
3.2	O exercício do controle social é limitado aos aspectos políticos e culturais da sociedade	331
3.3	O controle social como um aliado do controle Institucional	338

CAPÍTULO IV
CORRUPÇÃO, ADMINISTRAÇÃO E CONTROLE 341

1	Origem, Noção e conceito de corrupção	344
1.1	Origem e noção de corrupção.	344
1.2	Corrupção como fenômeno político e econômico	351
1.3	Conceito de corrupção: corrupção pública e corrupção privada	355
2	Formas de manifestação da corrupção	362
2.1	A corrupção como problema cultural	364
2.2	A corrupção como problema político	370
2.3	A corrupção como problema econômico	375
3	Administração Pública e corrupção	379
3.1	Comércio Internacional, globalização, delinquência organizada e corrupção	381
3.2	Direito Sancionador como freio à corrupção	385
3.3	Estratégias dos países no combate à corrupção	388

CONCLUSÕES 395

REFERÊNCIAS 403

PREFÁCIO

A todo um substancial conjunto de mudanças de paradigmas – nas artes, ciências e filosofia – que rompem com a cômoda percepção do mundo lentamente desenvolvida pela Modernidade desde o Renascimento, tem-se dada a cognata designação de Pós-Modernidade para identificar a atual sociedade que emergiu das tragédias ideológicas das duas guerras mundiais do século XX e adentra, com francas e aceleradas transformações, o atual.

Por certo, têm alguma razão os que criticam essa denominação por considerá-la carente de conteúdo qualificativo; não obstante, deve-se convir que, à falta de outra designação mais significativa posta em uso, é possível e razoável empregá-la para situar com neutralidade o discurso do contemporâneo, como se tem feito com as tradicionais designações com as quais foram batizadas as precedentes épocas históricas, tais como a Antiguidade, o Renascimento e a Modernidade, que tampouco são explicativas quanto a quaisquer de suas distintas características sociológicas.

Aguarde-se, pois, que uma ampliada perspectiva de tempo venha a sedimentar um designativo que ostente maior conteúdo informativo, bastando-nos, por ora, ter bem nítida a clivagem convencional entre o moderno e o pós-moderno para efeito de definir e de compreender as importantes mutações em curso nos últimos decênios, que estão transformando o Estado e o Direito Público.

Com efeito, as transformações do Estado Moderno em Estado Pós-Moderno, em curso desde o término da Segunda Guerra Mundial, têm sido tão céleres, profundas, e, por que não dizer dramáticas, que a literatura que as estuda não esgotou a diversidade de aspectos que estão a demandar abordagens setoriais.

Neste livro, como o indica o próprio título – *O Estado contemporâneo e a corrupção* – o estudo de Hélio Saul Mileski sobre essas estonteantes mudanças foca-se em tema dos mais palpitantes da atualidade: o controle da corrupção, como *fenômeno lesivo ao interesse público*.

A linha adotada pelo autor torna-se nítida a partir das tersas premissas definidas por Odete Medauar, emérita *chef de file* do Direito Administrativo pós-moderno no Brasil, assim destacadamente citada:

"a) Administração a serviço do cidadão, significando um novo modo de relacionar-se com a sociedade; b) transparência; c) Administração eficiente; d) privatização difusa, sob dois aspectos: d1) transferência, ao setor privado, de atribuições públicas, com redução de número de órgão da Administração; d2) expansão de práticas inspiradas no direito privado, acarretando, inclusive, técnicas de gestão que priorizam os resultados, o chamado *new public management*, de origem inglesa".

Algumas observações permito-me acrescentar para ressaltar o método adotado e desenvolvido pelo autor, que, partindo do tema mais geral – o Estado – detém-se em sua evolução, passando pelos desafios introduzidos pela globalização da economia e, por isso mesmo, envolvendo a sua função administrativa e o ramo do Direito que a disciplina, neste incluídos os seus sub-ramos de estudos destacados mais recentes – o fiscal e o de controle – para concentrar-se no cerne temático, sintetizado no trinômio: corrupção, administração e controle.

Assim, a empreitada a que se dedicou Hélio Mileski, durante os laboriosos anos em que desenvolveu e culminou exitosamente os seus estudos de doutoramento na multicentenária Universidade de Salamanca, sob a orientação do respeitado Professor Doutor Pedro T. Nevado-Batalla Moreno, Titular de Direito Administrativo, nasceu como uma tese de doutorado e, por isso, nada há a estranhar o rigor metódico com que foi conduzido o exame integrado e bem fundamentando das copiosas fontes consultadas.

Realmente, destaca-se, aqui, o método, que imprime a este livro qualidades metodológicas que, em geral, são as exigidas de obras didáticas, registrando sem lacunas e sem excessos a passagem do discurso, desde seu começo, ao meio e ao fim, o que, a meu ver, recomenda-a não apenas à leitura dos operadores do Direito, em quaisquer de suas funções – magistrados e exercentes das funções essenciais à justiça – como de sociólogos, economistas, cientistas políticos, jornalistas, servidores públicos e do público, em geral, preocupado em bem conhecer esta mazela social que é a corrupção.

Realmente, trata-se de uma praga que se alastra sem fronteiras e com precário controle, como procurei caracterizar em recente artigo, um indesejável legado de nosso histórico patrimonialismo, que, ao crescer e se expandir no País, prejudica, cada vez mais gravemente, o seu desenvolvimento econômico, mas, ainda pior do que isso, o seu progresso ético-social, sem o qual nada se sustentará para estruturar o futuro da Nação.

Nesse sentido, foi oportunamente lembrada, na obra, a afirmação do Presidente do Banco Mundial, James D. Wolfensohn, em conferência realizada no Fórum Global sobre o Combate à Corrupção, realizado em fevereiro de 1999, de que sua prática nociva dificulta o desenvolvimento, na medida em que "a corrupção prejudica o crescimento econômico, onerando os pobres de forma desproporcional, e solapa a eficácia de investimentos e ajudas financeiras", por isso concluir que "as estratégias de combate à corrupção precisam ser partes integrantes de um modelo de desenvolvimento formulado para ajudar os países a erradicar a pobreza".

Nem por outra razão, a demanda, cada vez mais intensa, por uma democracia participativa revela-nos hoje, nítida e forte, uma crescente insatisfação popular, que se expressa pelas vias eletrônicas e pelo clamor das ruas, e que deve ser decodificada como um brado de alerta e uma séria cobrança, que faz o soberano das democracias, pela adoção de eficientes políticas de Estado e, complementarmente, de ações conjuntas internacionais e, transnacionais, implicitamente reprovando as costumeiras medidas retóricas e protelatórias, que anunciam apenas providências cosméticas de governo, anódinas e descompassadas com os reais problemas a serem enfrentados, para efetivamente promover as providências reclamadas.

Em suma: no âmago do excelente trabalho que nos abre à leitura Hélio Mileski – um estudioso a quem os louros de toda uma vida de êxitos não o levaram a um merecido desfrute das multifárias distrações e comodidades contemporâneas, preferindo trocá-las, o que mais raro, pela fiel companhia dos livros – encontra-se o tema desta consciência popular em desenvolvimento, que pressiona participação na governança e cobra dos governos e dos governantes não apenas a *legalidade* de suas ações – que é o mínimo a que a Modernidade havia levado o Direito Público a exigir – como, também, em acréscimo, a *legitimidade* de suas ações, que veio complementá-la, como a dádiva da Pós-Modernidade.

A propósito, a língua inglesa designa a esses novos tipos de responsabilização democrática como *accountability*, termo que ganhou difundido emprego entre nós, embora a língua portuguesa nos ofereça uma excelente distinção técnica entre a resposta ao dever governativo de *legalidade* – que é a *responsabilidade,* como a obrigação de responder pelo ilegal, da resposta ao dever governativo de *legitimidade* – que é a *responsividade,* como a obrigação de responder pelo ilegítimo, que tenho empregado desde 2001, quando publiquei um primeiro estudo da lei, que então surgia, sobre responsabilidade fiscal (v. *Considerações sobre a Lei de Responsabilidade Fiscal*. Rio de Janeiro: Renovar, julho 2001). Enfim, a *responsividade* é a arma que a sociedade pós-moderna tem a brandir contra a corrupção e os corruptos, que nos arruínam e impedem o nosso progresso. Bem-vindas, por isso, obras como esta, que com satisfação prefacio por nímia generosidade de Hélio Mileski, que apontam a direção certa para construirmos uma autêntica e forte democracia em nosso País.

Teresópolis, primavera de 2013.

Diogo de Figueiredo Moreira Neto
Doutor em Direito pela Universidade Federal do Rio de Janeiro (UFRJ). Especialização em Direito Penal Militar pela Universidade Federal do Rio de Janeiro (UFRJ). Especialização em Direito Nuclear pela Universidade do Estado do Rio de Janeiro (UERJ). Especialização em Aperfeiçoamento para a Magistratura pela Ordem dos Advogados do Brasil. Especialização em Direito Político pela Universidade Maior de San Andrés, La Paz, Bolívia. Especialização em Criminologia pela Universidad de Buenos Aires (UBA, Argentina). Graduação em Direito pela Universidade Federal do Rio de Janeiro (UFRJ). Procurador do Estado do Rio de Janeiro aposentado. Professor titular de direito administrativo da Universidade Cândido Mendes. Sócio consultor Sênior do Escritório de Advocacia Juruena e Associados.

NOTA DO AUTOR

Este livro consolida o resultado de meus estudos realizados durante o Curso de Doutorado em Direito Administrativo, realizado na Universidade de Salamanca/Espanha, consubstanciando-se na Tese Doutoral intitulada: *Transformaciones del Estado y las nuevas exigencias del control de la corrupción: transparencia fiscal, control administrativo y control social*.

A presente tese doutoral exigiu um longo e laborioso esforço para serem estruturadas as proposições atuais do Estado e da Administração Pública, no sentido de ser discutida e focada a busca de soluções para um dos principais problemas no mundo administrativo e empresarial contemporâneo: a corrupção. Embora o desgastante trabalho de manusear, ler e interpretar um extenso rol bibliográfico, envolvendo tanto aspectos da literatura jurídica clássica quanto dos atuais estudos científicos relativos à evolução do Estado e da Administração Pública, posso dizer que foi um trabalho que trouxe muita satisfação pessoal e científica, com produção de resultados magníficos, na medida em que obteve, pela avaliação da Banca Examinadora da tese doutoral, aprovação com graduação máxima: *"sobresaliente com laude"*.

Como o Curso de Doutorado deu-se no estrangeiro, outro fator relevante foi à escolha do tema, uma vez que abrangeu aspecto de grande complexidade. Essa dificuldade ocorreu porque, em primeiro lugar, não havia indicativo de ser uma boa opção a escolha de um tema ligado ao direito espanhol, posto que, além de ser estrangeiro, deveria enfrentar estudo de assunto jurídico que não dominava. De outro lado, também não poderia falar do sistema jurídico brasileiro, na medida em que este não é conhecido na Europa. Assim, a escolha teria de recair sobre um tema que possibilitasse um estudo com visão universalizada do direito público, mas também com viabilização de enfoque no direito comparado entre Espanha e Brasil. Como a tese tinha de ser escrita e apresentada em espanhol, esse foi outro grande fator de dificuldade na elaboração da tese, tendo em vista que houve a necessidade de ser realizada uma tese bilíngue – português e espanhol – felizmente, o objetivo terminou de forma satisfatória. Portanto, este livro é a versão em português da tese doutoral apresentada na Universidade de Salamanca – "Transformações do Estado e as novas exigências do controle da corrupção: transparência fiscal, controle administrativo e controle social".

Na linha da tese doutoral desenvolvida, no Capítulo I deste livro, são estudadas as evoluções e transformações do Estado, com exame dos seus antecedentes históricos, do Estado pré-constitucional e constitucional, culminando com análise sobre as evoluções atuais do Estado. Nesse aspecto, constata-se que o Estado contemporâneo, no final do século XX, sofreu profundas modificações estruturais, filosóficas, democráticas e de ação, proporcionando uma nova configuração do Estado neste início de século. Por isso, efetuou-se um indispensável estudo sobre a turbulência econômica global de 2008, cujos efeitos econômicos e políticos perduram até hoje, no sentido de serem verificados os reflexos que estão produzindo no Estado que está se consolidando para o futuro. Afinal houve uma derrocada da economia de mercado, produzindo um fortalecimento do Estado regulador?

Em sequência, no mesmo nível de estudo evolutivo do Estado, realizou-se exame das reformulações ocorridas na Administração Pública, considerando-se a reforma administrativa e o implemento da chamada boa administração. A seguir, em decorrência das modificações ocorridas na Administração Pública, busca-se a constatação das consequências de uma reforma orçamentária e fiscal acontecida, no sentido de ser analisada a nova estrutura normativa legal e o controle da responsabilidade orçamentária e fiscal.

Em complemento à tese desenvolvida, no seu último capítulo, o de número VI, passa-se ao estudo da corrupção, com abrangência relativa à sua conexão com administração e controle. Desse modo, com o objetivo de ser dada uma perfeita compreensão sobre o que seja corrupção, efetua-se um exame sobre a origem, noção e conceito de corrupção, verificando-se as suas formas de manifestação, consoante os aspectos culturais, políticos e econômicos. Por fim, estuda-se a relação Administração Pública/corrupção e quais são as estratégias dos países ao combate.

Portanto, como se vê, a tese doutoral estuda o impacto mutacional produzido pela crise de modernidade, assim como as soluções das novas formas de ser concebido o Estado e de ser administrada a coisa pública, com preocupação especial para esse fenômeno lesivo ao interesse público chamado corrupção. Mesmo considerando que o presente trabalho não possui, nem de longe, a mera pretensão de apresentar soluções definitivas para problemas tão complexos, se dele resultar um pequeno fator de motivação para novos estudos e reflexões sobre o assunto, a tese terá alcançado seu objetivo e o trabalho terá valido a pena.

INTRODUÇÃO

A escolha do título da presente tese é decorrente do trabalho que se pretende desenvolver, uma vez que possibilita a fixação de uma visão universal do Estado e da Administração Pública, com utilização do direito comparado, especialmente de Espanha e Brasil. Assim, o que se pretende é o estudo das transformações do Estado e as novas exigências do controle da corrupção: transparência fiscal, controle administrativo e controle social, para o que será levada em consideração a evolução estatal e os fatores que ocorreram para o estabelecimento do período chamado de pós-modernidade, com implementação da democracia plural e participativa na condução política do Estado e da Administração Pública. Por sua vez, a democracia participativa, por estar jungida ao princípio da transparência, resulta no objetivo de ser estabelecido um efetivo controle social, fatores que são imprescindíveis para a conscientização política de um povo e a consequente evolução de uma nação e do próprio Estado.

Essas novas perspectivas do Estado pós-moderno criam novos paradigmas de ação do Estado e da Administração Pública para o século XXI, consoante uma nova forma de ser entendido o Direito.

A esse impacto mutacional denominou-se de crise da modernidade, exigindo como solução novas formas de conceber e de gerir a coisa pública. Como bem refere Walesca Vasconcelos,[1] consoante manifestação de Norberto Lechner,[2] *"o ambiente pós-moderno nos ajuda a tornar*

---

[1] VASCONCELOS, Walesca de B. de C. Pós-modernidade e democracia participativa na Administração Pública Brasileira. *Fórum Administrativo – Direito Público – FA*, Belo Horizonte, ano 7, nº 76, p.27-32, jun. 2007.

[2] LECHNER, Norbert. *Los patios interiores de la democracia: subjetividad y política.* 2. ed. México: Fondo de Cultura Económica Carretera Pícacho-Ajusco 227, 2002. p.112-113.

relativa a centralização da política e do Estado, introduzindo uma política de sociabilidade menos rígida e um governo mais lúcido, o que conferirá aos processos de democratização sua dinâmica, mas também uma certa instabilidade".

Esse é o Estado pós-moderno que, iniciando-se no final do século XX, está se formatando para o 3º milênio, momento histórico em que está sendo buscada uma melhor legitimação para o exercício do poder, com envolvimento do pluralismo político e jurídico, da participação popular e da transparência absoluta de todos os atos praticados em nome do Estado. Por isso, diz-se que o Estado pós-moderno terá de ser um Estado eficiente, probo e transparente. Terá de ser um Estado ágil, que produza serviços públicos com eficiência para o cidadão. Deverá ser transparente, demonstrando e dando ciência de toda ação administrativa praticada, seja ela da natureza que for. Todavia, de nada adiantará ser um Estado eficiente e transparente se não for probo. A honestidade em sua ação será ponto imprescindível no Estado contemporâneo, o Estado do terceiro milênio.

Nesse contexto, a Administração Pública também está sob processo de transformação, buscando o estabelecimento de uma estrutura que compatibilize a sua ação ao novo tipo de Estado. Nesse sentido, Araña Muñoz Rodriguez[3] menciona que a modernização é atualização permanente da Administração, ocorrendo de acordo com as exigências do momento e do lugar, não sendo processo acabado, mas contínua adaptação às funções e responsabilidades que a sociedade demanda.

Na linha desse entendimento de que se deve buscar a modernização da Administração, Odete Medauar[4] refere que, entre as principais ideias de fundo das reformas, estão: *"a) Administração a serviço do cidadão, significando um novo modo de relacionar-se com a sociedade; b) transparência; c) Administração eficiente; d)privatização difusa, sob dois aspectos: d1) transferência, ao setor privado, de atribuições públicas, com redução de número de órgão da Administração; d2) expansão de práticas inspiradas no direito privado, acarretando, inclusive, técnicas de gestão que priorizam os resultados, o chamado 'new public management', de origem inglesa".*

Junto a esse novo contexto de Administração Pública, soma-se, ainda, uma nova exigência de procedimento, com produção de indubitáveis modificações na rotina administrativo-financeira do Estado, que é

---

[3] RODRIGUEZ, Araña Muñoz. Sobre las últimas reformas administrativas en España. *Rev. trim. dir. pub.*, vol.1, p.214, 2000.
[4] MEDAUAR, Odete. *O Direito Administrativo em Evolução*. 2. ed. São Paulo: Revista dos Tribunais, 2003, p. 133.

a transparência orçamentária, representando uma recente e importante contribuição à causa da boa governança.

Sendo esses os princípios regedores do novo tipo de Estado e da nova forma de agir da Administração Pública, é evidente que os sistemas de controle também terão de aprimorar a sua ação em busca de maior eficiência, no sentido de agir de forma mais rápida e efetiva na apuração dos fatos, buscando decidir de maneira mais célere os procedimentos de auditoria e de prestação de contas, para ser dada uma pronta resposta à sociedade da sua ação fiscalizadora.

Logicamente que esse controle deverá ser exercido de forma proba, sem se deixar envolver em circunstâncias contrárias ao princípio da probidade administrativa, assim como evitar que haja desperdício de dinheiro público, a sua malversação ou a prática de corrupção. Deverá ser um controle transparente, assegurando o contraditório e a ampla defesa nos atos de fiscalização, com julgamento e decisões públicas, a fim de favorecer o controle social.

Essa nova concepção de Estado e de Administração Pública, tendo em conta os princípios de eficiência, probidade e transparência, com envolvimento de um novo tipo de ação controladora, leva o Estado a uma nova postura no combate a corrupção.

A corrupção, como fenômeno social, político e principalmente econômico, possui uma longa história, embora até pouco tempo fosse quase que inteiramente desconhecida do grande público. Possivelmente, esse fato deva-se ao tipo de Estado predominante até algum tempo atrás. Nos Estados totalitários e despóticos, ou mesmo nos Estados democráticos, o cidadão não possuía acesso, ou este era extremamente reduzido, a qualquer tipo de informação sobre a ação do Estado e seus dirigentes, sem possuir, em consequência, o poder de interferir ou influir nos atos praticados pelos dirigentes estatais.

Assim, pode-se dizer que é recente a preocupação com o fenômeno corrupção, tendo em vista que o Estado moderno, essencialmente de natureza democrática, com fundamentos de Estado de Direito, em que o princípio da legalidade é de cumprimento inafastável, passou a dirigir a sua ação especificamente para o atendimento do interesse público, por isso, não permitindo que os dinheiros, bens e valores públicos sejam utilizados em proveito próprio do governante ou de terceiros.

Por decorrência do Estado Democrático de Direito, solidificaram-se os princípios de liberdade individual, com a liberdade de imprensa passando a desenvolver um papel fundamental na divulgação dos atos de corrupção praticados pelos dirigentes estatais, repercutindo de forma influenciadora sobre o cidadão, que passou a exigir uma conduta ética dos governantes, em razão dos sérios prejuízos causados pela corrupção.

Dessa forma, ao final do segundo milênio cristão, o contexto de liberdade produziu um grau de informações até então nunca experimentado. Dessa difusão de informações resultou o conhecimento de que a corrupção minava as estruturas do Estado Democrático de Direito, tendo em vista que envolve ação discrepante do interesse público e deixa a Administração Pública vergada ao peso dos interesses particulares, por isso, devendo ser um dos grandes fatores de combate no Estado do 3º milênio.

Para ser estudado esse novo tipo de Estado e Administração Pública, que irá se constituir no Estado do Século XXI, elaborou-se um Plano de Trabalho com a seguinte ordem sequencial:

Inicia-se pela introdução na qual serão referidos os objetivos do trabalho e a sua estrutura organizacional, demonstrando como serão realizadas as análises propostas. A seguir, proceder-se-á no desenvolvimento do fator de estudo que orientará todos os demais objetivos da tese, a evolução do Estado e a sua transformação no estágio pós-moderno. Nesse aspecto, analisam-se as evoluções e transformações do Estado, verificando-se os antecedentes históricos, o período pré-constitucional e constitucional, juntamente com as evoluções atuais do Estado.

No estágio pós-moderno, o estudo será concentrado no Estado Democrático de Direito, com verificação de como ele se enquadra no Estado contemporâneo e pós-industrial e como está se formatando para o Século XXI, com estudo de suas principais características – pluralismo, participação popular e transparência. Nessa linha de análise será produzido um exame dos reflexos causados pela crise econômica global de 2008, no Estado contemporâneo.

Consolidado o entendimento sobre esse novo tipo de Estado, passa-se ao estudo da Administração Pública e do Direito Administrativo, os quais deverão ter uma nova conformação no sentido de adquirir uma função adequada a nova forma orientadora da ação estatal. Assim, será procedido exame de como se moderniza a Administração Pública dentro do novo Estado Democrático de Direito.

No exame dessa nova maneira de Administrar, será analisada a forma transparente e participativa da Administração, assim como os elementos necessários à Reforma Administrativa e ao estabelecimento da Boa Administração, que possibilitam uma nova visão interpretativa de princípios administrativos. Para tanto, em sequência, serão estudados os preceitos da Ética Pública, da Sociedade do Conhecimento e do surgimento de uma nova Administração Pública, com verificação de como se dá o bom governo na Declaração do Milênio das Nações Unidas e no Livro Branco da Governança Europeia, culminando com a análise das questões que norteiam a Reforma Administrativa para um Bom Governo.

Como o mais recente fator de exigência para o estabelecimento da Boa Governança é a transparência orçamentária, tendo em vista que o seu fundamento é inspirado no conceito de *accountability*, deve ser entendida como responsabilidade no trato dos bens e dinheiros públicos, prestação de contas e controle social, por isso, diante da relevância de sua aplicação no âmbito da Boa Administração, sequencialmente à Administração Pública, passa-se a examinar os aspectos econômicos da ordenação constitucional e a seguir os quatro princípios constituidores da Transparência orçamentária. Verificados os aspectos teóricos da transparência orçamentária, no tópico seguinte examina-se a regulação legal contida na Lei de responsabilidade orçamentária e o respectivo controle legal determinado.

Como nesse novo tipo de Estado será necessária uma Administração Pública transparente e participativa, na qual estejam estruturados e atendidos os princípios da transparência orçamentária, invariavelmente, o controle a ser exercido sobre toda a atividade estatal e administrativa será preponderante para que ocorra uma ação regular dentro dos princípios do Estado Democrático de Direito.

Assim, no capítulo V da presente tese, deverá ser analisado o sistema de controle da Administração Pública, tendo em conta as formas de exercício do controle e, especialmente os: controle institucional; controle interno; controle externo; controle social; Ministério Público; e controle judicial.

Por fim, considerando que a corrupção do setor público é uma das maiores preocupações da atualidade e do Estado Democrático de Direito pós-industrial, que afeta direta e indiretamente a ação do Estado pós-moderno, deverá ser examinada a corrupção e sua relação com a Administração e o sistema de controle, levando-se em conta o conceito de corrupção; as formas de manifestação da corrupção; os aspectos jurídicos e econômicos da corrupção; a corrupção como problema cultural; a corrupção como problema político, as estratégias adotadas pelos países no combate à corrupção assim como a Reforma que deve ser efetuada e o aprimoramento dos sistemas de controle no combate à corrupção.

Encerrando a tese elaborada, no último tópico de abordagem serão apresentadas as conclusões alcançadas no estudo efetuado.

CAPÍTULO I

EVOLUÇÕES E TRANSFORMAÇÕES DO ESTADO E DA ADMINISTRAÇÃO

É indubitável que as grandes mudanças que se processaram no mundo, no decorrer dos tempos e, especialmente, no período do último século – o século XX – quando houve acontecimentos que marcaram de forma indelével a humanidade, revolucionando a economia, a política e o direito, a sociedade, embora se envolvendo em tristes e contundentes experiências como a de duas guerras mundiais, de incontáveis outros conflitos bélicos, debates ideológicos, filosóficos e sociais, soube transformar as agruras e tristezas em desenvolvimento, fazendo surgir em favor do homem progressões científicas, econômicas e sociais, com aprimoramento das organizações jurídicas, políticas e estatais, que propiciaram o surgimento de um novo modelo de Estado, configurado em direção e proteção ao cidadão, um Estado policrático,[5] o Estado Democrático de Direito.

Essa nova conformação do Estado Democrático de Direito, embora pensadores da estirpe de Ferrajoli sejam um tanto pessimista quanto ao futuro do Estado, na medida em que consideram que as orientações e tendências da atual política mundial estão indo à direção oposta[6] à construção de soluções para problemas que ainda se encontram

---

[5] MOREIRA NETO, Diogo de Figueiredo. O Parlamento e a Sociedade como Destinatários do Trabalho dos Tribunais de Contas. In: SOUZA, Alfredo José de et al. *O Novo Tribunal de Contas – Órgão Protetor dos Direitos Fundamentais*. Belo Horizonte: Fórum, 2003. p. 41. O conferencista, citando Alain Peyrefitte e Arthur F. Bentley, chama de Estado Policrático, o Estado fundado em uma sociedade pluralista, cuja expressão designa *"o todo social que comporta o convívio de grupos de indivíduos com interesses definidos e que desenvolvem uma atividade concertada para realizá-los, apontando essa riqueza da diversidade como um dos traços mais diferenciativos entre as sociedades do passado e as contemporâneas".*

[6] FERRAJOLI, Luizi. *A soberania no mundo moderno*. Tradução de Carlo Coccioli. São Paulo: Martins Fontes, 2002. p. 59.

pendentes (materialização dos direitos individuais), com possibilidades de serem praticadas em decorrência da evolução do chamado Estado pós-moderno, não resta dúvida de que ainda não foi encontrada uma forma melhor para ser alcançado o bem-estar do cidadão.

Dentro desse novo conceito de Estado, para o terceiro milênio começa ser emoldurado um Estado direcionado para três aspectos fundamentais: que seja um Estado eficiente, transparente e probo. Terá de ser um Estado ágil e que produza serviços públicos com eficiência para o cidadão. Deve ser transparente, demonstrando e dando ciência de toda ação administrativa praticada, seja ela da natureza que for. Todavia, não adianta ser um Estado eficiente e transparente se não for probo. A honestidade em sua ação será ponto imprescindível no Estado do terceiro milênio.

No entanto, para que esse Estado seja concretizado terá de haver um sistema de controle igualmente aprimorado. Um controle que acompanhe, avalie e produza correção das distorções encontradas, qual seja: um controle também eficiente, transparente e probo.

Diogo de Figueiredo Moreira Neto,[7] ressalta que o Estado, no decorrer dos tempos, apresenta aspectos evolutivos interessantes: o Estado em seus primórdios era totalitário, por isso, a sua ação não era direcionada para o interesse público, mas sim para o interesse do governante, confundindo a coisa pública com as coisas do príncipe – *"res publicae res principis"* – razão pela qual passou a ser contestada a legalidade do exercício do Poder. Com a Revolução Francesa, instalou-se o Estado Liberal e com ele o Estado de Direito, com o governante só podendo realizar aquilo que a lei autorizar; assim, o século XIX ficou conhecido como o século da legalidade.

Entretanto, a instalação do Estado de Direito não foi suficiente para produzir uma ação efetiva em favor do interesse do cidadão, principalmente porque o governante não tinha qualquer espécie de comprometimento com a população, pois não era por ela escolhido. Passou-se, então, a contestar a legitimidade do exercício do poder pelo governante, fazendo vir a nascer o Estado Democrático de Direito, um Estado no qual os cidadãos escolhem os seus governantes e os quais devem exercer o poder do Estado de acordo com a lei e em favor do interesse público; por isso, o século XX passou a ser conhecido como o século da legitimidade.

---

[7] MOREIRA NETO, Diogo de Figueiredo. *Mutações do Direito Público*. Rio de Janeiro: Renovar, 2006. p. 27.

A regularidade de ação do Estado Democrático de Direito depende de um fator que não ficou estruturado de maneira satisfatória no século XX, o sistema de controle. Embora tenha ocorrido o estabelecimento da legalidade e da legitimidade do exercício do Poder do Estado, o sistema de controle da sua ação administrativa se mostrou incipiente para evitar o desperdício de dinheiro público; de exigir das autoridades o comprometimento com políticas públicas de interesse da população; de combater os atos de corrupção, etc. Por esses motivos, possivelmente o século XXI será o século do controle.

Assim, em decorrência das várias crises do Estado que proporcionaram a sua evolução, o Estado pós-industrial, com utilização crescente da computação, da automação, dos meios eletrônicos na indústria e em todos os campos da atividade econômica, em tempos de globalização e agilização da informação pela *internet*, proporciona a formatação de um novo tipo de Estado, que busca estabelecer proteção aos direitos fundamentais do cidadão, com a Constituição fixando garantias e salvaguardas desses direitos.

Como bem ressalta Paulo Bonavides,[8] os métodos de modernização do direito constitucional abriram caminho para a implantação da teoria material da constituição, do pós-positivismo, bem como de todos os movimentos renovadores, proporcionando que a lei suprema viesse a se assentar ao redor dos direitos fundamentais, não só relacionando-os em textos formais, mas, o que é mais importante, buscando garanti-los materialmente.

Esse contexto da moderna teoria constitucional dá-se de acordo com a nova concepção do Estado Democrático de Direito, o qual, na formatação adotada pelo constitucionalismo ocidental, se estrutura com base em uma democracia pluralista. O caráter pluralista da sociedade, na visão de José Afonso da Silva, que adota o posicionamento de André Hauriou, traduz-se no pluralismo das opiniões dos cidadãos,[9] realizando-se como princípio da democracia de poder aberto e estabelecendo o liame entre a liberdade e a multiplicidade dos meios de vida.[10]

---

[8] BONAVIDES, Paulo. *Curso de Direito Constitucional.* 16. ed. atual. São Paulo: Malheiros. 2005. p. 20.
[9] SILVA, José Afonso da. *Curso de Direito Constitucional Positivo.* 24. ed. São Paulo: Malheiros, 2005. p. 143. É o que o autor expressa: "*pluralismo das opiniões entre os cidadãos, a liberdade de reunião onde as opiniões não ortodoxas podem ser publicamente sustentadas*".
[10] SILVA, José Afonso da. *Curso de Direito Constitucional Positivo.* op. cit., p. 145. Em complemento ao seu raciocínio, o autor diz: "*estabelecendo o liame entre a liberdade e a multiplicidade dos meios de vida, não apenas como uma nova maneira de afirmar a liberdade de opinião ou de crença, mas como um sistema que enraíza essa liberdade na estrutura social*".

Por sua vez, Peter Häberle refere que esse modelo de Estado está garantido por vários elementos, entre os quais há uma democracia plural e a concessão de direitos básicos também plurais.[11]

Sustentado nos princípios da democracia pluralista, o Brasil, pela Constituição de 1988, no seu preâmbulo, dimensiona essa nova concepção de Estado, mediante a seguinte afirmação: *os direitos sociais e individuais, a liberdade, a segurança, o bem-estar, o desenvolvimento, a igualdade, a justiça como valores supremos de uma sociedade fraterna (solidária), pluralista e sem preconceitos, fundada na harmonia social da Nação (integração social) e comprometida com a solução pacífica de todas as controvérsias, tanto na ordem interna como na internacional*".

Do mesmo modo, na senda do objetivo democrático pluralista, a Espanha, pela Constituição de 1978, no art. 1º do Título Preliminar, fixa as novas bases do Estado Espanhol: *"España se constituye en un Estado social y democrático de Derecho, que propugna como valores superiores de su ordenamiento jurídico la libertad, la justicia, la igualdad y el pluralismo político"*.

É com esse novo modelo de Estado pluralista, configurado em direção e proteção ao cidadão, constituído em um Estado policrático, o Estado Democrático de Direito, que está sendo produzida a remodelação da estrutura e da ação administrativa estatal pós-moderna, tendo como fundamento um novo princípio – *o princípio da transparência*.[12]

Para se ter uma compreensão adequada sobre esse novo tipo de Estado, faz-se necessário perquirir sobre os seus aspectos evolutivos, que resultaram no Estado Social e Democrático de Direito, com o modelo de Estado Regulador.

1 Evoluções atuais do Estado

A Revolução Francesa, assentada em valores de liberdade, igualdade e fraternidade, com ideias políticas e filosóficas inovadoras, produziu transformações que ainda se mantêm e foi elemento preparador

---

[11] HÄBERLE, Peter. *Pluralismo Y Constitución* – Estudios de Teoría Constitucional de la Sociedad Abierta. Tradução de Emilio Mikunda-Franco. Madrid: Tecnos, 2002. p. 257. Segundo o autor, *"este modelo de Estado queda bien garantizado a través de varios elementos, como son principalmente una democracia <<plural o pluralista>>, unos derechos básicos también <<plurales>>, ciertos elementos que indican una separación de poderes – y que incluso habría que ampliar dentro del próprio marco de lo social –, y también mediante una amplia jurisprudencia dimanante de un poder judicial independiente"*.

[12] MORÓN, Miguel Sánchez. *Derecho Administrativo-Parte General*. Madrid: Tecnos, 2005. p. 79.

ao aperfeiçoamento futuro do Estado, especialmente quanto à competência dos Poderes soberanos, com estabelecimento de limitações constitucionais ao seu exercício, assim como a formatação dos direitos fundamentais, que agora é o principal fator de todo o processo de libertação civil e social do homem e razão de ser da nova ordem jurídica e constitucional da sociedade.[13]

Portanto, pode-se dizer que há no Direito do Estado uma tarefa de adaptação contínua do Direito às necessidades da sociedade.[14] Assim, nesse estágio evolutivo do Estado, como bem resume Márcio Augusto V. Diniz, primeiramente, há uma relação com o poder, quando é demonstrado como o poder se organiza e se institucionaliza. A seguir, essa estrutura organizacional é negada pela ideia de liberdade, alcançando o seu cume com o Iluminismo, o Constitucionalismo e as Revoluções liberais do século XVIII.[15]

Essa ideia moderna de um Estado Democrático tem suas raízes na Europa do século XVIII, que culminou no Estado contemporâneo, consolidando o Estado Democrático como um ideal supremo, tanto que nenhum governo, mesmo quando totalitário, admite que não seja democrático.[16]

Dessa forma, o Estado pós-industrial, do início do século XX, buscou perpetuar a supremacia da vontade popular como valor democrático; a preservação da liberdade, no sentido de dispor de sua pessoa e seus bens, sem qualquer interferência do Estado; com igualdade de direitos, no sentido de não haver distinção no gozo de direito. O Estado de Direito passa a ter como objetivo inafastável a concretização dos direitos fundamentais por meio de uma estrutura de poder adequado e juridicamente organizado.[17]

O Estado pós-segunda guerra mundial, a partir da segunda metade do século XX, experimenta uma evolução veloz, diferenciada,

---

[13] BONAVIDES, Paulo. *Do Estado Liberal ao Estado Social.* op. cit., p. 208-209.
[14] KÄGI, Werner. *La Constitución como Ordenamiento Jurídico Fundamental del Estado* (investigaciones sobre las tendencias desarrolladas en el moderno Derecho Constitucional). Tradução de Sergio Díaz Ricci y Juan José Reyven. Madrid: Dykinson, 2005. p. 133.
[15] DINIZ, Márcio Augusto Vasconcelos. *Constituição e Hermenêutica Constitucional.* Belo Horizonte: Mandamentos, 1998 p. 89. O autor complementa seu comentário dizendo: *"Num terceiro e último estágio, através da mediatização e conservação deste dois momentos, o Estado, agora no plano do conceito, é Estado de Direito; poder e liberdade implicam-se mutuamente, o Estado tem como finalidade suprema a realização dos direitos fundamentais por intermédio de uma estrutura de poder adequada e juridicamente organizada".*
[16] DALLARI, Dalmo de Abreu. *Elementos da Teoria Geral do Estado.* op. cit., p. 40.
[17] DÍAZ, Elías. *Estado de Derecho y sociedad democrática,* op. cit, p. 29 et seq.

complexa, com surgimento de tantos matizes distintos que foram criadas diferentes teorias para justificar os vários modos de funcionamento do Estado e outras tantas para negá-las. Segundo Rosanvallon é considerar *leitura curta* situar o Estado na relação aos movimentos do capitalismo e do socialismo dos séculos XIX e XX, ou vislumbrá-lo no meio de ambos, por isso as teorias liberais e marxistas teriam fracassado na apreensão do movimento do Estado-Providência.[18]

Contudo, esse é um novo tipo de Estado que se firma como Estado de Direito, que Carl Schimtt interpreta: *"El ideal pleno del Estado Burguéz de Derecho culmina en una 'conformación judicial general' de toda la vida del Estado. Para toda especie de diferencias y litigios, sea entre las autoridades superiores del Estado, sea entre autoridades y particulares, sea, en un estado federal, sea entre la Federación y un Estado-miembro, sea entre Estados-miembros, etc., habria de haber, para esse ideal de Estado de Derecho, un procedimiento en que, sin atención a la clase de litigio y de objeto litigioso, se decidiera a la manera del procedimiento judicial".*[19]

Nessa nova visão de Estado, no segundo pós-guerra, como menciona Diogo de Figueiredo, o súdito vira cidadão e, das novas democracias emergentes, são estabelecidos quatro pilares principiológicos que marcariam a virada do século: *os direitos fundamentais, a subsidiariedade, a legitimidade e o conceito de Constituição como ordem de valores.*[20]

Conforme conceitua o mesmo autor, *os direitos fundamentais* foram a determinante para o reequilíbrio das relações entre sociedade e Estado, na política e no direito contemporâneo; *a subsidiariedade* seria o fator reorganizador das relações do Estado, entre sociedade e Estado e como referência para todas as relações internas entre organismos públicos, efetuando um processo contínuo de desmonopolização do poder; *a legitimidade,* em razão da democracia indireta não ser suficiente para a legitimação plena dos governos, para sua efetivação, evoluiu para uma democracia direta ou semidireta, com dependência de participação cidadã, aberta, assegurada e incentivada pelo Estado, como condição de sua realização; e *o conceito de Constituição como ordem de valores* redefiniu a estrutura jurídica das novas relações entre Estado e sociedade.[21]

---

[18] ROSANVALLON, Pierre. *La crise de L'État-providence.* 2. ed. Paris: Du Seuil, 1978. p. 19. *apud* MEDAUAR, Odete. *op. cit.* p. 86.
[19] SCHIMTT, Carl. *Teoria de la Constitución.* Madrid: Alianza Editorial, 2003. p. 144.
[20] MOREIRA NETO, Diogo de Figueiredo. *Mutações do Direito Público.* Rio de Janeiro: Renovar, 2006. p. 64.
[21] MOREIRA NETO, Diogo de Figueiredo. *Mutações do Direito Público. op. cit.* p. 64-67.

Como se vê, esse Estado de Direito, com estabelecimento da igualdade perante a lei, teve ainda como característica o fator democrático. Legitimou-se o exercício do poder via democracia, direcionando sua ação para os interesses do cidadão. Nesse contexto, conforme adverte Habermas, é indispensável à existência de uma representação política que atenda às necessidades do representado para que, efetivamente, ocorra legitimidade, posto que só por meio da democracia o direito pode cumprir o seu papel, sem afastar a justiça e a segurança.[22] Mas, esse Estado é de difícil enquadramento em modelos, pois do ponto de vista político é fracionado e possui fragmentação.[23]

Há também a linha doutrinária que manifesta o seguinte entendimento: o Estado do bem-estar e sua atenção para o aspecto quantitativo de bens e produtos de consumo derivam para uma nova fórmula de um *Estado pós-industrial* ou *pós-welfarismo*, na busca de atendimento dos elementos qualitativos, visando a melhorar a qualidade de vida tanto no aspecto pessoal quanto social, com a preservação do patrimônio cultural e artístico, a proteção do meio ambiente, o acesso à cultura e ao lazer.[24]

Diante dessa circunstância, há uma redefinição do papel e atuação do Estado na criação de novas categorias de relações entre este e a sociedade.[25] O Estado passa a interferir na ordem econômica, cuja situação os alemães chamaram de *economia social de mercado*, com o Estado demonstrando que assumiu o bem-estar econômico da coletividade entre os interesses públicos.[26] O Estado contemporâneo, nessa nova conformação, amplia a sua ação de política social, cuja generalidade de atendimento reduz o grau de injustiça social. Essa nova visão de Estado possibilita também produção de literatura com valores democráticos, para iniciar experiências de sistemas políticos abertos, em que são criados os chamados filtros de legitimação, entre os quais está a opinião pública, cujo fator busca estabelecer uma identificação entre o Poder do Estado com a vontade do povo.[27]

---

[22] VASCONCELOS, Waleska B. de C., op. cit. p. 29. A autora cita comentário de Marcelo Campos Gallupo realizado em *Igualdade e Diferença*: Estado democrático de Direito a partir do pensamento de Habermas. Belo Horizonte: Mandamentos, 2002.

[23] MEDAUAR, Odete. *O Direito Administrativo em Evolução*. op. cit. pág. 87-88. Por isto, Odete Medauar refere que, no âmbito da doutrina, *"fala-se em Estado estilhaçado, animado por forças centrífugas. Não mais predominaria a imagem de pirâmide, mas a de rede de poderes; não mais politicidade vertical, e sim a politicidade horizontal, com a participação no poder, dentro e fora do Estado, de massas, como democracia direta, além da representativa"*.

[24] BASSOLLS COMA, Martin. Los principios del Estado de Derecho y su aplicación a la Administración en la Constitución. *Revista de Administración Pública*, v. 3, 1978, p. 144.

[25] VASCONCELOS, Waleska B. de C. *op. cit.*, p. 31.

[26] MEDAUAR, Odete. *O Direito Administrativo em Evolução*. op. cit., p. 89.

[27] VASCONCELOS, Waleska B. de C. op. cit. p. 31.

Em consequência desses fatores, Carl Schmitt, reconhecendo a importância do povo na atuação do Estado contemporâneo, com direção para uma moderna teoria da Constituição, em primeiro lugar, menciona *"pueblo como magnitud 'no formada', no regulada en Ley constitucional"* que seriam: o povo como sujeito do Poder Constituinte; como portador da opinião pública e sujeito de aclamações; como aqueles que não governam ou não são autoridades, isso no que se relaciona com a iniciativa popular. Em segundo lugar, estabelece *"Pueblo como entidad organizada y formada por Ley Constitucional"* no sentido de que existe um procedimento legal para eleições, e a vontade do povo surge como resultado de um sistema em vigência.[28]

De outro lado, segundo Habermas, a ideia do Estado de Direito exige em contra partida uma organização do Poder Público que obriga o poder político, constituído conforme o direito, a se legitimar, por seu turno, pelo direito legitimamente instituído. Assim, em sua teorização, estrutura o Estado de Direito de acordo com princípios, possibilitando uma prática jurídico-objetiva institucionalizada de autodeterminação do cidadão.[29]

Esses são fatores que, somados a uma crise da democracia representativa (como identifica a ciência política, são vários os aspectos que demonstram existência de problemas, entre os quais: oligarquização dos partidos políticos; excessiva profissionalização da política; incapacidade dos parlamentares identificarem e resolverem problemas complexos; desprestígio da lei como instrumento normativo, etc.[30]), passam a delinear uma participação popular no exercício do Poder do Estado. O povo passa a influenciar direta e decisivamente na implantação das políticas públicas, compondo, exigindo e fiscalizando a aplicação dos direitos fundamentais e sociais.

---

[28] SCHMITT, Carl. *Teoría de la Constitución*. op. cit., p. 245.
[29] HABERMAS, Jurgen. *Direito e democracia:* entre facticidade e validade. 2. ed. Tradução de Flávio Beno Siebeneichler. Rio de Janeiro: Tempo Brasileiro, 2003, 1. v. p. 212-213. Habermas fala sobre a principiologia do Estado de Direito, na seguinte forma:*"No princípio da soberania popular, segundo o qual todo o poder do Estado vem do povo, o direito subjetivo à participação, com igualdades de chances, na formação democrática da vontade vem ao encontro da possibilidade jurídico-objetiva de uma prática institucionalizada de autodeterminação dos cidadãos. Esse princípio forma a charneira entre o sistema dos direitos e a construção de um Estado de Direito. Interpretado pela teoria do discurso (a), o princípio da soberania popular implica: (b) o princípio da ampla garantia legal do indivíduo, proporcionada através de uma justiça independente; (c) os princípios da legalidade da administração e do controle judicial e parlamentar da administração; (d) o princípio da separação do Estado e sociedade, que visa impedir que o poder social se transforme em poder administrativo, sem passar antes pelo filtro da formação comunicativa do poder".*
[30] PEREZ, Marcos Augusto. *Administração Pública Democrática*: institutos de participação popular na administração pública. Belo Horizonte: Fórum, 2004, p. 31.

Foi com o denominado constitucionalismo jovem europeu, inspirado por uma nova organização constitucional, que houve a adoção da democracia participativa, prevendo o uso da informática e o resguardo dos direitos fundamentais, como ocorre nos exemplos da Constituição Portuguesa de 1976 e da Constituição Espanhola de 1978. Posteriormente, com inspiração nos textos constitucionais Português e Espanhol, foi editada a Constituição Brasileira de 1988. Esta nova ideia de democracia, de participação direta, além da representativa, implica em melhor respeito aos direitos fundamentais, mas também por ser decorrente da crise do Estado, ainda não soluciona todos os problemas, em face do poder estar fracionado.

Dessa maneira, contemporaneamente, o desatendimento dos direitos sociais básicos gera sérias desestabilizações constitucionais, na medida em que tais direitos são motivos de controvérsia, tornando precária a obtenção de um consenso sobre o sistema, o governo e o regime.[31]

De qualquer modo, são valores do Estado contemporâneo, de fim do século XX, de pós-modernidade, que estão se consolidando para o estabelecimento de novos valores de postura político-ideológica, direcionados para um futuro baseado na democracia, na liberdade e no desenvolvimento.[32]

Em tal circunstância, na feliz expressão de Têmis Limberger, o Direito Público, em decorrência do novo tipo de Estado, está em reaproximação dos valores sociais e jurídicos, principalmente dos da ética no direito. Embora, a muito os princípios estejam no direito, agora eles passam a integrar a normatividade do direito.[33]

---

[31] BONAVIDES, Paulo. *Curso de Direito Constitucional*. op. cit. p. 380.
[32] BONAVIDES, Paulo. *Teoria Constitucional da democracia participativa:* por um direito constitucional de luta e resistência por uma nova hermenêutica por repolitização da legitimidade. 2. ed. São Paulo: Malheiros, 2003, p. 9. Nesse sentido, o autor manifesta: *"democracia participativa e Estado Social constituem, por conseguinte, axiomas que hão de permanecer invioláveis e invulneráveis, se os povos continentais da América Latina estiverem no decidido propósito de batalhar por um futuro que reside tão-somente na democracia, na liberdade, no desenvolvimento".*
[33] LIMBERGER, Têmis. Transparência administrativa e novas tecnologias: o dever de publicidade, o direito a ser informado e o princípio democrático. *Revista da Procuradoria Geral do Estado do Rio Grande do Sul*, Porto Alegre, v. 30, n. 64, jul./dez. 2006, p. 33-47. A autora emite esta sua opinião com base em lições de Ricardo Lobo Torres, Ronald Dworkin, Rudolf Smend, Peter Härbele, Garcia de Enterria e Juan Alfonso Santamaría Pastor, manifestando: *"Os princípios constitucionais fazem uma síntese de valores no ordenamento jurídico e têm como funções principais, conferir unidade ao sistema e auxiliar a atividade de interpretação, daí a importância da hermenêutica jurídica. A Constituição passa a ser um sistema aberto de princípios e regras, nos quais os princípios de igualdade, dignidade da pessoa humana, pluralismo político e probidade administrativa desempenham um papel central".*

Portanto, no Estado contemporâneo são mantidos os princípios de harmonia, coordenação e colaboração entre as diversas funções do Estado. Esta visão de teoria sistêmica propicia a abordagem de conjunto, partindo do pressuposto de que cada função estatal possui a mesma essência, apenas adquirindo aspectos particulares de atuação.[34]

Nesse caminho movediço das diversas características do Estado contemporâneo e pós-moderno, deve ser lembrada a advertência de Rodrígues-Zapata: *"si a eso se añade el declive de las idologias, como consecuencia del colapso de la comunista, el mundo de la postmodernidad ofrece un panorama en el que la economía tenderá tendencialmente a substituir a la política y en el que democracias postmodernas impulsarám mercados cada vez más abiertos, y vice-versa".*[35]

Dessa maneira, a concepção constitucional contemporânea possibilita a compreensão de haver um Estado de inovadora formatação, com proteção ao princípio da igualdade, próprio do Estado de direito, cujo exercício do poder busca legitimação em uma democracia direta ou semidireta e de representação, direcionado à realização dos direitos fundamentais do cidadão, por isso, podendo-se chamá-lo de *Estado Social do constitucionalismo democrático*, que, por suas características, está mais adequado para concretizar a universalidade dos valores abstratos das declarações dos direitos fundamentais.[36] É o que Rodríguez-Zapata chama de necessidade de *replanteamiento* da concepção tradicional do Estado, no sentido de acentuar o fator humano que o deve informar.[37]

Entretanto, esses são aspectos que estão perfeitamente definidos no sentido formal – constituição e sistema normativo – mas que ainda deixam muito a desejar no sentido material, de concretização na realidade.[38]

Esse é o grande problema do Estado contemporâneo, o descompasso entre a regra formal de exigência democrática e de participação popular, no sentido de serem atendidos os direitos fundamentais, e os resultados materiais dessa ação do Estado.

---

[34] MOREIRA, João Batista Gomes. *Direito Administrativo* (Da Rigidez Autoritária à Flexibilidade Democrática), op. cit., p. 146.
[35] RODRÍGUES-ZAPATA, Jorge. *Teoría y Prática del Derecho Constitucional*. op. cit. p. 59.
[36] BONAVIDES, Paulo. *Do Estado Liberal ao Estado Social*. op. cit. p. 18.
[37] RODRÍGUEZ-ZAPATA, Jorge. *Teoria y Practica del Derecho Constitucional*, op.cit., p. 59. Diz o autor:"*Ese factor humano aparece en el denominado 'fin ético del Estado' de la doctrina tradicional. Se manifiesta hoy en la dignidad del ser humano y en los derechos fundamentales que se afirman progresivamente en el Derecho internacional contemporáneo incluso frente al mismo Estado*".
[38] FORSTHOFF, Ernest. *Stato di diritto in trasformazione*. Milano: Giufrè, 1973. p. 53. *apud* SILVA, José Afonso da. op. cit., p. 115.

Assim, no Estado contemporâneo, pós-industrial e pós-moderno, tendo em vista uma forma fracionada do exercício do poder, com busca do respaldo popular, tornou ainda mais complexo os já complexos mecanismos de produção do direito, envolvendo a articulação das normas jurídicas, a flexibilidade do conteúdo das normas e dos meios de integração com a sociedade, caracterizando-as como pilares da pós-modernidade,[39] circunstâncias estas – pluralismo e negociação – que permitem uma nova dimensão do direito.[40]

Outro fator importante diz respeito ao da manutenção da ordem para garantir a segurança física nas grandes cidades, situação que se tornou uma demanda extraordinária para o Estado, face às várias peculiaridades que envolvem o problema.[41] A questão da ingovernabilidade é outro tema de constantes debates na doutrina, situação que está diretamente relacionada com o tamanho do Estado – maior envolvimento e estrutura do Estado, menor envolvimento e estrutura do Estado – levando Bobbio a afirmar: *"da crescente ingovernabilidade das sociedades complexas ou da debilidade crônica de que da provas o Poder Público nas sociedades econômica e politicamente mais desenvolvidas, nasce o neocontratualismo, isto é, a proposta de um novo pacto social, global e não parcial, de pacificação geral e de fundação de um novo ordenamento social".*[42]

Essa perspectiva de Bobbio parece perfeita na medida em que a informática e a internet alteram profundamente o que se entende por território, posto que as limitações geográficas do Estado ficam ultrapassadas no *ciber* espaço; a economia global e a interferência interna de efeitos externos, independentes da vontade governamental, tornam o conceito de soberania relativo; e o sistema de freios e contrapesos no exercício do Poder do Estado encontra-se alterado, tendo em vista a existência de uma ampla democratização do poder, tornando este fracionado. Tudo a indicar que há um novo ordenamento social em estruturação no Estado contemporâneo.

Essa circunstância de transformação e modernização do Estado é fator de geração de crises, posto que a diluição dos limites e contornos

---

[39] VASCONCELOS, Walesca B. de C. *op. cit.* pág. 30.
[40] DIAS, Maria Tereza Fonseca. *Direito Administrativo Pós-moderno*. Belo Horizonte: Mandamentos, 2003. p. 35. A autora manifesta: "Explicam os pontos de ruptura do direito 'pós-moderno' com o direito da modernidade: à unidade opõe-se o pluralismo; à hierarquia, a diversidade; à coação, a regulação e a emancipação; à estabilidade, a adaptabilidade".
[41] MEDAUAR, Odete. *O Direito Administrativo em Evolução*, op. cit. p. 91.
[42] BOBBIO, Norberto. *O futuro da Democracia*: uma defesa das regras do jogo. Tradução de Marco Aurélio Nogueira. Rio de Janeiro: Paz e Terra, 1986. p. 148.

dos conceitos políticos e econômicos, converteram-se em característica da hipermodernidade, gerando incertezas.[43]

O atual estágio do Estado contemporâneo e pós-moderno, de final do século XX e início do século XXI, é conturbado e impregnado de incertezas, é o chamado Estado das crises. São muitos os valores novos que se apresentam e antes de se consolidarem já há novos valores sendo introduzidos, com alguns autores chamando o Estado Social e Democrático de Direito do Estado da garantia de liberdade possível.[44]

Sendo assim, pode-se dizer que esses fenômenos, conflitos e soluções encontrados para cada tipo de situação estatal, em todas essas circunstâncias causam uma profunda interferência na ação do Estado, qual seja, na Administração Pública. Não fora isso suficiente, todo esse patamar de transformação do Estado, envolvendo a sua modernização, com atendimento dos direitos fundamentais do cidadão, deve estar consentâneo ao sistema democrático, pluralista e de participação popular. É que veremos neste título: o Estado pluralista; o Estado transparente e participativo; e a sua nova conformação para o século XXI.

1.1 O Estado pluralista

Como se pode ver da análise procedida nos tópicos anteriores, o atual Estado Democrático de Direito possui uma característica diferenciada dos demais tipos de Estado, pois, pretende, com regulação constitucional, estabelecer regras formais com aspectos de realização material de uma democracia pluralista, qual seja, constituir-se em um

---

[43] DROMI, Roberto. Modernización del Control Público. Madrid; México: Hispania Libros, 2005. p. 9. Dromi refere que: *"Los cambios y las transformaciones encadenan una variedad de oportunidades que deben ser descubiertas para conecer el nuevo espacio del hombre en los tiempos por venir. La dificultad de comprender las nuevas condiciones existenciales no se encuentra en los detalles, sino en el planteamiento mismo. El hombre se halla hoy impelido a convivir paradoxalmente en dos aldeas: la local y 'la global', es decir, debiendo apoyar un pie en cada una sin trasladarse del mismo lugar".*

[44] MUÑOZ ARNAU, Juan Andrés. *Fines del Estado y Constitución en los comienzos del Siglo XXI* – La conservación. Navarra: Aranzadi, 2005. p. 193. Nesse aspecto, o autor manifesta:" *A pesar de la existencia de estos fenómenos y otros que podrían añadirse como el arreglo privado de los conflictos, al margen de la organización judicial, y que ponen de manifesto que aun las más clásicas funciones del Estado aparecen ahora compartidas – algunos podrían mantener que incluso desarrolladas con más eficacia – el Estado es todavía hoy y probablemente en el futuro, necesario. Se ha manifestado como la forma más eficaz para el desarrollo de las sociedades nacionales. Ha logrado construir extraordinarias unidades humanas que con sus caracteres diferenciales han generado culturas diversas que enriquecen al panorama de lo humano. Además, con las limitaciones de toda obra del ombre ha llegado a ser, transforándose en Estado Social y Democrático de Derecho, la garantía de la libertad posible".*

Estado de Democracia Plural. Isso defluiu de uma corrente de pensamento político que sempre se opôs e continua a se opor à tendência de concentração e unificação do poder, própria da formação do Estado moderno. Indiscutível a existência de complexidade social e o constante aumento das necessidades pessoais e coletivas por melhores condições de vida, com participação de diversas e diferentes forças sociais no processo político, caracterizando uma participação pluralista da comunidade em atividades que eram destinadas e reservadas apenas ao âmbito estatal.[45]

Assim, no Estado da Democracia Plural, o Poder Público está obrigado a realizar uma ampla planificação, direção e proteção das necessidades públicas, buscando atingir todos os setores da sociedade, revelando-se como um Estado constitucional liberal que atua cada vez mais como um Estado social provisor.[46]

Mas o que é pluralismo? Trata-se de um conceito político novo? De um modo geral, há uma grande discussão sobre o que é pluralismo. Em uma síntese abrangente, poder-se-ia dizer que pluralismo é um conjunto de ideias segundo as quais os sistemas políticos, sociais e culturais podem ser interpretados como o resultado de uma multiplicidade de fatores ou concebidos como integrados por uma pluralidade de grupos autônomos, mas interdependentes.

Na expressão de Bobbio, *"trinta anos atrás éramos todos democratas. Hoje somos todos pluralistas"*.[47] O termo é novo, mas o conceito não, posto que se encontra em toda a história do pensamento político o fato de uma sociedade ser mais bem governada quanto mais repartido for o poder e mais numerosos os centros de poder que controlam os órgãos do poder central.[48]

---

[45] SCHNEIDER, Hans-Peter. *La Constitución. Función y estructura*. In: *Democracia y Constitución*. Tradução Angela Collado Ais e Manuela Bonanhela Mesa. Madrid: Centro de Estúdios Constitucionales, 1991. p. 35-52.
[46] SCHNEIDER, Hans-Peter. *La Constitución. Función y estructura*. In: *Democracia y Constitución*. op.cit., p. 38. O autor, nesse aspecto, comenta: *"de este modo, el Estado constitucional liberal se manifesta cada vez mais como un Estado social provisor, que planifica, realiza prestaciones y reparte, cuyas actuaciones permanentes en el desarrollo global de la comunidad no pueden ser ya entendidas como intervenciones puntuales en un ámbito de la sociedad separada del Estado. Ello conduce a una interconexión cada vez mayor entre el Estado y la Sociedad, la política y la Administración, la esfera privada y la esfera pública, en proceso pluralista de compensación general de ventajas y cargas, y incluso en ocasiones con la participación directa de los ciudadanos y grupos afectados"*.
[47] BOBBIO, Norberto. *As ideologias e o poder em crise*. 4. ed. Tradução de João Ferreira. Brasília: Ed. UnB,1999, p. 15.
[48] BOBBIO, Norberto. *As ideologias e o poder em crise*. op. cit. p. 15.

Nessa linha de pensamento, valendo-se ainda das lições de Bobbio, é de mencionar-se a seguinte conceituação de Pluralismo: *na linguagem política chama-se assim a concepção que propõe como modelo a sociedade composta de vários grupos ou centros de poder, mesmo que em conflito entre si, aos quais é atribuída a função de limitar, controlar e contrastar, até o ponto de o eliminar, o centro do poder dominante, historicamente identificado com o Estado.*[49] Logicamente que esse tipo de concepção política – pluralismo – não se confunde, por ser totalmente distinto, com a teoria da separação dos poderes.

São várias as formas de pluralismo existentes. Há o pluralismo dos antigos e o pluralismo dos modernos. O pluralismo socialista, o pluralismo cristão-social e o pluralismo democrático. Como o que importa no presente trabalho é o pluralismo democrático, a ele nos fixaremos para o estabelecimento do pluralismo do atual Estado Democrático de Direito.

François Châtelet, quando efetua uma crítica ao atual pluralismo democrático, menciona que o Poder é um lugar que deve ser ocupado. A ocupação é legal e legítima quando é resultado de uma competição livre entre forças reconhecidas como plurais, surgidas da sociedade, e que o povo representa, mas não encarna.[50]

Contudo, para uma melhor compreensão do problema, deve-se examinar as correntes teóricas que tratam da questão. Possivelmente entre as correntes da ciência política americana, a análise mais importante para a compreensão da sociedade pluralista seja a obra de Arthur F. Bentley – *The process of government (1908)* – retomada e continuada por David B. Truman – *The governmental process* (1953), em que é apresentado como conceito fundamental o conceito de grupo, entendido como um conjunto de indivíduos que desenvolvem uma atividade comum.[51]

---

[49] BOBBIO, Norberto; MATTEUCCI, Nicola; PASQUINO, Gianfranco. *Dicionário de Política*. 12. ed. Tradução de Carmen C. Varriale et al. Brasília: Ed.UnB, 1999. 2. v.pág. 928.
[50] CHÂTELET, François; DUHMEL, Olivier; PISIER-KOUCHNER, Evelyne. *História das Ideias Políticas*. op. cit. p. 174-175. Segundo Châtelet, pluralismo não é ideia nova: *"Essa ideia não é nova; ou seja, ela está contida, desde suas origens, na reivindicação democrática, e refere-se ao mesmo tempo às fontes e aos limites do poder do Estado. A necessária separação entre governo e sociedade implica a regra do 'pluralismo eleitoral', diferente e constantemente evocada em todas as literaturas políticas do Estado-gerente".*
[51] BOBBIO, Norberto; MATTEUCCI, Nicola; PASQUINO, Gianfranco. *Dicionário de Política*. op. cit., p. 931. Bobbio refere que *"o conceito de 'grupo', entendido como conjunto de indivíduos que desenvolvem uma atividade comum. Partindo do conceito de grupo, Bentley e os seus continuadores dão particular relevo, na análise da sociedade, a sociedade americana da primeira metade do século, ao fato de que os indivíduos se associam em grupos para satisfazer seus interesses (podendo, por isso,*

Embora sejam muitas as críticas contra o pluralismo, envolvendo tanto o aspecto teórico quanto o ideológico, negando a sua validade como instrumento do exercício do poder, o certo é que a ideia de pluralismo se mantém, sendo buscado elementos aperfeiçoadores de sua ação.

Considerando que a Constituição – mais que um texto jurídico – é também a forma de expressar a situação de desenvolvimento cultural de um povo, significa dizer que, no Estado Democrático de Direito, a Constituição adquire a sua identidade e individualiza a sua cultura no âmbito dessa sociedade aberta que lhe dá fundamento.[52]

Justamente por esses fatores é que Peter Häberle refere que a Constituição é a ordem jurídica fundamental do Estado e da Sociedade, que ela não se revela somente como a Constituição do Estado, mas que estrutura e compreende toda a sociedade, por isso, devendo a teoria constitucional levar em consideração toda a sociedade, todos os indivíduos e grupos de indivíduos que nela se constituem, com suas ideias, valores e interesses, assim como as suas esperanças, anseios e pretensões, em uma determinada época.[53]

Nesse contexto de avaliação, o pluralismo, tanto no aspecto teórico como na prática constitucional, adquire força e importância que defluem da alternatividade do consenso e do dissenso existente na sociedade, possibilitando que ocorra uma participação de todos.[54]

---

cada um pertencer e geralmente pertence a grupos diversos) de que os grupos assim constituídos, sobrepondo-se, permitem que os vários interesses se manifestem e se contraponham, sem acabar, no entanto, em conflitos destruidores da sociedade em seu conjunto, desde que acima dos grupos parciais exista e se mantenha um grupo universal em potência cujo interesse seja o de não permitir que se alterem as regras do jogo"

[52] HÄBERLE, Peter. *Pluralismo y Constiruición* – Estudios de Teoría Constitucional de la sociedad abierta. Estudio preliminar y tradución de Emilio Mikunda-Franco. Madrid: Tecnos, 2002, p. 88.

[53] HÄBERLE, Peter. *verfassungsinterpretation als öffentlicherProseb* – ein Plurslismuskonzept. Berlim: Duncker & Humblot, 1996. p. 122, *apud* Márcio Augusto de Vasconcelos Diniz, *op. cit.* pág.181.

[54] HÄBERLE, Peter. *verfassungsinterpretation als öffentlicherProseb* – ein Plurslismuskonzept. Berlim: Duncker & Humblot, 1996. p. 146, *apud* Márcio Augusto de Vasconcelos Diniz, *op. cit.* p. 182. O autor realiza o seguinte comentário: *"A teoria do pluralismo se converte num grande denominador comum, no qual o Estado Constitucional liberal ocidental encontra sua identidade como tipo de Estado: a teoria democrática da Constituição é, em si e por si, pluralista, num duplo sentido: sua teoria da Constituição se combina com a teoria científica e social do pluralismo e permanece como tal contrária a toda espécie de antipluralismo. Como teoria de um tipo de Constituição, abre espaço a muitas variedades de Constituições diferentes. Assim, pode-se chegar, pela comparação constitucional a estabelecer e a estimular uma competição entre os membros da família das constituições do pluralismo. Seu princípio imanente fundamental, chama-se pluralismo".*

Dessa forma, como manifesta Fioravanti, seguindo a trilha indicada por Kelsen, o pluralismo é o valor fundamental da democracia e do caráter basilar da Constituição democrática. Que a Constituição democrática é um verdadeiro e autêntico processo histórico em que uma grande quantidade de sujeitos, de forças sociais, de grupos de interesses buscam regras comuns e adequados pontos de equilíbrio.[55]

No panorama do pluralismo constitucional, tendo em conta a abertura da cooperação internacional e da integração supranacional de constituições estatais (União Europeia), Rafael Bustos inclui ainda o aparecimento de outros lugares constitucionais – ou metaconstitucionais na terminologia de Walker – definido-os como verdadeiras normas constitucionais supraestatais, como é o caso da Constituição Europeia.[56]

Portanto, modernamente, o Estado Democrático de Direito está estruturado mediante um sistema de democracia plural, em que a Constituição é a soma de dois aspectos: o de regulamentação política e jurídica, envolvendo a ação dos órgãos do Estado, com a criação de uma integração pretensamente harmônica de uma sociedade complexa pluralista e conflituosa.[57]

Sendo assim, o sentido pluralista do atual Estado Democrático de Direito é a opção por uma sociedade pluralista que respeita a pes-

---

[55] FIORAVANTI, Maurizio. *Constituición* – de la antiguedad a nuestro días. op. cit. p. 156 Fioravante, sobre o tema, menciona: *"En esta situación la constitución no es hija de un <<poder>> o de un <<sujeto>>que expresse una <<voluntad>> como el pueblo soberano de la tradición rousseauniana, sino de 'un proceso' que produce constitución en la medida en que es capa de mediar, de componer, de representar en su interior la pluralidad de las fuerzas y de los concreto intereses existentes".*

[56] GISBERT, Rafael Bustos. *La Constituón Red*: Un Estudio sobre supraestatalidad Constitución. Bilbao: Instituto Vasco de Administración Pública, 2005. p. 188-189. Diz o autor: *"La resolución de los conflictos no puede, en planteamiento pluralista puro, conferirse ninguno de los lugares constitucionales. Por tanto, esto es la paradoja, si el pluralismo constitu cional se fundamenta en el reconocimiento de la validez de otros órdenes constitucionales en el mismo ámbito de aplicación, no supone ello aceptar también las pretenciones de supremacia que cada orden ostenta para la resolución de los eventuales conflictos acerca del próprio ámbito de actuación? Ciertamente así es".*

[57] SCHNEIDER, Hans-Peter. *La Constitución. Función y estrutura.* op. cit. p. 40-43. Esta relação constitucional pluralista e antagônica é bem definida por Hans-Peter Schneider: *"en este sentido, tambien el concepto moderno de Constitución se debe orientar atendiendo a las funcione cambiantes de ésta y a su modo específico de funcionamiento en la comunidad pluralista e antagônica Se debe rechazar tanto una concepción unicamente decisionista de la Constitución, entendida como decisión global sobre el tipo y la forma de la unidad política (SCHMITT), cuanto una transcripció puramente formalista de la misma, como una ley de difícil modificabilidad (KELSEN). En conexió con Smend, Heller y Hesse, la Constitución se debe entender más bien en un sentido funcional: es el estuto jurídico fundamental para la formación de la unidad política, la asignación del poder estata y la configuración social de la vida; por conseguiente, y ante todo, un instrumento de control socia del proceso de consociación"*

soa humana e sua liberdade, embora os seus aspectos conflituosos, de interesses contraditórios e antagônicos. Por isto, tendo em conta a necessidade de composição desta complexidade de fatores divergentes, deve o poder político adotar medidas adequadas para o alcance do equilíbrio, administrar os antagonismos e afastar as divisões irredutíveis.[58]

Ao analisar o problema das relações entre *complexidade e democracia* no Estado contemporâneo, Habermas distingue a política pluralista, efetuando a seguinte abordagem: *"quizá se logre esto en el plano de la teoria de la planificación. Las discusiones sobre este último tema, habidas en los últimos diez anos, han permitido discernir una oposición entre dos tipos de política en que se expresan, al mismo tiempo, estilos de planificación: la política procesual incrementalista y pluralista, que se ciñe prevalentemente a la planificación condicional, y la política sistémica racional y comprensiva, que requiere sobre todo la planificación de programas".*[59]

Nessa linha de entendimento, saliente-se que a Constituição brasileira de 1988 (art. 3º, I), procedeu a importante regulação ao conjugar a concepção de uma *sociedade pluralista* com as de uma *sociedade livre, justa, fraterna e solidária*, buscando uma realidade humanista e de fundo igualitário, mediante a concepção política plural-liberal.

É o que também pretende a Constituição Espanhola de 1978 ao estabelecer que a Espanha se constitui em um Estado Social e Democrático de Direito, que propugna como valores superiores de seu ordenamento jurídico *la libertad, la justicia, la igualdad y el Pluralismo político* (art. 1º), porque assim é buscado o estabelecimento de uma democracia promotora de condições para que a liberdade do indivíduo e dos grupos em que se integram os indivíduos sejam reais e efetivos, removendo os obstáculos que impeçam ou dificultem sua plenitude, facilitando a participação de todos os cidadãos na vida política, econômica, cultural e social do país (art. 9º, 2).

Essa disposição constitucional espanhola estabelece uma forma de Administração com organização plural.[60] Na mesma trilha de

---

[58] SILVA, José Afonso. *Curso de Direito Constitucional Positivo. op. cit.* p. 143. Como bem anota José Afonso da silva, com assento em Georges Burdeau, *"O problema do pluralismo está precisamente em construir o equilíbrio entre as tensões múltiplas e por vezes contraditórias, em conciliar a sociabilidade e o particularismo, em administrar os antagonismos e evitar divisões irredutíveis. Aí se insere o papel do Poder Político: 'satisfazer pela edição de medidas adequadas o pluralismo social, contendo seu efeito dissolvente pela unidade de fundamento da ordem jurídica'".*
[59] HABERMAS, Jurgen. *Problemas de legitimación en el capitalismo tardío.* Tradução de José Luis Etcheverry. Madrid: Cátedra, 1999. p. 218.
[60] MORÓN, Miguel Sánchez. *Derecho Administrativo* – Parte General. 2008, *op. cit.* p. 80. Esta norma da Constituição espanhola leva Sánchez Morón a afirmar: *"La Administración a*

posicionamento está Rodrígues-Zapata, quando menciona que o poder do Estado Espanhol tem frente única – o povo, pois é o povo que constrói, juridifica e financia o Estado Social e Democrático de Direito.[61]

Então, em tal circunstância de avaliação, pode-se dizer que a doutrina do pluralismo terminou despontando e se firmando em contraposição aos regimes coletivistas, monolíticos e de poder fechado, posto que se realiza como um princípio da democracia de poder aberto.

No entanto, não se deve esquecer que em uma sociedade complexa como o Estado moderno, juntamente com o equilíbrio entre o momento da força e o momento do consenso, nos quais habitualmente se apoiam os teóricos da política, também se deve buscar o equilíbrio entre o momento da unidade e o da pluralidade.[62]

Por fim, ressalta-se que essa ideia de democracia pluralista constante do atual Estado Democrático de Direito enriquece a democracia e fortalece a garantia de realização dos direitos fundamentais do cidadão – não apenas de alguns cidadãos, mas de todos os cidadãos – que já está prometida e assegurada nas constituições de vários países, inclusive Brasil e Espanha, faltando à concretização efetiva dessas normas constitucionais. Essa será a imperiosa exigência futura dos indivíduos e a obrigação destinada para o Estado do século XXI.

1.2 O Estado transparente e participativo

O atual Estado Democrático de Direito, com o modelo de democracia pluralista estabelecido, configurado em direção e proteção ao cidadão, possibilitou o surgimento de uma sociedade com várias classes e está produzindo a remodelação da estrutura e da ação administrativa estatal moderna, tendo como fundamento um novo princípio – *o princípio da transparência*.[63]

---

que se refiere la Constitución es una organización plural. Este pluralismo administrativo es, ante todo, una consequência de la pluralidad de níveles de gobierno que la Constitución reconoce (art.97 y Titulo vIII), ya que cada Gobierno – el estatal, los autonómicos, los locales – dirige su propia Administración, distinta de las demás".

[61] RODRÍGUES-ZAPATA, Korge. *Teoria y Práctica del Derecho Constitucional*. op. cit. p.122. por isso, comenta o autor: *"el Estado no es solo democrático en su estrutura formal, sino en los aspectos esenciales de elecciones libres, pluralismo de partidos políticos y libertad de los medios de información".*

[62] BOBBIO, Norberto. *As Ideologias e o Poder em Crise*. op. cit. p. 32.

[63] SÁINZ MORENO, Fernando. *Secreto y transparencia*. In: ____ (dir). Estúdios para la Reforma de la Administração Pública. Reimpressão. Madrid: Instituto Nacional de Administração Pública, 2005, p. 168.

Embora possam ter efeitos distintos, publicidade e transparência possuem a mesma natureza, por isso, de uma maneira em geral, os doutrinadores realizam uma avaliação evolutiva do instituto da publicidade para a transparência.

Publicidade, na definição de Hely Lopes Meirelles, é a divulgação oficial do ato (lei, atos e contratos administrativos) para conhecimento público e início de seus efeitos externos, constituindo-se em requisito de eficácia e moralidade pública, cuja obrigatoriedade de publicação deriva do fato da Administração ser pública;[64] ou como diz Fernando Garrido Falla: *las disposiciones y actos administrativos, de acuerdo con su carácter normativo, general o concreto, pueden ser fuente de derecho objetivo o creadores de situaciones jurídicas individuales. En cualquier caso, se comprende la necesidad de que sean comunicados y dados a conocer a la colectividad o a las personas particularmente interesadas en sus efectos. Crear el Derecho 'secretamente' carecería de sentido.*[65]

Transparência é, por sua vez, como fator decorrente da democracia pluralista e princípio indispensável ao exercício da democracia participativa, o dever do Poder Público de dar conhecimento completo, absoluto, de todos os atos que pratica. É o aclaramento da atividade pública, em todos os sentidos e atividades, convertendo-se no oposto ao sigilo da Administração. Assim, transparência é dever público, não opção de procedimento. Como adverte Miguel Sánchez Morón, Administração em democracia significa Administração transparente.[66]

Nesse contexto, pode-se dizer que a transparência envolve fatores de duas ordens: a) o direito de informação do cidadão; e b) o dever do Poder Público de dar conhecimento sobre quem é responsável pela Administração, como pratica os seus atos e quais atos pratica. É uma transferência de conhecimento sobre a Administração.[67]

---

[64] MEIRELLES, Hely Lopes. *Direito Administrativo Brasileiro*. op. cit. p. 81-82. O autor menciona que *"El princípio de transparência administrativa exige, también, racionalidad, claridad, certeza en la relación de la Administração con los ciudadanos"*.

[65] FALLA, Fernando Garrido. *Tratado de Dercho Administrativo*. Parte General. 14. ed. Madrid: Tecnos, 2005. 1. v. p. 680.

[66] MORÓN, Miguel Sánchez. *Derecho Administrativo* – Parte General. 2008. op. cit., p. 79. Esta é a posição de MORÓN:*"Administración en democracia significa Administración 'transparente'. Sin embargo, la transparencia administrativa es una conquista reciente e incompleta, pues em otros tiempos y en regímenes no democráticos el secreto y la reserva eran reglas de comportamiento de la burocracia pública e instrumento de su poder. Todavia ese lastre histórico mantiene en la prática su influencia. Pero hoy en día las Constituciones o la legislación general de los Estado democráticos (también de la Unión Europea) proclaman el principio de transparencia".*

[67] SÁINZ MORENO, Fernando. *Secreto y transparencia*. In:_____(dir.). *Estúdios para la Reforma de la Administração Pública*, op. cit., pág. 167. Sobre o tema diz o autor: *"La transparência no*

Assim, considerando que o Estado liberal evoluiu para um Estado Social e Democrático de Direito, em que os direitos fundamentais do cidadão possuem proteção constitucional expressa, o direito a informação tornou-se um direito fundamental de primeira geração, firmando-se como um pacto vinculativo entre Estado e cidadão.

É justamente por isso que Canotilho e Vital Moreira dizem que o cidadão tem o direito *de informar, de se informar* e *de ser informado*, especificando e retratando como pode ser entendido um dos componentes do moderno princípio da transparência.[68]

A par do direito à informação, o outro componente da transparência é o dever da Administração de dar conhecimento absoluto de todos os atos que pratica, resultando no direito do cidadão de ter conhecimento amplo de como atua a Administração. Essa obrigatoriedade de procedimento envolve uma questão ética da Administração, consolidando-se em fator de moralidade pública que fortalece e estimula o exercício da democracia participativa, alcançando a ação de todos os funcionários públicos.[69]

Portanto, a transparência é princípio informador que dá sustentabilidade à democracia participativa. Primeiro porque, sendo transparente, o Poder Público deixa o cidadão perfeitamente inteirado de todos os atos que pratica, possibilitando uma capacitação para aprender, compreender, discutir, influenciar, participar e fiscalizar a atuação da Administração Pública. Segundo porque, estando bem informado sobre

---

se logra sólo sometiendo a la Administración a una posición pasiva de responder a las peticiones de información de los ciudadanos, sino que exige de ésta una posición activa de imagen, información y conocimiento".

[68] CANOTILHO, J. J. Gomes. VITAL, Moreira. *Constituição da República Portuguesa Anotada*. 1. ed.. São Paulo: Revista dos Tribunais, 2007, p. 573. Este é o entendimento dos autores: "IV. O *direito de informação* (n° 1, 2ª parte) integra três níveis: o direito <<de informar>>, o direito <<de se informar>>, e o direito << de ser informado>>. O primeiro consiste, desde logo, na liberdade de transmitir ou comunicar informações a outrem, de as difundir sem impedimentos; mas pode também revestir de uma forma positiva, enquanto direito a **informar**, ou seja, direitos a meios para informar. O direito de se **informar** consiste, designadamente, na liberdade de recolha de informação, de procura de fontes de informação, isto é, no direito de não ser impedido de se informar, embora sejam admissíveis algumas restrições à recolha de informações armazenadas em certos arquivos (ex: arquivos secretos dos serviços de informação). Finalmente, o direito a ser **informado** é a versão positiva do direito de se informar, consistindo num direito a ser adequadamente e verdadeiramente informado, desde logo, pelos meios de comunicação (cf. arts 38° e 39°) e pelos poderes públicos (art. 48°-2) (...)".

[69] DROMI, Roberto. *Modernización del Control Público.*, op. cit., p. 117. Nesse aspecto, DROMI refere: *"La transparencia administrativa debe encontrar-se en todo el accionar de los funcionarios públicos, sea de gestión o de control. La preocupación por la diafanidad y la ética en la Administración Pública, y por el uso justo y honesto del dinero público es una exigencia moral objetiva del funcionamiento del Estado que viene de antigua data".*

a atuação da Administração Pública, tendo conhecimento de quem faz e o que faz, o cidadão se torna capacitado a observar os processos de aplicação das políticas públicas, podendo interferir diretamente em favor de suas necessidades e do interesse público, qual seja: exercer diretamente o seu direito democrático de cidadão, por isso a publicidade é um fator chave na democracia.[70] Em outras palavras, é o que afirma Sáinz Moreno: *todo el poder público, no solo la Administración, está sometido en un Estado social y democrático de Derecho a un processo constante de recionalización y transparência, desencadenado por la própria dinâmica del principio democrático.*[71]

Dessa forma, consoante a estrutura do atual Estado Social e Democrático de Direito, que deve possuir ação transparente e democracia participativa, os países têm estabelecido regras sobre a matéria, como é o caso da Constituição Espanhola (art. 93.3 e art.105. b), mais os arts. 35. a, 54 e 86 LRJPAC, que asseguram direitos de acesso e de informações sobre ações da Administração na Espanha. Por sua vez, o *LIBRO BLANCO SOBRE LA GOBERNANZA EUROPEA*, com o objetivo de *profundizar en la democracia de la Unión Europea,* busca aumentar a qualidade do exercício dos poderes a nível europeu, em particular, a responsabilidade, a legibilidade, *a transparência,* a coerência, a eficiência e a eficácia. Do mesmo modo, foi procedido na legislação Comunitária, mediante o regramento posto no art. 41 da Carta de Direitos Fundamentais da União Europeia e no art. II-41 da Constituição Europeia.

Agora, recentemente, em 13 de dezembro de 2007, os dirigentes da União Europeia assinaram o Tratado de Lisboa, pondo fim a vários anos de negociações sobre questões institucionais, alterando os tratados da União Europeia e da Comunidade Europeia, no sentido de realizar *uma Europa mais democrática e transparente,* com mais oportunidades para que os cidadãos façam ouvir a sua voz e uma definição mais clara de quem faz o que aos níveis europeu e nacional.[72]

---

[70] DROMI, Roberto. *Modernización del Control Público. op. cit.,* p. 118. Diz o autor:*"la Publicidad de los actos de gobierno – sean de gestión o de control – es un factor clave en la democracia".*
[71] MORENO, Fernando Sáinz. *Secreto y transparencia.* In:____. (dir.). *Estúdios para la Reforma de la Administração Pública. op. cit., p.* 166.
[72] MORÓN, Miguel Sánchez. *Derecho Administrativo – Parte General. op. cit.* p. 82. Nesse sentido, o autor comenta: *"El ciudadano tiene, pues, derecho a conecer tanto las deciciones que la Administración prepara y que puedam afectarle como los documentos e informaciones que obran en poder de la Administración y que sean de su interés y, por último, los motivos o razones por los que la Administración ha acordado alguna medida".*

No Brasil, são vários os institutos constitucionais e legais que asseguram o direito à informação e, por decorrência, à transparência. O mais importante é o regramento contido no art. 5º, XXXIII, da Constituição de 1988, estabelecendo que *todos têm o direito a receber dos órgãos públicos informações de seu interesse particular, ou de interesse coletivo ou geral*, consolidando, assim, um Estado vinculado, à similitude do art. 268, nº 2, da Constituição Portuguesa, ao princípio da administração aberta, em oposição ao segredo administrativo, com fixação da transparência como regra. Ainda na linha dessa postura de Estado transparente e participativo, a Lei Complementar nº 101, de 04.05.2000, no seu art. 48, estabeleceu de forma compulsória o exercício da *Transparência da Gestão Fiscal*, que deve ser assegurada mediante ampla divulgação, inclusive por meios eletrônicos de acesso público, dos planos, orçamentos e leis de diretrizes orçamentárias, com incentivo à participação popular e realização de audiências públicas, durante os processos de elaboração e de discussão dos planos, lei de diretrizes orçamentárias e orçamentos.

Assim, o atual Estado Social e Democrático de Direito, mediante uma democracia pluralista, está reformatando a estrutura e a ação administrativa estatal contemporânea, tendo como fundamento *o princípio da transparência,* no sentido de favorecer o exercício da *democracia participativa.*

Dessa forma, em sequência, passa-se ao exame da *democracia participativa,* a fim de complementar a visão de um Estado transparente e participativo. Para compreensão da *democracia participativa,* faz-se necessário verificar alguns aspectos de natureza democrática, no sentido de bem dimensionar o que significa democracia participativa no atual Estado social e Democrático de Direito.

Sendo democracia o governo do povo, significa dizer que cada um do povo (eleitorado) participa nas decisões político-governamentais do Estado, levando, inicialmente, ao entendimento de uma classificação de democracia direta e indireta. Direta quando o povo elege os governantes; indireta quando o povo elege indiretamente os governantes, por interpostas pessoas. Contudo, na democracia contemporânea, esse tipo de classificação restou superada, pois o grau de participação pessoal e direta de cada cidadão, tornou-se maior e mais relevante que a forma de investidura dos governantes. Nessa circunstância de avaliação, conforme adverte Paulo Napoleão, a democracia contemporânea classifica-se em: delegativa, representativa e participativa.[73]

---

[73] SILVA, Paulo Napoleão Nogueira da. *Curso de Direito Constitucional. op. cit.* p. 67. As definições são as seguintes: "*a) 'delegativa', aquela em que os cidadãos delegam aos seus*

Na democracia representativa, a escolha pelo povo de seus governantes permitiu, reconheceu e preservou as liberdades públicas; direitos fundamentais; o princípio da separação dos poderes; submissão do governo à lei; e legitimação do governo mediante a realização de eleições periódicas. No entanto, toda essa perspectiva de atuação democrática do Estado e sua aplicação prática foi extremamente conflituosa, tendo em conta os interesses de ascensão do proletariado e a postura de permanência do *status* de parte da burguesia, que tinha ascendido à categoria de classe dominante.

Embora todas essas vicissitudes no desenvolvimento do processo democrático, mesmo com todos os conflitos sociais que surgiram, o princípio democrático consolidou-se e a democracia prevaleceu, com a democracia representativa fortalecendo-se e atingindo o seu ápice no final do século XIX e início do século XX.[74]

Contudo, mesmo em face dos vários acontecimentos havidos no decorrer do século XX, envolvendo a ocorrência de duas guerras mundiais, o surgimento do nazismo, do fascismo e do stalinismo, mais a contradição entre intervencionismo econômico-social e liberalismo político-jurídico, o sistema representativo se manteve junto à ordem democrática do pós-guerra,[75] e começaram a ser diagnosticados vários problemas envolvendo a democracia representativa (entre os vários problemas podem ser referidos: excessiva profissionalização da política; incapacidade dos parlamentares para identificar e resolver os complexos problemas inerentes à atuação estatal no domínio social e econômico; falta de educação política dos eleitores; dificuldade de contenção do

---

representantes as tarefas do Estado e de governo, 'sem qualquer instrumento ou intenção de fiscalização e de controle sobre a sua atuação; ou, somente com instrumentos formais de fiscalização e controle, sem qualquer intenção e possibilidade de utilização efetiva'; b) 'representativa', na qual os cidadãos escolhem os seus representantes para as tarefas de Estado e Governo, para atuarem segundo parâmetros preestabelecidos, em maior ou menor medida sujeitos a fiscalização e controles efetivos quanto à sua fidelidade àqueles parâmetros; e c) 'participativa', na qual, além de escolherem seus representantes para as tarefas do governo no dia a dia, os eleitores participam direta e pessoalmente das 'grandes e gerais decisões' político-governamentais". O autor ainda adverte complementarmente: *"As duas primeiras, delegativa e representativa, são 'indiretas. A última, participativa, é direta. Isto, note-se bem, 'independentemente do processo de escolha ou investidura dos ocupantes dos principais cargos do Estado e do governo'".*

[74] PEREZ, Marcus Augusto. *A Administração Pública Democrática.* op. cit. p. 28-29. O autor conclui o seu pensamento dizendo que: *"A ampliação da democracia representativa conduziria a uma profunda mudança no perfil do Estado. Ela impulsionou o exercício das liberdades públicas e, sob pressão dos eleitores, foram consagrados os direitos sociais, direitos fundamentais de segunda geração. A partir de então, o Estado passou a ingerir em todo o tecido social, regulando relações de toda a natureza";* SCHMITT, Carl, *"Teoria de la Constitución",* op. cit. p. 260-265.

[75] PEREZ, Marcos Augusto. *A Administração Pública Democrática.* op. cit. p. 30.

abuso econômico nas eleições; personalização excessiva do processo eleitoral; etc...),[76] que começou a perder credibilidade junto à população.

Por isso, passaram a serem buscados novos caminhos no sentido de ser produzida uma realidade mais concreta de democracia, mas sem inviabilizar os mecanismos de representatividade conhecidos. Não foram ainda encontradas as soluções definitivas para tais problemas, mas os caminhos estão direcionados para a implantação da *democracia participativa* ou como preferem alguns da *democracia semidireta*.

Portanto, de imediato, é de ser salientado que a democracia participativa atual não tem nada a ver com a participação popular antiga (ex: democracia ateniense, dos Cantões Suíços, da Comuna de Paris, do anarquismo e do socialismo utópico),[77] na medida em que a sua concepção é recentíssima, buscando resolver os problemas da democracia representativa. Por isso, a participação popular exigida pela democracia participativa tornou-se fator indispensável à concretização democrática pós-moderna.

A nova ideia de participação gera uma nova forma de funcionamento da soberania do povo. Como bem explicita Tomás Font i Llovet, a participação serve ao objetivo do Estado sair da crise da legitimação do poder baseado unicamente na representação parlamentar e dar um novo conteúdo à funcionalidade da soberania popular.[78]

Dentro desse novo contexto, a democracia participativa ou democracia semidireta envolve uma expressão ampla, como designativo de uma forma democrática que admite uma maior participação dos cidadãos nas tomadas de decisões político-governamentais, que tradicionalmente são outorgadas pela democracia representativa. Pode-se qualificar a democracia participativa como um modelo político que

---

[76] FERREIRA FILHO, Manoel Gonçalves. A Revisão da Doutrina Democrática. *Cadernos de Direito Constitucional e Ciência Política*. São Paulo, nº 1, 1992, p. 1937, *apud* Marcos Augusto Perez, *op. cit.* pág.30.

[77] DALLARI, Dalmo de Abreu. *Elementos da Teoria Geral do Estado. op. cit.* pág. 152-153; PEREZ, Marcos Augusto. *A Administração Pública Democrática. op. cit.* p. 32.

[78] FONT i LLOVET, Tomás. Algunas Funciones de la idea de participación. *Revista Española de Derecho Administrativo*, n. 45, jan./mar. 1985, p. 45-53. Com fulcro na Constituição espanhola, o autor ainda destaca em seus comentários que *"El actual texto constitucional no es ajeno a esta perspectiva, que adopta ya desde el proprio título preliminar, al imponer a los poderes públicos el deber positivo de facilitar la participación de los ciudadanos en todos los aspectos de la vida política, económica, cultural y social. Princípio de participación que adquire, por su ubicación, un valor estructurante de todo el ordenamiento jurídico-constitucional proprio del Estado social y democrático de Derecho. La propria Constitución viene luego a concretar, a lo largo de su articulado, algunas manifestaciones singulares de la ideología participativa, que llegan a cubrir los distintos ámbitos de expresión del poder y del ejercicio de las actividades privadas".*

facilita e produz oportunidade aos cidadãos para associarem-se e organizarem-se de maneira que possam exercer uma influência direta nas decisões públicas de governo.[79] Justamente por isso, Sáinz Moreno menciona que *El derecho de todo ciudadano a estar informado (art. 20 CE), y especialmente a estar informado sobre la actividad de los poderes públicos, es un presupuesto ineludible para participar <<en la vida política, econômica, cultural y social>> (art.9.2 CE) y para poder participar en los asuntos públicos (art.23.1 CE)"*.[80]

Por sua vez, Cármen Lúcia, Ministra do Supremo Tribunal Federal brasileiro, buscando firmar a importância da participação do cidadão no atual Estado Democrático de Direito, refere que o Estado descobriu não poder mais exercer seus objetivos sozinho, sem a participação do cidadão.[81] É o que Diogo de Figueiredo chamou de democracia substantiva, pois agora não basta apenas a escolha pelo voto formal, há que haver uma participação do cidadão para a escolha das políticas públicas.[82]

Todavia, essa participação do cidadão não brota espontaneamente perante o Estado. Trata-se de um princípio democrático que tem de estar regulado, no sentido do aspecto formal possibilitar a concretização material da participação popular. Essa regulação, por envolver o

---

[79] SILVA, José Afonso da. *Curso de Direito Constitucional Positivo*. op. cit. p. 141. Este é o pensamento do autor: *"O princípio participativo caracteriza-se pela participação direta e pessoal da cidadania na formação dos atos de governo"*

[80] SÁINZ MORENO, Fernando. *Secreto y transparência*. In:____. (dir.). *Estúdios para la Reforma de la Administração Pública*. op. cit. pág.172.

[81] ROCHA, Cármen Lúcia Antunes. *República e Federação no Brasil* – Traços constitucionais da organização política brasileira. Belo Horizonte: Del Rey, 1996. p. 125. *"note-se, afinal, que a cidadania hoje concebida não tem a sua justificação apenas na sensibilidade política do próprio cidadão, na sua demanda de maior participação, mas também no pleito do próprio Estado. Este descobriu-se incapaz de, sozinho, sem o cidadão, exercer as suas funções de maneira efetiva e eficaz de modo a guardar legitimidade em todas as suas ações"*. A autora também produz os seguintes comentários sobre o tema: *"Descobriu o Estado que, para fazer face às demandas, para resistir às pressões dos grupos econômicos poderosíssimos, para fazer transparentes os motivos verdadeiros de suas ações, para mostrar a todos os cidadãos os reais interesses dos diferentes grupos da própria sociedade, era imprescindível contar com a presença de todos os membros da sociedade política. Os governantes e os administradores públicos tomaram ciência de sua indefectível capacidade de resolver todos os problemas postos e havidos na sociedade sem a participação dela mesma. Os papéis nos quais se inscrevem as leis não bastaram, como se viu pelos séculos afora, para garantir a legitimidade das ações de poder, nem mesmo a legitimidade do próprio poder. A cidadania transpôs-se à condição de elemento de legitimidade e também de eficácia do poder político. Mas também se tornou fonte de deveres políticos para os indivíduos que vivem na sociedade"*.

[82] MOREIRA NETO, Diogo de Figueiredo. *Mutações do Direito Público*. op. Cit. p. 58. O autor assim posicionou-se: *"assim, não mais bastando o 'consenso na escolha de pessoas' pelo voto formal, trata-se de buscar um 'consenso mais amplo sobre a escolha de políticas públicas' através de outras formas institucionais que possam disciplinar com fidelidade e segurança o processo de formação da vontade participativa"*.

exercício do poder do Estado e a legitimação do poder governamental, só pode se dar por meio de norma constitucional.[83]

Tendo em conta esses fatores, Josep Vallès, ao examinar a democracia nas *poliarquías contemporáneas*, ressaltou *la capacidad de los ciudadanos para influir directamente sobre el contenido de las decisiones políticas, de tal manera que exista correspondencia entre las acciones del gobierno y las aspiraciones de quienes resultan afectados por las mismas*.[84]

Atendendo a esse tipo de exigência formal, a partir da década de 70 do século XX, os países passaram, em suas Constituições, a realizar a estruturação do Estado, consoante o princípio da democracia participativa – como foi o caso da Espanha, por meio da Constituição de 1978 e o do Brasil, com a Constituição de 1988 – no sentido de objetivar a superação das deficiências do modelo político representativo.

Dessa forma, na regulação do direito de participação do cidadão, a Constituição espanhola de 1978, no seu artigo 9.2, ordenou a todos os poderes públicos *facilitar la participación de todos los ciudadanos en la vida política, económica, cultural y social*. Portanto, na Espanha, houve o reconhecimento do Estado à participação do cidadão, individualmente ou de forma organizada, nas decisões político-governamentais.[85]

No Brasil, pela Constituição de 1988, as primeiras regras sobre a democracia participativa foram relativas à democracia semidireta, combinando os institutos de participação direta com institutos de participação indireta,[86] mediante as seguintes possibilidades: a) *iniciativa popular* (art. 14, III, CF), instrumento que permite o povo apresentar projetos de lei ao legislativo, subscrito por, no mínimo, 1% do eleitorado

---

[83] BONAVIDES, Paulo. *Teoria do Estado*. op. cit. p. 52. Nesse sentido, BONAVIDES explicita: *"Com a democracia participativa a soberania passa do Estado para a Constituição, porque a Constituição é o poder vivo do povo, o poder que ele não alienou em nenhuma assembleia ou órgão de representação, o poder que faz as leis, toma as decisões fundamentais e exercita uma vontade que é a sua, e não de outrem, porque vontade soberana não se delega senão na forma decadente da intermediação representativa dos corpos que legislam, segundo ponderava Rousseau, com absoluta carência de legitimidade em presença de vulto e significado e importância da matéria sujeita".*

[84] VALLÉS, Josep M., *Ciencia Política* – una introducción. *op.cit.*, p. 112.

[85] MORÓN, Miguel Sánchez. *Derecho Administrativo* – Parte General. 2008. op. cit. p. 80. Sobre esta situação, diz o autor: *"Por lo que atañe a la Administración, esa directriz constitucional se traduce en el reconocimiento a favor de los ciudadanos y de las entidades sociales en que se organizan de intervenir en la adopción de las decisiones administrativas que afecten a sus intereses, individuales o coletivos. En consecuencia, el artículo 105.a) dispone que la ley regule <<la audiencia de los ciudadanos, directamente, o a través de las organizaciones y asociaciones reconocidas por la ley, en el procedimiento de elaboración de las disposiciones administrativas que les afecten>>. El artículo 105.c), por su parte, ordena también que la ley debe garantizar, cuando proceda, la audiencia de los interesados en el procedimiento de adopción de los actos administrativos".*

[86] SILVA, José Afonso da. *Curso de Direito Constitucional Positivo*. op. cit. p. 141.

nacional (cerca de 800.000 eleitores); b) *referendo popular* (art.14, II, CF), meio pelo qual projetos de lei aprovados pelo Legislativo tenham de ser referendados pelo povo; c) *plebiscito* (art.14, I, CF) consulta popular que objetiva uma decisão prévia sobre determinado assunto político ou institucional, antes de ser encaminhada ao Legislativo; d) ação popular (art.5º, LXXIII, CF), instrumento jurídico que possibilita qualquer cidadão anular ato lesivo ao patrimônio público, à moralidade administrativa, ao meio ambiente e ao patrimônio histórico e cultural.

Há, ainda, vários dispositivos constitucionais regulando a participação do cidadão em decisões político-governamentais como: art. 29, X, CF – instituto de participação popular nos Municípios; art. 187, CF – participação popular na atividade administrativa de planejamento da política agrícola; art.198, III, CF – participação da comunidade na organização das políticas, ações e serviços públicos de saúde; art. 204, II, CF – os serviços públicos de assistência social devem ser organizados e executados com a participação popular; etc.

No entanto, dispositivo de regramento geral sobre a democracia participativa, envolvendo a participação popular na Administração Pública é mais recente e foi editada mediante emenda à Constituição de 1988 – Emenda Constitucional nº 19, de 05.06.1998 – que produziu a Reforma Administrativa brasileira e acrescentou o §3º ao seu art. 37, determinando que a lei disciplinará as formas de participação do usuário na administração pública direta e indireta, regulando especialmente:

I – as reclamações relativas à prestação dos serviços públicos em geral, asseguradas a manutenção de serviço de atendimento ao usuário e a avaliação periódica, externa e interna da qualidade dos serviços;

II – o acesso dos usuários a registros administrativos e a informações sobre atos de governo, observado o disposto no art. 5º, X e XXXIII;

III – a disciplina da representação contra o exercício negligente ou abusivo de cargo, emprego ou função na administração.

Desse modo, embora seja recente e ainda não se reflita como uma solução definitiva aos problemas apresentados pela democracia representativa, o Estado Social e Democrático de Direito do final do século XX, reafirmando a importância de manutenção do sistema democrático para o exercício do poder governamental, optou por estruturar politicamente o Estado de acordo com o princípio da transparência, com vista à implantação da democracia participativa ou semidireta, face o incremento positivo da participação popular.

Por essa razão, e tendo em conta que a participação popular pode se concretizar por vários meios democráticos, em razão da crise de legitimidade por que passam as instituições representativas, o momento atual tem sido de estímulo e promoção ao desenvolvimento da democracia participativa, com busca de ampliação da base de Poder, na medida em que se trata de uma nova visão política que necessita de consolidação de seus ideários e de uma efetiva concretização da participação dos cidadãos nas decisões político-governamentais.

Neste início de Século XXI, depois de tantas idas e vindas, como se viu, reafirmou-se o sistema democrático de governo. O Estado Social e Democrático de Direito confirmou-se como um Estado plural, que, formalmente, garante a liberdade, afirma e protege os direitos fundamentais do cidadão, assegura a realização de uma ordem econômica e social justa, tudo dentro do princípio da igualdade perante a lei e estrutura de acordo com uma nova concepção política de poder, adotando o princípio da transparência, com participação popular.

Resta, de outra parte, no decorrer do século XXI, haver a aplicação, de forma real e concreta, desses novos desígnios do Estado Social e Democrático de Direito, no sentido de serem resolvidos os conflitos políticos, econômicos e sociais que estiveram presentes no final do século XX, com estabelecimento de uma sociedade mais justa e solidária, na qual seja possível a erradicação da pobreza e da marginalização, com redução das desigualdades sociais.

1.3 A nova configuração do Estado e sua projeção para o futuro

Conforme se pode constatar no desenvolvimento deste capítulo, o Estado retrata uma fantástica forma de organização política, que terminou sendo adotada no mundo inteiro. *El Estado – como forma de organizarse políticamente – es un invento europeo. Nació – como se há dicho – en algunas sociedades del norte y occidente del pequeño continente. En los cinco siglos siguientes a su aparición – desde finales del siglo XV hasta mediados del siglo XX –, la forma estatal se fue extendiendo por todo el planeta como modelo dominante.*[87] Portanto, trata-se de uma criação produzida em determinadas circunstâncias históricas e culturais que se amolda a situações

---

[87] VALLÈS, Josep M. *Ciencia Política* – Una Introducción. op. cit., p. 129.

completamente diferentes das originais,[88] tanto que, na atualidade, praticamente todas as formas de sociedade estão organizadas sob a estrutura política de Estado.

Dessa forma, o Estado, criado, inicialmente, para estabelecimento da política como um âmbito diferenciado do parentesco familiar, da relação econômica, da crença religiosa e outras formas de interação social, com estabelecimento da capacidade de mandar e determinar obediência, reivindicando para si a exclusividade da coação, produzindo todas as normas de cumprimento obrigatório e com capacidade de resolver os conflitos num território claramente fixado, passou, no decorrer do tempo, em razão das novas realidades do mundo e das necessidades políticas, econômicas e sociais das pessoas, a viver um processo de evolução ebulitivo e grandioso,[89] culminando com a formatação do atual Estado Democrático de Direito ou Estado Social e Democrático de Direito.

Assim, invariavelmente, conforme já foi salientado anteriormente, por esse processo de evolução experimentado, a realidade política do Estado Liberal mostrou-se completamente diferente do Estado antigo, da mesma forma que o Estado Democrático de Direito ou Estado Social e Democrático de Direito é totalmente diferente da que vigorava no Estado liberal e mesmo no Estado Social *stricto sensu*. No Estado liberal havia o distanciamento e a oposição entre o Estado e a sociedade, enquanto o autoritarismo exacerbado do Estado social violava a liberdade e os direitos individuais.[90] No Estado Social e Democrático de Direito, houve o estabelecimento de um Estado plural, transparente e participativo, evoluindo para um processo de crescente aproximação e coordenação democrática dos dois polos, no sentido de serem juntadas as forças do Estado e da sociedade para, mediante esforços comuns, serem superadas as desigualdades sociais, econômicas e políticas, para o estabelecimento de um regime de democracia participativa que realize a justiça social, com garantias formais e materiais do princípio da igualdade, consoante a garantia de realização dos direitos fundamentais da cidadania.[91]

No entanto, no final do século XX, como ocorre em todo processo evolutivo, estabeleceu-se um novo conflito, um desconcerto muito

---

[88] *Idem*, p. 130.
[89] SILVA, José Afonso da. *Curso de Direito Constitucional Positivo*. op. cit. p.112-120.
[90] BONAVIDES, Paulo. *Do Estado Liberal ao Estado Social*. op. cit., p. 198-200.
[91] SILVA, José Afonso da. *Curso de Direito Constitucional Positivo*. op. cit., p. 120.

grande sobre a atuação do Estado Social e Democrático de Direito, sob o argumento de que o Estado estava em crise, pois não teria conseguido funcionar a partir de um sistema liberal clássico, nem teria alcançado soluções para os problemas sociais daquele momento histórico da humanidade.

Outros, consoante os fatores da pós-modernidade, referiram a existência do Estado das crises – o Estado estaria em permanente crise em razão dos problemas econômicos globalizados, a liberalização dos mercados e o processo de globalização. As modernas tecnologias haviam dado lugar a novas e complexas formas de inter-relação entre o setor público e o econômico, favorecendo o desenvolvimento da corrupção e da malversação do dinheiro público, propiciando novas formas de delito como o tráfico de influências, a lavagem de dinheiro, formando vínculo com outras formas de delinquência como os delitos fiscais; o tráfico de armas; o tráfico de pessoas, a delinquência econômica organizada e o tráfico de entorpecentes, ao que são somadas as questões de natureza política influenciadoras do sentimento de segurança dos cidadãos, o terrorismo político[92] – fatores que passaram a influenciar decisivamente a atuação do Estado.

Realmente, esses são aspectos decorrentes das mutações sociais, políticas, jurídicas e culturais que criam uma nova situação para a sociedade pós-moderna ou pós-hipermoderna. São fatores decorrentes da globalização, do desenvolvimento tecnológico e dos ágeis fluxos de informação, produtores de um esforço de modernização da Administração, influenciando drasticamente a atuação do Estado, no tocante à aplicação das políticas públicas.[93]

Nesse contexto, e tendo em vista as várias formas assumidas pelo Estado para dar conta de suas novas obrigações decorrentes da evolução do mundo, Odete Medauar realiza uma precisa avaliação sobre os termos encontrados na recente literatura do direito público, na tentativa de haver apenas uma designação para retratar a feição do Estado contemporâneo: a) *Estado regulador e Estado controlador* – retiram serviços públicos de vários setores, transferindo-os à atividade privada, mas

---

[92] ALFARO, Luis H. Contreras. *Corrupción y Principio de Oportunidad Penal*. Salamanca: Ratio Legis Libreria Jurídica, 2005. p. 7.

[93] RIUS, Pilar Jiménez. *El Control de los Fondos Públicos*. Navarra: Thomson-CIVITAS, 2007. p. 38. A autora refere que: *"Los fenómenos de la globalización y de la descentralización administrativa unidos al desarrollo tecnológico y a los ágiles flujos de información están creando una sociedad global, diferente, moderna y dinámica que ya empieza a exigir del sector público, una apreciable intensidad y de un esfuerzo de modernización".*

fixando regras, fiscalizando o seu cumprimento e aplicando sanções; b) *Estado subsidiário* – está assentado na controvérsia da chamada subsidiariedade horizontal, em face do neoliberalismo e do relevo atribuído ao mercado, com uma linha de pensamento que defende a primazia da sociedade e o caráter residual da atuação do Estado; c) *Estado propulsivo e Estado animador* – e o escultor, animador e promotor da sociedade, agindo pela adoção de políticas públicas e dos programas de ação para orientação da sociedade; d) *Estado reflexivo e Estado catalisador* – busca a negociação, o consenso, a autorregulação dirigida, a regulação, efetuando uma associação com os sistemas dirigidos; e) *Estado incitador* – busca influir em vez de impor, com utilização da persuasão, da informação, da difusão de conhecimentos, dos acordos e das recomendações, mas sem abrir mão das sanções; f) *Estado mediador e Estado negociador* – utilizam a coordenação, inclusive a negociação, atuado em todos os aspectos da regulação econômica, social e jurídica; g) *Estado cooperativo* – é o que trabalha mediante sistema de colaboração, socorrendo-se das parcerias público-privadas para a execução das tarefas públicas; h) *Estado-rede* – a sua organização deixa de ser hierarquizada e uniforme, passando a ter uma estrutura de rede e geometricamente variável de acordo com o tipo de atuação.[94]

De qualquer modo, como se vê das denominações acima referidas, o Estado contemporâneo é individualmente cada uma delas e também a forma conjunta de todas elas, não possibilitando um entendimento único como definição do Estado atual.

Essa situação do Estado contemporâneo demonstra o nível de grandiosidade e complexidade que envolve o atual Estado Social e Democrático de Direito. O processo político que foi desenvolvido demonstra a existência de uma dupla face do Estado, uma relativa ao aspecto interno e outra às influências externas.[95]

Em sua vertente interna, como explica Vallès,[96] o Estado parece haver-se feito demasiado grande e demasiado complexo, com as demandas sociais limitando a sua capacidade de resolução dos problemas; a

---

[94] MEDAUAR, Odete. *O Direito Administrativo em Evolução. op. cit.* p. 98-99.
[95] VALLÈS, Josep M. *Ciencia Política* – Una Introducción. *op. cit.* p. 132. Diz o autor: *"La cara interna del Estado há revelado una determinada forma de organizar la prática política – sus actores, sus procesos, sus interaciones – con objetos de asegurar la subsistencia y la integración de la propia comunidade. Por su parte, la cara externa hace del estado una pieza de un sistema político global: en este espacio exterior, cada comunidad organizada en estado pretende defender su identidad y su integridad contra agresiones o intromisiones exteriores de carácter económico, militar, cultural, etc."*.
[96] VALLÈS, Josep M. *Ciencia Política* – Una Introducción. *op. cit.* p. 132-133.

centralização do poder político estatal que, em determinado momento, foi uma vantagem eficaz, agora se transforma em desvantagem; de outra parte, nos últimos 50 anos, o Estado cresceu tanto em complexidade – mais instituições, mais serviços, mais agências, etc. – que se tornou difícil coordenar todos esses novos componentes; e, finalmente, em razão disso tudo, o cidadão exige mais participação direta nas decisões político-governamentais, com implantação da democracia participativa, criando uma diferenciação institucional no exercício do poder.

Por sua vez, em sua vertente externa, pelas mudanças ocorridas, o Estado parece agora menor, a concentração do poder estatal no âmbito do seu território já não é tão importante e decisiva, a tecnologia do transporte e da comunicação reduziu drasticamente as distâncias, intensificando todo o tipo de intercâmbio,[97] valendo unicamente as estratégias financeiras, militares ou culturais de alcance global. O reconhecimento formal como Estado não é suficiente para intervir nesse cenário globalizado, tendo em vista fatores que escapam a sua interferência, *el Estado se convierte en uno mas de los actores políticos planetarios y pierde protagonismo*.[98] Agora, como ainda adverte Vallès,[99] há uma nova constelação de atores políticos em escala global, entre os quais podem ser citados:

    - as organizações interestatais as que os Estados – de comum acordo ou a força – cedem competências: a União Europeia, a ONU, o Fundo Monetário Internacional, a Organização Mundial do Comércio, a OTAM, etc.;

    - as grandes empresas transnacionais, cuja crescente concentração lhes permite tratar frente a frente aos governos estatais e organismos internacionais: na área das finanças, da energia, das comunicações, da produção farmacêutica, etc.;

---

[97] VALLÈS, Josep M. *Ciencia Política* – Una Introducción. op. cit. p. 133. Por isso, menciona o autor que: *"Como resultado de esta evolución acelerada, las desigualdades entre grupos y personas y los conflictos generados por estas desigualdades se pantean hoy abiertamente a escala planetaria"*.

[98] *Idem*, p. 134.

[99] VALLÈS, Josep. M. *Ciencia Política* – Una Introducción. op. cit. p. 134. Como exemplo dessas novas condições de relação de poder no plano internacional, o autor cita um "ranking" de empresas e Estados, demonstração do fator de importância dessas empresas: *"En un ranking de 1994 que incluye estados ordenados – según la magnitud de su PNB – y empresas – según el volumen de sus ingresos anuales –, doce impresas privadas se sitúan entre los primeros cincuenta puestos, superando en potencial económico a más de cien estados <<independientes>>. En esta dimensión, por ejemplo, una empresa como General Motors aventaja a estados como Dinamarca, Indonesai, Turquia, Noruega, Irán, Finlandia, Portugal, Grecia o Israel. La creciente fusión de grandes empresas en los últimos años há incrementado más todavía la ventaja comparativa de las grandes corporaciones – en el sector financiero, de la energía o de las comunicaciones – sobre la mayoría de los estados"*.

- as chamadas organizações não governamentais, que desenvolvem sua atuação além das fronteiras estatais em variedade de âmbitos e conflitos: Anistia Internacional, Greenpace, Médicos sem Fronteiras, etc.;
- as chamadas "redes invisíveis" que mesclam negócio e crime organizado a escala mundial: tráfico de armas, narcotráfico, paraísos fiscais, etc.;
- determinados atores privados que assumem papéis até há pouco reservado a autoridades públicas: escritórios jurídicos que arbitram em conflitos legais entre particulares ou entre Estados e particulares, sociedades ou agências que avaliam a solvência financeira dos próprios Estados e de outras instituições públicas.

Dessa forma, torna-se inconteste que o Estado do final do século XX passou a ter um ingrediente de influência chamado *globalização*, vindo a gerar efeitos provocadores de contrariedade no mundo inteiro, na medida em que produziu, de acordo com a literatura de direito público, consequências nem sempre aceita por todos, como: a globalização reduziu o espaço e a importância do político; a globalização força o mercado na substituição da democracia; a posição do Estado integra-se com os mercados; e o Estado do bem-estar fica engessado pela estrutura da máquina econômica.[100]

Analisando a coesão interna entre Estado de Direito e democracia, Habermas trata da relação entre autonomia privada e pública, possibilitando um claro entendimento sobre a política de mercado, referindo que o paradigma jurídico liberal conta com uma sociedade econômica que se institucionaliza por meio do direito privado.[101]

A par da globalização, a partir dos anos 80, incentivado por instituições financeiras americanas, surgiu o *neoliberalismo,* como um modo de designar ideias em favor da economia de mercado, com o objetivo de disciplinar a situação macroeconômica, a economia de mercado e a abertura comercial internacional. Inicialmente foi adotado pelos governos dos Estados Unidos e Inglaterra, expandindo-se para a

---

[100] MEDAUAR, Odete. *O Direito Administrativo em Evolução.* op. cit. p. 96.
[101] HABERMAS, Jurgen. *A inclusão do outro* – estudos de teoria política. op. cit., p. 302. HABERMAS se posiciona do seguinte modo: "*O paradigma jurídico liberal conta com uma sociedade econômica que se institucionaliza por meio do direito privado – especialmente por via de direitos à propriedade e liberdades de contratação – e que se coloca à mercê da ação espontânea de mecanismos de mercado. Essa 'sociedade de direito privado' é feita sob medida em relação à autonomia dos sujeitos de direito, que, no papel de integrantes do mercado, procuram realizar de forma mais ou menos racional os próprios projetos de vida*".

Europa e países em desenvolvimento, com estímulo de organizações internacionais – FMI, BIRD e Banco Mundial.[102]

Outro fator de influência no Estado atual é o relativo à *privatização*, que tem acarretado calorosos debates sobre a chamada crise do Estado. A privatização pode ser compreendida em sentido amplo, como um fator de redução no tamanho do Estado e sua ingerência em diversos aspectos da sociedade, como: venda de estatais; quebra de monopólios públicos; forte utilização das concessões e permissões de serviço público; aumento das parcerias público-privadas; abrandamento das formas de intervenção na economia; estímulo à autorregulação; e maior incentivo à atuação particular na órbita social (terceiro setor).[103]

Por esses fatores todos, não resta dúvida de que o Estado do fim do século XX e início do século XXI, na expressão de Cassese, em sua obra *La crisi dello Stato*, encontra-se em transformação, buscando o estabelecimento de novos paradigmas, com recomposição e redimencionamento na sua forma de atuação.[104] Por esses motivos, pode-se afirmar que está a surgir um Estado modificado.

Daí surge à indagação: como será o Estado do século XXI em sua forma recomposta e redimensionada? Alguns são extremamente pessimistas e dizem que, embora arriscada uma opinião, é de ser afirmado o surgimento de muitos perigos e insatisfações para a sociedade do século XXI. É o caso de Serrano, quando manifesta: *El aumento de la población dejara sentir sus efectos en los países en desarrollo con graves consecuencias internas para los mismos y para el conflicto latente con los países industrializados. Desde un punto de vista social, la sociedad de masa se compondrá de una extensa clase media, consumista y manipulable por los medios de comunicación, a pesar del incremento que se espera en la educación. (...) La reducción numérica del núcleo familiar y la laicización de la sociedad serán elementos fundamentales para entender el próximo siglo.(...) La crisis en la convivencia social debida al aumento de población y la falta de una ética personal y ciudadana conducirá a una sociedad que podemos de calificar de violenta.(...) Políticamente, la concentración de poder en el Estado, una creciente nuclearización del poder social en los grupos financieros e industriales y uma globalización de medios de comunicación y de mercados, generarán problemas difícilmente manejables para la justicia en relación con la igualdad y libertad de los ciudadanos. El orden publico, el orden que resulta de una*

---

[102] MEDAUAR, Odete. *O Direito Administrativo em Evolução*. op. cit. p. 97.
[103] *Idem*, p. 97.
[104] CASSESE, Sabino. *La crisi dello Stato*. Roma:Bari, 2002. *apud* MEDAUAR, Odete. *op. cit.* p. 97.

justicia que asigna derechos y deberes será perturbado por el aumento global de la conflictividad. Estos son, quizá, los grandes retos para los políticos del siglo XXI.[105]

Outros oferecem visões futuristas, manifestando posição de continuidade de alguns aspectos conhecidos como o fato do mercado privar o Estado de seus símbolos de soberania: primeiro será a moeda, depois a cidadania. A tecnologia imporá a privatização da saúde e da educação. Segundo Jacques Attali, *En numerosos países de entre los más desarrollados e hipermodernos, el Estado, arrastrado por la revolución tecnológica y la globalización de los mercados, será casi inmaterial, virtual. En otros, con un nivel de desarrollo no tan avanzado, adoptará una nueva estrutura y se hará más fuerte. En los países más recientes y más pobres no podrá consolidarse más que el amparo de un imperio protector.*[106]

A regulação social e a governança democrática da mundialização é situação que também terá enfrentamento, em face de recomposição nas relações de atores políticos, grupos intermediários e Ongs. Segundo Ali Kazancigil, quando manifesta ideias sobre o *governance* da globalização, diz que, embora a democracia esteja territorialmente alicerçada e os cidadãos expressem a sua vontade dentro desse limite territorial, deverá ser estabelecida uma forma de ser realizada política em nível global e do regime regulatório, e que o *governance* global deverá incorporar o sistema da política democrática, no sentido de que esta venha a funcionar em favor da população mundial e não apenas daqueles que podem aproveitar os recursos dos mercados capitalistas.[107]

De outra parte, há também manifestações de que o novo século (XXI) possui duas tendências que animam e reorienta a Administração Pública, entendida esta como estrutura e processo administrativo das decisões de governo, como exercício profissional e disciplina acadêmica. A primeira estaria direcionada para reivindicar, recuperar e reconstruir a natureza pública da Administração. A segunda buscaria recuperar, reativar e reconstruir a capacidade administrativa da Administração Pública.[108]

---

[105] SERRANO, José Luis Esteve. *Una Aproximación a la Política*. Madrid: El Arcón, 2005, p. 145-146.
[106] ATTALI, Jacques. *Dicionario del Siglo XXI*. Tradución de Godofredo Gonzáles. Barcelona: Paidós Ibérica, 1999, p. 126.
[107] KAZANCIGIL, Ali. *A regulação social e a governança democrática da mundialização*. In: MILANI, Carlos; SPLINÍS, Carlos Arturi Germán (Orgs.). *Democracia e Governança Mundial – Que regulações para o século XXI*. Porto Alegre: Ed. UFRGS; UNESCO, 2002. p. 47-62.
[108] VILLANUEVA, Luis F. Aguilar. *Gobernanza y Gestión Pública*. México: FCE, 2006. p. 40-41. Conforme VILLANUEVA "*En parte, las dos tendencias, la pública y la gerencial, corresponden*

Logicamente que todas essas questões, fixadas em uma visão de futuro, consideram a manutenção e o aprimoramento do sistema democrático vital para o novo tipo de Estado, uma vez que as inter-relações sociais, a aproximação do Poder Público e a sociedade, e a valorização da ação da cidadania tornou-se ponto relevante, assim, como adverte Dalmo Dallari, *dotando-se o Estado de uma organização flexível, que assegure a permanente supremacia da vontade popular, buscando-se a preservação da igualdade de possibilidades, com liberdade, a democracia deixa de ser um ideal utópico para se converter na expressão concreta de uma ordem social justa.*[109]

Nesse sentido, recentemente, aconteceram dois episódios importantes com vista à modernização do Estado contemporâneo.

Um ocorreu na França. Foi elaborado um Comitê de especialistas independentes, presidido pelo economista Jaques Attali, que foi uma espécie de eminência parda da época *Meditterrand*, no sentido de serem realizadas propostas para reativação da terceira economia da Europa. O Comitê produziu um diagnóstico bastante liberal do Estado no mundo e na França, com sustentabilidade no sistema democrático, buscando um caminho de mudanças, com estabelecimento dos modos de implantar as Reformas pretendidas, que deverão integrar um **projeto de lei de modernização da economia.** Ao todo são **316 propostas,** cujo texto inicia com a seguinte advertência: todas são críticas para o êxito do conjunto. Constituem um plano global, não político, que deverá ser aplicado no curso das próximas legislaturas, com base no gasto público estabilizado. Deverão ser acompanhadas por decisões sobre a repartição dos frutos do crescimento, incumbindo a cada maioria política a definição segundo suas prioridades.

Portanto, trata-se de um meio, uma forma, do Estado contemporâneo, tendo em conta a realidade francesa, mediante uma democracia pluralista, de maneira transparente e participativa, estabelecer condições de realizar materialmente as necessidades do cidadão, consoante os seus direitos fundamentais.

---

a las respuestas que en las dos décadas pasadas dieron los gobiernos y las sociedades, por convicción o por fuerza, al problema de cómo enfrentar y superar la crisis política y económica de los Estados sociales, sean asistenciales, de bienestar, socialdemócrata o, como en nuestro medio, Estados sociales desarrolladores, de formato 'burocrático-autoritario'. Por outra parte corresponden al modo de dar respuesta a los nuevos retos y riesgos que al Estado y a sus gobiernos plantean tanto la configuración más autónoma, diferenciada y abierta de las sociedades contemporáneas como la transformación acelerada de la economía del mundo, con sus extraordinarias oportunidades y sus ominosos riesgos. Cada tendencia representa una respuesta a las inconformidades con el pasado gubernamental y administrativo, al que cuestionan y critican, y cada una brota de las preocupaciones sobre el futuro social, tratando de anteciparlo y moldearlo".

[109] DALLARI, Dalmo de Abreu. Elementos de Teoria Geral do Estado. op. cit. p. 306-307.

Outro episódio relevante consiste na prática de um ato importante e recente envolvendo diretrizes para a ação do Estado no século XXI e, por ser muito recente, ainda não devidamente avaliado pelos estudiosos do direito público – trata-se *do Tratado de Lisboa,* assinado pelos Chefes de Estado e de Governo dos 27 Estados Membros da União Europeia em 13.12.2007 – que consolida uma posição firme em favor da democracia, buscando o incremento de uma Europa mais democrática e transparente, com participação popular, pois, a partir de agora os cidadãos dos Estados Membros poderão solicitar diretamente (com pelo menos um milhão de cidadãos) a apresentação de novas propostas políticas. Desse modo, o Tratado de Lisboa direciona a Europa rumo ao século XXI e *dotará a União Europeia de instituições modernas e de métodos de trabalho eficientes que lhe permitirão dar uma resposta efetiva aos desafios atuais. Num mundo em rápida mutação, os europeus contam com a União Europeia para tratar de questões como a globalização, as alterações climáticas, a segurança e a energia. O Tratado de Lisboa irá reforçar a democracia na União Europeia e melhorar a sua capacidade de defender os interesses dos seus cidadãos no dia a dia".*[110]

Mais do que um indicativo, os 27 países que compõem a União Europeia estabelecem regras e manifestam o seu comprometimento para a consolidação de um Estado Social e Democrático de Direito, plural, transparente e participativo, que, por meio de uma organização interestatal – União Europeia – também sejam encontradas soluções para os problemas e crises do Estado atual, e seja o realizador de ações produtoras de bem estar social.

De qualquer modo, sem se ter aqui a menor pretensão de estabelecer o futuro do Estado ou querer fazer especulação futurológica, o que se buscou examinar foram os aspectos de evolução do Estado, com a finalidade de identificar as principais tendências dessa evolução e quais as suas repercussões num futuro próximo para o Estado, pois, como adverte Sonthimer, *entre a especulação irresponsável, influenciada por interesse pessoal, do ideólogo ou charlatão, e as expectativas irracionais de uma exata predição científica, há uma esfera de ação que permite uma indagação responsável sobre o futuro".*[111]

---

[110] Disponível em: <http://europa.eu/lisbon_treaty/index_pt.htm>.Neste site são apresentados textos de informação e avaliação do Tratado de Lisboa.
[111] SONTHEIMER, Kurt. *Prediction as the Ain and Problem of Modern Social Science, Law and State.* v. 1, 1970, p. 50, *apud* DALLARI, Dalmo de Abreu. *O futuro do Estado.* 2. ed. São Paulo: Saraiva, 2007. p. 190-191.

Assim, dentro desse contexto, pode-se dizer que são identificados três grupos de teorias que preconizam a alteração da quantidade de Estados, a saber: a) as teorias que afirmam que haverá um Estado mundial; b) as que sustentam que todos os Estados irão desaparecer; e c) aquelas para as quais haverá no mundo um pequeno número de super Estados. Um quarto grupo é o dos que não se referem ao número de Estados, afirmando que irá ocorrer uma transformação na qualidade dos Estados existentes.[112]

Contudo, embora todas as tentativas teóricas realizadas pela influência que o Estado causa na vida de todas as pessoas e povos, desde os seus primórdios até os atuais dias do mundo contemporâneo, independentemente das peculiaridades modificadoras e aperfeiçoadoras de sua ação, o Estado deverá permanecer existindo, a não ser que se modifique a natureza humana. Como inexistem sinais de que isso possa ocorrer, a conclusão é de que não existe perspectiva do desaparecimento do Estado.[113] Acontece que o Estado Social e Democrático de Direito assumiu novas formas de relação entre a sociedade e o Estado-organização, passando a compartilhar funções que antes foram consideradas como definidoras da posição daquele na gama de grupos sociais,[114] com adoção de uma reformatação de acordo com a necessidade dos novos tempos.

Dessa forma, tudo está a indicar que os países continuarão a formar instituições interestatais com interesses mútuos, mas permanecendo, de forma individual ou coletiva, não só na busca da manutenção, mas, sobretudo, pelo fortalecimento do Estado Social e Democrático de Direito no século XXI, na sua concepção pluralista, transparente e participativa, no entanto, com uma reformatação e um redimensionamento da sua estrutura organizacional e funcional no exercício do poder, no sentido de serem alcançadas as soluções para

---

[112] DALLARI, Dalmo de Abreu. *O futuro do Estado*. 2. ed. São Paulo: Saraiva, 2007. pág. 11. Nesse aspecto, o autor comenta: *"Um quarto grupo é o dos que não se referem ao número de Estados, afirmando que irá ocorrer uma transformação na qualidade dos Estados existentes. Segundo os adeptos dessa teoria, todos os Estados caminharão para uma espécie de 'convergência', sob influência de fatores determinantes que atingirão dimensão mundial, impondo a padronização de organização e comportamentos, chegando-se a uma situação em que não haverá conflitos porque todos terão condições semelhantes. Para que não se faça confusão, é bom deixar claro que se enquadra nessa hipótese a pretensa 'globalização', mero artifício que foi usado pelos grandes grupos econômicos e financeiros no final do século XX para simular uma nova tendência e tentar escancarar as fronteiras para os seus negócios"*.

[113] *Idem*, p. 192.

[114] MUÑOZ ARNAU, Juan Andrés. *Fines del Estado y Constitución en los comienzos del Siglo XXI- La conservación*. op. cit. p.191.

os emblemáticos problemas do final do século XX, com materialização das necessidades do cidadão, consoante os objetivos de realização das ideias de liberdade, igualdade e justiça social. Como se vê, o Estado vai se adaptando às circunstâncias influenciadoras que vão acontecendo no decurso da vida.[115]

O grande exemplo disso são as circunstâncias que possibilitaram a eclosão da chamada crise financeira mundial de 2008, que está afetando diretamente o Estado, com produção de reflexos diretos sobre todos os cidadãos e países do mundo.

Por isso, tendo em conta que, mesmo tratando-se de questão econômica, a nova realidade mundial interfere diretamente na ação do Estado, posto que obscurece a economia de mercado e exige a intervenção do Estado na economia. Essa nova situação põe em cheque a visão neocapitalista do Estado, indicando a necessidade de um exame mais detalhado sobre os seus problemas e os possíveis resultados para o futuro do Estado. Tendo em vista o grau de importância desse fato, passamos a examinar a turbulência econômica mundial e os seus reflexos na estrutura e na ação do Estado.

2 Turbulência econômica global e seus reflexos no Estado contemporâneo.

Turbulência Econômica Global ou Crise Financeira Global de 2008 é, na linguagem economista, uma crise financeira de larga escala[116] que perdura nos dias atuais. Embora tenha tido crescimento paulatino, tornou-se mais efetiva em setembro de 2008, com a falência de grandes empresas financeiras norte-americanas. Essa crise é consequência direta da crise do crédito hipotecário de alto risco e que põe a descoberto as fragilidades da liderança financeira dos Estados Unidos e dos países da Europa, especialmente os da Zona do Euro.[117] Iniciando pelas falhas das grandes empresas norte-americanas, rapidamente se alastrou por todo o mundo, afetando bancos europeus e as praças de negócios de vários países do mundo causando também queda nos preços dos produtos

---

[115] DALLARI, Dalmo de Abreu. *O futuro do Estado.* op. cit., p. 188. "Cada momento, cada século, cada período histórico introduz inovações e determina a criação de novas regras de vida que afetam mais ou menos profundamente o Estado".
[116] Colapso Financeiro Mundial. <http://www.globalresearch.ca/index.php?context=va&aid=10529>. Acesso em: 8 fev. 2009.
[117] Descalabro estrutural. <http://www.economist.com/finance/displaystory.cfm?story_id=114123940>. Acesso em: 8 fev. 2009.

petrolíferos,[118] levando os Estados a procederem a uma interferência na economia, no sentido de ser evitado o colapso geral. Em razão da sua importância, com reflexos efetivos na ação do Estado, inclusive propiciando o estabelecimento de novos rumos na economia, torna-se inevitável o seu exame no presente trabalho.

2.1 Fatores econômicos

Segundo alguns, a crise econômica de 2008 é uma crise financeira internacional que tem suas raízes na *bolha da internet* de 2001; outros, que seria decorrência da guerra do Iraque; ou ainda que ambos teriam concorrido para o acontecimento da crise (Alan Geenspan, então presidente do Banco Central americano – *Federal Reserve Board (FED)*, de 1987 a 2006, visando a proteger os investidores decidiu orientar os investimentos para o setor imobiliário, adotando uma política de taxas de juros muito baixas e de redução das despesas financeiras, induzindo os intermediários financeiros e imobiliários a incitar uma clientela cada vez maior a investir em imóveis, criando o sistema das *hipotecas subprimes*, empréstimos hipotecários de alto risco e taxa variável, concedidos às chamadas famílias *frágeis*, (que os bancos sabiam de antemão não terem renda familiar para poder arcar com as prestações)[119] e que se precipitou com a falência do tradicional banco de investimento americano *Lehman Brothers*, fundado em 1850, seguida no espaço de poucos dias pela falência técnica da maior empresa seguradora dos Estados Unidos, a *American International Group* (AIG).

Paul Krugman, ganhador do Prêmio Nobel de Economia de 2008, quando analisa a situação da crise e de seus porquês, fala sobre *as bolhas de Greenspan*, e, analisando a bolha de ações da década de 1990, diz que o fato reflete dois fatores: um o extremo otimismo envolvendo a geração de lucro com a tecnologia da informação; e outro um exacerbado senso de segurança com a economia, levando à crença de que os graves dias de recessão eram coisa do passado; e que ambos fatores se conjugaram para elevar os preços das ações a níveis espantosos;[120] concluindo que

---

[118] Crise financeira global de 2008. <http://pt.wikipedia.org/wiki/crise_financeira_global_de_2008>. Acesso em: 8 fev. 2009.

[119] *Crises financières à répétition: quelles explication? Quelles réponses*. Paris: Fondation Res Publica, 2008; Disponível em: <http://pt.wikipedia.prg/wiki/Crise_econ%C3%B4mica_de_2008>. Acesso em: 8 fev. 2009; Disponível em: <http://www.uai.com.br/UAI/html/sessao_4/2008/09/16/em_noticia_interna,id_sessao=4&id_noticia=7>. Acesso em: 08 fev. 2009.

[120] KRUGMAN, Paul. *A crise de 2008 e a economia da depressão*. Tradução de Afonso Celso da Cunha Serra. Rio de Janeiro: Elsevier, 2009. p. 152.

à proporção que subiam, os preços das ações se autoalimentavam, mas que tudo tem um limite, um dia faltam interessados que entrem com o dinheiro e todo o esquema desaba.[121] Logo em seguida começou a formar-se nova bolha, a bolha habitacional.

Muitos economistas, inclusive Paul Krugman, alertaram para a existência de uma grande bolha habitacional, cujo estouro ocasionaria sérios problemas para a economia.[122] Contudo, Alan Greenspan, em especial, como presidente do FED – o Banco Central americano, entendia como improvável a queda no preço das casas, por isso admitia poder haver alguma *espuma* em certos mercados imobiliários, mas não uma bolha nacional.[123] Mas havia uma bolha habitacional, e ela começou a se esvaziar em 2006, primeiro lentamente e, posteriormente, adquirindo velocidade cada vez maior, resultando no grande estouro de 2008.[124]

Alan Greenspan, após deixar a presidência do FED, realizou em 2007 uma profunda análise das questões envolvendo o novo estágio do mundo, em decorrência de um período de transformações radicais, que o levaram a expressar: *Estamos realmente vivendo num mundo novo*. Nessa ocasião, Greenspan, embora realize um grande ensaio sobre a difícil arte de tomar decisões, não efetua uma defesa das decisões tomadas em relação às bolhas de ações e habitacional. Contudo, no Capítulo 18 – Contas correntes e Endividamento, da sua excelente obra *"A Era da Turbulência – aventuras em um mundo novo"*,[125] efetua uma análise sobre os desequilíbrios globais de balanços de pagamento, deixando um indicativo das razões que podem ter propiciado a crise de 2008, qual seja, o hiato dramático entre as importações e exportações dos Estados Unidos.[126]

---

[121] KRUGMAN, Paul. *A crise de 2008 e a economia da depressão. op.cit.* p. 154. Este é o comentário do autor: *"As bolhas de ativos são como correntes da felicidade naturais, em que se ganha dinheiro enquanto houver otários que entrem com dinheiro. Mas, um dia faltam otários e todo o esquema desaba. No caso das ações, o pico foi alcançado no verão de 2000. Nos dois anos seguintes, as ações recuaram, em média, cerca de 40% em relação à cotação máxima"*
[122] KRUGMAN, Paul, *A crise de 2008 e a economia da depressão, op.cit.*, p. 157.
[123] KRUGMAN, Paul, *A crise de 2008 e a economia da depressão, op.cit.*, p. 157.
[124] KRUGMAN, Paul. *A crise de 2008 e a economia da depressão"*, op.cit., pág. 159. Na situação, o autor comenta: *"No caso, as consequências do estouro da bolha de imóveis foram piores que os mais agourentos presságios. Por quê? Porque o sistema financeiro mudara de maneira e com intensidade que ninguém havia avaliado em toda a sua extensão"*.
[125] GREENSPAN, Alan. *A Era da Turbulência* – aventuras em um mundo novo. Tradução de Afonso Celso da Cunha Serra. Rio de Janeiro: Elsevier, 2008, págs. 333/349.
[126] GREENSPAN, Alan. *A Era da Turbulência* – aventuras em um mundo novo. *op. cit.*, p. 334. GREENSPAN menciona o seguinte indicativo: *"O déficit em conta corrente dos Estados Unidos tem subido em ritmo acelerado nos últimos anos, de zero, em 1991, para 6,5% do PIB, em*

Por sua vez, Joseph Stiglitz, Prêmio Nobel de Economia de 2001, lança uma obra de análise devastadora do *boom* econômico americano dos anos 90, chamada *Os exuberantes anos 90 – uma nova interpretação da década mais próspera da história*, em cujo item 6 – Os bancos e a bolha, ele refere que muitas pessoas no mundo dos negócios e das finanças se entusiasmaram fazendo dinheiro e rebaixaram seus padrões éticos ao correr atrás de ganhos: *os analistas dos bancos adquiriram ações ruins, os banqueiros apoiaram a empresa a esconder suas dívidas, distribuíram ações em IPOS quentes para seus amigos e se envolveram em todos os tipos de atividades condenáveis. Em 2001 e 2002, muitos dos principais bancos dos EUA envolveram-se em um escândalo após o outro, entre eles nomes lendários como J.P. Morgan Chase, Merrill Lynch, Credit Suisse First Boston, Citigroup e sua divisão de corretagem, a respeitável empresa Salomon Smith Barney, Goldman Sachs. Tudo culminou em pagamentos de compensação de US$ 1,4 bilhão impostos pelo procurador-geral do Estado de Nova York, Eliot Spitzer*".[127]

Em junho de 2008, Timothy Geithner, Presidente do *Federal Reserve Bank* de Nova York, em discurso realizado no *Economic Club* de Nova York, tentou explicar como o fim da bolha habitacional pôde causar tantos danos (embora não soubesse que o pior ainda estava por vir). Nessa ocasião, Geithner deixou transparecer com nitidez a sua perplexidade com a falta de controle do sistema.[128] Disse considerar que toda a gama de esquemas financeiros, não só *auction-rate securities*, constituíam o *sistema financeiro não bancos*: entidades que não eram bancos, sob o ponto de vista regulatório, mas que, ainda assim, executavam funções de bancos. E para demonstrar o quanto o novo sistema era vulnerável, expressou: *A escala dos ativos de longo prazo, arriscados e relativamente ilíquidos, financiados por passivos de muito curto prazo tornou vulneráveis numerosos veículos e instituições desse sistema financeiro paralelo a um tipo clássico de corrida, mas sem as proteções do tipo de seguro de depósito com que conta o sistema bancário para reduzir esses*

2006. *Ao mesmo tempo, deixou de ser apenas nota de roda pé misteriosa em periódicos acadêmicos para adquirir status de manchete em todo o globo. Nessas condições, foi um dos itens da agenda de quase todas as reuniões econômicas internacionais de que participei nos últimos anos. É o foco do medo mundial de que os desequilíbrios externos dos Estados Unidos – hiato dramático entre as importações e as exportações do país – precipitem o colapso do dólar americano e desencadeie uma crise financeira mundial".*

[127] STIGLITZ, Joseph E. *Os exuberantes anos 90 – uma nova interpretação da década mais próspera da história*. Tradução de Sylvia Maria S. Cristóvão dos Santos *et al.* São Paulo: Companhia das Letras, 2003. p. 161-162.

[128] GEITHNER, Timothy. *apud* GRUGMAN, Paul. *A crise de 2008 e a economia da depressão*. op. cit. p. 168.

riscos".[129] Qual seja, um sistema bancário paralelo – sistema financeiro não bancos – com absoluta falta de controle regulatório.

Em resumo, a crise financeira de 2008 tem origem nos excessivos gastos do Governo americano, somados aos desequilíbrios externos do balanço de pagamento dos Estados Unidos, que, para ajudar a compensar o custo excessivo, levaram o FED a inundar o mercado com dólares, reduzindo as taxas de juros e incentivando o mercado consumidor doméstico a tomar empréstimos, gerando o setor imobiliário de risco (títulos *subprime*),[130] sem controle regulatório. Após, os bancos e o sistema paralelo que criaram essas hipotecas criaram também os chamados derivativos negociáveis no mercado financeiro, no sentido de transformá-las em títulos livremente negociáveis – lastreados pelas hipotecas – que passaram a ser vendidos para outros bancos, instituições financeiras, companhias de seguros e fundos de pensão mundo a fora, recebendo das agências mundiais de crédito, por uma razão que é desconhecida, a chancela máxima (AAA). Quando o FED, Banco Central americano, em 2005, aumentou a taxa de juros para tentar reduzir a inflação, desregulou-se o sistema. O preço dos imóveis caiu, tornando impossível seu refinanciamento para os chamados clientes *ninja* (clientes sem qualquer capacidade financeira), ocorrendo uma inadimplência em massa. Os títulos derivativos se tornaram impossíveis de serem negociados, a qualquer preço, desencadeando um efeito dominó, fazendo balançar todo o sistema bancário internacional a partir de agosto de 2007, com ápice no segundo semestre de 2008.[131]

Inicialmente, o sistema bancário e financeiro restou abandonado às *soluções de mercado*, com um precário ou inexistente sistema regulatório, restando atingidas as mais importantes instituições financeiras do mundo: Lehman Brothers, Citigroup e Merrill Lynch, nos Estados Unidos; Northern Rock, no Reino Unido; Swiss Re e UBS, na Suíça; Société Générale, na França, entre várias outras, todos declararam perdas colossais em seus balanços, agravando o clima de desconfiança, que se generalizou.[132]

---

[129] GEITHNER, Timothy. *apud* GRUGMAN, Paul. *A crise de 2008 e a economia da depressão*. op. cit. p. 169.
[130] Disponível em: <http://www.uai.com.br/UAI/html/sessao_4/2008/09/16/em_noticia_interna, id_sessão=4&id_noticia=7>. Acesso em: 8 fev. 2009.
[131] Disponível em: <http://pt.wikipedia.org/wiki/Crise_econ%B4mica_de_2008>. Acesso em: 8 fev. 2009.
[132] Disponível em: <http://www.uai.com.br/UAI/html/sessao_4/2008/09/16/em_noticia_internaid_sessão=4&id_noticia=7>. Acesso em: 8 fev. 2009.

É o que Krugman chamou de *negligência maligna*, na medida em que algumas das estruturas financeiras arriscadas, desenvolvidas durante anos de prosperidade, eram operações extracontábeis (*off balance sheet*) dos bancos comerciais. Por isso, diz que a crise, em boa parte, não envolveu problemas com instituições desregulamentadas, que assumiram novos riscos, pelo contrário, girou em torno de riscos assumidos por instituições que nunca foram regulamentadas.[133]

Sem um controle de regulamentação do sistema e com as *soluções de mercado* falidas, houve a necessidade da intervenção econômica do Estado, o que, aliás, ocorreu também por pedido do próprio sistema bancário, financeiro e empresarial.

Em outubro de 2008, a Alemanha, a França, a Áustria, a Holanda e a Itália anunciaram pacotes que somam 1,17 trilhão de euros (US$ 1,58 trilhão) em ajuda aos seus sistemas financeiros. Em fevereiro de 2009, o Congresso americano aprovou um pacote de 800 bilhões de dólares para aplicação no mercado financeiro, buscando reverter a tendência de recessão. Esses recursos, nos Estados Unidos, servirão para criar um banco *bad bank*, com a missão de comprar títulos podres, promover a estatização de bancos e produzir a redução de juros, no sentido de dar incentivos à iniciativa privada, com a finalidade de reverter a crise de confiança, iniciando uma recuperação da economia.[134]

O Diretor-Geral do Fundo Monetário Internacional (FMI) Dominique Strauss-Kahn, em pronunciamento no Cairo, Egito, diz que a crise econômica e financeira atual *Não tem precedentes*, e complementa: *Estamos diante de uma crise financeira inédita, porque ela nasceu no coração do sistema, os Estados Unidos, e não de sua periferia, e afetou simultaneamente o mundo inteiro".*[135]

Como se vê, a crise financeira adquiriu proporções muito sérias, atingindo, inclusive, um dos principais pontos do Estado

---

[133] KRUGMAN, Paul. *A crise de 2008 e a economia da depressão.* op. cit. p.. 170-171. KRUGMAN, nessa circunstância, afirma: *"Ao contrário, girou em torno de riscos assumidos por instituições que, para começar, nunca foram regulamentadas. E essa, eu diria, é a essência dos acontecimentos. Com a expansão do sistema bancário paralelo, a ponto de igualar ou mesmo ultrapassar em importância o sistema bancário, políticos e autoridades do governo devem ter percebido que estávamos restabelecendo a espécie de vulnerabilidade financeira que possibilitou a Grande Depressão – ao que deveriam ter reagido com o aumento da regulamentação e com o esforço da rede de segurança financeira, de modo a abranger também as novas instituições".*

[134] Notícias veiculadas em todos os jornais do mundo, nos meses de janeiro e fevereiro de 2009, especialmente no jornal Zero Hora, de Porto Alegre, RS, Brasil.

[135] Disponível em: <http://www.uai.com.br/UAI/html/sessao_4/2008/09/16/em_noticia_inter naid_sessão=4&id_noticia=7>. Acesso em: 8 fev. 2009.

pós-modernidade, que é o sistema capitalista de livre mercado, em um mundo globalizado.

Segundo Krugman, *Os grandes inimigos da estabilidade capitalista sempre foram a guerra e a depressão.* Refere que as grandes guerras quase determinaram o fim do capitalismo em meados do século passado, mas que hoje é difícil imaginar a possibilidade de um conflito de tal magnitude entre as grandes potências. De outro lado, a Grande Depressão por pouco não destruiu o capitalismo e a democracia, mas como se seguiu uma geração de crescimento econômico sustentado no mundo industrial, as recessões que ocorreram foram breves e brandas.[136]

Agora não se tem ainda uma clara dimensão do tamanho da crise e de suas consequências. Embora seja um acontecimento econômico, ele está diretamente interligado com a política e produzindo efeitos na ação política do Estado. Por isso, torna-se relevante e importante o seu exame neste trabalho, com finalidade de ser verificada a sua consequência para o Estado do século XXI.

Para Stiglitz, os Estados Unidos nos anos 90, cujos reflexos estão aparecendo agora, estava tateando em busca de uma terceira via para o capitalismo americano (existem vários tipos de capitalismo: o capitalismo americano, o capitalismo do Japão e o capitalismo europeu), uma via entre o socialismo e seu governo excessivamente intruso e os governos minimalistas de direita dos seguidores de Reagan-Thatcher. No entanto, como não há uma única terceira via, há uma multiplicidade de terceiras vias, houve a procura de uma terceira via que fosse melhor para os Estados Unidos, no que ele observa: *Como vimos, essa busca estava distorcida: não atingimos o equilíbrio que procurávamos. Levamos longe demais a desregulamentação e a redução do déficit, sem defender tão vigorosamente quanto deveríamos as importantes funções que o governo pode, e deveria, desempenhar.*[137]

Nesse contexto, embora ainda existam defensores de uma economia desregulamentada, em âmbito nacional e mundial, por entenderem que não cabe impor limites à atividade econômica de que depende a prosperidade mundial, na medida em que o protecionismo político ou econômico sobre o comércio ou sobre as finanças seria receita para a estagnação econômica e para o autoritarismo político,[138] é certo que a

---

[136] KRUGMAN, Paul. *A crise de 2008 e a economia da depressão.* op. cit. p. 15.
[137] STIGLITZ, Joseph E. *Os exuberantes anos 90* – uma nova interpretação da década mais próspera da história. *op. cit.*, p. 291.
[138] GREENSPAN, Alan. *A Era da Turbulência* – aventuras em um mundo novo. op.cit., p. 363.

cada crise mundial que surge, econômica, financeira ou ética, aumenta o número dos que defendem a prática de um Estado Regulador, no sentido de haver uma regulação mais efetiva no âmbito econômico, especialmente no financeiro, concretizado mediante um sistema de normas equilibradas, no sentido de que ocorra defesa da liberdade como convém a um Estado Democrático de Direito, mas sem ser descurado o lado social dos direitos fundamentais como obrigação do Estado.[139]

2.2 Fatores Políticos

O Governo Clinton nos Estados Unidos, mediante recuperação econômica e redução do déficit, passou a desenvolver atos de gestão da política externa, resultando em dois acordos que favoreceram o fortalecimento da globalização: a) o primeiro dos acordos comerciais criou a Área do Livre Comércio da América do Norte (Nafta), unindo Estados Unidos, México e Canadá (420 milhões de pessoas e um PIB acumulado de US$ 11,8 trilhões); b) em 1994, com a rodada Uruguai de negociações comerciais, foi criada a Organização Mundial do Comércio, uma instituição internacional concebida para assegurar o cumprimento das regras do jogo no Comércio Internacional, do mesmo modo como o Fundo Monetário Internacional, criado ao final da segunda guerra mundial para gerir o sistema financeiro global.[140]

Assim, como nos Estados nacionais as economias crescem e prosperam, na medida em que seus habitantes aprendem especialidades e praticam a divisão do trabalho, o mesmo também ocorre na escala global. É por isso que Greenspan afirma que a crescente capacidade de realizar transações e de assumir riscos em todo o mundo está criando uma economia verdadeiramente global.[141]

Contudo, está em curso um debate mundial sobre o futuro da globalização e do capitalismo, cujo desfecho poderá definir as características do mercado global e do nosso estilo de vida nas próximas décadas,

---

[139] ORTEGA, Ricardo Rivero. *Introducción al Derecho Administrativo Económico. op. cit.*, p. 25-28; JUSTEN FILHO, Marçal. *O Direito Regulatório, op. cit.*, p. 29-30.
[140] STIGLITZ, Joseph E. *Os exuberantes anos 90* – uma nova interpretação da década mais próspera da história. *op. cit.*, p. 221.
[141] GREENSPAN, Alan. *A Era da Turbulência* – aventuras em um mundo novo. *op. cit.* p. 351. Esta é a manifestação do autor: *"A globalização – o aprofundamento da especialização e a ampliação da divisão do trabalho além das fronteiras nacionais – é sem dúvida fundamental para a compreensão de boa parte de nossa história econômica recente. A capacidade crescente de realizar transações e de assumir riscos em todo o mundo está criando uma economia verdadeiramente global. A produção se torna cada vez mais internacional".*

circunstância que levou Greenspan a manifestar: *"Mundo 'plenamente globalizado' é aquele em que a produção, o comércio e as finanças não sofrem restrições e são impulsionadas pela busca do lucro e pela assunção de riscos, de maneira totalmente indiferente às distâncias e às fronteiras nacionais. Essa situação jamais será atingida. A aversão ao risco, inerente à natureza humana, e o viés doméstico, manifestação dessa repulsa, significam que a globalização tem limites. A liberação do comércio nas décadas recentes acarretou importante redução das barreiras à livre movimentação de bens, serviços e fluxos de capital. Porém, a continuidade do progresso será cada vez mais difícil"*.[142]

Outro fator relevante em debate é o fato de que a globalização produziu mudanças importantes nas autoridades políticas convencionais, os Estados nacionais, pois, como se sabe, o Estado moderno nasce com a conquista de três monopólios: a) o monopólio da produção da norma jurídica – só o Estado tem poder de criar lei aplicável a todos os cidadãos de seu território; b) o monopólio da extração e do uso coletivo de parte do excedente econômico gerado no mundo privado – só o Estado tem o poder de aplicar tributos; c) o monopólio da coerção legítima, uso legítimo da força física – só o Estado tem o pode de usar a força física para fazer cumprir as determinações legais.[143] Em decorrência da globalização, são exatamente esses três monopólios dos Estados nacionais que passam a ser demilitados, reduzidos ou monitorados estreitamente por autoridades políticas supranacionais – credores sem rosto e entidades multilaterais reguladoras ou chanceladoras, como o Banco Mundial (BM), o Fundo Monetário Internacional (FMI) e a Organização Mundial do Comércio (OMC).[144]

Voltando a análise de Stiglitz, este refere que a globalização teve gestão equivocada por parte dos Estados Unidos, na medida em que, internamente, lutavam contra a privatização da Seguridade Social, mas no exterior a promoviam; no plano interno havia luta contra a emenda de orçamento equilibrado, mas no exterior eram impostas políticas fiscais contracionistas em países que caminhavam para a recessão; nos Estados Unidos havia luta por uma lei de falências para proteger os devedores e dar-lhes uma ajuda inicial, mas no exterior a falência foi tratada como uma anulação do contrato de crédito; no plano interno, a luta era contra mudar o mandato do FED para que este tivesse como

---

[142] GREENSPAN, Alan. *A Era da Turbulência* – aventuras em um mundo novo, op. cit., pág. 352.
[143] MORAES, Reginaldo Carmello Correa de. *Estado, Desenvolvimento e Globalização*. São Paulo: Ed. UNESP, 2006. p. 29.
[144] *Idem*, p. 29.

foco exclusivo à inflação – na verdade, havia a preocupação com o fato de o FED dar muito pouca ênfase à criação de empregos, enquanto no exterior era exigido que os bancos centrais focalizassem exclusivamente a inflação.[145] Portanto, os Estados Unidos impingiam o fundamentalismo de mercado ao resto do mundo, enquanto exercia um tipo de capitalismo próprio aos seus interesses.[146]

Esse tipo de atitude tem ocasionado enormes problemas mundiais, pois mesmo que o sistema econômico americano tenha muitos méritos, não é o único sistema que funciona. Como adverte Stiglitz, *Se vender o capitalismo e a democracia americanos era um dos principais objetivos da política externa americana, nossa conduta gerou nosso fracasso".*[147]

Diante desse quadro demonstrativo dos principais aspectos da globalização, somados aos fatores da crise econômica de 2008, que atingem contundentemente o capitalismo e o *livre mercado*, deve ser ressaltada a advertência realizada por Roberto Gilpin, conhecido estudioso das relações internacionais: *O sistema capitalista internacional não poderia sobreviver, provavelmente, sem forte e sábia liderança. A liderança internacional deve promover a cooperação internacional para estabelecer e impor regras que regulem o comércio, o investimento estrangeiro e as relações monetárias internacionais. Mas é igualmente importante que a liderança assegure pelo menos salvaguardas mínimas para os inevitáveis perdedores, dentro dessas forças de mercado e do processo de destruição criativa; aqueles que perdem devem pelo menos acreditar que o sistema funciona de modo justo. A sobrevivência do Mercado ou do sistema capitalista estará em risco, a não ser que as considerações baseadas na eficiência sejam contrabalançadas por proteção social para os economicamente fracos e pelo treinamento/educação daqueles trabalhadores que forem deixados para trás pela rápida mudança econômica e tecnológica".*[148]

---

[145] STIGLITZ, Joseph E. *Os exuberantes anos 90* – uma nova interpretação da década mais próspera da história. op. cit., p. 244.

[146] STIGLITZ, Joseph E. *Os exuberantes anos 90* – uma nova interpretação da década mais próspera da história. op. cit., p. 245. Por isto, STIGLITZ complementa: "Essas ideias de fundamentalismo de mercado se refletiam na estratégia básica para o desenvolvimento (e para a gestão de crises e da transição do comunismo para o mercado), defendida no começo dos anos 80 pelo FMI, pelo Banco Mundial e pelo Tesouro americano, uma estratégia diversas vezes chamada de 'neoliberalismo' ou, porque os principais protagonistas que a promoviam estavam todos em Washington, de 'o Consenso de Washington'. Ela envolvia minimizar o papel do governo, mediante a privatização de empresas de propriedade estatal e a eliminação das regulamentações e intervenções governamentais na economia".

[147] STIGLITZ, Joseph E. *Os exuberantes anos 90* – uma nova interpretação da década mais próspera da história. op. cit., p. 289.

[148] GILPIN, Robert. *Economia Política das relações internacionais.* Brasília: Ed. Brasília, 2002. p. 3-4.

Afinal, com todos esses problemas, quais são as perspectivas globais? É difícil qualquer prognóstico, no momento, na medida em que ainda nos encontramos no olho do furacão da crise de 2008. Tudo dependerá dos modos e meios de solução da crise e quando esta acontecerá. Fala-se em novos paradigmas para a economia mundial, com novas regras, novos procedimentos e novos controles e regulamentações, o que, invariavelmente, influenciará a política e a ação do Estado. A esse exemplo, está a proposta de Stiglitz e Greenwald em sua recente obra *Rumo a um novo paradigma em economia monetária*. Conforme alerta a apresentação da obra, o novo paradigma enfatiza a demanda e a oferta de fundos de empréstimo, que exige, por sua vez, a compreensão das imperfeições da informação e do papel dos bancos. Uma visão esclarecedora é a de que o crédito é muito diferente de outras *commodities*, no sentido de que se baseia na informação e no risco de inadimplência. Tendo em conta esses aspectos, o livro se constitui em duas partes: a primeira desenvolve um modelo básico de crédito, baseado nas escolhas de portfólio dos bancos. A segunda é dedicada às consequências de certas políticas, entre as quais estão a liberação dos mercados financeiros, a crise do Leste Asiático e a recessão norte-americana de 1991, assim como sua subsequente recuperação.[149]

No entanto, Krugman entende que precisamos refletir em profundidade sobre como lidar com a globalização financeira, posto que não se chegou a estratégias que funcionassem adequadamente, pois a globalização financeira definitivamente revelou-se mais perigosa do que era imaginado.[150] Mas, ainda assim, amparado em reflexão de Keynes sobre a importância das ideias, ele possui uma confiança inabalável no poder das ideias para reformar o mundo econômico e, por consequência, o mundo político.[151]

De uma maneira geral, como adverte Stiglitz, os problemas têm muito a ver com o fato de a globalização econômica andar muito mais rápido do que a globalização política, e com as consequências econômicas da globalização andarem mais depressa que a nossa capacidade

---

[149] STIGLITZ, Joseph E.; GREENWALD, Bruce. *Rumo a um novo paradigma*. Tradução de Laura Knapp e Cecília Bartalotti. São Paulo: Francis, 2004.
[150] KRUGMAN, Paul. *A crise de 2008 e a economia da depressão*. op. cit. p. 200.
[151] KRUGMAN, Paul. *A crise de 2008 e a economia da depressão"*, op. cit. p. 201. Este é o comentário do autor: *"Todavia, só alcançaremos novo nível de compreensão se estivermos dispostos a pensar com clareza sobre nossos problemas e a seguir as conclusões dessas reflexões, não importa para onde nos levem. Há quem diga que nossos problemas econômicos são estruturais; porém, acredito que os únicos obstáculos estruturais relevantes à prosperidade do mundo são as doutrinas obsoletas que entopem a mente das pessoas".*

de compreendê-la e moldá-la e de lidar com suas consequências por meio de processos políticos. Reformar a globalização é uma questão política.[152]

Portanto, inegavelmente, é fato que a globalização, além de possibilitar crescimento econômico e desenvolvimento, também possibilitou uma desigualdade crescente no mundo, cuja globalização financeira tem sido extremamente perigosa, necessitando de uma reforma no modo como a globalização é gerida.[153]

De outro lado, a globalização da economia foi fator de intensa desregulamentação, especialmente no decorrer dos anos 90, em consequência do sistema capitalista que deveria ser implantado, cuja implantação era orientada para uma economia de livre mercado, deixando a resolução dos negócios ao próprio mercado, com um mínimo de interferência do Estado, e, se possível, sem interferência do Estado, pois o entendimento dessa teoria é de que a produção, o comércio e as finanças não devem sofrer restrições, sendo conduzidas pela busca do lucro e pela assunção de riscos.[154]

Segundo Greenspan, em consequência da desregulamentação, do aumento da inovação e da redução das barreiras ao comércio e ao investimento, o intercâmbio comercial transfronteiriço nas últimas décadas se expandiu em ritmo muito mais acelerado que o PIB, em todo o mundo.[155] Assim, por entender que o consequente avanço dos mercados financeiros globais resultou em melhorias substanciais na eficiência com que se investem as poupanças mundiais, diz que os mercados globais, em grande parte não regulamentados, com algumas notáveis exceções, parecem avançar com tranquilidade de um para outro estado de equilíbrio.[156]

Dessa forma, até por ter sido presidente do FED, Greenspan defende a desregulamentação do mercado, expressando que, com o passar dos anos, aprendeu muito sobre o tipo de regulamentação que gera menos interferência e, para tanto, diz que, às vezes, vários

---

[152] STIGLITZ, Joseph E. *Globalização:* como dar certo. *op. cit.* p. 411-412.
[153] STIGLITZ, Joseph E. *Globalização:* como dar certo. *op. cit.* p. 38. Por isso, como propõe Stiglitz, devem ser incentivadas *mudanças na maneira como a globalização é gerida – mudanças que são inevitáveis – na direção certa e a acelerar o ritmo das reformas.*
[154] GREENSPAN, Alan. *A Era da Turbulência – aventuras em um mundo novo. op. cit.*, p. 352.
[155] GREENSPAN, Alan. *A Era da Turbulência – aventuras em um mundo novo. op. cit.*, p. 353. O autor ainda refere: *Em consequência, a maioria das economias está cada vez mais exposta aos rigores e às tensões da competição internacional, que, embora um pouco diferentes do estresse da competição interna, parecem menos controláveis.*
[156] GREENSPAN, Alan. *A Era da Turbulência – aventuras em um mundo novo. op. cit.* p. 354.

reguladores são melhores que um. Que os regulamentos sobrevivem à própria razão de ser e, por isso, devem ser renovados.[157] De outra parte, conforme salientam os economistas, há certas circunstâncias sob as quais é mais provável que uma economia sofra crises ou recessões duras. Segundo Stiglitz, nos anos 90 houve uma *Desregulamentação desembestada*, tanto que nas últimas três décadas, o mundo sofreu uma centena de crises e muitas delas teriam sido provocadas por alguma forma de desregulamentação demasiada rápida.[158] Em complemento ao raciocínio desenvolvido, que, embora a retração da atividade econômica em 2001 fosse apenas uma forma mais suave desses tipos de problemas, não restou dúvidas de que partes importantes da retração resultaram da desregulamentação dos anos 90.[159]

O certo é que, como bem explicita Stiglitz, em muitos, mas não na maioria, dos episódios da regulamentação, os resultados aconteceram de modo muito diferente daquele que seus defensores afirmaram. *As regulamentações foram tipicamente impostas por causa de alguma falha do mercado. A retirada da regulamentação não removeu essa falha. Mas, com muita frequência, os defensores da desregulamentação esqueciam, ou ignoravam deliberadamente, as falhas que haviam dado origem às regulamentações.*[160]

---

[157] GREENSPAN, Alan. *A Era da Turbulência* – aventuras em um mundo novo. op. cit. p. 361-362. O autor dá três regras básicas: "1. *As regulamentações aprovadas durante crises sempre devem passar, posteriormente, pelo processo de sintonia fina. A Lei Sarbanes-Oxley, aprovada às pressas pelo Congresso na sequência das falências da Enro e da WorldCom, que impõe às empresas maiores exigências de divulgação de informações, é hoje forte candidata à revisão. 2. Às vezes, vários reguladores são melhores que um. O regulador solitário torna-se ao risco, tentando proteger-se de todos os resultados negativos imagináveis, tornando difícil e onerosa a observância de suas normas. Nos setores financeiros, nos quais o Fed compartilha jurisdição regulatória com o Comptroller of the Currency e com a Securities and Exchange Commission, e outras autoridades, tendíamos a controlar-nos mutuamente. 3. Os regulamentos sobrevivem à própria razão de ser e devem ser renovados periodicamente. Aprendi essa lição com Virgil Mattingly, chefe havia muito tempo do departamento jurídico do Federal Reserve Board. Ele levava muito a sério a determinação estatutária de rever cada norma de cinco em cinco anos; as que fossem consideradas obsoletas eram revogadas sem cerimônia.*
[158] STIGLITZ, Joseph E. *Os exuberantes anos 90* – uma nova interpretação da década mais próspera da história. op. cit., p. 110.
[159] STIGLITZ, Joseph E. *Os exuberantes anos 90* – uma nova interpretação da década mais próspera da história. op. cit., 110-111. Nesse sentido o autor exemplifica: *A desregulamentação do setor de telecomunicações abriu caminho a bolha do superinvestimento, que depois estourou com tanta repercussão em 2001. A desregulamentação do setor elétrico levou a manipulação do mercado, o que prejudicou a economia da Califórnia, o centro de boa parte da inovação dos Estados Unidos. A desregulamentação do setor bancário – notadamente a rejeição da lei Glass-Steagall – abriu novas oportunidades para os conflitos de interesses, quando o que se precisava era de regulamentações mais fortes voltadas para os conflitos de interesses já existentes e crescentes que acabariam por enfraquecer a confiança em nossos mercados de ações. A regulamentação frouxa da atividade contábil propiciou oportunidades e incentivos para o fornecimento de informações enganosas ou equivocadas.*
[160] STIGLITZ, Joseph E., "*Os exuberantes anos 90 – uma nova interpretação da década mais próspera da história*". op. cit., p. 125.

Nessa linha de análise de Stiglitz, ainda é observado que a desregulamentação pode ter sido motivada mais pelas tentativas de aumentar os lucros do que por um genuíno interesse pela eficiência da economia e do Estado, pois muita coisa foi revelada na constatação dos que exerciam pressões em favor da desregulamentação e por uma menor participação do governo, quando foram examinadas suas atitudes com respeito aos subsídios às empresas e à proteção do Governo[161].

Por sua vez, Krugman lembrando John Keynes no começo da Grande Depressão,[162] diz das razões de ter surgido esse segundo grande atoleiro em 2008, referindo que, no desfecho da Grande Depressão, os bancos passaram a atuar sob rigorosa regulamentação e proteção de forte rede de segurança, enquanto que os movimentos de capital internacionais que foram tão destrutivos na década de 30 também foram submetidos a restrições, qual seja, o sistema financeiro tornou-se um pouco monótono, mas ficou muito mais seguro.[163]

Até que, mais uma vez, começaram a acontecer coisas interessantes e perigosas. Fluxos de capital internacionais prepararam o cenário para crises cambiais devastadoras, na década de 1990, e para uma crise financeira global, em 2008,[164] na medida em que houve uma expansão do sistema bancário paralelo, sem qualquer aumento da regulamentação.

Por isso, Krugman efetua uma conclusão contundente: *O que teremos de fazer, sem sombra de dúvida, é reaprender as lições impostas a*

---

[161] STIGLITZ, Joseph E. *Os exuberantes anos 90* – uma nova interpretação da década mais próspera da história. *op. cit.*, p. 127-128. Como presidente do Conselho de Consultores Econômicos nos Estados Unidos, Stiglitz menciona que constatou três tipos de procedimento, quase infalíveis, nos que foram pedir ajuda: *"Primeiro, os homens de negócios se opõem, em geral, aos subsídios para todos, exceto para eles mesmos. Para seus setores, há sempre uma grande quantidade de argumentos que justificam a necessidade de ajuda do governo. Da competição injusta no exterior a uma retração inesperada da atividade econômica interna, as histórias não têm fim. Segundo, todos eram a favor da competição em todos os setores, exceto nos seus. Novamente, há uma gama enorme de argumentos para explicar porque a competição em seu setor seria destrutiva, ou porque era necessária administrá-la com cautela. E terceiro, todos eram a favor da abertura e da transparência em todos os setores, exceto nos seus. No setor deles, a transparência levaria a distúrbios, corroeria sua margem competitiva e assim por diante. Dessa maneira, a maioria das empresas considerava quaisquer subsídios que recebessem ou outras formas de intervenção do governo como totalmente justificadas (e não sentiam necessidade nenhuma de justificar esses subsídios e intervenções na linguagem peculiar dos economistas); porém, o Conselho olhava tipicamente de soslaio "*.

[162] KRUGMAN, Paul. *A crise de 2008 e a economia da depressão. op. cit.*, p. 199. O autor menciona que: *"o motor econômico, em geral, funcionava bem, mas um componente crítico, o sistema financeiro, não atuava a contento"*, por isto, *"nos metemos num grande lamaçal, atabalhoamos o controle de uma máquina delicada, cujo funcionamento não compreendemos"*.

[163] KRUGMAN, Paul. *A crise de 2008 e a economia da depressão. op. cit.*, p. 199.

[164] *Idem*, p. 199.

nossos avós pela Grande Depressão. Não tentarei expor os detalhes de um novo regime regulatório, mas o princípio básico deve ser nítido: qualquer coisa que necessite socorro durante crise financeira, por desempenhar papel essencial no sistema financeiro, deve ser submetido à regulamentação, 'quando a crise tiver sido superada', para que não se envolvam riscos excessivos".[165]

Sendo, assim, não resta dúvida que deverá ser realizada uma profunda reflexão sobre a crise financeira global de 2008, no sentido de serem adotadas regulamentações para os setores atingidos pela crise e serem estabelecidas regulamentações em busca do equilíbrio para problemas decorrentes das falhas do mercado.

Segundo Roberto Guttmann, o capitalismo dirigido pelas finanças disseminou a sua lógica inexorável do mercado caracterizado pela ausência de regulamentação e voltado para a maximização do valor aos acionistas por todos os cantos do planeta.[166]

No entanto, o sistema entrou em crise, até porque o capitalismo dirigido pelas finanças sempre teve uma propensão a crises financeiras. Todavia, a crise atual é diferente, pois não apenas emanou do centro, ao invés de surgir na periferia, como também revelou falhas estruturais profundas na arquitetura institucional de contratos, fundos e mercados que compunham o sistema financeiro novo e desregulamentado.[167]

Por isso, os defensores da regulamentação e outros economistas heterodoxos passaram a reconhecer um tipo diferente de capitalismo, intitulado alternadamente de capitalismo patrimonial,[168] regime de crescimento dirigido pelas finanças[169] ou regime de acumulação dominado pelas finanças.[170] Independentemente do nome adotado, o importante,

---

[165] KRUGMAN, Paul. *A crise de 2008 e a economia da depressão*. op. cit., p. 200.

[166] GUTTMANN, Robert. *Uma introdução ao capitalismo dirigido pelas finanças*. Tradução de Hélio Mello Filho. *Novos Estudos 82 – CEBRAP –* nov. 2008, p. 11. Sobre o assunto GUTTMANN comentou que: *"No último quarto de século, a sua propagação ajudou a integração de metade da raça humana a uma economia de mercado privada, financiou uma nova revolução tecnológica e empurrou o processo de globalização com um breve peteleco. A organização de novas formas de financiar dívidas nos possibilitou amenizar o ciclo de negócios e acomodar desequilíbrios externos muito maiores entre países: realizações de vulto dos nossos esforços perenes pela estabilização"*.

[167] Idem, p. 12.

[168] AGLIETTA, *Lê capitalisme de demain*. Paris: Fondation Saint-Simon, 1998, *apud* GUTTMANN, Robert. *Uma introdução ao capitalismo dirigido pelas finanças*. p. 12.

[169] BOYER, Is a finance led growth regime a viable alternative to fordism? A preliminary analysis. *Economy anal Society*, v. 29, n. 1, 2000, p. 111-145. *apud* GUTTMANN, Robert. *Uma introdução ao capitalismo dirigido pelas finanças*. op. cit. p. 12.

[170] STOCKHAMMER, E. *Some stylized facts the finance-dominated accumulation regime*. Seminário CEPN, MSH Paris-Nord, 4 abr. 2008. Disponível em <www.univ-paris 13. fr/CEPN/texte_stockammer_040408.pdf>. Acesso em: 23 nov. 2008. *apud* GUTTMANN, Robert. *Uma introdução ao capitalismo dirigido pelas finanças*. op. cit. p. 12.

na realidade, é que o novo regime é dirigido pelas finanças.[171] Dessa forma, o atributo principal desse tipo de capitalismo seria um processo amplamente referido como *financeirização*, que Epstein definiu como (...) *o aumento do papel dos motivos financeiros, mercados financeiros, atores financeiros e instituições financeiras nas operações das economias nacionais e internacionais.*[172]

Dentro desse contexto, deve ser lembrado que, na terminologia de Weber,[173] o Estado moderno passou de uma associação ordenadora (ideal do Estado de Direito Liberal) para uma associação reguladora (o Estado de Direito Social). É o que Habermas chamou de um capitalismo organizado pelo Estado.[174]

Segundo André-Noël, a atual crise do Estado indica que os mecanismos econômicos, sociais e jurídicos de regulação já não funcionam, e que uma das principais causas, senão a principal, dessa crise de regulação, está no fenômeno da globalização, gerando quatro tipos de ruptura com a ordem mundial passada: perda de soberania, mundialização da economia, internacionalização do Estado e o direito internacional.[175]

De qualquer forma, mesmo com essa crise político-econômica existente, o Estado moderno, mais que uma superestrutura política representativa do capitalismo, é o eixo, o suporte funcional (político-administrativo), a força agregadora, a força motriz do capitalismo,[176]

---

[171] TABB, W. The centrality of finance. *Journal of World-Systems Research*, vol. 13, nº 1, 2007, p. 1-11. *apud* GUTTMANN, Robert. *Uma introdução ao capitalismo dirigido pelas finanças. op. cit.* p. 12.

[172] EPSTEIN, G. *Financialization and the world economy*. Northhampton, MA: Edgar Elgar, 2005, p. 3. *apud* GUTTMANN, Robert. *Uma introdução ao capitalismo dirigido pelas finanças. op. cit.*, p. 12.

[173] WEBER, Max. *Economia y Sociedad*. Fondo de Cultura Económica. 8. ed. Mexico, 1987, p. 55.

[174] HABERMAS, Jurgen. *Razon et Légitimité*. Paris, 1978. apud ROTH, Andre-Noël. *O Direito em crise*: Fim do Estado Moderno? p. 2. Disponível em <http://br.geocities.com/dcentauros/r/roth.pdf.>.

[175] ROTH, Andre-Noël. *O Direito em crise*: Fim do Estado Moderno? *op. cit.*, p. 3-4. O autor trata das rupturas da seguinte forma: *"Todas essas rupturas têm por consequência uma perda da soberania e da autonomia dos Estados Nacionais na formulação de políticas internas. No plano externo, o Estado Social já não pode pretender regular a sociedade civil nacional de maneira soberana. E, no plano interno, sua ação não permite resolver a crise e aparece como impotente. A distância entre sua vontade e a realidade, entre a lei e sua aplicação, vai crescendo. Diminuídos seus poderes de coação, o Estado tem que compartilhá-los com outras forças que transcendem o nível nacional e que, segundo sua posição na hierarquia mundial, o determinam. Incapaz de impor uma regulação social, e aprisionado entre um nível internacional mais coativo e um nível infra-nacional que procura liberar-se de sua tutela, o Estado se encontra em uma crise de legitimidade".*

[176] MARTINEZ, Vinício C. *Estado moderno ou Estado de Direito capitalista*. Doutrina Jus Navigandi, maio 2006. Disponível em:<http://jus2.uol.com.br/doutrina/texto.asp?id=8536>. Acesso em: 18 mar. 2009.

pois, como expressa Mészáros, *sem a emergência do Estado moderno, o modo espontâneo de controle metabólico do capital não pode se transformar num sistema dotado de microcosmos socioeconômicos claramente identificáveis – produtores e extratores dinâmicos do trabalho excedente, devidamente integrados e sustentáveis*.[177]

Tanto que, pela primeira vez desde 1917, o capitalismo tem se mostrado seguro, não só por ter obtido sucesso, principalmente depois da queda do comunismo na Rússia e dos países que constituíam a antiga União Soviética, mas também porque ninguém apresentou alternativa plausível.[178] Logicamente que, se a atual crise persistir e se aprofundar, poderão surgir outras ideologias. Contudo, por enquanto, é incontestável a dominação do mundo pelo capitalismo.[179]

Sendo assim, não parece crível, pelo menos no momento, que o Estado Social e Democrático de Direito, na sua formatação pluralista, transparente e participativa, tendo como elemento agregador a força motriz do capitalismo, possa sucumbir em decorrência da crise de 2008. Mas, o Estado do bem-estar social deverá subsistir com que tipo de capitalismo? O de livre mercado?

Historicamente, as reações conflitantes das pessoas ao capitalismo disseminaram várias modalidades de práticas de capitalismo, a partir do pós-guerra, desde as muito regulamentadas, ou sujeita a muitas normas, até as pouco limitadas, ou sujeita a poucas limitações.[180] Os Estados Unidos são apontados como a mais *livre* das grandes economias, tendo, por isso, um escopo maior para o risco do negócio e sua recompensa (na mesma linha de capitalismo estão: Hong Kong, Cingapura, Austrália, Reino Unido, Nova Zelândia e Irlanda). A Europa continental, por seu lado, reconstruiu suas economias dilaceradas pela guerra em ritmo capitalista, não obstante os fatores regulatórios impostos pela cultura socialista democrática.[181] Mas ainda existem três importantes nações que não estão nem entre o capitalismo de competição desenfreada nem entre os de restrições da rede de segurança social: China, Rússia e Índia.[182]

---

[177] MÉSZÁROS, István. *Para além do capital*: rumo a uma teoria da transição. Campinas: Bom tempo Editorial; Ed. UNICAMP, 2002. p. 123.
[178] GREENSPAN, Alan. *A Era da Turbulência* – aventuras em um mundo novo. *op. cit.* p. 283.
[179] GREENSPAN, Alan. *A Era da Turbulência* – aventuras em um mundo novo. *op. cit.* p. 15.
[180] GREENSPAN, Alan. *A Era da Turbulência* – aventuras em um mundo novo. *op. cit.* p. 261.
[181] GREENSPAN, Alan. *A Era da Turbulência* – aventuras em um mundo novo. *op. cit.* p. 283.
[182] GREENSPAN, Alan. *A Era da Turbulência* – aventuras em um mundo novo. *op. cit.* p. 283.
Segundo o autor, *"Os três seguem, até certo ponto, as regras de mercado, mas com importantes*

Portanto, o mundo está passando por um período difícil de crise econômico-financeira, direcionando-se para o estabelecimento de um novo paradigma para o setor econômico, o que, por via de consequência, ocasionará também uma transformação do capitalismo. Galbraith, ao examinar o conceito do Poder compensatório no Capitalismo Americano, afirmou que *a inflação, não a deflação ou a depressão provocará uma transformação do capitalismo por meio de uma ampla decisão centralizada.*[183]

Nesse aspecto, embora a crise financeira de 2008 não tenha por base um processo inflacionário influenciando uma transformação do capitalismo, ao considerar-se que os sistemas bancários têm falhado repetidamente, com essas falhas impondo grandes custos à sociedade, tanto pelas perturbações macroeconômicas a que elas dão origem, como pelos pacotes de socorro a que elas dão origem, como pelos pacotes de socorro à custa de dinheiro público que quase inevitavelmente se seguem,[184] nota-se que os governos têm regulamentado as instituições financeiras, com um papel regulatório que tem se mostrado superior a qualquer outro setor da economia.

Então, como a atual crise deu-se por contundentes falhas no sistema bancário e financeiro, os fatores que irão orientar uma nova economia, possivelmente passarão por um processo regulatório, aumentando o poder de intervenção do Estado na economia. Amartya Sen, prêmio Nobel de 1998 e doctor *Honoris causa* pela Universidad Complutense de Madrid, em entrevista concedida para *El País*, em Madrid – 08 de fevereiro de 2009 – falando das causas e dos efeitos da crise, diz que *necesitamos una buena alianza entre el Estado y el mercado*, pois não resta dúvida de que não pode haver uma dependência exclusiva da economia de mercado, na medida em que o Estado também possui um papel a desempenhar, por isto, conclui sua avaliação na seguinte forma: *El mercado puede ser un instrumento dinámico de progreso económico, eso hay que reconocerlo. No hay razón para prescindir de él, pero hay que regular*

---

desvios que não são fáceis de categorizar nem de prever. A China está ficando cada vez mais capitalista, com apenas algumas regras formais sobre direito de propriedade. A Rússia tem leis, mas a conveniência política dita a extensão em que são observadas. E os direitos de propriedade na Índia estão sujeitos a tanta regulamentação específica, não raro aplicada de forma discricionária, que não são tão vinculantes quanto deveriam ser para atrair investimentos estrangeiros diretos".
[183] GALBRAITH, John Kenneth. *Capitalismo americano* – o conceito do poder compensatório. Tradução Clara A Colotto. Osasco: Novo Século, 2008, p. 161.
[184] STIGLITZ, Joseph; GREENWALD, Bruce. *Rumo a um novo paradigma em economia monetária.* op. cit. p. 288.

su funcionamiento. Hay gente que piensa que la búsqueda del beneficio es la única clave del éxito de la economia de mercado, pero eso nunca ha sido así.[185] Assim, em decorrência da crise econômica mundial de 2008, existem novos paradigmas para a economia mundial e para o Estado contemporâneo, que, possivelmente, irão produzir transformações no regime capitalista. São mudanças de natureza econômica, produzindo efeitos de natureza política no mundo inteiro.

2.3 Fatores relativos à prestação de contas

O Estado Social e Democrático de Direito, o chamado Estado do bem-estar social, está arraigado no âmbito da Europa Ocidental, produzindo forte influência nos países do leste Europeu, após a queda do comunismo na Rússia e no antigo Bloco Soviético.[186] Nos Estados Unidos e países de língua inglesa, onde o Estado Liberal produz um capitalismo de mercado mais *livre*, também já estariam sofrendo forte influência do Estado do bem-estar social, mediante transformações no seu tipo de capitalismo, refletindo um aumento da interferência do Estado, com produção regulamentar de vários aspectos da economia de mercado,[187] especialmente agora, com o desenrolar da crise econômica global. Dessa forma, havendo novos paradigmas econômicos que influenciam o Estado do 3º milênio, que estão causando um fortalecimento do Direito Administrativo Econômico e do Direito Administrativo Regulatório, devem esses aspectos do Direito público causar uma nova postura de exigência de obrigatoriedade de prestação de contas para a sociedade, qual seja, todos, independentemente do aspecto público ou privado, possuem responsabilidades com a sociedade, por isso, devendo submeter-se à regulação do Estado. Assim, revelam-se como fatores inerentes à prestação de contas, que influenciam a formatação do atual Estado Social e Democrático de direito.

Não resta dúvida de que a concepção de Estado Liberal, idealizado e preponderante nos séculos XVIII e XIX, atuando como protetor da liberdade e da propriedade, via instrumentos jurídicos repressivos,

---

[185] Disponível em: <http://www.elpais.com/articulo/economia/Necesitamos/alianza/Estado/mercado/elpepueco/20090207>. Acesso em: 09 fev. 2009. Entrevista de Amartya Sen para o jornal "El País", de Madrid, em 08.02.2009.
[186] GREENSPAN, Alan. *A Era da Turbulência* – aventuras em um mundo novo. *op. cit.* p. 281
[187] KRUGMAN, Paul. *A crise de 2008 e a economia da depressão. op. cit.* p. 21-23; GREENSPAN, Alan. *A Era da Turbulência* – aventuras em um mundo novo. *op. cit.* p. 258-283.

evoluiu para a concepção do Estado do bem-estar, cujo instrumental jurídico deixa de se preocupar apenas em reprimir a autonomia privada e direciona-se também para incentivar a mudança dos paradigmas sociais.[188] Assim, o Estado do bem-estar social perde a sua conotação exclusivamente repressiva e adquire, na expressão de Bobbio, contornos *promocionais*.[189]

Em tal circunstância, começa surgir a figura do Estado Regulador, que está diretamente interligada com a concepção intervencionista do Estado do bem-estar, até porque dentro da própria agenda neoliberal, embora a tendência geral fosse a desregulação, como diz PRATS CATALÁ, *nunca se renuncio a construir una capacidad reguladora del Estado que remediara los innegables fallos del mercado, sin dejar de considerar en ningún caso lo que la economía de la elección pública há llamado los fallos del Estado*.[190]

Esse contexto de realidade do mundo atual demonstra quanto a economia, a política e o direito estão interligados, por isso a política é tão importante para o direito, quanto o direito para a economia.[191] A utilização da análise econômica do direito tornou-se método usual para compreensão dos problemas resultantes do ordenamento jurídico, circunstância que leva PASTOR a referir: *una disciplina que esencialmente consiste en aplicar princípios o técnicas habituales en el análisis econômico al estúdio de problemas característicos del ordenamiento (sistema) jurídico*.[192]

Consoante essa moderna evolução do Direito Público, surge o Direito Econômico para produção de análises de questões como a regulação de mercados, o regime de competência, os direitos dos consumidores ou a proteção do meio-ambiente.[193] Contudo, esse tipo de

---

[188] JUSTEN FILHO, Marçal. O Direito Regulatório. Revista Interesse Público, ano 9, n. 43, maio-jun. 2007. Belo Horizonte: Fórum, 2007. p. 20.
[189] BOBBIO, Norberto. *Dalla Struttura allá funzione*. Milano: di Comunità, 1977. Nos ensaios contidos nas páginas 13-122, encontra-se o pensamento que estabelece a distinção entre as funções repressiva e promocional. *apud* Marçal Justen Filho, *O Direito Regulatório, op. cit*, p. 20.
[190] PRATS CATALÁ, Joan. Las transformaciones de las Administraciones Públicas de nuestro tiempo. In: MORENO, Fernando Sáinz. (dir.). *Estudios para la reforma de la Administración Pública*. Madrid: Instituto Nacional de Administración Pública, 2005, p. 71.
[191] ORTEGA, Ricardo Rivero. *Introducción al Derecho Administrativo Económico*. 3. ed. rev. cor. ampl. Salamanca: Ratio Legis, 2005, p. 21. O comentário do autor é: "*Las instituciones políticas y jurídicas son condiciones previas del sistema económico, dependiente de ellas*".
[192] PASTOR, Juan Alfonso Santamaría. *Sistema jurídico y economía. Una introducción al análisis económico del Derecho*. Madrid: Tecnos, 1989. p. 31. *apud* ORTEGA, Ricardo Rivero. *Introducción al Derecho Administrativo Económico. op. cit.* p. 21.
[193] ORTEGA, Ricardo Rivero. *Introducción al Derecho Administrativo Económico. op. cit.* p. 22.

intervenção do Estado, a regulação, não ocorre de maneira excessiva, pois envolve uma técnica de intervenção mais respeitosa com a iniciativa privada, funcionando como uma alternativa mais adequada à proteção da economia de mercado e o interesse protetivo do Estado, pois, como refere Gimeno Feliu, as atividades econômicas consideradas essenciais para a sociedade devem ter regulação do processo econômico.[194]

Essa nova forma de atuação estatal, que passa a ser necessária a partir do esgotamento da capacidade do Estado realizar diretamente todas as necessidades da população, ocorre com uma segregação entre as atividades de regulação e a de prestação de serviços,[195] assim como a implementação do controle da ação privada com a finalidade de se implantar e fomentar a concorrência, agora possível em razão dos avanços tecnológicos e ao mesmo tempo a adequada prestação de serviços.[196] Por tais razões é forçoso concluir que, desde uma perspectiva material, a administração converteu-se em poder regulador por excelência em nosso Estado.[197]

Dessa forma, o Estado Regulador tem se caracterizado pelo compartilhamento entre Estado e sociedade da responsabilidade de promover o bem-estar do cidadão. É quando o Estado disciplina juridicamente os limites da autonomia privada.[198]

Esse disciplinamento jurídico dos limites da autonomia privada é efetuado de acordo com as competências econômicas fixadas para cada

---

[194] GIMENO FELIU. *Fundamentos de la ordenación jurídica de la economía y escenarios del intervencionismo administrativo*. En Bermejo Vera, *Derecho Administrativo. Parte especial*. Madrid: Civitas, 1998, p. 773. apud ORTEGA, Ricardo Rivero. *Introducción al Derecho Administrativo Económico*, op. cit. p. 23. Diz o autor: *"... la Administración tiene a su disposición un amplio abanico de modalidades interventoras tanto directas, que van desde la simple reglamentación de la actividad por razones de seguridad o salubridad, a la asunción por el Estado de la titularidad – con o sin su gestión posterior – de determinadas actividades económicas consideradas esenciales para la comunidad, como indirectas, a través de la regulación del proceso económico".*

[195] ORTEGA, Ricardo Rivero. *Introducción al Derecho Administrativo Económico*. op. cit. p. 96.

[196] SCHIRATO, Vitor Rhein. *As agências reguladoras independentes e alguns elementos da Teoria Geral do Estado*. In: ARAGÃO, Alexandre Santos; MARQUES NETO, Floriano de Azevedo. (Coords.). Direito Administrativo e seus novos paradigmas. Belo Horizonte: Fórum, 2008. p. 474; GROTI, Dinorá Adelaide Musetti. Redefinição do Papel do Estado na prestação de serviços públicos: realização e regulação diante do princípio da eficiência e da universalidade. *Revista Interesse Público*, Porto Alegre, ano 8, nº 40, p. 37-69, nov./dez. 2006.

[197] PASTOR, Juan Alfonso Santamaría. *La Administración como Poder Regular*. In: MORENO, Fernando Sáinz (Dir.). *Estudios para la reforma de la Administración Pública*. Madrid: Instituto Nacional de Administração Pública, 2005, p. 375.

[198] JUSTEN FILHO, Marçal. *O Direito Regulatório*. op. cit. p. 24-25. Conforme o autor, o Estado deve *"disciplinar juridicamente os limites da autonomia privada, funcionalizando o desempenho das atividades econômicas relevantes e relacionadas com a satisfação de necessidades coletivas".*

âmbito da Administração Pública. No atual Estado Social e Democrático de Direito existem múltiplas Administrações Públicas, constituindo um complexo sistema de autonomias, que resulta em uma teia escalonada de competências. Como bem esclarece Ricardo Rivero Ortega, quanto à estrutura adotada pela Constituição espanhola, a aposta constitucional é por um modelo de Estado descentralizado e garantidor do protagonismo das autoridades locais e autonômicas na adoção da maioria das decisões que afetam os cidadãos nas distintas partes do território espanhol, consoante expressa o art. 137 da CE.[199] De acordo com esse modelo, Municípios, Províncias e Comunidades Autônomas são titulares de uma autonomia com maiores consequências políticas no caso destas últimas, dado o seu poder de aprovar leis que também podem afetar a vida econômica.[200]

Esse é o modelo adotado em todos os Estados federais, regionais ou descentralizados, onde se pode observar uma tendência de concentração das principais competências econômicas legislativas nos poderes centrais de comando nacional, como ocorre no caso dos Estados Unidos, Alemanha, Espanha e Brasil. É de ser salientado ainda a circunstância derivada da consolidação da União Europeia, que estabelece uma renúncia de poderes econômicos por parte do Estados, com o Direito Europeu adquirindo importância na ordenação da economia.[201] Do mesmo modo se posiciona González-Varas Ibánez, ao dizer que é preciso *considerar también las regulaciones de Derecho comunitário vigentes con carácter general en los distintos Estados miembros. Estas regulaciones representam una via importante para la formación de un Derecho administrativo común en Europa y se propician 'vía legislativa' a instancia de las instituciones comunitárias.* [202]

De qualquer forma, no chamado Estado Regulador, essa intervenção regulatória caracteriza-se como um instrumento político

---

[199] ORTEGA, Ricardo Rivero. *Introducción al Derecho Administrativo Económico.* op. cit. p. 79.
[200] LEGUINA VILLA, *Escritos sobre autonomias territoriales.* Madrid: Tecnos, 1984; GARCÍA DE ENTERRÍA, *Estúdios sobre autonomias territoriales.* Madrid: Civitas, 1985. apud ORTEGA, Ricardo Rivero. *Introducción al Derecho Administrativo Económico.* op. cit. p. 79-80.
[201] ORTEGA, Ricardo Rivero. *Introducción al Derecho Administrativo Económico.* op. cit. p. 81. Segundo Rivero Oretega, "*ya sea a la hora de fijar su política monetária (especialmente trás la unificación de la moneda y la puesta en circulación del Euro), sus medidas proteccionistas (sujetas a las prohibiciones de limitar el mercado interior) o sus legislaciones de los distintos sectores de la economía (hemos visto en el tema anterior la importancia que el Derecho europeu ha adquirido en la ordenación de la economía, gracias a la aprobación de Reglamentos y Directivas sobre telecomunicaciones, transportes, contratos públicos, agricultura, etc.)*".
[202] ÍBAÑEZ, Santiago Gozález-Varas. *El Derecho Administrativo Europeo.* 3. ed. Sevilla: Instituto Andaluz de Administración Pública, 2005, p. 58.

fundamental, que se traduz basicamente na edição de regras e outras providências dirigidas no sentido de influenciar a atuação das pessoas, empresas e instituições,[203] que são editadas no âmbito de competência de cada autonomia administrativa integrante do complexo sistema de distribuição de competências econômicas.

Logicamente que, nesse aspecto, é de ser ressaltado, ainda, o impacto que a globalização causa nesse sistema regulador do Estado nacional. Como adverte Sánchez Morón, a dimensão transnacional, inclusive universal, que tem alcançado as relações financeiras e comerciais, a segurança pública e a justiça ou a proteção do meio ambiente, entre outras questões, tem levado os Estados a assumirem em tratados e convênios internacionais compromissos que se traduzem em intervenções do Estado e, por consequência, em novas normas de direito administrativo.[204]

De uma maneira geral, os autores indicam várias modalidades possíveis de atuação estatal na economia, variando do mesmo modo a nomenclatura utilizada. No entanto, é bastante utilizada a expressão *intervenção no domínio econômico*, por ser uma expressão de significação ampla, abrangendo todas as formas de atuação do Estado na economia.[205]

Ao contrário do Estado Liberal do século XIX que se peculiarizava por uma concepção omissiva, a proposta de intervencionismo estatal entranhava o Estado de bem-estar como característica essencial.[206] Entretanto, em face da crise fiscal, o Estado de bem-estar foi conduzido para uma visão de redução das dimensões do Estado e de sua intervenção direta no âmbito econômico, passando a um novo modelo de atuação, que se caracteriza preponderantemente pela utilização da

---

[203] JUSTEN FILHO, Marçal. *O Direito Regulatório*, op. cit., p. 25.
[204] MORÓN, Miguel Sánchez. *Derecho Administrativo – Parte General*, 2008, op. cit. pág. 62. Este é o comentário de Morón: *"la globalización de los problemas y los avances en su regulación por el Derecho internacional público, con todas sus actuales limitaciones, origina que una parte creciente de la legislación administrativa interna sea directa consecuencia de tales tratados e convenios o proceda la actividad reguladora de organismos internacionales (el Protocolo de Kioto o los acuerdos de la Organización Mundial del Comercio, por ejemplo). El Derecho administrativo se está internacionalizando en sectores importantes, aunque todavía queda mucho camino por percorrer en esta dirección".*
[205] VENÂNCIO FILHO, Alberto. *A intervenção do Estado no domínio econômico*. Rio de Janeiro: Fundação Getúlio Vargas, 1968, realiza distinção em dois aspectos: *"direito regulamentar econômico e direito institucional econômico.* BAENA DEL ALCAZAR, Mariano. *Régimen jurídico de la intervención administrativa en la economía.* p. 37. apud SILVA, José Afonso da. *Curso de Direito Constitucional Positivo.* op. cit., p. 807.
[206] JUSTEN FILHO, Marçal. *O Direito Regulatório.* op. cit., p. 23.

competência normativa para disciplinar a atuação dos particulares, fato que tem sido objeto de farta bibliografia, disponível em vários idiomas.[207]

Essa evolução do intervencionismo está bem demonstrada por Ricardo Rivero Ortega, quando este relata o desenvolvimento da história do intervencionismo na Espanha, que, embora a antiguidade da sua história, verifica-se que os primeiros anos do século XX se caracterizaram por uma intensificação do intervencionismo na economia,[208] que tiveram continuidade na breve experiência da Segunda República (1931), mas que foi intensificada mais ainda na primeira etapa do Franquismo (1939).[209] A partir de 1985 tem início o que MARTÍN MATEO chama de *la larga marcha hacia la liberación de la Economía Espanhola*,[210] e buscando a preparação das empresas espanholas para o ingresso do país na Comunidade Europeia, a partir de 1986 se opera um desgastante início da liberação de numerosos setores da economia.[211] Em 1996 aceleram-se as medidas liberalizadoras, com realização de uma nova onda de privatizações; contudo, a partir de março de 2004, é iniciada uma nova etapa que se caracteriza pela continuidade de muitos aspectos das políticas econômicas anteriores, destacando-se decisões sobre marcos regulatórios, principalmente para o setor audiovisual, com posterior aprovação de um projeto de lei de regulação geral para esse setor.[212]

Portanto, as formas de intervenção no domínio econômico, de acordo com o momento histórico da sociedade, ocorrem ora de maneira mais branda (Estado liberal), ora de maneira mais intensa (Estado de bem-estar social), mas, sobretudo, se estabelecendo de forma

---

[207] Como referência apenas, mencionam-se os seguintes trabalhos: GIROTTI, Fiorenso. *Welfare State*. Roma: Carocci, 1998; FERRARESE, Maria Rosaria. *Diritto e Mercato – Il Caso degli Stati*. Torino: Giappichelli, 1992.; TAYLOR, Graham. *State Regulation and the Politics of Public Service*. London, 1999; ORTIZ, Gaspar Ariño. *La regulación Económica*. Buenos Aires: Depalma, 1996; *Princípios de Derecho Público Económico*. Granada: Comares, 1999; e *Privatizaciones y liberaciones em Espanha*. Granada: Comares, 2004; DUMEZ, Hervé; JEUNEMAITRE, Alain. *Quels Modèles de Régulation pour les Services Publics?* In: *L'Idée de Service Public Est-elle Encore Soutenable?*. Paris: PUF, 1999. p. 63-80. *apud* JUSTEN FILHO, Marçal. *O Direito Regulatório. op. cit.*, p. 23.

[208] ORTEGA, Ricardo Rivero. *Introducción al Derecho Administrativo Económico. op. cit.* p. 37.

[209] *Idem*, p. 38

[210] MARTÍN MATEO, *La larga marcha hacia la liberación de la economía española*. In: MORANT, Rafael Gómez-Ferrer (coord.). *Homenaje al Profesor VILLAR PALASÍ*, Madrid: Civitas, 1989, p. 711 *et seq. apud* ORTEGA, Ricardo Rivero. *Introducción al Derecho Administrativo Económico. op. cit.*, p. 39.

[211] VELARDE, *Hacia otra economía española*. Madrid: Espasa, 1996. *apud* ORTEGA, Ricardo Rivero. *Introducción al Derecho Administrativo Económico, op. cit.*, p. 40.

[212] ORTEGA, Ricardo Rivero. *Introducción al Derecho Administrativo Económico. op. cit.*, p. 40.

mais equilibrada no Estado Regulador, momento em que o Estado aparece como agente normativo e regulador da atividade econômica, compreendendo as funções de fiscalização, incentivo e planejamento, caracterizando-se como o Estado regulador, o Estado promotor e o Estado planejador da atividade econômica.[213]

Como se vê, no atual estágio da sociedade em um mundo globalizado, modificam-se as tendências do intervencionismo, na medida em que passa ocorrer o que Ricardo Rivero Ortega chama de *la desintervención a las exigências de controle de la Economia en un mundo globalizado*, consistindo em uma mudança de posição do Estado em suas relações com o sistema econômico – de Estado gestor passa a Estado regulador –.[214]

Quando Stiglitz se posiciona no que ele chama de *Rumo a um novo idealismo democrático*, diz que não deve haver exacerbação em um papel dominante para o governo na economia, nem em um papel minimalista, mas que essa visão implica um papel equilibrado para o governo.[215]

Esse é o indicativo da realidade no mundo atual: a intervenção no domínio econômico deve ser estabelecida de acordo com um ponto de equilíbrio, no sentido de respeitar a liberdade individual, mas com um mercado regulamentado com vista ao atendimento dos interesses sociais.[216]

---

[213] MUSOLF, Lloyd D. *O Estado e a economia*. Tradução de Luiz Aparecido Caruso. São Paulo: Atlas, 1968. *apud* SILVA, José Afonso da. *Curso de Direito Constitucional Positivo. op. cit.*, p. 807.

[214] ORTEGA, Ricardo Rivero. *Introducción al Derecho Administrativo Económico. op. cit.*, p. 41.

[215] STGLITZ, Joseph E. *Os exuberantes anos 90* – Uma nova interpretação da década mais próspera da história. *op. cit.*, p. 292. Assim o autor se manifesta:"*implica um papel equilibrado para o governo, uma tentativa de alcançar justiça social em 'todos os níveis' – tanto global como local –, ao mesmo tempo em que promove um senso de responsabilidade individual e nacional, Ela vislumbra o fortalecimento das oportunidades individuais, ao mesmo tempo que realça a ação coletiva democrática. É uma visão e uma agenda que levam em consideração os vínculos entre os processos econômicos e políticos, e entre estes e o tipo de sociedade – e os tipos de indivíduos – que criamos*".

[216] PRATS CATALÁ, Joan. *Las transformaciones de las Administraciones Públicas de nuestro tiempo*. In: *Estudios para la reforma de la Administración Pública. op.cit.* p. 72; SUNSTEIN, C.R. *Free Markts and Social Justice*. New York: Oxford University Press, 1997, p. 7; SEN, Amartya. *Capitalism Beyon the Crisis*. Disponível em: <www.nybooks.com/articles/22490>. Nesse sentido, refere o autor: "*hay que acabar de una vez con la falsa cuestión de si tendríamos que tener más o menos gobierno o más o menos mercados libres. Esas dicotomías son demasiado crudas. Los mercados dependen de los gobiernos. Algunas veces, los gobiernos pueden mejorar los mercados existentes mediante la creación de buenos incentivos para compartimentos socialmente deseables. Algunas veces, los mercados deben ser complementados por servicios gubernamentales como los de educación, formación y salud. No hay inconsistencia entre urgir una mayor confianza en los mecanismos del mercado en determinadas áreas y en insistir a la vez en mayor rol para el sector público en otras. Los problemas no se enfrentan adecuadamente preguntándonos si debería existir más o menos regulación. La cuestión real es qué clase de regulaciones (incuyendo las que hacen*

Amartya Sen, nos anos 2000, já se posicionava no sentido da teoria econômica ter como base de análise os pressupostos básicos da liberdade e dos direitos fundamentais do cidadão,[217] o que, agora em exame da crise financeira global de 2008, ele reitera e reforça seu posicionamento dizendo que os mercados de capitais precisam de contenção e correção por outras instituições, como, por exemplo, um bem elaborado regulamento financeiro e uma estatal assistência aos pobres, para evitar instabilidade, desigualdade e injustiça, qual seja, com obtenção de uma nova abordagem para a organização da atividade econômica, que inclui uma pragmática escolha de uma variedade de serviços públicos e de bons regulamentos.[218]

Em conclusão, como reverbera Ricardo Rivero Ortega lembrando afirmação de Heilbroner, em análise do capitalismo do século XXI, ... *se habrán de refrenar, enderezar o reorientar las tendencias indeseadas del ámbito económico por el único medio capaz de imponer resistencia a la fuerza de la esfera de lo económico, es decir, por medio del gobierno,*[219] pois são múltiplos os mecanismos que o governo tem em mãos, como impostos e subvenções, seguridade social, política monetária e todo o tipo de intervenção para regular o domínio econômico.[220] Portanto, após a crise de 2008, os Estados convertem-se em uma democracia vigilante,[221] com um sistema de capitalismo regulado e supervisionado. Os indicativos são de que nada mais fica ao autocontrole do mercado, toda a atividade econômica deverá submeter-se a regulação do Estado, demonstrando a existência de uma nova forma de controle e de prestação de contas.

3 Administração Pública e Estado Social e Democrático de Direito

Conforme já verificamos no estudo evolutivo do Estado, os homens vivem necessariamente em sociedade e aspiram a realizar

---

posibles los mercados) promueven el bienestar humano en diferentes contextos y cómo conquistar la capacitad para producir y administrar eficazmente tales regulaciones".

[217] SEN, Amartya. *Democracia y Desarrollo*, 2000. apud ORTEGA, Ricardo Rivero. *Introducción al Derecho Administrativo Económico*. op. cit., p. 49.
[218] SEN, Amartya. *Capitalism Beyond the Crisis*. Disponível em: <www.nybooks.com/articles/22490>. p. 7.
[219] HEILBRONER. *El capitalismo del siglo XXI*. Barcelona: Península, 1996. apud ORTEGA, Ricardo Rivero. *Introducción al Derecho Administrativo Económico*. op. cit., p. 54.
[220] ORTEGA, Ricardo Rivero. *Introducción al Derecho Administrativo Económico*. op. cit., p. 54.
[221] CARZOLA PRIETO, Luis Maria. *Crisis Econômica y Transformación del Estado*. 1. ed. Navarra: Aranzadi, 2009, p. 171-174.

o bem geral, isto é, o bem público, fato que os leva a constituírem as instituições formadoras da sociedade e esta a se organizar em Estado. Portanto, para lograr seus fins, as comunidades humanas se organizam politicamente no sentido de conjugar esforços para o alcance desses fins. Esse tipo de organização chama-se Estado.[222] Em razão desses aspectos genéricos, sob o ponto de vista juspolítico, pode-se alcançar a seguinte identificação: Estado é a organização político-jurídica de uma sociedade para realizar o bem público, com governo próprio e território determinado.[223]

No seu curso evolutivo, o Estado adquiriu diversas formas constitutivas, até que, no seu estágio pós-moderno, o Estado atual, configurou-se no Estado Democrático de Direito, ou como na visão espanhola, o Estado Social e Democrático de Direito, na sua concepção plural, transparente e participativa.

Esse Estado de Direito, na sua atual conformação social e democrática, tem sua essência em valores como o da igualdade, liberdade, dignidade da pessoa, direitos fundamentais e justiça social, que o levam a assentar-se, segundo Gomes Canotilho, nos seguintes princípios: a) princípio da constitucionalidade; b) princípio democrático – plural, transparente e participativo; c) princípio da divisão dos poderes; d) princípio da legalidade; e) princípio da igualdade; f) princípio dos direitos fundamentais – individuais, coletivos, sociais e culturais; g) princípio da justiça social; h) princípio da segurança jurídica.[224]

Contudo, para concretização de seus objetivos, o Estado, como estrutura social, não possui o que se chama de vontade real e própria, na medida em que ele se manifesta por meio de seus órgãos, os quais expressam somente vontade exclusivamente humana, manifestada pelos agentes públicos que ali atuam. Assim, para consecução de suas finalidades, o Estado depende e necessita de seus órgãos.

Por sua vez, deve-se ter a compreensão de que os órgãos do Estado são organismos supremos, na medida em que se constituem constitucionalmente ou são dependentes, porque se organizam administrativamente. Aos órgãos do Estado cabe o exercício do poder

---

[222] GARRIDO FALLA, Fernando. *Tratado de Derecho Administrativo*. Parte General, v. 1. *op. cit.*, p. 35. Nesse aspecto o autor define: *El tipo de organización política que hoy conocemos como regla en pueblos civilizados se denomina Estado.*
[223] AZAMBUJA, Darcy. *Teoria Geral do Estado*. apud MILESKI, Helio Saul. *O Controle da Gestão Pública*. São Paulo: Revista dos Tribunais, 2003, p. 26.
[224] CANOTILHO, J. J. Gomes. *Direito Constitucional*. 5. ed. Coimbra: Almedina, 1991. p. 373 *et seq.*

político, cuja estrutura organizacional denomina-se *Governo* ou *órgãos governamentais*. Os dependentes, por estarem em nível hierárquico inferior, formam a chamada *Administração Pública*, a qual possui natureza administrativa.[225]

Nesse contexto, pode-se dizer que a *Administração Pública* representa o meio – humano, material e financeiro – de execução das decisões políticas de governo, face os fundamentos estruturais do Estado Democrático de Direito. Contudo, cabe lembrar a advertência realizada por Garrido Falla, de que quando se fala da Administração como instrumento se está negando a sua concepção institucional.[226]

Portanto, se o Estado Democrático de Direito, que possui conformação social e democrática, com opção por uma sociedade pluralista que, embora os seus aspectos conflituosos, respeita a pessoa humana e sua liberdade, tendo em conta uma concepção democrática semidireta, buscando a participação popular e uma ação transparente, obviamente que a Administração Pública, por ser o instrumento da ação estatal que executa as decisões de governo, carrega consigo todos esses fundamentos do Estado Democrático de Direito.[227]

Seria incompreensível e inaceitável que o instrumento da ação estatal – a Administração Pública – procedesse de modo distinto dos objetivos e dos fundamentos do Estado Democrático de Direito. Sendo assim, a Administração Pública contemporânea absorve todos os fundamentos do Estado Democrático de Direito, no sentido de ter uma atuação com postura pluralista e, promovendo e estimulando a participação popular, proceda com absoluta transparência na execução dos objetivos do Estado e, especialmente, na satisfação dos direitos fundamentais do cidadão.[228]

---

[225] SILVA, José Afonso da. *Curso de Direito Constitucional Positivo.* 24. ed. São Paulo: Malheiros, 2005, p. 107. Complementando o seu comentário sobre a diferença entre Governo e Administração Pública, o autor diz: *"Enquanto os primeiros constituem objeto do Direito do Direito Constitucional, os segundos são regidos pelas normas do direito administrativos. E aí se acha o cerne da diferenciação entre os dois ramos do Direito".*

[226] GARRIDO FALLA, Fernando. *Tratado de Derecho Administrativo* – Parte General. v. 1. op. cit., p. 67. A advertência do autor é a seguinte: *"Cuando se habla de la Administración como instrumento, se está negando entonces su concepción institucional. La Administración como aparato significa que la Administración es instrumental con respecto a la actuación política previamente fijada y, por consiguientemente, la Administración es mediar en cuanto al conseguimiento de esos fines. Cuando, en cambio, asume como propios los fines que persigue, entonces estamos precisamente institucionalizando la Administración".*

[227] MORÓN, Miguel Sánchez. *Derecho Administrativo* – Parte General. op. cit., p.75-77.

[228] MORÓN, Miguel Sánchez. *Derecho Administrativo* – Parte General. op. cit. p. 58. Nesse sentido, o autor realiza o seguinte comentário: *"Especial importancia tienen a este respecto*

No mesmo sentido, Pedro Nevado-Batalla menciona a existência de consagração democrática para a Administração Pública, com a mesma devendo submeter-se a uma série de princípios e regras, por decorrência dos princípios e fundamentos do Estado Social e Democrático de Direito.[229]

Fixado que a Administração Pública absorve a consagração democrática dos fundamentos do Estado Democrático de Direito, passamos ao exame da sua atividade decorrente dessa situação, a *atividade administrativa*. Assim, essa atuação da Administração envolve o estudo dos diversos aspectos da atividade administrativa, bem como as técnicas e os instrumentos jurídicos de que se serve a Administração Pública para o seu desenvolvimento.[230]

Administrar, como atividade ou função administrativa, é gerir bens, interesses e serviços, segundo a lei, a moralidade e a finalidade de certo patrimônio entregue à guarda, conservação e aprimoramento de alguém que não o seu proprietário.[231] Contudo, quando esses bens, interesses e serviços são públicos, qual seja, pertencem ao patrimônio da coletividade, altera-se o nível de sua compreensão, na medida em que não possuem poderes de disposição, oneração, destruição e renúncia, mas exclusivamente os de guarda, conservação e aprimoramento de bens, interesses e serviços destinados à Administração.[232]

Considerando-se os conceitos suprarreferidos, constata-se que a natureza da atividade administrativa é de encargo, de um *munus*

---

los derechos fundamentales de los ciudadanos reconocidos en los textos constitucionales. No solo porque el listado de los mismos se há venido ampliando durante el siglo XX, para incluir los derechos económicos, sociales y ambientales junto a los tradicionales derechos políticos y civiles, sino también porque la 'vis expansiva' de los mismos transforma en parte la función de la Administración, que debe ya no sólo respetar el ejercício individual de tales derechos, sino desarrollar también funiones activas de garantía y protección frente las vulneraciones y amenazas que provienen de la actuación de terceros".

[229] MORENO, Pedro T. Nevado-Batalla, *Notas sobre Derecho Administrativo I*, op. cit., p. 46. Buscando esclarecer o seu posicionamento, o autor refere: *"Pero aún hay más, las consecuencias estructurales del carácter Democrático de la Administración pública se resumen en su ya expuesto carácter vicarial, es decir al servicio de las instancias políticas que representan formalmente al titular de la soberanía: su papel institucional consiste en actuar como organización ejecutora de los mandatos normativos provenientes del Parlamento, representante máximo de la soberanía nacional, pero también como estructura de apoyo directo al supremo órgano ejecutivo en su tarea de la gobernación del Estado".*

[230] ALFONSO, Luciano Parejo. *Leciones de Derecho Administrativo*. op. cit., p. 271.

[231] MEIRELLES, Hely Lopes. *Direito Administrativo Brasileiro*. op. cit., p. 84.

[232] GASPARINI, Diogenes. *Direito Administrativo*. op. cit. p. 54-55. Por isso, o autor define a atividade administrativa como *"a gestão, nos termos da lei e da moralidade administrativa, de bens, interesses e serviços públicos visando o bem comum".*

público, devendo ser exercido de acordo com a lei e a moralidade pública, enquanto o seu fim deve ser direcionado sempre para o interesse público.[233]

Consoante essas características e peculiaridades mencionadas, existem outros fatores intrínsecos à Administração Pública, compatíveis com os fundamentos do Estado Democrático de Direito, que são os princípios que orientam o exercício da atividade administrativa.

Nesse sentido, por tudo o que já foi abordado, resta claro que a Administração Pública deve se basear em princípios iguais ou derivados dos princípios consubstanciados no Estado Democrático de Direito.

A Administração deve se pautar por uma democracia pluralista, buscando resolver os conflitos de interesses via consenso. Assim, o pluralismo é um princípio do Estado Democrático de Direito, com *status* de valor superior, que deve ser incorporado à ação desenvolvida pela Administração Pública.[234]

Do mesmo modo, torna-se impreterível a aplicação da democracia participativa no âmbito da Administração, de vez que a participação direta do cidadão nos atos de planejamento, elaboração e execução de políticas públicas é exigência do atual Estado Social e Democrático de Direito, carregando consigo a busca pela transparência da Administração, no sentido de que, havendo conhecimento, ocorra participação popular e seja exercitado o controle social.[235]

Complementando os já referidos fundamentos do Estado Democrático de Direito, existe também uma série de ordenações jurídico-funcionais que devem reger a atuação da Administração Pública. Essas ordenações são os princípios dirigidos à Administração Pública.[236] Princípios constitucionais são padrões de conduta que devem ser seguidos pela Administração Pública, constituindo arcabouço dos

---

[233] GASPARINI, Diogenes. *Direito Administrativo*. op. cit. p. 55.
[234] MORENO, Pedro T. Nevado-Batalla. *Notas sobre Derecho Administrativo I*. op. cit., p. 47. Na opinião do autor, *"El pluralismo es, en palabras de SANTAMARÍA PASTOR, no sólo uno de los <<valores superiores>> del ordenamiento jurídico español, sino el fundamento axiológico mismo de la claúsula de Estado Democrático".*
[235] MORENO, Pedro T. Nevado-Batalla. *Notas sobre Derecho Administrativo I*. op. cit., p. 48. Aqui o autor ainda apresenta a seguinte análise: *"Tanto en el caso de la claúsula del Estado Social como en la que ahora estamos analisando, la motivación de la participación ciudadana en la gestión de determinados asuntos públicos o lo que hemos denominado interacción entre poderes Públicos y la sociedad trae su causa en una misma razón: la no monopolización por parte de las administraciones de la satisfacción de necesidades de interés general".*
[236] SILVA, José Afonso. *Curso de Direito Constitucional Positivo*. op. cit., p. 96; FREITAS, Juarez. *O controle dos atos administrativos e os princípios fundamentais*. 3. ed. ver. ampl. São Paulo: Malheiros, 2004, p. 23 *et seq.*

fundamentos de validade da ação administrativa.[237] Por tais razões, os princípios são normas portadoras dos valores e dos fins genéricos do Direito, em sua forma mais pura, motivo por que sua violação repercutirá de modo muito mais amplo e de forma mais grave do que a transgressão de normas preceituais.[238]

Assim, por decorrência da própria evolução do Estado que resultou no Estado contemporâneo, o Estado Democrático de Direito – plural, transparente e participativo – também houve uma evolução da dogmática dos princípios de direito, a qual se tornou fator relevante para o desenvolvimento do Direito Administrativo.

Nesse contexto de avaliação da importância dos princípios para o Direito Administrativo, impõe-se também salientar que a finalidade dos princípios de direito, por serem portadores de valores relevantes para a vida em sociedade, devem servir de orientação tanto para os criadores das normas abstratas e gerais, como para os criadores de normas decisionais, expressadas em termos concretos.

Por isso, os princípios são indicadores de objetivos a serem alcançados, servindo de orientação prática para a elaboração de normas, no sentido de não serem reguladas proposições inexequíveis e para que a exequibilidade das decisões se faça de modo mais eficiente.[239]

A concepção de princípio, conforme manifesta Luís-Diez Picazo, deriva de linguagem da geometria, *onde designa as verdades primeiras*,[240] por isso são *princípios*, qual seja, *porque estão ao princípio*.

Dessa forma, tendo em conta que os princípios são verdades objetivas, dotadas de vigência, validez e obrigatoriedade, conforme F. Clemente pondera, em uma época em que os princípios ainda estavam embutidos em uma concepção civilista – por volta de 1916 – os princípios gozam de vida própria e valor substantivo pelo mero fato de serem princípios, encerrando uma verdade jurídica universal.[241] Portanto, na percepção daquele jurista espanhol, *Princípio de direito é o pensamento diretivo que domina e serve de base à formação das disposições*

---

[237] MILESKI, Helio Saul. *O Controle da Gestão Pública*. São Paulo: Revista dos Tribunais, 2003, p. 37.
[238] MOREIRA NETO, Diogo de Figueiredo. *Mutações do direito público*. op. cit. p. 267.
[239] MOREIRA NETO, Diogo de Figueiredo. *Quatro Paradigmas do direito administrativo pós-moderno*: legitimidade; finalidade; eficiência; resultado. Belo Horizonte: Fórum, 2008, p. 93.
[240] PICAZO, Luís-Diez. *Los principios generales del Derecho en el pensamiento de F. Castro*. In: *Anuario de Derecho*. t. XXXVI, n. 3, out./dez. 1983, p. 1267-1268. *apud* BONAVIDES, Paulo. *Curso de Direito Constitucional*. 16. ed. atual. São Paulo: Malheiros, 2005, p. 255.
[241] CLEMENTE, F. El método en la aplicación del Derecho Civil. *Revista de Derecho Privado*, ano 4, nº 37, out. 1916, p. 290.

singulares de Direito de uma instituição jurídica, de um Código ou de todo um Direito Positivo.[242]

A partir de então, surgiram diversos conceitos e manifestações doutrinárias envolvendo a normatividade dos princípios, favorecendo a elaboração de muitas variantes de entendimento, como foi o caso da Corte Constitucional Italiana que, em 1956, considerou *como princípios do ordenamento jurídico aquelas orientações e aquelas diretivas de caráter geral e fundamental.*[243]

Visando a sistematizar esses entendimentos, Ricardo Guastini realizou uma investigação doutrinária, recolhendo da jurisprudência e de vários juristas seis distintos conceitos de princípios, todos vinculados a disposições normativas, tendo em conta os objetivos a serem alcançados em cada norma.[244]

Esse caminho teórico-evolutivo dos princípios gerais termina por convertê-los em princípios constitucionais. Essa conversão dos princípios gerais em dispositivos constitucionais, como grande passo transformador, consolida-se na chave de todo o sistema normativo.[245]

---

[242] CLEMENTE, F. *El método en la aplicación del Derecho Civil.* op. cit., p. 293.

[243] Giur: Costit., I, 1956, 593, *apud* BOBBIO, Norberto. Principi generali di Diritto. *Novíssimo Digesto Italiano*, v. 13, p. 889. apud BONAVIDES, Paulo. *Curso de Direito Constitucional.* op. cit., p. 257. O conceito integral está assim expresso: *"Faz-se mister assinalar que se devem considerar como princípios do ordenamento jurídico aquelas orientações e aquelas diretivas de caráter geral e fundamental que se possam deduzir da conexão sistemática, da coordenação e da íntima racionalidade das normas, que concorrem para formar assim, num dado momento histórico, o tecido do ordenamento jurídico".*

[244] GUASTINI, Ricardo. *Dalle Fonti alle Norme.* p. 112. *apud* BONAVIDES, Paulo. *Curso de Direito Constitucional.* op. cit., p. 257. Os seis conceitos referidos pelo autor são: *"Em primeiro lugar, o vocábulo 'princípio', diz textualmente aquele jurista, se refere a normas (ou a disposições legislativas que exprimem normas) providas de um alto grau de generalidade. Em segundo lugar,, prossegue Guastini, os juristas usam o vocábulo 'princípio' para referir-se a normas (ou a disposições que exprimem normas) providas de um alto grau de indeterminação e que por isso requerem concretização por via interpretativa, sem a qual não seriam suscetíveis de aplicação a casos concretos. Em terceiro lugar, afirma ainda o mesmo autor, os juristas empregam a palavra 'princípio' para referir-se a normas (ou disposições normativas) de caráter 'programático'. Em quarto lugar, continua aquele pensador, o uso que os juristas às vezes fazem do termo 'princípio' é para referir-se a normas (ou a dispositivos que exprimem normas) cuja posição na hierarquia das fontes de Direito é muito elevada. Em quinto lugar – novamente Gustini – 'aos juristas usam o vocábulo princípio para designar normas (ou disposições normativas) que desempenham uma função 'importante' e 'fundamental' no sistema jurídico ou político unitariamente considerado, num ou noutro subsistema do sistema jurídico conjunto (o Direito Civil, o Direito do Trabalho, o Direito das Obrigações)'. Em sexto lugar, finalmente, elucida Guastini, os juristas se valem da expressão 'princípio' para designar normas (ou disposições que exprimem normas) dirigidas aos órgãos de aplicação, cuja específica função é fazer a escolha dos dispositivos ou das normas aplicáveis nos diversos casos".*

[245] BONAVIDES, Paulo. *Curso de Direito Constitucional.* op. cit., p. 259. O autor, nesse aspecto, comenta: *"A inserção constitucional dos princípios ultrapassa, de último, a fase hermenêutica*

Com essa conversão para o regime constitucional, a juridicidade dos princípios, de um modo geral, consubstanciou-se em três distintas fases: a jusnaturalista, a positivista e a pós-positivista.

Na fase jusnaturalista, os princípios estão adstritos a uma conformação abstrata e sua normatividade contrasta com o seu reconhecimento da dimensão ético-valorativa da ideia inspiradora dos postulados de justiça, em cujo período salientam-se os juristas Giorgio Del Vecchio e Joaquín Arces y Flórez-Valdéz. Segundo os autores jusnaturalistas, o ideal de justiça impregna a essência dos princípios gerais de Direito, contudo, como ressalta García de Enterría, a *formulação axiomática* os arrastou ao descrédito.[246]

O positivismo jurídico, como segunda fase da teorização dos princípios, realiza o ingresso dos princípios nos Códigos como fonte normativa subsidiária, levando Gordillo Cañas a referir que os princípios são como válvula de segurança, que garante o reinado absoluto da lei.[247] Justamente por esses aspectos, segundo Flórez-Valdéz, a concepção positivista considera que os princípios gerais de Direito são equivalentes aos princípios que informam o Direito Positivo e lhe dão fundamento.[248]

Por sua vez, Norberto Bobbio, expondo sobre a tese dos que aceitam a versão do caráter normativo dos princípios, arrola os diversos critérios de elucidação do fator distintivo que vai dos princípios a outras normas do ordenamento jurídico, reunindo-os em cinco categorias: primeiro, os princípios gerais são pura e simplesmente normas mais gerais; segundo, são normas fundamentais ou normas de base do sistema ou traves mestras, como se tem dito metaforicamente, na acepção de que sem eles o sistema não poderia subsistir como ordenamento efetivo das relações de vida de uma determinada sociedade; terceiro, são normas diretivas ou princípios gerais; quarto, são normas indefinidas; e quinta, são normas indiretas.[249]

---

das chamadas normas programáticas. Eles operam nos textos constitucionais da segunda metade deste século uma revolução de juridicidade sem precedentes nos anais do constitucionalismo. De princípios gerais se transformaram, já, em princípios constitucionais".

[246] GARCÍA DE ENTERRÍA, Eduardo. *Reflexiones sobre la Ley y Los Princípios Generales Del Derecho.* p. 59-60. *apud* BONAVIDES, Paulo. *Curso de Direito Constitucional. op. cit.* p. 262.

[247] CAÑAS, Antonio Gordillo. *Ley, princípios generales y Constitución:* apuntes para una relectura, desde la Constitución, de la teoría de la fuentes del Derecho. In: Anuario de Derecho Civil, t. LXI, fasc. 2, abr./jun. 1988, p. 484-485.

[248] FLÓREZ-VALDÉS, Joaquín Arces y. *Los principios generales del Derecho y su formulación Constitucional.* Madrid, 1990, p. 38.

[249] BOBBIO, Norberto. Principi generali di Diritto. *Novíssimo Digesto Italiano,* v. 13, Turin, 1957, p. 890-891. *apud* BONAVIDES, Paulo. *Curso de Direito Constitucional. op. cit.,* p. 264.

Por último, a fase do pós-positivismo, quando os princípios passam a ser tratados como Direito, concentrando-se nos grandes momentos constituintes das últimas décadas do século XX. As novas constituições, dentre elas às de Espanha, Portugal e Brasil, fortificam a hegemonia axiológica dos princípios, convertidos em sustentáculo normativo de toda a estrutura jurídica dos novos sistemas constitucionais.

Nesse período, a doutrina do Direito Natural e a do velho positivismo são praticamente diluídas, destruídas, em decorrência de uma postura intelectual crítica, comandada por um jurista de Harvard, Ronald Dworkin, que proclama a necessidade de que se passe a tratar os princípios como direito, promovendo-se o abandono da doutrina positivista e estabelecendo-se reconhecimento da possibilidade de que tanto um conjunto de princípios quanto uma regra positivamente estabelecida podem impor uma obrigação legal.[250]

Portanto, Dworkin realiza uma verdadeira reviravolta antipositivista erigindo os princípios a categorias de normas, numa reflexão profunda e aperfeiçoadora.[251]

Nessa faixa histórica do pós-positivismo, indubitavelmente, são tidas como as teses mais fecundas e representativas: Friedrich Müller, na Alemanha, com o normativismo de sua teoria estruturante do Direito, buscando ultrapassar o formalismo normativista de Kelsen; e Dworkin, nos Estados Unidos e Inglaterra, efetuando a conexão Direito/moral, no sentido de abalar e eliminar da Ciência jurídica o positivismo de Hart.[252]

No traçado dessa evolução doutrinária, o jurista Italiano Vezio Crisafulli foi um dos que mais contribuíram para solidificar a doutrina da normatividade dos princípios. Segundo Crisafulli, os princípios possuem dupla eficácia: *a eficácia imediata e a eficácia mediata (programática)*.[253]

Na constitucionalização dos princípios, em face dos mesmos estarem dotados de normatividade, houve a sua passagem à condição

---

[250] DWORKIN, Ronald. *Taking Rights Seriously*. Harvard University Press, 1978, p. 44. apud BONAVIDES, Paulo. *Curso de Direito Constitucional. op. cit.*, p. 265.

[251] BONAVIDES, Paulo. *Curso de Direito Constitucional. op. cit.*, p. 266. Para a consolidação desse pensamento pós-positivista, como bem adverte Bonavides, "*contribuíram sobremodo o jurista alemão Alexy e também alguns publicistas da Espanha e Itália, receptivos aos progressos da Nova Hermenêutica e às tendências axiológicas de compreensão dos valores e à fundamentação do ordenamento jurídico, conjugando, assim, em bases axiológicas, a Lei com o Direito, ao contrário do que costumavam fazer os clássicos do positivismo, preconceitualmente adversos à juridicidade dos princípios e, por isso mesmo, abraçados, por inteiro, a uma perspectiva lastimavelmente empobrecedora da teoria sobre a normatividade do Direito*".

[252] BONAVIDES, Paulo. *Curso de Direito Constitucional. op. cit.*, p. 276.

[253] CRISAFULLI, Vezio. *La Costituzione e lê sue Disposizioni di Principi*. Milão, 1952, p. 91. apud BONAVIDES, Paulo. *Curso de Direito Constitucional. op. cit.*, p. 272.

de chave de interpretação dos textos constitucionais, isto mercê de seu máximo poder de legitimação.[254] Justamente por essa razão, com os princípios sendo colocados na esfera jusconstitucional, passando a guiar e fundamentar todas as normas que a ordem jurídica institui, Diez Picazo lhes reconhece uma concepção principialista do Direito.[255]

Consoante esse avanço que produziu a constitucionalização dos princípios, significa entender princípio quando se está precisando o seu caráter básico, no sentido ontológico, não só lógico, mas sim como suporte primário estrutural de todo o sistema organizador do ordenamento jurídico.[256] Sendo, assim, como ressalta González Navarro, produzindo-se a valoração dos três vocábulos que integram o sintagma *princípios gerais de Direito*, pode-se captar o seu sentido: princípio é o suporte primário do ordenamento; gerais porque os princípios transcendem as normas concretas; e são de Direito porque constituem fórmulas técnicas aptas a operar no mundo jurídico.[257]

De um modo geral, no presente momento contemporâneo, pode-se dizer que a teoria dos princípios, na fase pós-positivismo, evoluiu e consolidou resultados importantes: houve a passagem da especulação metafísica e abstrata para o campo concreto e positivo do Direito; a transição da ordem jusprivatista (sua antiga inclusão nos Códigos) para a órbita juspublicística (sua inserção nas Constituições); suspensão da distinção clássica entre normas e princípios; inclusão dos princípios da órbita da jusfilosofia para o âmbito da Ciência Jurídica; a proclamação de sua normatividade; reconhecimento definitivo de sua positividade e concretude por obra das Constituições; e, por mais importante, o seu efeito mais significativo: a total hegemonia e preeminência dos princípios.[258]

---

[254] FOIS, Sergio. *Principi Costituzionali e Libera Manifestazione del Pensiero*. Milão, 1957, p. 9; BONAVIDES, Paulo. *A Constituição Aberta*. Belo Horizonte: Del Rey, 1993. 3. ed. São Paulo: Malheiros, 2004, p. 181.
[255] PICAZO, Luís-Diez. *Los principios generales del Derecho en el pensamiento de F. Castro.* op. cit., p. 1263. Este jurista espanhol realizou a seguinte manifestação sobre a concepção principialista: *"A este modo de conceber o Direito e de realizá-lo e que se move através dos princípios, creio que se lhe pode chamar com justiça de concepção principialista do Direito. Na concepção e modo de operar principialista, o jurista trata, antes de tudo, de descobrir os princípios gerais atuantes nas normas e nas instituições"*.
[256] GARCIA DE ENTERRÍA, Eduardo; FERNÁNDEZ, Tomás-Ramón. *Curso de Direito Administrativo – I*. 14. ed. Madri: Civitas, 2008, p. 85.
[257] GONZÁLEZ NAVARRO, F. *Derecho administrativo español – I*. Pamplano: Eunsa, 1987, p. 332. apud ALLI ARANGUREN, Juan-Cruz. *Los paradigmas de la legalidad y la justicia en el Derecho Administrativo francés*. Navarra: Universidad Pública de Navarra, 2008. p. 315.
[258] BONAVIDES, Paulo. *Curso de Direito Constitucional*. op. cit., p. 294.

Como essa consolidação evolutiva teve uma grande contribuição do Direito Público espanhol, devemos verificar a sua visão sobre os princípios gerais de direito, o seu conceito e a sua importância como valor jurídico incontestável.

O que constitui o fundamento do Direito são as convicções e as ideias jurídico-éticas de uma comunidade, fator esse que vem influenciar a teorização do conceito de princípio geral de direito. Contudo, embora o conceito de princípios gerais de direito não possua entendimento doutrinário pacífico, a tese adotada, na atualidade, por um setor importante da doutrina espanhola, é a de que o fundamento do direito são as convicções ou ideias jurídico-éticas de uma comunidade, via de consequência, esses valores jurídico-éticos da comunidade constituem os princípios jurídicos ou os princípios gerais de direito.[259]

---

[259] ROJO, Margarita Beladiez. *Los principios jurídicos*. Madrid: Tecnos, 1997. p. 30-31. La autora cita las siguientes posiciones sobre la materia: "Así para DE CASTRO (Derecho Civil..., cit., p. 420) *"los principios jurídicos son las ideas fundamentales e informadoras de la organización jurídica de una determinada comunidad"*; GARCIA DE ENTERRÍA Y FERNÁNDES RODRÍGUEZ (*Curso de Derecho Administrativo*, I, Cívitas, 6. ed., 1993, p. 75) consideran que *"los principios generales del Derecho expresan los valores materiales básicos de un ordenamiento jurídico, aquellas sobre las cuales se constituyen como tal las convicciones éticos-jurídicas de una comunidad"*; según L. DÍEZ-PICAZO Y A. GULLÓN (*Sistema de Derecho Civil*, I, ed. Tecnos, 4. ed., 1. reimp., 1982, p. 171) *"los principios generales Del Derecho son normas básicas reveladoras de las creencias y convicciones de la comunidad respecto de los problemas fundamentales de su organización"*; ESSER (*Principio y norma en la elaboración jurisprudencial del Derecho privado*, traducción de E. Valentí Fiol, ed. Bosch., Barcelona, 1961, in totum) no define estos principios más que de forma negativa (p.65), pero, a pesar de que no establezca una definición precisa de lo qué sean estos principios, se refiere a ellos en mucha ocasiones como postulados éticos o principios de ética jurídica (así, por ejemplo, en p. 68). Conviene advertir que para este autor los principios sólo serán principios de Derecho positivo, o lo que es lo mismo normas jurídicas, cuando hayan sido <<positivados>> por el legislador o por la jurisprudencia. Para LARENZ, (*Metodología de la ciencia del Derecho*, traducción de E. Gimbernat, ed. Ariel, 1966, p.326) *"Los principios son formas de expresión, direcciones de movimiento, tendencias del espíritu objetivo que se abren paso en la conciencia jurídica general e encuentran su expresión en la ley y la jurisprudencia"*. No obstante, últimamente (*Derecho justo. Fundamentos de ética jurídica*, traducción de L. Díez-Picazo, Cívitas, 1985) ha definido los principios jurídicos como <<los pensamientos directores de una regulación jurídica existente o posible>> (la cursiva es mía), lo que podría parecer una vuelta al positivismo. Sin embargo, no creo que esta interpretación sea correcta. Para entender el alcance de esa definición hay que situarla en el contexto que se formuló y conocer la naturaleza jurídica que este autor atribuye a esta figura. Como para LARENZ (al igual que para ESSER), los principios sólo forman parte del Derecho positivo cuando han sido <<positivados>> por la jurisprudencia o por el legislador, la única forma de conocer los principios del Derecho positivo es en el derecho positivo. BETTI (*Interpretatione delle leggi e degli atti giuridici*, Milan, 1949) adopta una postura similar a la de los profesores alemanes citados. Según este autor, <<los principios serían los valores éticos que se encuentran en la conciencia social en un determinado momento histórico>> (p.212), aunque sostiene que estos principios no serían en sí mismos normas jurídicas. Este carácter sólo puede adquirirlo cuando existe una jurisprudencia constante. Lo peculiar de esta tesis es que cuando esto ocurre, el principio se convierte en norma, pero en norma consuetudinaria. No obstante, ésta no es la única forma de transformar un principio en norma, pues, como es obvio, esta facultad también la tieneel propio legislador (véase p. 221)".

Já no que tange a classificação dos princípios, pode-se dizer que são estabelecidas tantas classificações sobre os princípios gerais de Direito quantos são os autores que estudaram a temática, motivo pelo qual Margarita Beladiez Rojo adverte que essas classificações não têm outro valor que o meramente sistemático ou didático, salientando: *bien porque tipologias bajo las que se agrupan los distintos princípios no presentan diferencias suficientes que permitan atribuirles una distinta eficacia o fuerza jurídica, bien porque incluyan supuestos que no constituyen auténticos princípios jurídicos; el caso es que la gran mayoría de las classificaciones que ofrece la doctrina carecen de transcedencia jurídica.*[260]

Por tal razão, a mencionada jurista, na esteira do propugnado por García de Enterría, entende que somente pode haver distinção entre princípios quando derivar alguma consequência jurídica, por isso a distinção só pode se dar entre princípios constitucionais e princípios não constitucionais.[261]

---

[260] ROJO, Margarita Beladiez, *"Los principios jurídicos"*, op. cit., págs.133/135. Embora este entendimento esposado pela autora, ela apresenta a seguinte relação de autores e suas classificações: *"Las clasificaciones de principios jurídicos son innumerables. En nuestro Derecho es clásica la efectuada por DE CASTRO (Derecho civil..., cit. pág. 421) al distinguir entre principios de Derecho Natural, principios políticos y principios tradicionales. No obstante, ya antes DE BUEN (Introducción en el Estudio de Derecho Civil, Madrid, 1932) había afirmado la existencia de tres tipos diferentes de principios: los inspiradores del Derecho positivo, los elaborados o acogidos por la ciencia del Derecho y los que resultan de los imperativos de la conciencia social. En un sentido parecido al de los autores anteriores CARRETERO PÉREZ (<<El principio de la economía procesal en lo contencioso-administrativo>>, RAP, núm. 65, p. 125 y 126) sostiene que existen principios de Derecho natural, principios fundamentales o constitucionales y principios específicos que surgen de la interpretación de las normas concretas. L. PIETRO SANCHÍS (Sobre princípios e normas, cit., pp. 134 ss.) distingue entre princípios implícitos, explícitos y extrasistemáticos. También puede encontrarse diferentes clasificaciones de princípios em N. BOBBIO, (<<Principi generali di Diritto>>, en Novissimo Digesto italiano, t. VIII, pp. 894). Este autor agrupa las distintas clases de principios acudiendo a distintos criterios: según la materia, la extensión del ámbito de su validez, si el principio forma parte de aquéllos que informa un determinado ordenamiento o si por el contrario forma parte de una categoria más amplia que le sitúa dentro de los principios universales. ESSER (Principio y norma..., cit. pp. 114 ss.) en su capítulo sexto recoge los distintos tipos de principios establecidos por la doctrina. El mismo ESSER ofrece distintos tipos de princípios, (por ejemplo, distingue entre principios normativos o institucionales y los de carácter instructivo o guides). No obstante, la distinta concepción que sobre esta figura tiene el autor citado (para él los principios no son prescripciones jurídicas para poder tener este carácter necesitan ser positivizados alcanzando entonces la condición de norma), y la que aquí se sostiene impide que en este trabajo se puedan considerar las clasificaciones que ofrece".*

[261] ROJO, Margarita Beladiez. *Los principios jurídicos. op. cit.*, p. 135. A autora refere em nota de roda-pé: *"GARCÍA DE ENTERRÍA (Principio de legalidad, Estado material de Derecho..., cit., pp. 133 y 134), afirma que, hoy, para los juristas españoles, los principios son de dos clases: <<los 'superiores' contenidos en la Constitución (y aquí, por la amplitud de estos principios – justicia, dignidad humana, libertad, igualdad, etc – entran virtualmente todos los tenidos por Derecho natural) y los institucionales, que articulan alrededor de un núcleo institucional dado, a la vez, una idea material de la justicia referida a una concreta relación social con el funcionamiento interno de todos los elementos técnicos que la institución organiza>>".*

Dessa forma, são os princípios de natureza constitucional que revelam uma força jurídica consistente. Nesse sentido, deve ser referido que a Constituição espanhola de 1978 – no seu artigo 103 – destina, de forma obrigatória, vários princípios para aplicação à Administração Pública, regendo especialmente:

1. A Administração Pública serve com objetividade aos interesses gerais e atua de acordo com os princípios da eficácia, hierarquia, descentralização, desconcentração e coordenação, com submissão plena à lei e ao direito.

2. Os órgãos da Administração do Estado são criados, regidos e coordenados de acordo com a lei.

3. A lei regulará o estatuto dos funcionários públicos, o acesso à função pública de acordo com os princípios de mérito e capacidade, as peculiaridades para o exercício do seu direito à sindicalização, o sistema de incompatibilidades e das garantias da imparcialidade no exercício de suas funções.

Conforme a sobredita orientação constitucional, a Administração Pública espanhola deve se submeter aos seguintes princípios: serviço objetivo dos interesses gerais, legalidade, eficácia, descentralização, desconcentração, hierarquia, coordenação, cooperação e solidariedade.

Há vários outros princípios expressos na Constituição e leis espanholas referidos pela doutrina de direito público, que, por não ser objeto de análise no presente trabalho, deixaremos de fazer referência.

Outro elemento importante para compreensão do conceito dos princípios no Direito Público Espanhol está interligada com a aplicação da *teoria da ponderação* que, segundo Luis Arroyo Jiménez, só recentemente passou a ser objeto de reflexão na dogmática jurídico-pública da Espanha, salientando que a técnica da ponderação tem sido vinculada conceitualmente à figura dos princípios desde a filosofia jurídica, em que tem servido e serve de passarela entre dois de seus principais objetos de reflexão: as teorias de direito e a interpretação jurídica.[262]

No âmbito do *Direito Público brasileiro*, consoante seus doutrinadores,[263] dentre alguns fatores classificadores, e independente das

---

[262] JIMÉNEZ, Luis Arroyo. *Libre empresa y títulos habilitantes*. Madrid: Centro de Estudios Políticos y Constitucionales, 2004, p. 26-27. O autor manifesta ainda: *"En, efecto, la ponderación constituye ante todo un tipo específico de discurso jurídico, y como tal va a ser tratada aquí. Sin embargo, esta figura ha sido al tiempo utilizada para identificar los contornos de una categoría especial de norma jurídica, la de los principios, cuya naturaleza y perfiles representan uno de los campos más fecundos de la actual filosofia del Derecho"*.

[263] BANDEIRA DE MELLO, Celso Antônio. *Curso de Direito Administrativo*. 18. ed. São Paulo: Malheiros, 2005; FREITAS, Juarez. *O Controle dos Atos Administrativos e os princípios*

muitas classificações existentes, são mencionados vários princípios. Esses princípios, de um modo geral, podem ser considerados de duas categorias: *princípios gerais de Direito Público e princípios gerais do Direito Administrativo.*

São considerados princípios gerais de Direito Público aqueles entendidos como o regramento jurídico da ação do Estado e de seus agentes públicos no cumprimento das obrigações constitucionais destinadas aos seus cargos, assim como os consequentes direitos e deveres que a ordem jurídica destina aos administrados. Portanto, consoante a advertência de Diogo de Figueiredo Moreira Neto, a partir desse entendimento deve-se afirmar *a impossibilidade jurídica de qualquer ação estatal ou de delegados, desvinculada do fundamento jurídico que lhe possa dar suporte.*[264]

Consoante esse entendimento, destacam-se aqui oito princípios gerais de Direito Público: *da confiança legítima, da subsidiariedade, da presunção de validade, da indisponibilidade do interesse público, do devido processo da lei, da motivação, do contraditório e da descentralização.*

Por sua vez, os princípios gerais destinados ao Direito Administrativo, mesmo não sendo exclusivos, são concepções que se aplicam preponderantemente à execução das atividades da Administração Pública. De forma expressa, a Constituição de 1988 (art. 37, CF) fixou a obrigatoriedade de aplicação de cinco princípios: legalidade, impessoalidade, moralidade, publicidade e eficiência. Contudo, esse elenco não está fechado, na medida em que existem várias outras normas que, explícita ou implicitamente, determinam a aplicação de princípios. Nesse sentido, destacam-se os seguintes princípios gerais da Administração Pública: *legalidade, finalidade, impessoalidade, moralidade, eficiência, publicidade, licitação pública, prescritibilidade dos ilícitos administrativos, responsabilidade civil e transparência.*

Portanto, considerando-se a Administração Pública como o meio necessário para o desenvolvimento das ações que resultem na concretização dos objetivos do Estado, deve a mesma pautar a sua atuação

---

fundamentais. 3. ed. rev. ampl. São Paulo: Malheiros, 2004; MEIRELLES, Hely Lopes. *Direito Administrativo Brasileiro.* 26. ed. São Paulo: Malheiros, 2001; GASPARINI, Diogenes. *Direito Administrativo.* 10. ed. rev. atual. São Paulo: Saraiva, 2005: MILESKI, Helio Saul. *O controle da gestão Pública.* São Paulo: Revista dos Tribunais, 2003; JUSTEN FILHO, Marçal. *Curso de Direito Administrativo.* São Paulo: Saraiva, 2005; MEDAUAR, Odete. *O direito Administrativo em Evolução.* 2. ed. rev. atual. ampl. São Paulo: Revista dos Tribunais, 2003; MOREIRA NETO, Diogo de Figueiredo. *Mutações do Direito Público.* Rio de Janeiro: RENOVAR, 2006;

[264] MOREIRA NETO, Diogo de Figueiredo. *Mutações do Direito Público.* op. cit., p. 284.

de acordo com os fundamentos do Estado Social e Democrático de Direito, dando cumprimento escorreito aos princípios que orientam a atividade administrativa.

4 Tendências atuais da Administração Pública

Como já examinado no decorrer do presente estudo, as matrizes clássicas do Direito Administrativo foram elaboradas no contexto político e científico do Estado do século XIX. A partir de então, veio, somente no aspecto prático ou na adequação científica à nova realidade, sofrer várias alterações, inclusive, mediante elaborações doutrinárias de amplitude. O mundo transforma-se em todos os seus aspectos e, com ele, o Estado e a Administração Pública, situação que leva a uma nova postura de entendimento em vários dos seus princípios.[265]

Como manifesta Alli Aranguren, a incidência de novas ordens e conceitos gerou novas mudanças no Direito Administrativo e conduzem a leituras e técnicas novas. São novos paradigmas que permitem construir um novo paradigma sistêmico do Direito Administrativo.[266]

É o que se pretende analisar agora. Verificar as transformações nucleares sofridas por vários institutos de direito administrativo, assim como o surgimento de novas concepções jurídicas administrativas, consoante o seu aspecto científico.

Nessa linha de avaliação, que Odete Medauar chamou de *linhas de transformação de matrizes clássicas*,[267] primeiramente, analisaremos as transformações ocorridas nos seguintes institutos: *interesse público, discricionariedade, ato administrativo, contrato administrativo, serviço público e concessão de serviço público*. Em sequência, serão analisados alguns temas, como os relativos a: *Direito Administrativo Econômico e Processo Administrativo*, porque são elementos integradores das novas tendências da

---

[265] MEDAUAR, Odete. *O Direito Administrativo em Evolução*. op. cit. p. 185. Segundo a autora, "Na Europa, documentos da União Europeia desencadeiam transformações em figuras clássicas. Assim, pode-se falar de tendências ou de processo de fermentação de mudanças que recaem sobre várias matrizes conceituais ou que trazem à luz novas figuras no cenário do direito administrativo".

[266] ARANGUREN, Juan-Cruz Alli. *Los paradigmas de la legalidad y la justicia em el Derecho Administrativo francés*. op. cit. p. 49. A opinião do autor revela "La integración de los nuevos paradigmas permite construir el nuevo 'paradigma sistémico' del Derecho administrativo en general y de la justicia administrativa en particular, base de la Teoría General de Sistemas, donde se concibe a un sistema como 'un objeto dotado de fines u objetivos que, en un entorno bien demilitado, ejerce una actividad, a la vez que ve evolucionar su estructura interna a lo largo del tiempo sin perder por eelo su identidad'".

[267] MEDAUAR, Odete. *O Direito Administrativo em Evolução*. op. cit. p. 185.

Administração Pública e, por consequência, constituírem-se em instrumentos informadores do bom governo e da nova Administração Pública.

Interesse público

De uma maneira geral, em toda a literatura de direito público que trata da Administração e do Direito Administrativo, obrigatoriamente discorre sobre o interesse público. Essa concepção é a que conduz as linhas mestras do Direito Administrativo e está interligado ao interesse público, sua supremacia e indisponibilidade.

Nesse contexto, surge o entendimento de que entre o interesse público e o privado há de prevalecer sempre o interesse público,[268] pois não se poderia imaginar que o contrário viesse acontecer, qual seja, que o interesse de um ou de um grupo viesse a se sobrepor e a vingar sobre o interesse de todos.[269]

Em razão desses fatores, passa-se a reconhecer a existência do princípio da supremacia do interesse público que, segundo Celso Antônio Bandeira de Mello, a Administração, por representar o interesse público, possui supremacia e, por consequência, pratica atos que são imperativos, trazendo consigo a exigibilidade de seu cumprimento.[270]

Nessa dicotomia que existe entre o público e o privado, normalmente é arrolado o interesse público como critério de diferenciação, funcionando como fator orientador do Direito Administrativo, na razão que é vedado à autoridade administrativa deixar de adotar medidas ou retardá-las quando forem relevantes ao atendimento do interesse público.[271]

---

[268] CRETELLA JÚNIOR, José. *Tratado de Direito Administrativo*. Rio de Janeiro: Forense, 1972, v. 10, p. 39.
[269] GASPARINI, Diogenes. *Direito Administrativo*. op. cit. p. 19.
[270] BANDEIRA DE MELLO, Celso Antônio. *Curso de Direito Administrativo*. op. cit. p. 85. Assim se reporta o autor: *"como expressão desta supremacia, a Administração, por representar o interesse público, tem a possibilidade, nos termos da lei, de constituir terceiros em obrigações mediante 'atos unilaterais'. Tais atos são 'imperativos' como quaisquer atos do Estado. Demais disso, trazem consigo a decorrente 'exigibilidade', traduzida na previsão 'legal' de sanções ou providências indiretas que induzam o administrado a acatá-las"*. O renomado autor, também se reporta a aspectos relativos a chamada autoexecutoriedade dos atos administrativos, manifestando sobre o princípio da autotutela, o seguinte: *"Também por força desta disposição de supremacia do interesse público e – em consequência – de quem o representa na esfera administrativa, reconhece-se à Administração a possibilidade de revogar os próprios atos inconvenientes ou inoportunos, conquanto dentro de certos limites, assim como o 'dever de anular' os atos inválidos que haja praticado. É o 'princípio da autotutela' dos atos administrativos"*.
[271] MEDAUAR, Odete. *O Direito Administrativo em Evolução*. op. cit. p. 186.

Portanto, em razão desse critério em que há o princípio da supremacia do interesse público, verifica-se que o particular não possui uma situação de igualdade perante a Administração, situação demonstradora de que, nessa circunstância, há uma relação de supremacia ou de submissão, dependendo do lado de visualização.[272]

Segundo demonstra Morón, o conceito surgiu na doutrina alemã dos finais do século XIX, com Laband e O. Mayer, difundindo-se por outros países, como na Espanha, cujo contexto originário exigia uma acentuada vigilância por parte da Administração sobre determinadas situações, motivo pelo qual havia a necessidade de uma supremacia da Administração sobre determinados grupos de cidadãos, em face das peculiaridades de suas atividades.[273]

Dessa forma, o princípio da supremacia do interesse público surgiu associado ao que deveria ser o bem estar de toda a coletividade, como uma percepção geral das exigências da comunidade. Por isso, a noção de interesse público delimitava a separação entre esfera pública e privada, típica do século XIX. Assim, considerando interesse público decorrente da expressão clássica da lei como expressão da vontade geral.[274]

Contudo, esse entendimento de interesse público, a partir do final dos anos 70 do século XX começa a se alterar e inicia-se uma profunda mudança no núcleo do seu conceito, surgindo a ideia de que não pode haver monopólio do interesse público, que a Administração deve compartilhar tal atribuição com a sociedade. É o que refere Torne Jiménez: *Já não é o Estado que assume o controle e perfil do que se deva entender por*

---

[272] MORÓN, Miguel Sánchez. *Derecho Administrativo* – Parte General. op. cit. p. 447. O autor, sobre o tema, ainda expressa: *"Sin embargo, algunas relaciones de este tipo son exclusivas de determinados sujetos que se encuentran vinculados a la Administración a ciertos efectos de una manera más intensa o estrecha, pues se integran en su propria organización o han recibido de la propria Administración derecho particulares o por otras causas. Se habla entonces de 'relaciones especiales de supremacia o sujeción'*.

[273] MORÓN, Miguel Sánchez. *Derecho Administrativo* – Parte General. op. cit. p. 447-448. Neste caso o autor refere que *"En su contexto originário se quería hacer referencia con ella a la situación de acentuada dependencia o vigilancia por la Administración en que se situaban determinados grupos de ciudadanos, bien por su propria voluntad, como es el caso de militares y de los funcionarios públicos o los concesionarios de un servicio público, bien con caráter, caso de los presos, bien por necesidad, como los usuarios de instituciones públicas sanitarias o (por usar la expresión decimonónica) de beneficencia"*.

[274] MEDAUAR, Odete. *O Direito Administrativo em Evolução*. op. cit. p. 189. A autora, sustentada no pronunciamento de Deswarte, diz que *"a noção de interesse público começou a ser utilizada após a Revolução Francesa; acreditando no poder da razão, os revolucionários tentavam explicar, de modo racional, a finalidade de sua ação; o interesse público era argumento suscetível de propiciar a adesão de todos e, por isso mesmo, de fundamentar o Poder do Estado"*.

interesse público, mas é a mesma sociedade, o conglomerado de associações e organizações que indicam ao Estado a política a desenvolver e estabelecem a ordem de prioridades.[275]

A partir de então, começa a alterar-se a noção de interesse público e o aspecto de sua supremacia sobre o interesse privado e, como se pode ver, tudo indica que tal modificação decorre da implementação do princípio participativo na Administração. A participação do cidadão nas decisões da Administração altera o perfil definidor de interesse público. A decisão administrativa deve buscar o consenso, ser conciliadora dos interesses públicos e privados. Não há porque haver prevalência de um sobre o outro, a resolução do conflito deve afastar o rompimento e buscar a conciliação dos interesses.

De acordo com essa nova visão do interesse público, a atualidade administrativa não mais admite o domínio despótico do todo sobre a vontade particular, porque se passou a exigir o primado (não a supremacia) da vontade geral legítima somente sobre aquela que se revelar claramente contrária ao interesse comum.[276]

Na década de noventa do século XX e nos primórdios do século XXI, passou a firmar-se essa linha modificadora do entendimento sobre interesse público. No âmbito brasileiro, Odete Medauar,[277] no seu Direito Administrativo em Evolução, realiza um estudo demonstrativo dessa transformação da matriz do princípio da primazia do interesse público, mencionando as mais recentes posições sobre o assunto.[278]

---

[275] JIMÉNES, Tornes. *De la Democracia a la Participación*: remodelación de instituciones. Administración y Constitución (Estudios en homenaje al Profesor Mesa Lopes). Madrid: 1979, p. 580.
[276] FREITAS, Juarez. *O controle dos atos administrativos e os princípios fundamentais*. op. cit. p. 35.
[277] MEDAUAR, Odete. *O Direito Administrativo em Evolução*. op. cit. p. 185-194.
[278] CASSESE, Sabino. L'arena pubblica. Nuovo paradigmi per lo Stato. *Riv. Trim. Dir. pub*, n. 3, p. 647, 2001. apud MEDAUAR, Odete. *O Direito Administrativo em Evolução*. op. cit. p. 193. Nesse aspecto, se sobrelevam os italianos: Alberto Massera manifesta-se pela *"interdependência sempre mais cogente entre o agir administrativo e as necessidades do público; a Administração não tem interesses substanciais próprios que sejam diversos daqueles relativos à realização de concretas utilidades sociais"*. Por sua vez, Feliciano Benvenuti diz que *"o interesse público não é o do Estado ou da Administração, mas do cidadão; a Administração deve assumir um valor global, isto é ser um conjunto de cidadãos e de autoridades"*. Segundo Aldo Travi, *"o interesse público não designa mais um interesse existente 'in natura', superior ou contraposto ao interesse privado, mas designa só o resultado de uma valoração ou de uma apreciação específica da Administração, conduzidas com base numa norma e tendo por objeto interesses privados ou um conjunto de interesses"*. Luiza Torchia adverte: *"o interesse público cede passo a interesses heterogêneos e conflituais entre si (...); interesses públicos são fruto de escolhas concretamente determinadas na necessidade e na e na contingência histórica determinada; daí poderem ser conflitantes e não poder o conflito ser resolvido 'a priori'; daí os estudos sobre a articulação do procedimento e da organização como mecanismo necessário à articulação dos interesses, abandonando-se a configuração da Administração como um aparato monolítico e compacto; dentre*

No direito brasileiro sobressai uma obra coletiva – Interesses Públicos *versus* Interesses Privados: Desconstruindo o Princípio de Supremacia do Interesse Público – em que os autores realizam, com base na nova dogmática jurídica, avaliações sobre a Administração Pública e o direito administrativo, no sentido de que o Estado contemporâneo, mercê de sua estruturação pluralista e participativa, deve manter o poder de influência do cidadão e a importância do regime de direitos fundamentais, com estabelecimento de um novo paradigma, no qual haja o estabelecimento de um ponto de equilíbrio nas relações público-privadas.[279]

São essas razões da atualidade do Estado contemporâneo que direcionam a posição de que os conflitos de interesses entre o particular e o Estado não se resolve mais com a prevalência do interesse público, posto que, de outro lado, há a supremacia dos direitos fundamentais, razão que motiva o exercício da compatibilidade entre ambos institutos como critério de juridicidade e de validade da atividade estatal.[280]

---

os cânones de legitimação da ação administrativa entra, assim, a capacidade de consideração de todos os interesses relevantes, e a boa qualidade da decisão se mescla à qualidade do equilíbrio alcançado". Sabino Cassese posiciona-se no sentido de que *"o interesse público torna-se resultado do conflito e da harmonização dos interesses individuais".*

[279] SARMENTO, Daniel (Org.). et al. Interesses Públicos versus Interesses Privados: Desconstruindo o Princípio da Supremacia do Interesse Público. Rio de Janeiro: Lumen Juris, 2005. Alexandre Aragão posiciona-se *"na aplicação de um Direito Público que, no marco de uma Constituição pluralista, não pode ser mais visto como garantidor do 'interesse público' titularizado no Estado, mas sim como o instrumento da garantia, pelo Estado, dos direitos fundamentais positivos ou negativos".* Daniel Sarmento revela que, no atual Estado, estruturado com uma democracia pluralista, deve haver *"a compreensão de que não se é súdito do Estado, mas cidadão; partícipe da formação da vontade coletiva, mas também titular de uma esfera de direitos invioláveis; sujeitos e não objeto da História";* Gustavo Binenbojm, por sua vez, entende necessário aplicar o princípio da proporcionalidade para uma melhor compreensão do interesse público, *"assim, o melhor 'interesse público' só pode ser obtido a partir de um procedimento racional que envolve a disciplina constitucional de interesses individuais e coletivos específicos, bem como um juízo de ponderação que permite a realização de todos eles na maior extensão possível (...). A preservação, na maior medida possível, dos direitos individuais constitui porção do próprio interesse público";* Humberto Ávila ao repensar o instituto da supremacia do Interesse público sobre o privado diz que *"não se está a negar a importância jurídica do Interesse público. Há referências positivas em relação a ele. O que deve ficar claro, porém, é que, mesmo nos casos em que ele legitima uma atuação estatal restritiva específica, deve haver uma ponderação relativamente aos interesses privados e à medida de sua restrição. É essa ponderação para atribuir máxima realização aos direitos envolvidos o critério decisivo para a atuação administrativa. E antes que esse critério seja delimitado, não há cogitar sobre a referida supremacia do interesse público sobre o particular".* Paulo Ricardo Schier, quando analisa o princípio da supremacia do interesse público em relação ao regime jurídico dos direitos fundamentais, ressalva: *"Logo, repise-se, não existe, portanto, em vista do regime jurídico de aplicação, colisão e, mormente, restrição dos direitos fundamentais, um critério universal, válido para todas as situações de colisão, de preferência ou supremacia do interesse público sobre o privado".*

[280] JUSTEN Filho, Marçal. O Direito Administrativo de espetáculo. In: ARAGÃO, Alexandre Santos de; MARQUES NETO, Floriano de Azevedo. (Coords). *Direito Administrativo e seus novos paradigmas.* Belo Horizonte: Fórum, 2008, p. 79.

Dessa forma, é indubitável que está ocorrendo uma modificação evolutiva no entendimento caracterizador do interesse público e do princípio da supremacia do interesse público sobre o privado. A democracia pluralista e participativa da atual estrutura do Estado contemporâneo, inadmite a continuidade de uma postura superior indiscutível do Estado ou da Administração sobre o particular. A Administração deve, agora, manter uma posição conciliadora dos interesses públicos e privados, com reconhecimento do valor decorrente da vontade individual ou de grupos de cidadãos, com o devido resguardo da segurança jurídica e do Regime jurídico dos Direitos Fundamentais.

Discricionariedade

Conforme já demonstrado, a atividade da Administração está interligada com o interesse público e, sendo o Administrador o condutor da ação administrativa, de imediato, surge a figura da discricionariedade, isto em decorrência dos atos que podem ser praticados pelo Administrador (os atos administrativos podem ser *vinculados* ou *discricionários*, em razão da maior ou menor liberdade que a Administração tem para agir ou decidir.)[281]

Dentro desse contexto, de acordo a ideia primeira sobre discricionariedade, a sua conceituação dirige-se para a faculdade conferida à Autoridade Administrativa para a prática de atos administrativos com liberdade quanto à oportunidade, conveniência e conteúdo;[282] ou a de escolher uma solução entre várias.[283]

A discricionariedade administrativa, nos paradigmas iniciais do Direito Administrativo francês, tinha entendimento de que nos atos de pura administração se reconhecia as prerrogativas e a discricionariedade de poder, quando havia a disposição de atendimento ao interesse público.[284]

---

[281] GASPARINI, Diogenes. *Direito Administrativo. op. cit.*, p. 94.
[282] MEIRELLES, Hely Lopes. *Direito Administrativo Brasileiro. op. cit.*, p. 396.
[283] MEDAUAR, Odete. *O Direito Administrativo em Evolução. op. cit.* p. 194. Sobre o tema a autora comenta: "sobressai a ideia de escolha livre, de espaço livre, de identificação do interesse público e escolha dos meios para concretizá-lo".
[284] ARANGUREN, Juan Cruz Alli. *Los paradigmas de la legalidad y la justicia em el Derecho Administrativo francés. op. cit.* p. 627. Este é o comentário do autor: "'actos de pura administración o administración activa' se reconocieron las prerrogativas y la discricionariedad de poder cuando se ejercía en atención a 'consideraciones generales de interés público' (CE 8 de junio de 1817, Coqueray) o de 'orden público' (CE 3 de diciembre de 1817, Habitants du hameau de Moulineaux). De modo que el juez administrativo ni intervenía en la actividad administrativa, ni

Contudo, essa expressão conceitual de discricionariedade administrativa evoluiu com o tempo, surgindo muitas discussões e debates na doutrina de Direito Público a respeito de sua função, seu alcance e seus limites, na medida em que se atribuir a governantes e Administradores Públicos uma capacidade de decisão própria estaria significando poder haver o exercício desse poder de maneira equivocada, injustificada ou arbitrária.[285]

Tendo em conta esse aspecto, Celso Antônio Bandeira de Mello entende que a discricionariedade não se consolida em um poder abstrato, mas sim num modo de disciplinar juridicamente a atividade administrativa, constituindo-se na margem de liberdade conferida pela lei.[286]

Os exemplos contidos na França – o Conselho de Estado em 1959 atribuiu aos princípios gerais de direito (administrativo) valor constitucional – e na Alemanha – na aplicação do princípio da proporcionalidade, o juiz alemão realiza três controles: a) se a medida tomada pela autoridade administrativa é suscetível de alcançar o objetivo pretendido (princípio da adequação); b) se a medida é necessária, isto é, se nenhuma medida menos grave permitiria obter o resultado (princípio da necessidade); e c) se a medida for adequada e necessária, verifica se há ou não severidade exagerada em relação ao fim do pretendido, isto é, se há desproporção entre meio e fim (princípio de proporcionalidade em sentido estrito),[287] possibilitou que a partir da década de 90 do século XX e início do século XXI, acentuasse-se a tendência de ampliação do controle sobre o poder discricionário da Administração Pública.

A partir desse momento floresceram muitas manifestações doutrinárias sobre a questão, em que é destacado que a discricionariedade não é nunca ilimitada, nem pode ser exercida de qualquer maneira, segundo o puro arbítrio de quem a utiliza.[288]

---

en los conflictos competenciales (CE 11 de agosto de 1824, Ville de Lyon), ni juzgaba los actos que eran 'manifestación de un poder que la justicia no podía controlar sin entrar en un ámbito sobre el que no tenía título alguno, porque, de hacerlo el poder ejecutivo pasaría al Consejo de Estado'".

[285] MORÓN, Miguel Sánchez. *Derecho Administrativo* – Parte General. op. cit., p. 88. Por isto, o autor ilustra: *"Por eso a veces se há contemplado la discrecionalidad administrativa como <<el caballo de Troya del Estado de Derecho>>, en la conocida expresión de H. HUBER. De donde se sigue la necesidad de reducirla al máximo y de someter su ejercicio a un estricto control judicial".*

[286] BANDEIRA DE MELLO, Celso Antônio. *Curso de Direito Administrativo.* op. cit. p. 116.

[287] Cf. SANDLER. *L'evolution du droit administratif en Republique Fédérale d'Allemagne.* apud Odete Medauar, "O Direito Administrativo em Evolução", op. cit. p. 200.

[288] MORÓN, Miguel Sánchez. *Derecho Administrativo* – Parte General. op. cit., p. 89. Segundo o autor, *"En realidad la discrecionalidad administrativa nunca es absoluta. Cuando se habla de*

García de Enterría manifesta que não se pode falar de uma discricionariedade absoluta, de vez que a Administração está vinculada à lei e ao Direito, havendo a possibilidade de seu controle pelos princípios gerais de direito.[289]

Portanto, na atualidade, consoante os novos parâmetros do Direito Administrativo, os atos que decorrem da atribuição discricionária possuem limitação, nos termos da lei. Assim, discricionariedade não significa arbitrariedade, fator que orienta Diogenes Gasparini a dizer que embora a Administração Pública possa agir com certa dose de liberdade na solução de um caso concreto, o ato está vinculado, amarrado à lei.[290]

Assim, em face dessas novas concepções jurídicas, vem consolidando-se o pensamento de que o ato administrativo, tanto vinculado quanto discricionário, está sempre atrelado à lei, possuindo sempre um maior ou menor grau de discricionariedade.[291] Como acentua GARRIDO FALLA, essa visão vem sendo implantada, inclusive, no campo jurisdicional.[292]

Tal posicionamento fortaleceu-se com a edição de leis de processo administrativo que trazem limitação à discricionariedade, como ocorreu na Itália, Espanha, Portugal e Brasil – no Brasil a Lei de Processo Administrativo é a de nº 9.784, de 29.01.1999 – direcionando a existência

---

decisión discrecional nos referimos por lo general a una decisión administrativa cuyo contenido no está 'totalmente' predeterminado, puesto que la ley remite a la estimación del órgano administrativo competente alguno o algunos elementos que la integran, en función de consideraciones de oportunidad".

[289] GARCIA DE ENTERRIA, Eduardo; FERNÁNDES, Tomás-Ramón. *Curso de Derecho Administrativo I.* op. cit., p. 484. Este é o comentário do autor: *"Los princípios generales del Derecho, cuyo destacado papel en el ordenamiento jurídico-administrativo ha quedado subrayado ya en capítulos anteriores, ofrecen una posibilidad adicional de control de la discrecionalidad. Como ya hemos puesto de relieve más atrás, la Administración está vinculada a la ley y al Derecho (art. 103.1 de la Constitución), y ello tanto cuando emana normas jurídicas (reglamentarias), como cuando dicta resoluciones concretas, por más que estás puedan tener su origen en potestades discricionales".*

[290] GAPARINI, Diogenes. *Direito Administrativo.* op. cit., p. 96.

[291] FALLA, Fernando Garrido; OLMEDA, Alberto Palomar; GONZÁLEZ, Herminio Louzada. *Tratado de Derecho Administrativo.* op. cit., p. 569.

[292] FALLA, Fernando Garrido; OLMEDA, Alberto Palomar; GONZÁLEZ, Herminio Louzada. *Tratado de Derecho Administrativo.* op. cit. p. 569. Diz o autor: *"Igualmente la jurisprudencia del Tribunal Supremo, rechazando las repetidas excepciones de incompetencia opuesta por el Ministério Fiscal para impedir que el Tribunal entrase en el fondo del asunto, admitió la posibilidad de la anulación, por vicio de forma, de actos administrativos que, en cuanto al fondo, eran discricionales. Se venia a desterrar así la noción del acto discrecional 'apriorístico o por natulareza', consagrándose la tesis de que el caráter reglado o discrecional de cualquier acto administrativo sólo puede descubrirse confrontando con la legislación vigente cada uno de los elementos de dicho acto".*

de uma mudança definitiva sobre o entendimento da discricionariedade, muito mais limitada.[293]

Justamente por essas inovadoras circunstâncias, decorrentes do tipo de Estado do final do século XX, que tiveram alterados alguns de seus aspectos de compreensão do modo de agir da Administração Pública, houve uma evolução no que se refere a redimencionar o conceito de discricionariedade, passando a ser expresso que a discricionariedade legítima constitui-se de competência administrativa, não de mera faculdade, para avaliar e escolher as melhores soluções ao caso concreto.

Com todos esses fatores inovadores, ampliou-se ainda mais o controle jurisdicional sobre atuações administrativas, com envolvimento da discricionariedade, como tem acontecido na França, Itália, Espanha, Inglaterra, Estados Unidos e Brasil. Assim, a chamada discrição administrativa possui um espaço jurídico decisório mais reduzido e está balizado pela lei.[294]

Portanto, no presente momento, resta superada a ideia de absoluta liberdade do Administrador para executar os chamados atos administrativos discricionários, pois, de acordo com a doutrina de Direito Público de final do século XX e início do XXI, juntamente com a atual e sólida posição jurisprudencial dos Tribunais Judiciais, a discricionariedade está limitada às determinações legais, podendo, por isso, sofrer um rígido controle jurisdicional.

Ato Administrativo

O ato administrativo é um elemento de concretização da chamada vontade pública, melhor seria dizer vontade da autoridade administrativa, com produção de efeitos sobre direitos de particulares. A concepção teórica do ato administrativo surgiu com o advento do Estado de Direito e a teoria da separação dos poderes.[295]

---

[293] MEDAUAR, Odete. *O Direito Administrativo em Evolução.* op. cit. p. 201. Comenta a autora que, nesse aspecto, *"Meoli refere-se a três pontos de 'fuga do poder discricionário': a contratualização da atividade administrativa, a tendência mais ampla a utilizar módulos de tipo privado e a tecnização dos problemas, que torna as escolhas sempre mais vinculadas a parâmetros e a conhecimentos que são técnicos. Di Gaspare menciona a diluição da dicotomia legalidade-mérito e a afirmação discricionariedade referida a atividade, mais que ao ato, em linha semelhante a defendida por Gianini".*

[294] MOREIRA NETO, Diogo de Feigueiredo. *Mutações do Direito Público.* op. cit. p. 298.

[295] FALLA, Fernando Garrido; OLMEDA, Alberto Palomar; GONZÁLEZ, Herminio Losada. *Tratado de Derecho Administrativo.* op. cit. p. 545. Os autores referem que *"la noción de acto administratico es indudablemente una consecuencia de la sumición de la Administración pública a un régimen de Derecho".*

De acordo com Gustavo Binenbojm, a concepção inicial de legalidade administrativa é decorrente de uma analogia entre o ato administrativo e a sentença judicial, em razão do que o ato administrativo se constituiria em uma particularização dos mandamentos contidos na lei, em sua atuação concreta.[296] Essa visão do ato administrativo decorre do que salienta Otto Mayer, para quem esta é uma noção concretizada a partir de uma analogia ao conceito que os juristas integrantes das assembleias e quadros revolucionários franceses tinham da sentença judicial que aplicava a lei.[297] Já García de Enterría, analisando essa situação observa que daí *se forjó el concepto clave de acto administrativo, que se consideró una declaración concreta con la que la Administración particulariza o aplica una previsión general normativa.*[298]

Por essa razão, é de fundamental importância o estudo e o conhecimento da teoria do ato administrativo, por ser ele um dos elementos fundamentais da elaboração sistemática do Direito Administrativo.[299]

Essa circunstância originária do ato administrativo estabelece a existência de um paradoxo de qualificar aquelas atuações da Administração Pública e ao mesmo tempo excluí-las do controle dos Tribunais Judiciais. Aí estaria o gérmen da noção de ato administrativo.[300]

Por essas razões, aqui resumidas ao essencial, pode dizer-se que o ato administrativo apresentou-se como afirmação do momento de

---

[296] BINENBOJM, Gustavo. O sentido da vinculação administrativa à juridicidade no direito brasileiro. In ARAGÃO, Alexandre Santos de; MARQUES NETO Floriano de Azevedo (Coords.). *Direito Administrativo e seus novos paradigmas*. Belo Horizonte: Fórum, 2008, p. 155.
[297] MAYER, Otto. *Derecho Administrativo Alemán*. t. 1, parte geral, 1949, p. 37. apud BINENBOJM, Gustavo. O sentido da vinculação administrativa à juridicidade no direito brasileiro. op. cit. p. 155.
[298] GARCIA DE ENTERRIA, Eduardo; FERNÁNDES, Tomás-Ramón. *Curso de Derecho Administrativo I*. op. cit., p. 446.
[299] MEDAUAR, Odete. *O Direito Administrativo em Evolução*. op. cit. p. 202. A autora, avaliando o ato administrativo, salienta: "A Administração executa a lei por meio de atos tipificados para essa atuação: os atos administrativos, cuja disciplina enquadra a atuação da autoridade em parâmetros legais, assegurando o respeito aos direitos subjetivos dos particulares. A origem do ato administrativo vem explicada também como continuidade ou adaptação da figura do 'actum principis' do Estado de Polícia, pois as ideias de separação dos poderes e Estado de Direito seriam insuficientes para criá-lo".
[300] FALLA, Fernando Garrido; OLMEDA, Alberto Palomar; GONZÁLEZ, Herminio Losada. *Tratado de Derecho Administrativo*. op. cit. p. 546. "En estas declaraciones legales está, como dice FERNANDES DE VELASCO, el germen de la jurisdicción, retenida primero y delegada depués, independiente,, en qualquier caso, de los Tribunales ordinarios. Pero está también el germen de la noción del acto administrativo, pues resulta obligado formar el catálogo de aquellos actos que, de acuerdo con las prescripciones legales, quedaban excluidos del conocimiento de los Tribunales ordinarios".

autoridade e, em razão de ser a forma executora da lei, com incidência imediata sobre os particulares, sendo considerado um instrumento legal, possui presunção de legalidade e de legitimidade.[301]

A partir desses elementos constitutivos foi elaborada uma teoria dos atos administrativos, com catalogação, conhecimento e disciplinamento dos vários modos que o Estado utilizava para agir administrativamente, sendo incorporados ao âmbito do ato administrativo vários elementos da teoria do ato jurídico no campo privado. No aspecto conceitual, restou configurado como manifestação unilateral de vontade que declara, reconhece, modifica e extingue direitos em matéria administrativa.[302]

Essa concepção clássica do ato Administrativo tem recebido reparos, principalmente da doutrina italiana. Um dos aspectos questionados diz respeito à conceituação, no relativo à manifestação de vontade. Ledda refere que se alterou a ótica quanto ao fator da vontade, pois, na atualidade, estaria havendo a necessidade de se entender a vontade que é expressa no ato administrativo de forma objetiva, não como fato psíquico, de caráter subjetivo.[303] Outro fator relevante é o rompimento da tipicidade de grande parte dos atos administrativos, em face da utilização indistinta dos atos administrativos, principalmente no que tange a sua aplicação para adoção de medidas econômicas e financeiras, ao que se soma a circunstância do ato administrativo deixar de ser o foco predominante do Direito Administrativo, em razão de muitas áreas típicas da atividade administrativa estarem sendo destinadas a entidades personalizadas como de direito privado.[304]

No entanto, mesmo assim, deve ser salientado que o ato administrativo, com os matizes necessários e a flexibilidade que hoje tem como categoria jurídica, constitui um instrumento imprescindível da ação administrativa, não decrescendo de importância nem pelo desenvolvimento de formas negociadas de atuação.[305]

De qualquer modo, não resta dúvida de que, a partir da década de 90 do século XX, ressurgiu o interesse pelo tema, com doutrinadores

---

[301] MEDAUAR, Odete. *O Direito Administrativo em Evolução.* op. cit, p. 203.
[302] MORÓN, Miguel Sánchez. *Derecho Administrativo* – Parte General. op. cit. p. 517-518.
[303] LEDDA, Franco. *La concezione dell'atto amministrativo e dei suoi caratteri.* apud Odete Medauar. *O Direito Administrativo em Evolução.* op. cit. p. 204.
[304] MEDAUAR, Odete. *O Direito Administrativo em Evolução.* op. cit., p. 205.
[305] MORÓN, Miguel Sánchez. *Derecho Administrativo* – Parte General. op. cit. p. 519-520. O autor ainda complementa: *"Desde el punto de vista de los ciudadanos que se relacionan con la Administración, el acto administrativo aporta seguridad jurídica como título ejecutivo que es, pues define y garantiza el contenido de tales relaciones jurídicas".*

de Direito Público reestudando a concepção clássica de ato administrativo, no sentido de adequá-la à nova formatação e modelagem do Estado e da sociedade contemporânea.[306]

Na mesma linha de pensamento, no Direito francês, Jean-Marie Auby menciona a existência de *perturbações sofridas pela teoria dos atos administrativos: a decisão unilateral é contestada enquanto método de ação pública, havendo uma saturação da noção sob o efeito dos refinamentos procedimentais e sob o efeito da inflação legislativa (...); cada vez mais as decisões administrativas inserem-se nas cadeias de atos e de procedimentos nas quais o conceito atomista de ato administrativo se encontra um pouco perdido (...); há necessidade de uma teoria da operação administrativa e ir além de uma visão microscópica centrada sobre o ato jurídico na sua individualidade.*[307]

Como se vê, embora o ato administrativo não mais represente um papel de protagonista, ainda configura um dos grandes tópicos do Direito Administrativo.[308] Por isso, devem ser lembradas as apropriadas considerações de Ricardo Villata de que houve um redimensionamento em parte do papel do ato administrativo, contribuindo para eliminar enfatizações injustificadas, mas que não se pode reduzi-lo a um conceito puramente abstrato.[309]

Portanto, essas novas posturas sobre o ato administrativo estão relacionadas com a nova estrutura, remodelada, do Estado pós-moderno, o atual Estado Social e Democrático de Direito, indicando

---

[306] CHITI, *Monismo o dualismo n diritto amministrtivo*: vero o falso dilemma? apud MEDAUAR, Odete. *O Direito Administrativo em Evolução. op. cit.* p. 206. Chiti alerta que *"no período mais recente o ato administrativo não é mais a modalidade ordinária ou necessária do agir administrativo, pois se adotam sempre mais atos consensuais, fruto de acordos com as partes interessadas"*. Pinelli, por sua vez, cita o *"lento declínio do modelo de Administração que age exclusivamente por atos"*. PINELLI, *Modernizzazione amministrativa, principio di legalità, interpretazione costituzionale.* apud MEDAUAR, Odete. *O Direito Administrativo em Evolução. op. cit.* p. 206.

[307] AUBY, Jean-Marie. *La bataille de San Romano* – Réflexions sur les évoluions récentes du droit administratif. apud MEDAUAR,Odete. *O Direito Administrativo em Evolução. op. cit.*, p. 206.

[308] MEDAUAR, Odete. Administração Pública: do ato ao processo. In: ARAGÃO, Alexandre Santos de; MARQUES NETO, Floriano de Azevedo (Coords). *Direito Administrativo e seus novos paradigmas*. Belo Horizonte: Fórum, 2008, p. 418.

[309] VILLATA, Ricardo. *L'atto amministrativo.* In: *Diritto Amministrativo.* Bolonha: Monduzzi, 1998, 2. v. p. 1390. apud MEDAUAR, Odete. *Administração Pública: do ato ao processo. op. cit.* p. 411. *"O quanto até agora se observou redimensiona em parte o papel do ato administrativo (ou melhor, contribui para eliminar enfatizações injustificadas), mas não deve conduzir ao oposto, e ainda mais discutível, convencimento de que o próprio ato se reduziria a um conceito puramente abstrato, a mera categoria lógica inexistente na realidade, da qual não seria possível buscar uma disciplina constante. Mesmo no mais amplo quadro de uma atividade funcionalizada e procedimentalizada, os atos constituem instrumento típico (não o único) pelo qual a Administração age e do qual são analisados estrutura e função, tipologia e eficácia, requisitos de validade, etc."*

que haverá uma continuidade do debate para redimensionamento dos aspectos conceituais do ato administrativo durante o século XXI.

Contrato Administrativo

De uma maneira geral, pode-se dizer que a Administração necessita contratar com particulares ou empresas para a realização de alguns de seus fins, quando não possua condições de os alcançar por meios próprios. Assim, nos primórdios do século XX, ainda sob o pálio do Estado liberal, na França, foram modelados os elementos fundamentais da teoria do contrato administrativo.[310]

Esses aspectos inovadores do Direito Administrativo, embora tenham sido inicialmente rejeitados pelos ordenamentos da Itália e Alemanha, tiveram a sua adoção por outros países, como no caso da Espanha que criou um direito próprio para a contratação administrativa diferenciada do direito privado.[311]

Essa nova concepção de contrato regido pelo direito administrativo terminou por firmar-se no mundo, com formação de uma teoria de contrato diferente do contrato privado, em que é assegurado o atendimento do interesse público, sem prejuízo aos interesses do particular contratado.[312] Esse tipo de contrato, o contrato administrativo, deveria preencher três requisitos: a) receber tal qualificação por lei; b) ter por objeto a própria execução de um serviço público; c) conter cláusulas *exorbitantes*.[313]

Por longo tempo assim permaneceram as bases do contrato administrativo, cuja situação passou a se modificar a partir dos anos 70 do século XX, atingindo dois aspectos de renovação: a) começa a haver uma pregação pela simplificação de procedimentos de contratação

---

[310] ARANGUREN, Juan–Cruz Alli. *Los paradigmas de la legalidad y la justicia em el Derecho Administrativo francés. op. cit.* p. 426. Segundo o autor, *"El incremento de la contratación exigió elaborar um nuevo régimen, que entro en vigor en 1866, e introdujo la impugnación contra las decisiones discrecionales de la Administración y la indemnización de perjuicios derivados de la modificación del trabajo y la resolución unilateral. Se mantuvieron la supremacia administrativa y las decisiones unilaterales en los diversos contratos, particularmente en el de obras públicas, sobre imposición de obras no previstas, vigilancia, revocación por insubordinación, incapacidad o falta de probidad, etcétera".*

[311] MORÓN, Miguel Sánchez. *Derecho Administrativo – Parte General. op. cit.,* p. 572. Nesse sentido, refere o autor: *"Sin embargo, algunos ordenamientos jurídicos, como el francés y el nuestro, han sancionado dichas prerrogativas en la ley, creando en consecuencia un Derecho proprio de la contratación administrativa diferenciado del Derecho Privado".*

[312] MEDAUAR, Odete. *O Direito Administrativo em Evolução. op. cit.* p. 207.

[313] BANDEIRA DE MELLO, Celso Antônio. *Curso de Direito Administrativo. op. cit.* p. 579.

pública;³¹⁴ maior liberdade à Administração na escolha de contratados;³¹⁵ tendência à paridade ou menor desigualdade das partes, tendo em conta por uma preocupação com o particular contratado;³¹⁶ b) inicia-se uma busca pela atenuação de caráter unilateral e impositivo da atividade administrativa, com aumento do uso de módulos convencionais, contratuais ou consensuais, a chamada Administração consertada. As soluções passam a ser obtidas mediante a concordância entre Administração e interessados, afastando-se decisões unilaterais impostas.³¹⁷

Portanto, ao lado do típico contrato administrativo entre Administração e particular, aumentam os acordos entre Administração e grupos ou entidades representativas, como os contratos de programa utilizados no ordenamento francês ou os acordos coletivos realizados nos contratos de emprego público, muito utilizados na década de 80 na Itália.

A partir de 1990, diante dos novos aspectos do Estado contemporâneo, com afirmação de uma democracia pluralista e participativa, tem continuidade o pensamento evolutivo, com confirmação e ampliação das novas tendências do contrato administrativo, fazendo surgir as expressões: governo por contrato, direito administrativo pactualista, direito administrativo cooperativo, administração por acordos, contratualização das políticas públicas.³¹⁸

Assim, as novas tendências do contrato administrativo consideram cada vez com mais ênfase e tornam preferíveis as formas de atuação que tenham em conta a vontade dos cidadãos nas concretas relações jurídicas que com eles se estabelecem. Buscam um novo modelo de *government by contract*, com estabelecimento do consenso sempre que possível, resultando num plus de legitimidade democrática.³¹⁹

---

[314] GIANINI, *Diritto amministrativo*. apud MEDAUAR, Odete. *O Direito Administrativo em Evolução*. op. cit. p. 208.

[315] RAINAUD. *Lê contrat administratif*: volonté dês parties ou loi de service public. apud MEDAUAR, Odete. *O Direito Administrativo em Evolução*. op. cit. p. 208.

[316] MEDAUAR, Odete. *O Direito Administrativo em Evolução*. op. cit. p. 208. A autora refere uma série de dados, onde esta incluso uma decisão do Conselho de Estado Francês – *Societé Les Etablissements Serfait* – extraídos da obra de RAINAUD.

[317] GIANNINI. *Il Pubblico Potere: Stati e Amministrazioni*. apud MEDAUAR, Odete. *O Direito Administrativo em Evolução*. op. cit. p. 209.

[318] GAUDIN, *Gouverner par contrat*. Anne Davis, *Accountability*: a public law analysis of gouvernment by contrat. apud MEDAUAR, Odete. *O Direito Administrativo em Evolução*. op. cit. p. 212; JUSTEN FILHO, Marçal. *Comentários à lei de licitações e Contratos Administrativos, de acordo com a Lei Federal nº 8.883 de 08.06.1994*. 4. ed. Rio de Janeiro: Aide, 1996, p. 39. O autor, no tocante à nova situação dos contratos administrativos refere: "(...) *doutrina aponta uma tendência à* **contratualização** *da atividade administrativa como reflexo da ampliação dos limites do conceito de Estado Democrático de Direito*".

[319] MORÓN, Miguel Sánchez. *Derecho Administrativo* – Parte General. op. cit. p. 568.

Como bem refere Luciano Parejo Alfonso, na atualidade os contratos públicos devem conter uma certa reciprocidade das posições das partes, com estabelecimento de um equilíbrio contratual, que, nesse caso, compensa as consequências da conexão do contrato de interesse coletivo, com uma maior proteção ao particular contrato.[320]

No mesmo contesto de avaliação, García de Enterría adverte que pode dar-se por definitivamente liquidada a etapa em que o contrato administrativo e o contrato privado eram considerados como realidades radicalmente diferentes e rigorosamente separadas.[321]

Nessa linha de evolução, França, Itália e Inglaterra possuem diversos tipos de contrato dentro dessa nova concepção contratual, em que a ação pública é debatida e negociada mais junto do cidadão. No âmbito espanhol, Miguel Sánchez Morón aponta as seguintes modalidades e instrumentos da ação negocial da Administração: a) *negociações informais*, prévias à adoção de uma decisão ou inclusa numa iniciativa; b) *acordos programáticos*, decorrentes do que os governos se comprometem politicamente em virtude de um pacto com organizações sociais; c) *termo convencional* dos procedimentos administrativos, é o suposto em que a Administração substitui uma decisão unilateral por um acordo ou pacto ou celebra um acordo ou convênio preparatório de uma decisão unilateral (convênios urbanísticos, parte dos acordos que se alcançam na negociação coletiva dos funcionários públicos, ou dos convênios de expropriação); d) *convênios de colaboração* que celebra a Administração, cada vez mais numerosos e de variados conteúdos; e) *contratos das Administrações Públicas em sentido estrito*, que são negócios jurídicos similares ou equivalentes a aqueles que podem ser celebrados entre sujeitos de direito privado, mas quando uma das partes é a Administração Pública.[322]

No Brasil, de igual forma, vem se disseminando: os *convênios* – visam a firmar acordo entre a Administração e as organizações particulares, para realização de objetivos de interesse comum; os *consórcios* – este é um instrumento que busca a associação entre a Administração e outros entes, públicos ou privados, para facilitar

---

[320] ALFONSO, Luciano Parejo. *Leciones de Derecho Administrativo.* op. cit. p. 430.
[321] GARCIA DE ENTERRIA, Eduardo; FERNÁNDES, Tomás-Ramón. *Curso de Derecho Administrativo I.* op. cit. p. 702. "En el ámbito de la contratación de los entes públicos como en tantos otros conviven ya sin escándalo el Derecho Administrativo y el Derecho privado. Cualquier contrato es capaz de reflejar elementos del uno y del otro, sin que por ello varíe la esencia del instituto contractual".
[322] MORÓN, Miguel Sánchez. *Derecho Administrativo* – Parte General. op. cit. p. 567-570.

a gestão de serviços públicos; *os contratos de gestão* (art. 37, 8º, EC nº 19/98) – trata-se de instrumento que surgiu em decorrência da busca pela modernização da Administração Pública e objetiva a celebração de acordos, com vista à eficiência na prestação dos serviços públicos; os *contratos de parcerias público-privadas* (Lei nº 11.079, de 30.12.2004) – é um instrumento que o possibilita uma conjunção de esforços entre Administração e empresas privadas no sentido de serem assegurados investimentos prioritários, particularmente em infraestrutura, com a finalidade de ser atendido o interesse público; os *compromisso de cessação de prática sob investigação* (art.53) e o *compromisso de desempenho* (art.58) – previstos na Lei 8.884/1994; e o *Termo de ajustamento de Conduta* (Lei 8.078/1990).

Serviço Público

A definição do que seja serviço público quem estabelece é cada sociedade, conforme o seu sistema jurídico. É a visão de escolha das políticas públicas, cujo procedimento deriva das normas constitucionais, da lei, da jurisprudência e dos costumes existentes em cada momento histórico.[323]

E, efetivamente, assim se posta a questão, demonstrando a dificuldade para ser estabelecida uma conceituação universal sobre serviço público. Por isso, na busca de sua compreensão, deve-se primeiro conhecer o momento de criação do entendimento sobre serviço público para, após, serem verificados os elementos de sua evolução, consoante o tipo de Estado e o seu momento histórico. Alli Aranguren[324] menciona que existe uma concepção francesa de serviço público como atividade própria do poder que, segundo Rolland, inspirou a organização e o funcionamento administrativos, como o fenômeno central do Direito Administrativo francês, ao redor do qual se organiza tudo.[325]

---

[323] GROTTI, Dinorá. *O Serviço Público e a Constituição Brasileira de 1988*. São Paulo: Malheiros, 2003, p. 87. A autora apresenta a seguinte definição: "*Cada povo diz o que é serviço público em seu sistema jurídico. A qualificação de uma dada atividade como serviço público remete ao plano da concepção do Estado sobre o seu papel. É o plano da escolha política, que pode estar fixada na Constituição do País, na lei, na jurisprudência e nos costumes vigentes em um dado tempo histórico*".
[324] ARANGUREN, Juan–Cruz Alli. *Los paradigmas de la legalidad y la justicia em el Derecho Administrativo francés*. op. cit. p. 437.
[325] ROLLAND, L. *Cours de droit administratif*. DES de droit public, 1935/1935, Paris, Les cours de droit, p. 12. *apud* ARANGUREN, Juan–Cruz Alli. *Los paradigmas de la legalidad y la justicia en el Derecho Administrativo francés*. op. cit. p. 437. Este motivo levou o autor a apresentar a

A noção de serviço público, como expressa Chevallier, possui muitas controvérsias e não se refere só a um problema de delimitação e de gestão pública, senão que expressa uma interrogante de conjunto sobre o lugar e as missões do Estado.[326] Nesse aspecto, Deguit advertiu que se tratava de uma teoria do Estado de caráter jurídico e abstrato, com o serviço público sendo o fundamento e o limite do poder.[327]

Em sequência, quando foi formada a conhecida Escola de Serviço Público francesa, sob a liderança de Duguit e Jèze, houve com Duguit formulação da seguinte conceituação: *Serviço público é toda a atividade cuja realização deve ser assegurada, disciplinada e controlada pelos governantes, porque a realização dessa atividade é indispensável à efetivação e ao desenvolvimento da interdependência social e não se pode realizar a não ser com a intervenção da força governamental.*[328]

Com o fortalecimento dessa noção, houve a sua difusão por todo o mundo ocidental, consolidando-se o entendimento de que serviço público exige prestação pelo Poder Público e sob regime de Direito Público.[329] Após a segunda grande guerra, por influência norte-americana na Europa, começou a se operar uma profunda modificação na postura sobre o que seja serviço público, por decorrência de um modelo liberal, democrático e predominantemente regulatório.[330]

Mediante as novas circunstâncias, começa a modificar-se o entendimento do que seja serviço público. Analisando essa situação, que chamou a crise do Estado social e a noção restringida de serviço público, Miguel Sánchez Morón manifesta que a concepção unitária do

---

seguinte definição: "*una empresa que, bajo la alta dirección de los gobernantes, está destinada a dar satisfacción a las necesidades colectivas del público, en defecto de la iniciativa privada y que, en Francia, está normalmente sometida a un régimen jurídico especial*".

[326] CHEVALLIER, J. *Le service public*, Paris: PUF, 2003, p. 3, 6. apud ARANGUREN, Juan–Cruz Alli. *Los paradigmas de la legalidad y la justicia em el Derecho Administrativo francés*. op. cit. p. 438.

[327] DUGUIT, L. *Traité de Droit Constitucionnel*. I, Paris: Boccard, II, 1928, p. 62. apud ARANGUREN, Juan–Cruz Alli. "*Los paradigmas de la legalidad y la justicia em el Derecho Administrativo francés*. op. cit. p. 438. "*el servicio público es el fundamento y el limite del poder gubernamental. Y por ello mismo mi teoria del Estado se encuentra acabada*".

[328] DUGUIT, Leon. *Traité de droit constitutionnel*. apud MEDAUAR, Odete. *O Direito Administrativo em Evolução*. op. cit., p. 215.

[329] MEDAUAR, Odete. *O Direito Administrativo em Evolução*. op. cit., p. 216.

[330] MOREIRA NETO, Diogo de Figueiredo. Mutações nos Serviços Públicos, *Revista Eletrônica de Direito Administrativo Econômico*, Salvador, n. 1, fev./abr. 2005, p. 11. O autor refere que serviço público passou a ser reflexo de "*um modelo liberal, democrático e **predominantemente regulatório**, no qual o Estado não mais é o **prestador de serviços**, limitando-se **a estabelecer** as regras para que o setor privado execute os 'public utilities', se fez presente em várias legislações de importantes países do Velho Mundo e, desde estes modelos, nos da América Latina*".

Estado como instituição prestadora de serviços nunca teve aceitação universal, na medida em que, como contraponto, havia outra ideologia que era defensora do mercado e da iniciativa privada, defensora de que os poderes públicos deveriam exercer somente as funções de regulação e controle.[331]

Assim, com a União Europeia e a criação do Direito Comunitário europeu houve a aparição de um novo cenário jurídico no âmbito que tradicionalmente se configurava-se como serviço público, favorecendo a atuação de protagonistas adeptos da liberação, da privatização, e da complexa terminologia regulação – autorregulação – desregulação.[332]

Portanto, com a União Europeia houve uma mudança no papel do Poder Público, assim como na própria estrutura e na função dos setores que tradicionalmente configuravam-se como serviço público, alterando-se, de maneira fundamental, o conceito de serviço público. A partir de então, como é manifestado no Direito Público espanhol, passa a dar-se a consideração de serviço público à atividade ou setor que atenda ao interesse geral (art. 128.1 da CE), sendo que, no âmbito local, o serviço público tem de ter sua possibilidade definida em lei (art. 86.3 da LBRL), devendo sempre ser atendidos os princípios da continuidade, igualdade na prestação do serviço e solidariedade. Consoante esses aspectos, os serviços públicos possuem uma livre organização, que se manifesta de três formas: 1. Livre organização em forma de gestão direta ou indireta de serviço; 2. Livre organização em forma de direito público ou privado; 3. Livre organização em forma de monopólio (quando seja possível) ou de livre concorrência.[333]

Contudo, essa nova visão de serviço público, decorrente das aumentadas tendências europeias que pretendem, atingindo o âmago da regulação e da liberalização, uma desregulação para que os novos setores venham a possuir um maior caráter privado, posto que *no existe*

---

[331] MORÓN, Miguel Sánchez. *Derecho Administrativo* – Parte General. op. cit., p. 754. Nesse aspecto, o autor adverte: *"Ahora bien, la concepción unitaria del Estado como institución prestadora de servicios no há tenido nunca aceptación universal, pues a la virtualidad expansiva del intervencionismo público que tiene se há opuesto, con éxito en momentos y lugares diferentes, otra ideología defensora del mercado y de la iniciativa privada, partidaria de relegar a los poderes públicos a funciones de regulación y control, salvo excepciones justificadas o derivadas de tradiciones y valores constitucionales"*.

[332] GONZÁLES-VARAS IBÁÑEZ, Santiago. *El Derecho Administrativo Europeo*. 3. ed. Sevilla: Instituto Andaluz de Aministración Pública, 2005, p. 165.

[333] GONZÁLES-VARAS IBÁÑEZ, Santiago. *El Derecho Administrativo Europeo*. op. cit., p. 166-167.

publicacio. Más bien estamos ante un mercado,[334] e embora tenha repercutido nos países europeus e também nos da América do Sul, o fato tem propiciado muitos debates sobre a permanência ou não da noção de serviços públicos.

De qualquer maneira, o certo é que há uma nova postura de entendimento sobre serviços públicos influenciada pelo Direito Administrativo Comunitário Europeu e influenciando a noção de serviço público dos demais países do Continente e fora dele.

As concepções da União Europeia têm em conta um sistema ordenado em razão de objetivos de integração e circulação de mercadorias e serviços. Tanto que o Direito Comunitário admite que a livre concorrência se aplica à atividade econômica ou mercantil dos poderes públicos.[335]

Nesse sentido, como bem dimensiona Ricardo Rivero Ortega, as últimas experiências liberalizadoras e privatizadoras da economia propiciaram uma revisão do conceito de serviço público, tendo em conta os limites que o Direito Comunitário estabeleceu como restrições à livre concorrência, motivo que o leva a reinterpretação da definição de serviço público.[336]

O Brasil, por sua vez, diferencia o serviço público da atividade econômica, em face do determinado pelo art. 173 da CF – a exploração direta da atividade econômica pelo Estado só será permitida em razão da segurança nacional ou relevante interesse coletivo – e pelo artigo 175 da CF – na forma da lei, cabe ao Poder Público, diretamente ou sob o regime de concessão ou permissão, a prestação de serviços públicos –.

Em conclusão, como salienta Odete Medauar, torna-se inegável *pensar de modo evolutivo no tocante ao serviço público para inserir o dado econômico, a gestão privada, a concorrência, sem abolir a presença do Estado, o aspecto social, os direitos sociais*.[337]

---

[334] GONZÁLES-VARAS IBÁÑEZ, Santiago. *El Derecho Administrativo Europeo. op. cit.*, p. 167; 169.

[335] JONES, C.; M. VAN DER WOUDE, E. C. *Competition law Handbook*. London, 2004, *apud* GONZÁLES-VARAS IBÁÑEZ, Santiago. *El Derecho Administrativo Europeo. op. Cit.* p. 213. Nesse sentido o autor adverte: *"el Derecho comunitario de la competência se aplica a la actividad económica o mercantil de los poderes públicos. De este modo, éstos no pueden incurrir en abuso de posición dominante y han de respetar un preciso régimen jurídico en matéria de ayudas públicas o de concentraciones previsto en el TCE y la Constitución Europea".*

[336] ORTEGA, Ricardo Rivero. *Derecho Administrativo Económico*. 4. ed. Madrid: Marcial Pons, 2007, p. 178;179. O autor dá a seguinte definição: *"conjunto de exigencias mínimas que cabe imponer a las empresas que presten actividades de interes general para garantizar a todos ciertas prestaciones básicas de calidad y a precios asequibles"*.

[337] MEDAUAR, Odete. *O Direito Administrativo em Evolução. op. cit.* p. 217.

Concessão de serviço público

Desde o século XIX que o instituto da concessão de serviço público é utilizada, principalmente na Europa, quando o Poder Público não podia assumir os encargos dos serviços que exigiam grandes investimentos e pessoal técnico especializado para o exercício de tais atividades. A transferência das atividades para o setor privado dava-se mediante execução com tarifa paga pelo usuário, especialmente nas relativas a transportes, fornecimento de água e energia, telecomunicações e serviços postais.[338] Posteriormente, a partir dos anos 30 do século XX, as concessões tiveram um período de estagnação e declínio, em virtude das tendências estatizantes e da instabilidade econômica gerada por duas grandes guerras mundiais.

No entanto, a partir dos anos oitenta, iniciando-se a aplicação dos aspectos atinentes à reforma do Estado, com implantação de uma Administração participativa, com decisões de consenso e que levou à adoção do critério administrativo da privatização, originou a abertura da livre concorrência com transferência de serviço para o âmbito privado, de forma paulatina, mas muito intensa.[339]

Nesse caso, a União Europeia, por ter traçado linhas muito firmes em direção à privatização, também teve grande influência sobre o reinício da utilização da concessão de serviço público ao particular. Nesse sentido, o Direito Público espanhol teve uma maior utilização do instituto da concessão que outros Direitos europeus (a esse exemplo o Direito germânico), demonstrando que o emprego da colaboração de particulares no exercício de atividades administrativas geralmente se dá por meio da concessão.[340]

Como salienta Ricardo Rivero Ortega, os serviços públicos podem ser prestados de forma direta ou indireta. *En este último caso, la modalidad más frecuente de gestión es la concesión, un contrato administrativo típico por el cual la Administración encarga a un empresario privado la gestión de una actividad consistente en la prestación de un servicio público.*[341]

Na Espanha, o regime jurídico básico das concessões de serviço público está no Texto Refundido da Lei de Contratos das Administrações Públicas (TRLC – Real Decreto Legislativo 2/2000, de 16 de junho),

---

[338] MEDAUAR, Odete. *O Direito Administrativo em Evolução*. op. cit. p. 217.
[339] MORÓN, Miguel Sánchez. *Derecho Administrativo* – Parte General. *op. cit.*, p. 756.
[340] GONZÁLES-VARAS IBÁÑEZ, Santiago. *El Derecho Administrativo Europeo*. op. cit., p. 194.
[341] ORTEGA, Ricardo Rivero. *Derecho Administrativo Económico*. op. cit. p. 181.

sendo relevante mencionar as obrigações gerais do concessionário (art. 161): a) prestar o serviço com a continuidade convinda e garantir aos particulares o direito de utilizá-lo nas condições estabelecidas (...); b) cuidar da boa ordem do serviço (...); c) indenizar os danos causados a terceiros como consequência dos danos produzidos pela realização do serviço (...); d) respeitar o princípio da não discriminação por razão de nacionalidade, em respeito das empresas de Estados membros da Comunidade Europeia ou signatários do acordo sobre Contratação Pública da Organização Mundial do Comércio (...).

No Brasil, de igual forma, tem ocorrido uma expansão na utilização das concessões de serviço público, podendo-se referir, entre outras, a Lei Geral das Concessões (Lei nº 8.987, de 13.12.1995); a lei que normatiza a outorga e as prorrogações das concessões e permissões de serviços públicos (Lei nº 9.074, de 07.07.1995); e a Lei que regula a parceria público-privada (Lei nº 11.079, de 30.12.2004).

Em face desses novos fatores que envolvem a concessão de serviço público, ressalta o enfoque relativo à proteção do usuário, pois tendo sido os serviços repassados ao setor privado, tornou-se necessário o estabelecimento de regras de fixação e proteção dos direitos do usuário. Na França e Itália foram elaboradas as chamadas *cartas dos usuários*; na Inglaterra, *as cartas dos cidadãos*[342]. Na Espanha, são vários os dispositivos legais que regulam os direitos dos usuários: o art. 29.1 LJCA trata do direito de acesso às prestações de serviço público, admitindo recursos contra a inatividade da Administração; a lei que regula sobre as atividades *el defensor del Pueblo* (Lei Orgânica nº 3, de 06.04.1981), no tocante a possibilidade de serem formuladas queixas ou reclamações; e da regulação do direito de participação dos usuários (art. 27.5 y 7 da CE). No Brasil, por meio da Emenda Constitucional nº 19/1998, que realizou a Reforma Administrativa do Estado, foi remetida à lei o disciplinamento das formas de participação do usuário e do acesso a registros e informações (o código de defesa do consumidor – Lei nº 8078/1990 – possui algumas regras sobre o tema e encontra-se em tramitação no Congresso Nacional, Projeto de lei que dispõe sobre a proteção e defesa dos usuários dos serviços públicos – Projeto de Lei nº 6.953/2000).

Juntamente com essa nova visão dos institutos administrativos examinados, também surgiram alguns temas novos, como os relativos

---

[342] MEDAUAR, Odete. *O Direito Administrativo em Evolução.* op. cit., p. 218.

a: *Direito Administrativo Econômico, Processo Administrativo, Administração participativa e transparência da Administração.*

Como *Administração participativa e a transparência da Administração* já foram devidamente analisados, o foco será dirigido tão somente para o *Direito Administrativo Econômico e ao Processo Administrativo.*

Direito Administrativo Econômico

Embora sempre tenham ocorrido estudos sobre os aspectos econômicos da contratação administrativa, foi na década de 70 do século XX que começaram as edições de obras com a titulação de direito público econômico ou direito público da economia.[343] Contudo, a partir da década de 90 do século XX, com uma nova estrutura decorrente de uma nova formatação do Estado, com uma Administração participativa e dirigida para um sistema de privatizações, com transferência de serviços públicos para a órbita privada, houve um aprimoramento na sua concepção teórica, ressurgindo de uma maneira muito forte, principalmente na França, na Itália e na Espanha. Por sinal, Ricardo Rivero Ortega, um dos grandes doutrinadores espanhóis nesse tema, menciona que *La perspectiva económica, desde el punto de vista de la asignación eficiente de los recursos, puede enriquecer las decisiones jurídicas, tanto de contenido regulador como de aplicación de las normas; por eso los juristas deben tener muy en cuenta la Economía. Y los economistas también deben estudiar Derecho, por sus repercuciones sobre el sistema económico.*[344]

No Brasil, da mesma forma, com a democracia participativa, houve uma revisão do processo decisório da Administração, quando passaram a ser editadas várias obras, sendo adotada como linha de denominação a de Direito Administrativo Econômico.

Nos moldes atuais, o Direito Administrativo Econômico seria uma visão pós-moderna de Administração Pública, em que seriam

---

[343] LAUBADÈRE. *Droit public économique.* GIANNINI. *Diritto pubblico de l'economia.* apud MEDAUAR, Odete. *O Direito Administrativo em Evolução.* op. Cit. p. 182.
[344] ORTEGA, Ricardo Rivero Ortega. *El derecho Administrativo Económico.* Op. cit. p. 15. O autor cita vários doutrinadores sobre a matéria, entre os quais podem ser referidos: ORTIZ, Ariño; CASTRO, Lopes de. Economia e Derecho. In: *Princípios de Derecho público econômico.* 3. ed. Granada: Comares, 2004; ATIENZA, Corcuera; HERRERA, García (eds.). *Derecho y Economia em el Estado Social.* Madrid: Tecnos, 1988; COOTER; ULMAN, *Derecho y Economia,* México: FCE, 1977; HAYEK, *Fundamentos de la Libertad,* Madrid: EU, 1998; MERCURO, *Derecho y Economia,* Madrid: IEF, 1991; PASTOR, *Sistema Jurídico y Economia. Uma introducción al análisis económico Del Derecho,* Madrid: Tecnos, 1989; REICH, *Mercado y Derecho,* Barcelona: Ariel, 1985 (con Prólogo de Eduardo Galán Corona).

estudados os aspectos relativos às normas, instrumentos e organismos representativos do Estado, da Administração direta ou indireta, buscando o seu enfoque econômico, em face das privatizações, consoante os serviços públicos concedidos ou permitidos, a concorrência e o sistema regulador e suas agências reguladoras.

Nesse contexto, como bem adverte Ricardo Rivero Ortega, o Direito Econômico é uma matéria interdisciplinar, dedicada a análise de questões como a regulação de mercados, o regime de competência, os direitos dos consumidores e a proteção do meio-ambiente.[345]

Igual postura é adotada no âmbito da doutrina brasileira, cujo entendimento é manifestado no sentido de que o Direito Econômico busca analisar o conjunto de normas que dispõem sobre a atuação pública e privada na economia, conformando uma forma híbrida, com alocação de regras tanto do Direito Público quanto do Direito Privado.[346]

Dessa forma, o Direito Administrativo Econômico é uma nova leitura da ação do Estado, tendo em conta as questões de Poder do Estado e a situação econômica, com reflexo das regras de mercado, para compatibilização das questões relativas ao chamado interesse público, ao interesse privado e ao direito dos usuários.

Portanto, tendo em conta os parâmetros do chamado modelo contratualista, em que grande parte das ações do Estado são concretizadas por meio de contrato com os particulares e, de acordo com as novas concepções de Administração Pública pluralista, participativa e transparente, as decisões administrativas tendem a ser de consenso, buscando a mediação em busca da melhor solução para cada situação, invariavelmente, há que se estabelecer uma linha de procedimento que envolva os conhecimentos de Direito e Economia.[347]

Sendo assim, ainda na esteira das lições de Ricardo Rivero Ortega, é de ser referido que se a economia pode ser definida como a ciência das escolhas humanas – isto na distribuição de recursos escassos ou na seleção de fins alternativos – o direito terá de ser considerado a

---

[345] ORTEGA, Ricardo Rivero. *El Derecho Administrativo Económico*. op. cit. p. 15. Com referência a Direito Econômico, o autor menciona: *"Abarca sectores del ordenamiento jurídico no integrados exclusivamente ni en el Derecho público ni en el Derecho privado (el Derecho del mercado de valores, por ejemplo), y que por tanto han que ser estudiados desde ambos puntos de vista, necessariamente complementarios"*.

[346] Cf. GOMES, Orlando; VARELA, Antunes. *Direito Econômico*. 1977, p. 4, apud GONÇALVES, Cláudio Cairo. O contrato Administrativo como Fenômeno Atual do Direito Econômico. *Revista Gestão Pública e Controle*, Salvador, v. 1, nº 3, 2007, p. 113-150. Ver ainda obra coletiva coordenada por Ari Sundfel, *Direito Administrativo Econômico*, São Paulo, 2000.

[347] MOREIRA NETO, Diogo de Figueiredo. *Mutações do Direito Público*. op. cit. p. 333-340.

principal ferramenta orientadora das distintas opções a disposição dos agentes econômicos.[348]

Nessa avaliação sobre a importância do Direito Administrativo para a economia, resulta o entendimento de que o Direito Administrativo Econômico possui aplicação como o direito das políticas públicas de controle da economia.[349] Nessa situação, o Direito Administrativo Econômico deve atender a toda gama de princípios básicos que formam a teoria geral do Direito Administrativo, pois a maior ou menor aplicação desses princípios que se encontram em todos os ordenamentos, compostos por leis e regulamentos que regulam a Economia, possibilitam a existência de um estatuto peculiar das empresas operadoras, incluindo garantias de defesa dos interesses dos destinatários de seus bens e serviços.[350]

Portanto, no atual contexto do Estado contemporâneo, está se firmando e difundindo uma nova visão jurídica de compreensão, interpretação e orientação da ação desenvolvida pela Administração Pública, com o Direito Administrativo Econômico passando a ter um papel de destaque no novo tipo de Estado.

Processo Administrativo

Outro aspecto inovador no âmbito da Administração Pública, decorrente da formatação do Estado contemporâneo, envolvendo as concepções pluralistas, participativas e transparentes é o de que a Administração passa a adotar uma série de procedimentos encadeados para alcançar uma decisão sobre determinada situação, trata-se do *procedimento administrativo* ou *processo administrativo*.

---

[348] ORTEGA, Ricardo Rivero. *El Derecho Administrativo Económico. op. cit.* p. 13.

[349] AGUILLAR, Fernando Herren. *Controle Social de Serviços Públicos.* São Paulo: Max Limonad, 1999, p. 98.

[350] ORTEGA, Ricardo Rivero. *El Derecho Administrativo Económico. op. cit.* p. 18. O autor embasa o seu entendimento sobre Administração Econômica e Direito Administrativo Econômico em vários autores, entre os quais, menciona-se: BALLBÉ, La proyección del Derecho en la Administración económica. *Revista de Documentación Administrativa,* n. 46, 1991; RAMOS, Ahumada. *Materiales para el estudio Del Derecho administrativo económico.* Dykinson, 2001; RODRÍGUEZ, Fernandez *Administración imperativa y Administración concertada en la vida económica.* In: *El nuevo Derecho de la empresa,* Madrid, 1989; MARTÍN-RETORTILLO, Sebastián. *Derecho Administrativo económico.* Madrid: La Ley, 1988; *Idem,* Las Nuevas perspectivas de la Administración económica. *RAP,* nº 116, 1988; MANZANEDO; HERNANDO; GÓMEZ REINO. *Curso de Derecho administrativo económico.* Madrid: IEAL,1970; ORTEGA, Ricardo Rivero. *Administraciones Públicas y Derecho privado.* Madrid: Macial Pons, 1998.

Embora esta questão – Processo ou Procedimento – envolva apenas o *nomen juris* que se deva atribuir ao diploma a ser elaborado, é importante defini-lo porque o nome decorre da compreensão que se tem dos objetivos que serão regulados.[351]

Nesse aspecto, a primeira situação que aflora é a concernente ao fato da moderna Administração Pública possuir ou não jurisdição e, via de consequência, exercer atribuições relativas à jurisdição, como, no caso, a elaboração de processo.

Os processualistas brasileiros, na postura do entendimento adotado internacionalmente, possuíam a inclinação de reservar a expressão jurisdição tão somente ao exercício do Poder Judiciário, embora reconhecendo a dificuldade da distinção entre a *função jurisdicional e a função administrativa*.[352]

Essa concepção de que a processualidade seria uma função típica e exclusiva da atividade jurisdicional,[353] vigorante no mundo, aos poucos foi se alterando e passou a ser acentuada a ideia da extensão da figura processual a outras atuações estatais.[354] Adolfo Merkl preconizou que era inaceitável essa redução, porque o processo pode ocorrer em qualquer das funções estatais.[355] Cretella Júnior, no mesmo sentido, já havia se manifestado dizendo que o processo administrativo é processo; e processo é verdadeira categoria jurídica.[356] Na atualidade, entre os processualistas contemporâneos, Fazzalari manifesta que o processo é também instituto empregado para o desempenho das funções de legislação, administração e jurisdição voluntária.[357] Do mesmo modo têm se pronunciado os processualistas brasileiros Antonio Carlos A. Cintra; Ada Pellegrini Grinover; e Candido Rangel Dinamarco ao referirem que o conceito de processo transcende o direito processual e

---

[351] COTRIM NETO, A. B. Código de Processo Administrativo – sua necessidade, no Brasil. *RDP – Revista de Direito Público*, nº 97, p. 38.
[352] COTRIM NETO, A. B. Código de Processo Administrativo – sua necessidade, no Brasil. op. cit. p. 38.
[353] MEDAUAR, Odete. *O direito administrativo em evolução*. op. cit. p. 221.
[354] MEDAUAR, Odete. *O direito administrativo em evolução*. op. cit. p. 221.
[355] MERKL, Adolfo. *Teoria general Del derecho administrativo*. México: Nacional, 1975, p. 279. apud MEDAUAR, Odete. *O direito administrativo em evolução*. op. cit., p. 221. "*do ponto de vista jurídico-teórico não é sustentável essa redução, porque o 'processo', por sua própria natureza, pode ocorrer em todas as funções estatais, possibilidade que se vai atualizando cada vez mais*".
[356] CRETELLA JÚNIOR, José. *Tratado de Direito Administrativo*. Rio de Janeiro: Forense, 1970. v. 6. p. 19-20.
[357] FAZZALARI. Pubblica amministrazione e ordinamento democrático. *Il Foro italiano*, jul./ago., p. 5. apud MEDAUAR, Odete. *O direito administrativo em evolução*. op. cit. p. 222.

que, por ser instrumento do exercício do poder, está presente em todas as atividades estatais.[358]

Colocada esta noção jurídica de processo em sentido genérico, constata-se que, na atualidade, doutrinariamente, inexiste óbice para utilização da denominação processo no âmbito administrativo. Contudo, não raro, administrativistas como Hely Lopes Meirelles e Carlos Ari Sundfeld, considerando que a definição de processo e procedimento está sempre atrelada ao processo judicial, integram a parcela da doutrina nacional que passou a defender a adoção do termo *procedimento* para a função administrativa.[359]

No entanto, como bem explicita Cretella Júnior, há que se estabelecer distinção entre processo e procedimento: *Para nós, 'processo' é o todo; 'procedimento' são as partes que integram esse todo. Dentro de uma operação maior e global, contenciosa ou não, penal, civil ou administrativa, que se desenvolve entre dois momentos distintos – 'o processo' – que, em bloco, formando uma unidade, concorrem para completar a operação mais complexa, mencionada".*[360]

De qualquer forma, essa discussão de aspecto doutrinário, no Brasil, restou superada pela regulação efetuada a nível constitucional e legal. A Constituição Federal, nos incisos LV e LXXII, "b", do art. 5º; no inciso XXI do art. 37; e no §1º, II, do art. 41, adotou a expressão processo administrativo, reconhecendo, indubitavelmente, a existência de uma típica processualidade administrativa. Seguindo essa orientação constitucional, mais recentemente foi editada a Lei Federal nº 9.784, de 29.01.1999, regulando, especificamente, *o processo administrativo* no âmbito da Administração Pública Federal.[361]

Essa nova visão sobre o *processo administrativo* e sua importância está plenamente clarificada no expressado por Odete Medauar, de que o instituto se ressaltou da democracia administrativa, sendo fator de melhora das relações entre Administração e administrado, bem como da participação dos administrados na tomada de decisões, entre outros aspectos.[362]

---

[358] CINTRA, Antonio Carlos A.; GRINOVER, Ada Pellegrini; DINAMARCO, Candido Rangel. *Teoria Geral do Processo*. 21. ed. São Paulo: Malheiros, 2004, op. cit., p. 278. Segundo os autores, "Processo é conceito que transcende o direito processual. Sendo instrumento para o legítimo exercício do poder, ele está presente em todas as atividades estatais (processo administrativo, legislativo) (...).
[359] MILESKI, Helio Saul. *O Controle da Gestão Pública.* op. cit. p. 339.
[360] CRETELLA JÚNIOR, José. *Prática do processo administrativo.* 2. ed. São Paulo: Revista dos Tribunais, 1998, p. 20.
[361] MILESKI, Helio Saul. *O Controle da Gestão Pública.* op. cit., p. 340.
[362] MEDAUAR, Odete. *Administração Pública: do ato ao processo.* In: ARAGÃO, Alexandre Santos de; MARQUES NETO, Floriano de Azevedo (Coords.). *Direito Administrativo e seus*

Portanto, por esse modo de agir, também se altera a relação entre Administração e administrado. A supremacia de poder da Administração sobre o administrado adquire uma nova conformação, agora a relação não é mais entre Administração e súdito, mais sim entre Administração e cidadão, com regência pelas normas de direito.

Assim, como salienta Miguel Sánchez Morón, quando a Administração toma uma decisão formalizada de qualquer tipo, seja editando um regulamento, um plano de ação pública, ou a celebração de um contrato ou convênio necessita seguir uma série de trâmites legais para essa tomada de decisão.[363]

De modo assemelhado se posiciona Celso Antonio Bandeira de Mello, quando refere que os resultados pretendidos pela Administração são alcançados por meio de um conjunto de atos encadeados em sucessão itinerária até desembocarem no ato final, qual seja, por meio do processo.[364]

Nessa linha de entendimento, conforme bem ajusta Morón, o procedimento administrativo deve cumprir três finalidades básicas, no sentido de formar um fluxo ordenado para decidir, contribuindo para racionalizar o exercício da função administrativa. Assim, a primeira finalidade é a *de racionalizar, com facilitação da rotina burocrática*, embora muitas vezes possa ser fonte de *papeleo y de muchas ineficiencias*, deve-se buscar a simplificação dos procedimentos para agilizar e dotar de maior eficácia a Administração em suas relações com os cidadãos; a segunda finalidade é a do procedimento administrativo constituir-se em *uma garantia para os interessados*, que adquiriu relevância com a Lei de Procedimento Administrativo austríaca de 21 de julho de 1925, inspirada por A. Merkl, que adicionou ao procedimento administrativo o princípio do contraditório, do direito de defesa e de boa parte das garantias próprias do processo judicial; a terceira finalidade constitui um meio de abertura da Administração à sociedade, envolvendo

---

novos paradigmas. Belo Horizonte: Fórum, 2008, p. 419. A autora refere que "O processo administrativo despontou sob o contexto da democracia administrativa, da melhoria das relações Administração/administrado, da atuação dos administrados na tomada de decisões, entre outros fatores. E tornou-se um dos grandes tópicos do Direito Administrativo moderno, suscitando, no presente, mais estudos que o ato administrativo. Sua relevância, adquirida nos últimos tempos, não leva, contudo, a tratá-lo como figura central do Direito Administrativo, pois na esteira da lição de Rivero, não existe critério único ou noção-chave do Direito Administrativo".

[363] MORÓN, Miguel Sánchez. *Derecho Administrativo* – Parte General. op. cit. p. 473-474. Este é o comentário do autor: "La concatenación de todos estos trámites con vistas a la adopción de la decisión, se llegue o no a adoptar esta es lo que denominamos 'procedimiento administrativo'. (...) Por eso, puede decirse que el procedimiento es la 'forma de elaboración de las decisiones administrativas' o, si se prefiere, de ejercicio de las atividad administrativa formalizada".

[364] BANDEIRA DE MELLO, Celso Antonio. *Curso de Direito Administrativo*. op. cit. p. 412.

a *participação dos cidadãos* no exercício das funções administrativas, possibilitando uma maior transparência da Administração.[365] Essas três finalidades estão presentes na regulação do procedimento administrativo de todos os Estados Democráticos de Direito.[366] Nesse aspecto é de ser registrado que o início da normatização sobre a matéria deu-se na Espanha, em 19.10.1889, quando foi editada a primeira Lei do Procedimento Administrativo de alcance geral, mas que regulava apenas alguns princípios e regras básicas do procedimento administrativo.[367]

Como marco de um programa político de reforma administrativa, em 17 de julho de 1958, foi aprovada a segunda *Ley de Procedimiento Administrativo* (LPA) da Espanha, com um elevado aprimoramento técnico-jurídico, na medida em que foi estabelecido um regime jurídico unitário dos atos administrativos, do silêncio administrativo e da revisão dos atos na via administrativa mediante revisão de ofício e por recursos administrativos, com aplicação de princípios gerais do procedimento administrativo – economia, celeridade, eficácia e contraditório.[368]

É por esses fatores da nova relação entre Administração e cidadãos que Juarez Freitas propugna pelo resguardo da devida processualização administrativa, com a observância da duração razoável.[369]

Dentro desse contexto de admissão da processualidade no âmbito da função administrativa, surge o problema de denominação: processo ou procedimento. Como acima está referido, na Espanha se utiliza o termo procedimento administrativo. No Brasil, doutrinariamente, de uma maneira geral, a opção é pelo termo procedimento, mas sendo também muito utilizado o termo processo; contudo, a Constituição de 1988 emprega a denominação *processo:* (art. 37, XXI, CF) para a seleção

---

[365] MORÓN, Miguel Sánchez. *Derecho Administrativo – Parte General. op. cit.* p. 474-475.
[366] MORÓN, Miguel Sánchez. *Derecho Administrativo* – Parte General. *op. cit.* p. 475. *"Una regulación que en algunos de ellos se ha desarrollado sobre todo por vía jurisprudencial (así, en Gran Bretaña o en Francia y hoy en dia en la UE), mientras que en otros ha tomado cuerpo en leyes generales (por ejemplo, en EEUU, a través de la 'Administrative Procedure Act' de 1946; en Alemania, donde la Ley Federal se aprobó en 1976, si bien con el precedente de leyes de procedimiento en los 'Länder', o en Italia en 1990)".*
[367] MORÓN, Miguel Sánchez. *Derecho Administrativo* – Parte General. *op. cit.* p. 475. Nesse aspecto, diz o autor: *"Esta ley, temprana en el panorama del Derecho comparado, no regulaba sin embargo más que algunos principios y reglas básicas del procedimiento, remitiéndose para su concreción y desarrollo a los reglamentos de procedimientos de los diferentes Ministerios".*
[368] MORÓN, Miguel Sánchez. *Derecho Administrativo* – Parte General. *op. cit.* p. 475.
[369] FREITAS, Juarez. *Discricionariedade Administrativa e o Direito Fundamental à boa Administração Pública. op. cit.*, p. 19-20. O autor expressa: *"resguardo da devida processualização administrativa, com a observância da duração razoável. É o Estado da racionalidade aberta, não cartesiana, em vez do predomínio senhorial e dissimulado da 'Casa Grande', subproduto da racionalidade solipsista, avessa à viabilização dos direitos fundamentais de todas as dimensões, essenciais à vida digna".*

da melhor proposta para contratar – processo de licitação –; no dispositivo que assegura aos litigantes e aos acusados em geral, no âmbito administrativo e judicial, o contraditório e a ampla defesa (art. 5º, LV, CF); e apuração de responsabilidade por falta disciplinar (art. 41, 1º, CF).

A Constituição de 1978 reservou ao Estado espanhol o poder de legislar sobre *o procedimento administrativo comum, sem prejuízo das especialidades derivadas da organização própria das Comunidades Autônomas* (art.149.1.18."a",CE). Em razão dessa repartição de competências, houve a necessidade de regular os novos princípios e preceitos da Constituição (*las relaciones interadministrativas, el derecho de acceso a los documentos y registros, las garantias del procedimiento sancionador...*), bem como o interesse de ser reformada a LPA em alguns de seus aspectos mais polêmicos (*el silencio administrativo, el régimen de recursos e revisión de oficio*), tornando possível a elaboração de uma nova lei em substituição àquela. Assim, foi editada a Lei 30/1992, de 26 de novembro, LRJPAC – Lei do Regime Jurídico das Administrações Públicas e do Procedimento Administrativo Comum, que, em face de importantes defeitos técnicos passou a sofrer muitas críticas.

Posteriormente, em consequência da severa crítica doutrinária ocorrida, houve uma reforma de profundidade na LRJPAC, por meio da Lei nº 4, de 13 de janeiro de 1999. Na verdade, a LRJPAC, como seu próprio nome indica, é mais que uma lei de procedimento administrativo, na medida em que inclui aspectos do regime jurídico geral da atividade administrativa que também estavam regulados na LPA (regime geral dos órgãos administrativos, atos administrativos, revisão de ofício e outros recursos); muitas outras normas sobre relações entre as Administrações Públicas (Título I), o regime geral da competência administrativa (Título II, Capítulo I), os direitos dos cidadãos perante a Administração (Título IV, Capítulo I), o poder sancionador (Título IX) e a responsabilidade patrimonial da Administração (Título X), situações, até então, não reguladas por outras leis.[370]

Na década de 80 do século XX, Alegretti e Pastori, com base em projetos de lei geral de procedimentos administrativos elaborados na Itália formularam preceitos mínimos para o procedimento da ação administrativa.[371]

---

[370] MORÓN, Miguel Sánchez. *Derecho Administrativo* – Parte General, op. cit., p. 476.
[371] PASTORI. "*Il procedimento...*", cit, 1987, v. 1, p. 819; "*Legge generale sui procedimento e moralizzazione amministrativa. Scriti in Onore di Massimo Severo Giannin*", 1988, v. 3, p. 11. apud MEDAUAR, Odete. *O direito administrativo em evolução*. op. cit., p. 226.

Todo esse desenvolvimento ocorreu de forma forte e contundente ao longo de 1990, consolidando-se a doutrina, a legislação e a prática do processo administrativo, fazendo florescer a literatura jurídica sobre o processo administrativo e a sua legislação reguladora. Portugal editou seu Código de Processo Administrativo para vigorar em 15.05.1992. No Brasil, foi promulgada a Lei Federal 9.784, de 29.01.1999, regulando o processo administrativo no âmbito da Administração Federal. Além dos textos gerais, várias leis, a partir de 1993, contêm capítulos dedicados ao processo administrativo (Lei nº 8.884/1994 – concorrência, princípio do contraditório e da ampla defesa; Lei nº 8.666/1993 – licitações e contratos; e Lei nº 9.605/1998 – crimes ambientais).[372]

Em conclusão, é essa nova leitura dos institutos administrativos, juntamente com novos aspectos de atuação administrativa, tendo em conta o novo tipo de Estado – plural, transparente e participativo – que será produzida uma profunda reforma administrativa, com vista ao estabelecimento da boa administração.

4.1 Reforma Administrativa e Boa Administração

A partir da década de 80 do século XX, em quase trinta anos, praticamente mudou tudo no mundo. Na Espanha e no Brasil passamos de um regime ditatorial para um regime democrático. O sistema democrático tornou-se plural e participativo, com as ações do Poder público devendo ser adotadas com absoluta transparência. A Espanha, como outros países europeus, passou a integrar a União Europeia e a peseta foi substituída pelo euro. O Brasil, diante do mundo globalizado e de uma economia globalizada, também teve muitas mudanças com referência a sua situação no mundo.

Dentro desse novo contexto do Estado contemporâneo, passou a ser preponderante uma reforma administrativa, uma reforma do aparelho do Estado, no sentido de fazer com que a sua organização, que conta com servidores públicos, recursos financeiros, máquinas, equipamentos e instalações, possa executar as decisões tomadas pelo governo, visando à melhoria da eficiência e do atendimento das necessidades do cidadão, qual seja, prestação de serviços públicos à sociedade com eficiência e presteza.[373]

---

[372] MEDAUAR, Odete. *O direito administrativo em evolução. op. cit.* p. 228.
[373] CATALÁ, Joan Prats. *Las transformaciones de las Administraciones Públicas de nuestro tiempo.* In: MORENO Fernando Sáinz (dir.). *Estudios para la reforma de la Administración pública.* Madrid: Instituto Nacional de Administração Pública, 2005, p. 29.

Considerando que, desde o seu princípio, a Administração Pública tem sido reformada, está, e seguirá sendo reformada, esta será uma questão que acompanhará, inexoravelmente, toda a sua existência.[374]

Seguindo em sua análise sobre o tema da reforma administrativa e bom governo, Rodriguez-Arana Muñoz alerta que o reformismo possui uma virtude semelhante à virtude aristotélica, na medida em que se opõe igualmente às atitudes revolucionárias e às imobilistas, afirmando: *"No se trata de uma mezcla extraña o arbitraria de ambas actitudes; es, en cierto modo, una posición intermedia, pero sólo en cierto modo, porque no se alinea con ellas, no es un punto a medio en el trayecto entre uno y otra. La idea reformista supera la posición revolucionaria y el inmovilismo porque acepta críticamente la realidad para mejorarla. Desde esta posición el buen gobierno, la buena administración se instala en unos parámetros desde los que la acción pública trata de mejorar la realidad y situar a la persona en el centro de sus preocupaciones.*[375] E complementa seu raciocínio dizendo que boa administração e bom governo nos tempos em que vivemos, sem haver indicativo único para todos, pouco tem a ver com cenários revolucionários ou versões imobilistas, mas sim com dados realistas.

Efetivamente, essa posição adotada por Rodríguez-Arana Muñoz, além de equilibrada, está dotada de uma verdade atual, consoante o nosso momento histórico. Parece evidente que o caminho do progresso é, infalivelmente, o caminho das reformas, sem cometer a impropriedade de querer construir a realidade humana do zero, arrasando o todo existente, como pretenderam os utopismos políticos de toda a classe.

Nessa mesma linha de entendimento, Diogo de Figueiredo Moreira Neto, posicionando-se sobre a Reforma Administrativa, diz que se trata de uma sequência de alterações de instrumentos de governo e de administração pública, visando à eficiência e à ética no trato com a coisa pública, abrangendo três planos analíticos de referência: *o político* – em

---

[374] RODRÍGUEZ-ARANA MUÑOZ, Jaime. *El Buen Gobierno y la Buena Administración de Instituciones Públicas.* adaptado a la Ley 5/2006, de 10 de abril. Navarra: Aranzadi, 2006, p. 17. Sobre o assunto, o autor adverte: *"La razón se puede encontrar en que es menester embridar la tendência endogámica de la propria Administración, y sobre todo de las personas que en ella laboran. En este sentido, la reforma de la Administración en la democracia constituye un trabajo permanente porque es permanente la adequación de Gobiernos y Administraciones hacia las necesidades colectivas de los ciudadanos y muy especialmente a la generación de las mejores condiciones vitales que permitan el ejercicio de la libertad solidaria de las personas"*
[375] RODRÍGUEZ-ARANA MUÑOZ, Jaime. *El Buen Gobierno y la Buena Administración de Instituciones Públicas.* op. cit. p. 19.

que se perquire o novo perfil do Estado que se renova; *o técnico* – em que se investiga o desenvolvimento de soluções racionais; *e o jurídico* – em que se estuda a introdução de novos institutos no direito positivo.[376]

Por sua vez, no contexto do Estado atual, Juarez Freitas define o *direito fundamental à boa administração*, no sentido de abrigar em seu conceito os seguintes direitos: a) o direito à administração pública transparente, que implica evitar a opacidade (princípio da publicidade); b) o direito à administração pública dialógica, com as garantias do contraditório e da ampla defesa; c) o direito à administração pública imparcial, que não pratica qualquer espécie de discriminação; d) o direito à administração pública proba, impeditiva de condutas éticas não universalizáveis; e) o direito à administração pública respeitadora da legalidade temperada e sem absolutização irrefletida das regras; f) o direito à administração pública eficiente e eficaz, além de econômica e teleologicamente responsável.[377]

Portanto, estamos vivendo um momento de constantes mudanças no sentido de a Administração adaptar-se às novas funções e responsabilidades decorrentes das novas exigências da sociedade contemporânea.

Dessa maneira, as reformas da Administração buscam estabelecer o que se convencionou chamar de bom Governo e boa administração,

---

[376] MOREIRA NETO, Diogo de Figueiredo. Apontamentos sobre a Reforma Administrativa. Emenda Constitucional nº 19 de 4 de junho de 1998. Rio de Janeiro: Renovar, 1999, p. 1-5. O autor produz a seguinte análise: *O plano político: o Estado em mudança* – "A administração deve mudar porque o Estado muda e o Estado muda, por sua vez, porque a sociedade está mudando (...). A sociedade torna-se protagonista político, portadora de demandas de eficiência e ética ao Estado, que de tutor se transforma em agente de melhoria da qualidade de vida social. O novo Estado tem, consequentemente, que dar novo tratamento ao poder. O poder centralizado, hierarquizado e centrado nas figuras de autoridade passa a ser desconcentrado, leve flexível, menos oneroso e desmonopolizado"; *O plano técnico: a Administração em mudança* – "Duas perguntas orientam a Administração: por quê e para quem? (...) Hoje se fala na Administração pública gerencial – NPM – New Public Management, voltada para o atendimento dos interesses da sociedade e sob seu direto controle. Neste novo modelo supera-se a antiga dicotomia público e privado, redefinindo-se o próprio conceito de público, e instala-se a pluralização, a moderna figura do público não estatal. A desmonopolização do poder, tanto na função estatal da legislação como da administração e da jurisdição são as grandes frentes desse processo"; *O plano jurídico: o quadro jusinstitucional em mudança* – "há duas linhas evolutivas bastantes amplas. 1 – a evolução da administração imperativa à administração consensual, que destaca a aceitação de soluções consensuais e a utilização das potencialidades, na busca de eficiência e legitimidade; 2 – a evolução da administração desagregada à administração coordenada, que explora a cooperação entre órgãos e entidades públicos, a colaboração entre entidades públicas e privadas, buscando ética e eficiência".

[377] FREITAS, Juarez. *Discricionariedade Administrativa e o Direito Fundamental à boa Administração Pública.* op. cit. p. 20-21.

supondo que esse aspecto da vida pública tenha aprofundamento das ideias de sua sustentação: assegurar as liberdades reais das pessoas mediante a efetiva realização dos direitos fundamentais, com implantação de novas políticas públicas. Nesse aspecto, a Administração pública surge como um dos elementos-chave para tornar realidade as aspirações dos cidadãos.

Isso significa que a Administração deve promover as condições para que todos os cidadãos, sem exceção, possam exercer com maior qualidade as suas liberdades, com aproximação dos cidadãos, adotando critérios de eficiência e eficácia.

Portanto, nessa linha de entendimento, como lembra Sáinz Moreno, há uma cultura administrativa europeia, alimentada por uma intensa comunicação entre os que participam na direção e na gestão dos serviços públicos, no conhecimento das melhores práticas administrativas, no Direito e nas instituições da Europa, que está deixando de ser um aspecto tangencial para formar parte de seu núcleo essencial.[378]

Esta apregoada linha de reforma administrativa por ações contínuas já está direcionada para uma nova geração de mudanças, que Odete Medauar, na esteira das diretrizes expostas por Pagasa, sintetizou: a) consolidar a desregulação e a descentralização; b) aperfeiçoar a implantação das técnicas de informação e de comunicação, visando a alcançar um governo eletrônico ou democracia eletrônica; c) aperfeiçoar a capacidade de resposta das instituições estatais; d) impulsionar a capacidade de prestação eficiente de serviços públicos de qualidade; aperfeiçoar os sistemas de responsabilidade administrativa; f) implantar e fazer respeitar os códigos de ética em toda a Administração; g) estimular a preparação e divulgação da carta do cidadão (origem inglesa) e carta dos serviços públicos.[379]

No fluxo desse modelo de reforma proposta pelos novos tempos, Santonja adverte que a sociedade espanhola, nos últimos trinta anos, realizou uma extraordinária transformação de ordem política, econômica e social, que há transformado a Espanha em um país com uma das economias mais abertas do mundo, com uma sociedade democrática avançada, ao nível das mais dinâmicas do mundo ocidental.[380]

---

[378] SÁINZ MORENO, Fernando. *El valor de la Administración Pública en la sociedad actual*. In: MORENO, Fernando Sáinz (dir.). *Estudios para la reforma de la Administración pública*. Madrid: Instituto Nacional de Administração Pública, 2005, p. 107.
[379] MEDAUAR, Odete. *O direito administrativo em evolução*. op. cit., p. 134.
[380] SANTONJA, Aldo Olcese. *Teoria y Práctica Del Buen Gobierno Corporativo*. Marcial Pons, Madrid: 2005, p. 184.

Em sequência a essa sua avaliação sobre as reformas produzidas na Espanha, Santonja refere também que o processo de transformação da Espanha ainda necessita de uma adaptação paralela da estrutura da Administração do Estado. Nesse aspecto, adverte aquele jurista que há três problemas urgentes para serem enfrentados na reforma do Estado, que são: a) necessidade de serem resolvidos problemas históricos pendentes da organização da Administração Pública; b) adaptar a organização e funções da Administração à nova realidade autonômica; c) introduzir no funcionamento do Estado as novas exigências decorrentes das novas tecnologias surgidas.[381]

Portanto, como se vê, há uma preocupação geral de serem resolvidos os problemas endêmicos da Administração, adaptando sua estrutura e funcionamento ao novo tipo de Estado contemporâneo, com modernização da Administração, que, mediante a introdução da administração eletrônica, torna especialmente complexa a reforma do Estado, com um novo modelo de Administração.

Nesse aspecto, Aguilar Villanueva menciona que há uma tendência de recuperação e reativação da capacidade administrativa da Administração Pública, entendendo que as estruturas administrativas devem incorporar novas formas organizativas e novos métodos gerenciais a fim de que os governos estabeleçam um sentido de direção as suas comunidades, assegurando economia-eficácia-eficiência e qualidade no fornecimento dos bens e serviços públicos e, sobretudo, assegurem que a ação do governo e da Administração tenha como propósito e resultado a criação/agregação de valor público.[382]

Em decorrência desses fatores, a expressão *bom governo*, *buen gobierno* ou *good goverment*, tornou-se moda, na medida em que a imposição dos tempos, em face das novas estruturas do Estado contemporâneo, passou a exigir a realização de reformas administrativas em busca do *bom governo*.[383]

---

[381] SANTONJA, Aldo Olcese. *Teoria y Práctica Del Buen Gobierno Corporativo*. op. cit., p. 185.

[382] VILLANUEVA, Luis F. Aguilar. *Gobernanza y Gestión Pública*. México: FCE, 2006, p. 43. Sobre o tema, o autor refere: *"Por estas razones, comienzan a introduzirse en la AP esquemas de organización posburocráticas y a emplearse los métodos avanzados de gestión financiera, dirección estratégica, administración de qualidad(control, aseguramiento, mejora contínua y certificación), gestión de desempeño, rediseño de procesos, gestión del conocimiento, formatos alternativos de control interno, presupuesto por resultados... con exigencias de proficionalización del personal público (con o sin formato de los tradicionales servicios de carrera), la incorporación del gobierno eletrónico o digital y con énfasis en la formulación y observancia de códigos de ética pública"*

[383] FARRERES, Germán Fernández. Los Códigos de buen gobierno de las admnistraciones públicas. *Revista Fórum Administrativo – Direito Público – FA*. Ano 1, nº 1, mar. 2001. Belo Horizonte: Fórum, 2001, p. 17-29.

Dessa forma, a efetuação de reformas para o estabelecimento do *buen gobierno* dá o indicativo de que a nova governança pressupõe a existência de uma sociedade relativamente competente e responsável, tanto no seu mundo privado, em razão de suas práticas competitivas e cooperativas, como em sua participação na atividade pública.

Assim, pelo conjunto dos novos fatores estruturais do Estado contemporâneo, exigente de reformas e mudanças na Administração Pública e que estas devam estar de acordo com a nova realidade, fica o demonstrativo claro de que há necessidade de uma aproximação aberta e franca às condições objetivas de cada situação e à experiência, por serem essas componentes essenciais, atitudes básicas do talante ético necessário à construção de novas políticas públicas.[384]

Tem sido salientado pelos estudiosos da nova Administração Pública que há um desbordamento das reformas ante a complexidade dos novos cenários públicos, com os modelos pós-burocráticos de reforma, mesmo quando se desenvolvem de modo efetivo, apresentando limitações e insuficiências, necessitando de complexos sistemas de governança, mediante os quais as sociedades atuais intentam a busca de satisfação das necessidades coletivas.[385]

Nesse sentido, considerando que o novo tipo de Estado está assentado em uma democracia pluralista, transparente e participativa, significa que *el buen gobierno y la buena administración* possuem a necessidade de contar, impreterivelmente, com a presença e a participação efetiva da cidadania, de todos os cidadãos. O pluralismo do bom governo deve buscar atender a todos interesses, nunca a interesses de um setor, de um grupo, de um segmento social, econômico ou institucional, já que, pelas formas alternativas consensuais, podem ser dirimidos os

---

[384] RODRÍGUEZ-ARANA MUÑOZ, Jaime. *El buen gobierno y la Buena Administración de Instituciones Pública.* op. cit., p. 27, diz: *"En ellas se funda la disposición permanente de corregir y rectificar lo que la experiencia nos muestre como desvinaciones de los objetivos propuestoso, más en el fondo, de las finalidades que hemos asignado a la acción pública. Por ello, la técnica británica de las <<políticas públicas a prueba>> es sumamente interesante. La buena administración, el buen gobierno, como anteriormente se ha comentado, tiene una deuda pendiente con la realidad, pues sólo desde ella se puede mejorar el presente para construir un mejor futuro".*

[385] LONGO, Francisco. Introducción. Los directivos públicos ante los retos de la gobernanza contemporánea. In: LONGO, Francisco; YSA, Tamyko (eds.). *Los Escenarios de la gestión pública del siglo XXI.* Barcelona: Escola d'Administració Pública de Catalunya, 2008, p. 22. Por isto, Francisco Longo refere que *"la palabra 'gobernanza' há aparecido con mucha fuerza en el debate contemporáneo sobre los gobiernos y las organizaciones del sector público. En gran parte, sus razones residen en el desarrollo de las tendencias a las cuales nos estamos refiriendo y, más específicamente, en la evolución del Estado contemporáneo hacia modelos relacionales de acción pública, proceso de gran envergadura que se ha acelerado y extendido de forma espetacular en los últimos veinticinco años".*

conflitos e ser alcançada uma solução pelo bem de todos.[386] Outro fator essencial à boa administração diz respeito à participação popular, seja no controle da administração, seja participando, opinando e influindo nas decisões de poder estatal, pois, como referiu Caio Tácito, há um crescente número de modelos de colaboração, seja pela iniciativa privada, seja pela colaboração privada no desempenho de funções públicas.[387] Ou como prefere Rodríguez-Arana Muñoz a participação cidadã se configura em um objetivo de primeira ordem, assumindo uma posição central no bom governo e na boa administração.[388] Como complemento e decorrente proveito da participação popular está a transparência, por meio da qual é dada a impreterível visibilidade da Administração Pública.[389]

Por fim, deve ser salientada a responsabilidade patrimonial da Administração como instrumento de reforma e melhora administrativa, na medida em que, como ressalta Manuel Rebollo Puig, trata-se de uma garantia constitucional essencial dos administrados, sendo causa capital do controle de funcionamento dos serviços públicos, da Administração, das autoridades e dos funcionários públicos.[390]

Junto com todas essas condições para a realização das reformas estruturais necessárias para o estabelecimento do bom governo e da boa administração, ainda devem ser acrescentados os aspectos relativos à ética e a sociedade do conhecimento.

Como se viu até aqui, a partir dos dois últimos decênios do século XX, o mundo passou por maiúsculas transformações, provocadas pelo novo tipo de Estado, pela nova base técnica eletrônica e pelo novo tipo de capitalismo, de caráter social, o qual foi denominado de associativista.[391] Nesse contexto, redesenha-se a organização do trabalho em processos geradores de valor, passando-se a utilizar novas

---

[386] MOREIRA NETO, Diogo de Figueiredo. *Apontamentos sobre a Reforma Administrativa. Emenda Constitucional nº 19 de 4 de junho de 1998*, op. cit., p. 26.

[387] TÁCITO, Caio. Direito Administrativo Participativo. *Carta Mensal*, CNC, v. 43, p. 509, agosto de 1997. apud Diogo de Figueiredo Moreira Neto, *Apontamentos sobre a Reforma Administrativa. Emenda Constitucional nº 19 de 4 de junho de 1998*. op. cit., p. 25-26.

[388] RODRÍGUEZ-ARANA MUÑOZ, Jaime. *El buen gobierno y la Buena Administración de Instituciones Pública*. op. cit., p. 40.

[389] RODRÍGUEZ-ARANA MUÑOZ, Jaime. *El buen gobierno y la Buena Administración de Instituciones Pública*. op. cit., p. 40.

[390] PUIG, Manuel Rebollo. Sobre la reforma del régimen de responsabilidad patrimonial. In: LONGO, Francisco; YSA, Tamyko (eds.). Los Escenarios de la gestión pública del siglo XXI. Barcelona: Escola d'Administració Pública de Catalunya, 2008, p. 215-216.

[391] SROUR, Robert Henry. *Poder, cultura e ética nas organizações*. Rio de Janeiro: Campus, 1998, capítulos 1; 2.

tecnologias, equipamentos computadorizados de grande complexidade e de alto custo, característicos da revolução digital. Assim, os trabalhadores passam a ser pagos por resultados, com reconhecimento em função do seu mérito, enquanto a rígida separação entre o trabalho de gestão e de execução termina amenizada pela corresponsabilidade técnica entre gestores e equipes de trabalhadores, criando-se uma ponte entre as duas classes sociais.[392]

Portanto, essa nova realidade do Estado e da sociedade contemporânea, no início do século XXI, leva a necessidade de uma Reforma da Administração Pública, no sentido de direcioná-la para o estabelecimento do *bom governo*, em que sejam levadas em consideração as novas condições decorrentes da revolução econômica, da ética e da gestão do conhecimento.

4.1.1 Ética Pública

De um modo geral, é antiga a preocupação em deslindar-se o nó procedimental relativo à lei, à moral e à ética, conforme se pode verificar em a *Política* de Aristóteles. Contudo, no mundo contemporâneo, essas questões de moral e ética, passaram a ter um destaque relevante. Segundo José Arthur Gianotti,[393] em sua avaliação sobre as razões do porquê a ética retornou, no pensamento filosófico contemporâneo, como um dos temas centrais de debate, questiona: quais as mudanças que ocorreram em nosso quadro intelectual para dizer que tudo é moral? Sua resposta é de que não mais se acredita na doutrina da consumação dos tempos e da história. Superada a fase recente e radical de transformações políticas, sociais, econômicas e psicológicas, buscam saber como nos relacionamos uns com os outros dentro desse pequeno espaço do presente.

---

[392] KISSLER, Leo. *Ética e Participação – Problemas éticos associados à gestão participativa nas empresas*. Florianópolis: Ed. UFSC, 2004, p. 19-20. "Nessas novas condições, como não qualificar a gestão participativa como salto qualitativo? Permaneceria um problema de ordem ética? Em que termos isso se daria? (...) No mundo atual, diante da revolução econômica (capitalismo social) e da revolução tecnológica (revolução digital), bem como diante do processo de globalização (sistema mundial competitivo), quais as formas de gerir as organizações? Estas coletividades, como outras tantas – nações ou vilarejos, cidades ou acampamentos de garimpeiros, comunas ou aldeias de pescadores, vilas ou malocas de índios –, precisam regular suas atividades".

[393] GIANOTTI, José Arthur. *Moralidade pública e moralidade privada*. In: NOVAES, Adauto. Ética. São Paulo: Cia. Das Letras, 1992, p. 239-245, *apud* LOPES, Maurício Antonio Ribeiro. *Ética e Administração Pública*. São Paulo: Revista dos Tribunais, 1993, p. 11.

As questões morais e éticas sempre tiveram presentes na busca do entendimento dos grupos sociais. Para se compreender o comportamento humano e social tem-se de levar em consideração a ética, as noções que as pessoas possam ter do bem e do mal, do certo e do errado, da moralidade e da não moralidade.[394]

Nesse contexto, invariavelmente, o Estado também necessita de suporte ético e moral desse mesmo Estado. Sendo assim, o princípio da moralidade pública, da ética na Administração, revela-se como um instrumento de muita eficácia na proteção de direitos fundamentais garantidos pela constituição. Por este motivo, os princípios éticos são impreteríveis para o estabelecimento do bom governo e da boa administração.[395]

Sendo a ética um fator de relevância para a boa administração, faz-se necessário, primeiro fixar os entendimentos conceituais, com distinção entre direito, moral e ética, para depois serem examinados os procedimentos de aplicação ética. Conforme menciona Joaquim Coelho Rosa, em estudo decorrente do Projeto EuroBrasil 2000,[396] *um conceito opera a adequação entre uma certa* **extensão** *de realidade e a* **compreensão** *do sentido que lhe damos*. Por isso, afirma que os conceitos mudam profundamente a realidade e vice-versa, razão que vem impor o estabelecimento do conceito para conhecimento da realidade. Assim, para a compreensão da temática envolvendo moral, ética e bom governo, é imprescindível estabelecer-se os seus aspectos conceituais, no sentido de verificarmos os diferenciais entre os institutos sob análise.

---

[394] LOPES, Maurício Antonio Ribeiro. *Ética e Administração Pública*. São Paulo: Revista dos Tribunais, 1993, p. 11. O autor complementa o seu raciocínio manifestando: "*Se os conceitos éticos têm escapado ao exame atento da filosofia jurídica, por outro lado não encontram real guarida na jurisprudência ou na aplicação das leis. Na Administração, no entanto, maiores são as implicações face aos problemas centrais da vida política e a incomensurabilidade do princípio do interesse ou da necessidade*".
[395] RODRÍGUEZ-ARANA MUÑOZ, Jaime. *El Buen Gobierno y la Buena Administración de Instituciones Pública.* op. cit., p. 51. Segundo o autor "*debe estar orientada al bienestar integral de los ciudadanos y debe facilitar, por tanto, a quienes la realizan su mejoramiento personal. La inportancia de la ética en relación con la muy noble actividad política continúa siendo en el presente uno de los actos más complejos de afrontar probablemente porque todavía el poder, el dinero y la fama son tres grandes ídolos a los que se adora con intensa devoción. En efecto, la relación entre Ética e Política es un problema intelectual de primer orden, de gran calado*".
[396] ROSA, Joaquim Coelho. *Ética e serviço público*: O momento europeu – Projeto EuroBrasil 2000. Brasília: Ministério do Planejamento; Comissão Europeia, 2005, p. 30. Em seu estudo, ao se referir a conceito, o autor manifesta: "*Prestaríamos um péssimo serviço a nós mesmos e à sociedade se continuássemos a compreender a justiça, ou a liberdade, ou as exigências do poder, ou a educação com o conteúdo conceptual que tinham, por exemplo, no séc. XIX. Não quer isso dizer que o conhecimento daquilo que pensaram os que nos precederam seja inútil. Bem pelo contrário, viver e pensar é recolher humildemente a herança dos antepassados, a quem devemos mostrar a suprema gratidão e homenagem de pensar e viver para lá do que eles nos legaram*".

Nesse sentido, ainda de acordo com Joaquim Coelho Rosa, durante séculos, salvo raras exceções, parece não ter havido a necessidade de conhecer-se a distinção entre ética e moral, o que se deveu as próprias realidades da existência humana, com a sociedade vivendo relativamente de forma pacífica com suas morais.[397] Contudo, na atualidade, surge a necessidade de fixação das diferenças entre ética e moral, para que haja um conhecimento mais adequado da realidade contemporânea.

No que tange a natureza das morais, pois somente em situações perfeitamente determinadas pode ser usado o termo moral, na medida em que não existe algo como **A** moral, há morais, é determinado o seguinte conceito: *As morais são códigos normativos do comportamento, implícitos ou explícitos (sob forma escrita ou não), relativos a grupos culturais determinados segundo o espaço e o tempo*,[398] razão que leva a conclusão de que todas as morais são *relativas,* tendo em vista que dependem de espaço e tempo de validade de um certo grupo cultural.

Para todas as morais há uma racionalidade moral que permite a formação de juízos lógicos, considerados universalmente válidos até prova em contrário. Uma consequência dessa racionalidade moral é que, tal como a ciência ocidental, é, do ponto de vista operativo, essencialmente *mecanicista,* de relação, mediata ou imediata, de causa/efeito.[399]

No entanto, essa consequência da causalidade mecânica, como afirma o próprio Joaquim Coelho Rosa, não é razão para abdicar da lei e do direito, mas é certamente uma boa razão para não acreditar que a multiplicação das leis, e mesmo o seu aperfeiçoamento e o rigor na vigilância do seu cumprimento são a solução para uma vida pública ética.[400]

Consoante esses fatores que buscam os caracteres de distinção entre moral e ética, possibilitam também dizer da diferença entre moral e direito. Conforme menciona Maurício Antônio Lopes, a partir do pensamento de Kant e Kelsen resultaram algumas distinções sobre a evolução da temática:[401] a) a moralidade é gratuita, razão pela

---

[397] ROSA, Joaquim Coelho. *Ética e serviço público:* O momento europeu. *op. cit.,* p. 31.
[398] ROSA, Joaquim Coelho. *Ética e serviço público:* O momento europeu. *op. cit.,* p. 31.
[399] ROSA, Joaquim Coelho. *Ética e serviço público:* O momento europeu. *op. cit.,* pág. 35-36. Nesse aspecto, o autor ainda refere que *"a causalidade mecânica, de antecedente a consequente, é insuficiente para compreender os acontecimentos, inclusive (ou sobretudo) os comportamentos humanos".*
[400] ROSA, Joaquim Coelho. *Ética e serviço público:* O momento europeu. *op. cit.,* p. 36.
[401] LOPES, Maurício Antonio Ribeiro. *Ética e Administração Pública.* São Paulo: Revista dos Tribunais, 1993, p. 17-18.

qual o comportamento moral é cumprido por simples consideração à moralidade e não por interesse. Esse pensamento, na atualidade, encontra-se superado, quer pela visão da ordem jurídica, cuja tendência moderna é o da incorporação do princípio da moralidade, quer pelos reclamos da sociedade organizada; b) a moral tem seu foro de atuação na intimidade da pessoa, enquanto que exterioridade é a marca da regra jurídica que só se interessa pela adesão exterior às leis vigentes, não considerando qual tenha sido a intenção do agente. No caso, uma ressalva contemporânea, não confundir moralidade com intimidade. Intimidade é direito individual, moralidade é dever de conduta, e comportamento individual, social, coletivo ou público; c) por fim, há o caráter unilateral ou bilateral. Nos comportamentos morais pode haver o envolvimento de duas ou mais pessoas, mas cada uma é responsável perante si mesma. A bilateralidade é característica das normas jurídicas, fazendo surgir uma relação intersubjetiva a cada dever que, não cumprido, colocará ao seu alcance meios de coerção.

Retornando a busca das diferenças entre moral e ética, o essencial para se ter compreensão do que é ordem ética é estabelecer-se a *ética* como uma espécie de resíduo, por assim dizer, do pensamento moral.[402]

Considerando essa ideia do que seja ética e seu diferencial do que seja moral, é de ser salientado que as morais não são construtivas, mas repetitivas. Isso porque o comportamento moral reitera e reforça a ordem estabelecida dos princípios; o comportamento ético projeta e constrói uma ordem futura do sentido. As morais são, naturalmente, conservadoras e prudentes. A ética é inovadora e arriscada, como a própria existência humana. [403]

Dentro desse contexto diferencial, ainda na linha de entendimento traçada por Joaquim Coelho Rosa, constata-se que, distintamente das morais, que tem por ambiente a norma, o *dever ser*, o ambiente da ética é o *poder ser*. As morais formulam *o necessário*, a ética busca *o possível*. Se as morais lidam com a simplicidade dual do certo/errado, verdadeiro/falso, a ética lida com *a complexidade plural dos múltiplos possíveis*. O objetivo das morais é definido como um *bem necessário*, o objetivo

---

[402] ROSA, Joaquim Coelho. *Ética e serviço público*: O momento europeu. op. cit., p. 36. No seu reciocínio, o autor complementa: "*O pensamento e o comportamento morais, que, como se viu, são necessários mas insuficientes, deixam subsistir um resto de problema. Esse resíduo sempre existiu, mas era, na maior parte das vezes e para a maioria dos indivíduos, inaparente graças ao caráter relativamente estanque dos grupos culturais e seus usos e costumes*".

[403] ROSA, Joaquim Coelho. *Ética e serviço público*: O momento europeu. op. cit., p. 39.

da ética é construir *o melhor possível*. As morais movimentam-se na conformidade do que já foi, a ética move-se pelo desejo do que será.[404]

Sendo assim, e considerando que a questão ética está em especificar critérios éticos, não em aplicar à ética critérios morais, Joaquim Rosa formula como critério ético, o seguinte: *agir eticamente é realizar o possível melhor, isto é, decidir e escolher, entre os diferentes possíveis, o possível que gera mais possibilidades*.[405]

Fixados os principais níveis de compreensão e de distinção entre moral, ética e direito, passamos ao estudo da aplicabilidade ética na circunstância reformadora para o estabelecimento de um Estado com bom governo e uma boa administração.

No Estado contemporâneo, como já foi afirmado e reafirmado no curso do presente estudo, há uma nova conformação para a ação estatal, baseada em uma democracia pluralista, participativa e transparente, com busca da realização dos interesses dos cidadãos, tendo em conta os direitos fundamentais postos na Constituição. Sendo o Governo o condutor da Administração para que esta realize os serviços de interesse público, a condução dessa estrutura organizacional deverá se concretizar mediante critérios éticos, para a realização do melhor possível.

Portanto, a nova Administração Pública, com direcionamento de ações para o atendimento de interesses conflitantes, decorrentes do sistema pluralista, significa dizer que, na resolução do conflito, estará sendo adotada uma decisão de consenso, em que seja admitida a participação do cidadão, sem que haja atitudes sectárias repudiáveis,[406] fator que envolve o direito fundamental da liberdade.

Sendo a liberdade um conceito essencial do sistema democrático, Rodrigues-Arana Muñoz defende que a liberdade no plano moral é um ganho pessoal; se a participação é consequência de uma opção pessoal realizada, pode ser dito que a solidariedade também é uma ação livre, constituindo-se como um ato de livre participação.[407]

---

[404] ROSA, Joaquim Coelho. *Ética e serviço público:* O momento europeu. *op. cit.*, p. 39.
[405] ROSA, Joaquim Coelho. *Ética e serviço público:* O momento europeu. *op. cit.*, p. 39.
[406] RODRÍGUEZ-ARANA MUÑOZ, Jaime. *El Buen Gobierno y la Buena Administración de Instituciones Pública. op. cit.*, p. 57.
[407] RODRÍGUEZ-ARANA MUÑOZ, Jaime. *El Buen Gobierno y la Buena Administración de Instituciones Pública. op. cit.*, p. 57. motivo pelo qual, acrescenta: "*Atendiendo a las finalidades que aquí hemos señalado para la vida pública habremos de convenir en que el gobierno y la administración pública son tareas éticas, en cuanto se proponen que el hombre, la persona, erija su proprio desarrollo personal en la finalidad de su existencia, libremente, porque la libertad es la atmósfera de la vida moral*".

Nessa esteira de entendimento, o procedimento ético da Administração estaria interligado com a liberdade, a cooperação e a participação do cidadão, retratando a forma do bom governo.[408]

De outra parte, ainda que não desborde do posicionamento acima, Jesús Gonzáles Perez refere que ética oferece em suas relações com a Administração Pública dois aspectos: a ética como exigência de todos e cada um dos servidores públicos, qualquer que seja a atividade administrativa que realizem; e a ética como fim da ação administrativa.[409]

No que tange, especificamente, à Ética na Administração Pública, o citado autor fixa a sua análise em três aspectos essenciais: 1) Haver, de pronto, a determinação dos deveres exigíveis aos servidores públicos, formulando-se Códigos de conduta. Seria o acolhimento, no seio da Administração Pública, da prática que vem sendo aplicada no âmbito de outras organizações profissionais (empresários, meios de comunicação, advogados, etc.); 2) Adoção de medidas preventivas que tratem de garantir o cumprimento dos deveres estabelecidos, com concretização, entre outros, via sistema de controles internos e externos; 3) E, por último, as sanções (reações) que deverão ser aplicadas às infrações que, apesar de todas as prevenções, são cometidas.[410]

Assim, a ética como questão essencial ao bom governo, a partir do final dos anos 90 do século XX, passou a orientar a necessidade de implantação de Códigos de Ética a todos os níveis da órbita Governamental ou Administrativa. Os novos desafios que o Estado deve enfrentar exigem modificação de seus modos de atuação e de suas funções.

No que tange a importância de ser procedida uma reforma da Administração de acordo com uma ética pública, Fernando Sáinz Moreno ressalta que, embora seja importante haver uma ética negativa, contribuindo para erradicar comportamentos abusivos, fraudulentos, prevaricadores, já tipificados como delitos e como infrações administrativas, também é importante fomentar uma ética positiva, dirigida para o sentido de ser reavivado o serviço público e seus valores, bem como o compromisso com as tarefas e funções do poder público.[411]

---

[408] RODRÍGUEZ-ARANA MUÑOZ, Jaime. *El Buen Gobierno y la Buena Administración de Instituciones Pública. op. cit.*, p. 69. o autor da ideia expressa: *"Se practica el buen gobierno, la buena administración cuando la libertad y la solidariedad se identifican: no solamente cuando se ven compatibles, que ya es um paso. No acaba mi libertad donde comienza la del otro. Mi libertad se enriquece, se estimula en los ámbitos donde los demás desarrollan la suya".*
[409] PÉREZ, Jesús González. *La ética en la Administración Pública.* 2. ed. Madrid: Civitas, 2000, p. 33.
[410] PÉREZ, Jesús González. *La ética en la Administración Pública. op. cit.* p. 34.
[411] MORENO, Fernando Sáinz. *Ética Pública Positiva.* In: MORENO, Fernando Sáinz (dir.). *Estudios para la reforma de la Administración pública.* Madrid: Instituto Nacional de Administração Pública, 2005, pág. 517.

Nesse contexto, há também o que Manel Peiró chamou de Direção Pública e gestão do compromisso dos profissionais, envolvendo o profissional membro de um grupo ocupacional formado com base no conhecimento, cujos membros exercem um controle significativo sobre o seu próprio trabalho e desfrutam de uma posição protegida no mercado.[412]

Em decorrência desses fatores, surgiu uma espécie de euforia pela ética pública e a necessidade de implantação de códigos de bom governo.[413]

Por essa razão, vários países da União Europeia e do mundo passaram a ter iniciativa de elaborarem seus códigos de bom governo. Entre os vários códigos éticos ou códigos de bom governo, podem ser citados os seguintes:

1. A primeira referência é relativa aos Princípios de Conduta Ética nos Estados Unidos da América, na medida em que se trata de um país com larga experiência em matéria de normas éticas na Administração Pública. Pelo Decreto nº 12.731, de 1989, foram estabelecidos os Princípios de Conduta Ética, na seguinte forma:

Legalidade – o serviço público exige dos seus servidores o cumprimento da Constituição, das leis e dos princípios éticos, acima dos interesses pessoais.

Conflito de interesses – os servidores públicos não devem possuir interesses financeiros que estejam em conflito com o desempenho consciente de seus deveres. Não devem buscar trabalho ou atividades fora da atividade pública, cujos negócios estejam em conflito com seus deveres e responsabilidades governamentais.

Honradez – os servidores públicos não devem participar de transações financeiras utilizando informação do governo que não é pública,

---

[412] PEIRÓ, Manel. *Dirección pública y gestión del compromiso de los profesionales.* In: MORENO, Fernando Sáinz (dir.). *Estudios para la reforma de la Administración pública.* Madrid: Instituto Nacional de Administração Pública, 2005, p. 249-250. Diz o autor: *"los profesionales desarrollan una identidad como resultado de su formación y socialización e interiorizan unas normas y valores que enfatizan el servicio a la sociedad y unos ideales altruistas (Raelin, 1986). Reivindican además unos conocimientos que no están al alcance de los que no pertenecem a la profesión, es decir, unos conocimientos certificados y sobre los que fundamentan su autonomía y el control sobre el propio trabajo. Disfrutan de un reconocimiento social que les otorga el derecho de autorregularse, reconocimiento en el que también influye el espíritu de servicio de los profisionales y el valor conferido a unos servicios que <<valen más de lo que cuestan>> (Oriol i Bosch, 2001)".*

[413] FARRERES, Germán Fernández. *Los Códigos de buen gobierno de las admnistraciones públicas.* op. cit., p. 20. É por isto que Farreres adverte: *"La buena gobernanza, a la postre, además de los principios éticos y de conducta de los funcionários y gobernantes, exige un recorte importante de las funciones públicas y, por tanto, de los aparatos organizativos públicos".*

nem permitir o uso impróprio dessas informações para o benefício de interesse particular.

Integridade – os servidores públicos não devem aceitar doações e presentes, nem artigos de valor monetário de qualquer pessoa ou entidade que tenha interesses no organismo em que trabalham.

Honestidade – os servidores públicos devem desempenhar as suas obrigações e deveres dentro de um procedimento honesto.

Responsabilidade – sem autorização, os servidores públicos não devem celebrar compromissos nem fazer promessas de qualquer tipo.

Impessoalidade – os servidores públicos não devem usar do cargo público para satisfazer interesse pessoal.

Imparcialidade – os servidores públicos devem atuar deforma imparcial, sem dar tratamento preferencial a nenhum indivíduo ou organização privada.

Austeridade – os servidores públicos devem proteger e conservar a propriedade pública, sem poder utilizá-la em atividades que não possuam autorização.

Diligência – os servidores públicos devem denunciar às autoridades competentes os esbanjamentos, fraude, abuso e corrupção.

Boa fé – os servidores públicos devem sempre cumprir suas obrigações como cidadãos, ungidos de boa fé.

Objetividade e imparcialidade – os servidores públicos devem cumprir todos os dispositivos legais e regulamentos que ofereçam igualdade de oportunidade a todos os cidadãos, independentemente de raça, cor, religião, sexo, nacionalidade ou idade.

Exemplaridade – os servidores públicos devem possuir conduta exemplar, evitando a prática de qualquer ação que possa ter a aparência de estar havendo violação das leis ou das normas éticas.

2. A Carta do Serviço Público Português, na qual são enumerados como valores fundamentais dos funcionários públicos: o exercício de suas funções em exclusivo interesse do serviço ou do interesse público; neutralidade em todas as situações, em que se compreende a objetividade e a imparcialidade; a responsabilidade; competência no relativo a eficiência; integridade, para que não aceitem doações ou outros tipos de presentes.

3. O primeiro informe sobre as Normas na Vida Pública do Comitê NOLAN do Reino Unido, em 1995, foi um documento de grande repercussão doutrinal e política no âmbito da Comunidade Europeia. Tratou-se de um informe que produziu um aumento de confiança dos

cidadãos nas instituições e seus governantes.[414] O informe NOLAN enumera sete princípios básicos da vida pública, com o mesmo sentido e objetivos daqueles fixados no âmbito americano: *Impessoalidade; Integridade; Objetividade; Responsabilidade; Transparência; Honestidade; Capacidade de decisão.*

Segundo o informe, esses princípios são de aplicação geral a todos os serviços e atividades públicas, apresentando em sua análise uma série de conclusões que, por sua importância, devem ser enumerados: Em primeiro lugar, os princípios de conduta geral que devem sustentar a vida pública devem ser formulados de novo, o que por sinal foi realizado pelos sete princípios básicos enumerados. Em segundo lugar, todos os organismos públicos devem estabelecer códigos de conduta que incorporem tais princípios. Em terceiro lugar, os sistemas internos destinados ao acompanhamento da aplicação das normas devem estar respaldados em processo de instigação independente. Por último, que é necessário haver a promoção e o aperfeiçoamento das normas de conduta em todos os organismos públicos, sobretudo, mediante orientação e formação, na qual se inclui a formação com incentivos.[415]

Por sua vez, a Organização para a Cooperação e o Desenvolvimento Econômico (OCDE) por proposta do Comitê da gestão pública, em 1996, realizou uma série de recomendações no sentido de que os países que o integram adotem medidas destinadas a controlar o bom funcionamento das instituições, buscando fomentar um comportamento de acordo com a ética do serviço público. Entre as principais estão: a) as normas éticas aplicáveis ao serviço público devem ser claras; b) as normas éticas devem estar reguladas em lei; c) os que ocupam cargo público devem receber formação em matéria de ética; d) os que ocupam cargo público devem conhecer seus direitos e deveres, sendo necessário melhorar o sistema de responsabilidade dos servidores públicos; e) o compromisso dos responsáveis políticos a favor da ética no serviço público deve ser real, coerente e efetivo; f) o processo de adoção de decisões públicas deve ser sempre transparente e submetido a controles; g) devem existir diretrizes claras em matéria de relações entre o setor público e o setor privado; h) os gestores públicos devem promover um comportamento

---

[414] FARRERES, Germán Fernández. *Los Códigos de buen gobierno de las admnistraciones públicas.* op. cit., p. 21. "De ahí que dicho informe se presentara como un intento de restauración de dicha confianza, incidiendo en el lado ético de la reforma administrativa y estableciendo, por tanto, un conjunto de pautas de actuación en la gestión de los asuntos y servicios públicos".

[415] SANTONJA, Aldo Olcese. *Teoria y práctica del Buen Gobierno Corporativo.* op. cit. p. 177.

ético; i) as políticas, os procedimentos e as práticas de gestão devem favorecer um comportamento de acordo com a ética; j) as condições de cargos e empregos próprias da função pública e da gestão de pessoal devem fomentar comportamentos de acordo com a ética; para o serviço público devem ser estabelecidos mecanismos que permitam a prestação de contas; l) devem existir procedimentos e sanções adequadas aos casos de comportamentos reprováveis e culpáveis.[416]

Esses, de uma maneira geral, foram os instrumentos fixadores dos princípios orientadores para a formação dos códigos de ética do bom governo e da boa administração.

4.1.2 Bom Governo e Boa Administração

Não é absolutamente claro e preciso o entendimento que deriva de Bom Governo e Boa administração. O designativo de bom governo e boa administração permite a formação de múltiplas concepções, perspectivas e significados. Pode envolver aspectos estruturais e de organização até exigências pessoais e subjetivas dos representantes políticos e servidores públicos, com envolvimento ainda de uma relação direta com a teoria do Estado e sua organização.[417]

O bom governo e a boa administração, independentemente da concepção que lhe for dada, busca, em última análise, melhorar e aprimorar o desempenho da Administração Pública e, nesse sentido, são vários os mecanismos que podem ser utilizados para o alcance desse ideal. Entre os muitos instrumentos, estão o estabelecimento do papel do Estado – devolução, privatização, desregulação e regulação –; o processo orçamentário e fiscal; o sistema de pessoal; a participação popular e a transparência. Outro instrumento valioso tem sido o estabelecimento de uma base ética profissional, com a instituição dos chamados códigos de bom governo e boa administração.

Conforme esse contexto de avaliação, o objetivo do bom governo é alcançar uma Administração eficiente, eficaz e de real efetivação dos direitos fundamentais do cidadão, garantindo a realização dos serviços de interesse geral. Contudo, como essa é uma situação que estaria a cargo do Direito Administrativo, o qual sujeita a atividade administrativa a uma série de formalidades e controles, termina gerando

---

[416] SANTONJA, Aldo Olcese. *Teoria y práctica del Buen Gobierno Corporativo.* op. cit. p. 179.
[417] FARRERES, Germán Fernández. *Los Códigos de buen gobierno de las admnistraciones públicas.* op. cit. p. 20.

desconfianças quanto a sua capacidade de resolução dessas questões. Pois, como adverte Jesús Gonzáles Pérez,[418] o fato da Administração, no mundo contemporâneo, assumir atividades inimagináveis nas origens do Direito Administrativo, envolvendo a celeridade e a eficácia com que deveriam ser realizados, passou a ser motivo de muita discussão.[419] De outra parte, menciona ainda o referido autor que a atenuação das formalidades e controles do Direito Administrativo amplia as margens para que a discricionariedade se converta em arbitrariedade. Diante dessa situação complexa, houve a necessidade de ser realizado algo, o que resultou na elaboração de leis reguladoras do comportamento ético.[420]

Assim, a importância dessas novas realidades levou a maior parte dos países da União Europeia e a própria União Europeia a tentar explicitar o que é comportamento eticamente expectável nos serviços públicos, fazendo surgir os códigos de conduta ética, semelhantes nos seus princípios estruturais e conceituais, mas com algumas divergências em alguns aspectos regulamentares.

No âmbito da União Europeia, como parte do conjunto da Reforma da Administração iniciada em 1995 e acelerada em 1999, foram editados três códigos de conduta: o Código dos Comissários; o Código dos Serviços; e o Código dos Funcionários, que é o Código Europeu de Boa Conduta Administrativa.

Código dos Comissários – a Comissão Europeia é o órgão executivo da União composto por um Comissário designado pelo país integrante da União Europeia. Possui um Presidente que ocupa, na Comissão, o lugar do Comissário do seu país, que submete a aprovação do Parlamento Europeu à aprovação da sua política. Todos os Comissários são interpelados pelo Parlamento antes da Comissão Europeia ser formalmente investida em funções.

O Código dos Comissários é um Código de Governantes, pensado para o seu desempenho político. Estipula as atividades admitidas, os direitos de publicação e os direitos de autor, o regime de presentes, remunerações, conflitos de interesses, confidencialidade e regras em matéria de missões.

Código dos Serviços – o Código dos Serviços busca regular as relações entre os Comissários e seus Gabinetes, estabelecendo como princípios a lealdade e a confiança, assegurando, em sua plenitude, a

---

[418] PÉREZ, Jesús Gonzáles. *La ética en la Administración Pública*. op. cit. p. 81-82.
[419] PÉREZ, Jesús Gonzáles. *La ética en la Administración Pública*. op. cit. p. 82.
[420] PÉREZ, Jesús Gonzáles. *La ética en la Administración Pública*. op. cit. p. 83.

responsabilidade política dos Comissários. Por essa razão, o Código é muito interessante, na medida em que regula questões semelhantes em todos os países, mas que se avultam em organizações políticas complexas como a União Europeia. Embora a designação genérica seja relativa a serviços, o que está em causa são as relações entre os Comissários (que possuem o poder político governamental) e os Diretores-Gerais, que são os funcionários nomeados para fazerem a execução dos serviços da máquina administrativa, que constituem a instância entre o poder executivo e a execução efetiva.

É por esse fator que o Código, ao regular tais relações, está assentado nos princípios da lealdade e da confiança, posto que esses quadros superiores da Administração acabam por ter um duplo dever de lealdade. Essa dupla lealdade, a nível nacional e supranacional, frequentemente, suscita problemas éticos, que podem tornar-se mais ou menos conflitantes. No entanto, como bem refere Joaquim Coelho Rosa, o Código não trata dessa questão propriamente ética. Desloca-se para o domínio funcional e processual, procurando delimitar competências e procedimentos específicos, de modo a evitar preventivamente bloqueios institucionais.[421]

Código Europeu de Boa Conduta Administrativa – foi aprovado pelo Parlamento Europeu em 6 de setembro de 2001 para ser aplicado pelas instituições e órgãos da União Europeia, assim como pelas suas administrações e respectivos funcionários. O Código é um elenco de princípios gerais, envolvendo tanto o aspecto funcional quanto o processual, com amplitude suficiente para, com um entendimento de senso comum, não serem polêmicos. Como a própria designação indica, o Código visa a regular a conduta administrativa, não a conduta ética, mesmo sendo pacífico que a boa conduta administrativa é um pressuposto indeclinável da conduta ética.

Esse Código Europeu de Boa Conduta Administrativa foi dirigido aos cidadãos e funcionários públicos europeus, informando aos cidadãos sobre o que podem esperar da Administração e aos funcionários os princípios que devem observar em suas atividades, fatores que motivaram um aumento de confiança dos cidadãos na União Europeia e nas suas instituições. Os princípios elencados pelo Código são os seguintes: *Legalidade; Igualdade; Proporcionalidade; Equidade; Ausência de abuso de poder; Imparcialidade e Independência; Objetividade; Expectativas*

---

[421] ROSA, Joaquim Coelho. *Ética e Serviço Público*. op. cit., p. 27.

legítimas, coerência e consultoria; Cortesia; Adoção de decisões em prazo razoável; Motivação das decisões; Indicação das possibilidades de recurso; Proteção de dados; Conservação de registros adequados.

De acordo com o até aqui registrado, podem ser estabelecidas algumas conclusões: primeiro, que já existe um acervo de princípios suficientes para serem elaborados códigos de conduta ou de bom governo e boa administração; segundo, que, aos funcionários públicos, em razão do tipo de atividade profissional, prestação de serviços de interesse público, é exigido um comportamento ético superior ao da média dos cidadãos; terceiro que, no âmbito de aplicação dos princípios, estes devem ser estipulados em normas estatutárias ou regulamentares, de acordo com a legislação de cada país.[422]

Na Espanha, no contexto das grandes transformações para o estabelecimento de um novo modelo de Administração Pública, foram adotadas várias medidas para adoção dos princípios e sua compatibilização com as ações que devem ser praticadas pelos funcionários públicos. Pela Lei nº 30, de 02 de agosto de 1984, foram adotadas uma série de *Medidas para la Reforma de la Función Pública,* abrangendo todo o pessoal da Administração civil, militar e da seguridade social do Estado e seus organismos autônomos, procedendo: definição dos Órgãos Superiores da Função Pública; Ordenação da Função Pública das Comunidades Autônomas e Regulação da Situação dos Funcionários Transferidos; Registros de Pessoal, Programação e oferta de emprego público; Normas para seleção de pessoal. Provisão dos postos de trabalho e a promoção profissional dos funcionários; e Racionalização da Estrutura dos Corpos e Escalas e Outras Classificações do Pessoal do Serviço das Administrações Públicas.

Por sua vez, a Lei nº 53, de 26 de dezembro de 1984, regulou sobre as *Incompatibilidades del Personal al Servicio de las Administraciones Públicas.* Pelo Real Decreto nº 264, de 10 de março de 1995, foi realizado o *Reglamento general de ingreso del personal al servicio de la Administración General del Estado y de provisión de puestos de trabajo y de promoción profesional de los funcionarios civiles de la Administración del Estado.*

Pela *Orden APU/516/2005, de 3 de marzo",* houve a Publicação do Acordo do Conselho de Ministros Espanhóis de 18 de fevereiro de 2005, que aprovou o *Código de Buen Govierno de los mienbros del Gobierno y de los altos cargos de la Administración General del Estado.* Entre as razões

---

[422] SANTONJA, Aldo Olcese. *Teoria y práctica del Buen Gobierno Corporativo.* op. cit., p. 182.

assentadas pelo Acordo de Ministros, está o fato de que a Constituição de 1978 enriqueceu o ordenamento jurídico espanhol, estabelecendo regras com o objetivo de que a Administração Pública possa exercer as suas atividades de acordo com o princípio da legalidade, no sentido de garantir a transparência, eficácia e dedicação plena as suas funções públicas e evitar toda a atividade ou interesse que possa comprometer sua independência ou imparcialidade ou causa de menosprezo no desempenho de seus deveres públicos, razão que torna necessária a elaboração de um compromisso de todos os altos cargos do Governo, com a finalidade de atuarem e exercerem suas atividades de acordo com as leis, inspirando-se e guiando-se por princípios éticos e de conduta que se conformem em um Código de Bom Governo.

Esse *Código de Buen Gobierno*, seguindo as diretrizes delineadas pela Organização para a Cooperação e o Desenvolvimento Econômico (OCDE) e outras organizações internacionais, estipula os seguintes princípios éticos e de conduta a serem cumpridos pelos Membros do Governo e dos altos cargos da Administração Geral do Estado: *objetividade, integridade, neutralidade, responsabilidade, credibilidade, imparcialidade, dedicação ao serviço público, transparência, exemplaridade, austeridade, acessibilidade, eficácia, honradez, compromisso com o âmbito cultural e meio-ambiental e de igualdade entre homens e mulheres.*

Buscando delinear de forma clara o entendimento que deve ser tido sobre os princípios determinados e a forma de cumpri-los, o Código de Bom Governo fixa, ainda, quatorze princípios éticos e onze princípios de conduta, dizendo e definindo o comportamento e a atuação dos Membros do Governo, tendo em conta os princípios gerais especificados.

Ainda nesse aspecto relativo às reformas realizadas para a implantação de Códigos de bom governo na Espanha, salientamos os procedimentos adotados para o estabelecimento *del Gobierno Corporativo en España*.

Em 1997, o Governo Espanhol formou uma Comissão de Expertos, sob a Presidência do catedrático em Direito Mercantil Manuel Olivencia, para elaborar um Código Ético do Conselho de Administração das Companhias (Código Olivencia), que foi concluído em fevereiro de 1998.

Na introdução de seu Informe, a Comissão Especial ressalta que o que permite às sociedades concretizarem e adequarem as suas próprias características ao regime legal da administração social, estabelecido no Direito Espanhol como um fator de aplicação genérico, é o princípio da livre autonomia, possuindo um corpo social com múltiplos interesses e com possibilidade de captar recursos alheios nos mercados financeiros, circunstancias que reclamam a elaboração de um Código de Ética.

Nesse sentido, o Informe foi elaborado pela Comissão Olivencia, com base em três aspectos: a independência dos Conselheiros; o aumento do controle; e a transparência informativa, cujo objetivo comum é aumentar a credibilidade e a eficácia.[423]

Contudo, embora o resultado desse trabalho tenha sido de alta qualidade técnica e jurídica, foi pouco seguido pelos dirigentes empresariais, que preferiram aguardar melhores momentos para implementar as suas recomendações.[424]

Posteriormente, em 17 de julho de 2003, foi editada a Lei nº 26/2003, que modifica a Lei de Mercados de Valores e o texto refundido da Lei de Sociedades Anônimas que ficou conhecida como a *Ley de Transparencia*, que, segundo ainda Santonja, *La ley de Transparencia se enmarca dentro del Plan de Acción sobre el Derecho de Sociedades de la Comisión Europea que parte del Informe sobre la modernización del Derecho de Sociedades Comunitário elaborado por el Comitê Winter, em noviembre de 2002 y que responde a un expreso mandato del Consejo de Economia y Finanzas de la Unión Europea (ECOFIN), reunido en la ciudad de Oviedo los dias 12 e 13 de abril de 2002, que decidío la reforma de aspectos relevantes en matéria de gobierno corporativo como respuesta a los recientes escándalos financieros a nível internacional a partir del <<caso Enron>>*. [425]

Houve também a adoção, no âmbito das reformas do governo corporativo, da Lei nº 35/2003, de 05 de novembro de 2003, sobre *Instituciones de Inversión Colectiva*; e em 15 de setembro de 2003, a Fundação de Estudos Financeiros (FEF), criou um *Observatório do Governo Corporativo e Transparência Informativa*, com o sentido de discutir o estado e a evolução do bom governo das empresas e seu grau de transparência.

Buscando estabelecer normas éticas de procedimento para os organismos fiscalizadores da atuação pública, a INTOSAI – *International Organization of Supreme Audit Institutions* (Organização Internacional de Entidades Fiscalizadoras Superiores), conforme refere Ingá-Britt Ahlenius, Presidente do Comitê de Normas de Auditoria, o Código de Ética e as Normas de Auditoria reestruturadas e aprovadas pelo XVII

---

[423] SANTONJA, Aldo Olcese. *Teoria y práctica del Buen Gobierno Corporativo. op. cit.* p. 130.
[424] SANTONJA, Aldo Olcese. *Teoria y práctica del Buen Gobierno Corporativo. op. cit.* p. 129.
[425] SANTONJA, Aldo Olcese. *Teoria y práctica del Buen Gobierno Corporativo. op. cit.* p. 145.

Congresso da INTOSAI em Seul, 2001, *constitui um passo significativo para o processo de harmonização dos conceitos éticos dentro da INTOSAI. Compõe-se unicamente de postulados éticos básicos, dado que as diferenças nacionais de cultura, idioma e sistemas jurídicos e sociais tornam necessário adaptar tais postulados ao ambiente de cada país. Por conseguinte, o presente Código deve ser considerado como um fundamento para os Códigos de ética nacionais que deverão ser desenvolvidos por cada Entidade Fiscalizadora Superior (EFS).*[426]

Por sua vez, no *Brasil*, com o objetivo de ser buscado um novo tipo de Administração Pública, também se produziram *reformas* para o alcance de um bom governo, quando houve a implantação de Códigos regradores de conduta administrativa, mas com adoção de outro tipo de nomenclatura (Código de Ética).

Em 12 de abril de 1990, foi editada a Lei nº 8.027/90, que dispôs sobre *Normas de Conduta dos Servidores Públicos Civis da União, das Autarquias e das Fundações Públicas*, com fixação de regras que tratam dos deveres, das faltas administrativas, das sanções e da aplicação das penas disciplinares. Portanto, não se trata propriamente de um Código de Ética, mas sim de um Código regulador dos deveres e obrigações dos servidores públicos que, não atendendo a ditos dispositivos, cometerão falta administrativa, punível na forma ali regulada.

A sobredita lei fixa onze tipos de deveres dos servidores públicos civis brasileiros, constituídos de: I – exercer com zelo e dedicação as atribuições legais e regulamentares inerentes ao cargo ou função; II – ser leal às instituições a que servir; III – observar as normas legais e regulamentares; IV – cumprir as ordens superiores, exceto quando manifestamente ilegais; V – atender com presteza: a) ao público em geral, prestando as informações requeridas, ressalvadas as protegidas pelo sigilo e b) à expedição de certidões requeridas para a defesa de direito ou esclarecimento de situação de interesse pessoal; VI – zelar pela economia do material e pela conservação do patrimônio público; VII – guardar sigilo sobre assuntos da repartição, desde que envolvam questões relativas à segurança pública e da sociedade; VIII – manter conduta compatível com a moralidade pública; IX – ser assíduo e pontual ao serviço; X – tratar com urbanidade os demais servidores públicos e o público em geral; XI – representar contra ilegalidade, omissão ou abuso de poder.

---

[426] Código de Ética e Normas de Auditoria da INTOSAI – International Organization of Supreme Audit Institutions; Tradução de Inaldo da Paixão Santos Araújo e Tribunal de Contas da União. Salvador: Tribunal de Contas do Estado da Bahia, 2005, p. 17.

Posteriormente, em 22 de junho de 1994, pelo Decreto nº 1.171, foi aprovado o *Código de Ética Profissional do Servidor Público Civil do Poder Executivo Federal*, no qual são determinadas regras deontológicas, os principais deveres dos servidores públicos, as vedações determinadas ao servidor público e da formação das Comissões de Ética. Em 1º de fevereiro de 2007, pelo Decreto nº 6.029/2007, da Presidência da República, foi instituído o *Sistema de Gestão da Ética do Poder Executivo Federal*, com a finalidade de promover atividades que disponham sobre a conduta ética no âmbito do Executivo Federal, visando assegurar condições de trabalho às Comissões de Ética e realizar avaliação da gestão ética conforme processo coordenado pela Comissão de Ética Pública.

No mesmo sentido o Ministério do Planejamento, Orçamento e Gestão do Governo Federal brasileiro, pela Resolução nº 1, de 28 de fevereiro de 2007, criou o *Código de Ética do Programa Nacional de Gestão Pública e Desburocratização – GESPÚBLICA*, definindo padrões de comportamento ético no referido Programa, tendo em conta os seguintes princípios: legalidade, finalidade, motivação, razoabilidade, proporcionalidade, moralidade, ampla defesa e contraditório. A Secretaria do Tesouro Nacional baixou a Portaria STN nº 27, de 18 de janeiro de 2008, instituindo o *Código de Ética e de Padrões de Conduta Profissional dos Servidores da Secretaria do Tesouro Nacional*, fixando padrões de conduta profissional, deveres, vedações, sanções e formação do Comitê de Ética.

Em 22 de agosto de 2000, foi publicado no Diário Oficial da União, o *Código de Conduta da Alta Administração Federal* brasileira, com as seguintes finalidades: I – tornar claras as regras éticas de conduta das autoridades da Alta Administração Pública Federal, para que a sociedade possa aferir a integridade e a lisura do processo decisório governamental; II – contribuir para o aperfeiçoamento dos padrões éticos da Administração Pública Federal, a partir do exemplo dado pelas autoridades de nível hierárquico superior; III – preservar a imagem e a reputação do administrador público, cuja conduta esteja de acordo com as normas éticas estabelecidas neste Código; IV – estabelecer regras básicas sobre conflitos de interesses públicos e privados e limitações às atividades profissionais posteriores ao exercício de cargo público; V – minimizar a possibilidade de conflito entre o interesse privado e o dever funcional das autoridades públicas da Administração Pública Federal; e VI- Criar mecanismo de consulta, destinado a possibilitar o prévio e pronto esclarecimento de dúvidas quanto à conduta ética do administrador.

Esse Código de Conduta da Alta Administração Federal é aplicável aos ministros e secretários de Estado; titulares de cargos de natureza especial, secretários-executivos, secretários ou autoridades equivalentes; presidentes e diretores de Agências Nacionais, Autarquias, inclusive as especiais, Fundações mantidas pelo Poder Público, empresas públicas e sociedades de economia mista. O objetivo regulador é fazer com que essas autoridades pautem a sua atuação pelos padrões da ética, sobretudo no que diz respeito à integridade, à moralidade, à clareza de posições e ao decoro, com vistas a motivar o respeito e a confiança do público em geral, envolvendo, inclusive, a relação entre suas atividades públicas e privadas, de modo a prevenir eventuais conflitos de interesses.

O Senado Federal brasileiro, pela Resolução nº 20, de 17 de março de 1993, também instituiu o seu *Código de Ética e Decoro Parlamentar*. De igual forma, assim procedeu a Câmara dos Deputados, com edição da Resolução nº 25/2001, instituindo o *Código de Ética e Decoro Parlamentar da Câmara dos Deputados*. Embora independentes na sua aplicação, ambos os Códigos de Ética possuem o mesmo tipo de regulamentação, quais sejam: foram regulados os procedimentos relativos aos deveres fundamentais do Parlamentar, às suas vedações constitucionais, aos atos contrários à ética e ao decoro Parlamentar, às declarações públicas obrigatórias, às medidas disciplinares, ao processo disciplinar e ao Conselho de Ética e Decoro Parlamentar.

Por fim, no que tange as regulamentações corporativas – *o bom governo corporativo* – foram realizadas várias reformas legais e estruturais, visando ao estabelecimento de regras para aumentar a transparência e alcançar um melhor desempenho da administração das empresas brasileiras.

A Lei nº 6404, de 15 de dezembro de 1976, que dispõe sobre as Sociedades por Ações, foi alterada pela Lei nº 10.303/2001 com importantes modificações no que se refere à definição de companhia aberta, sobre os valores mobiliários que podem ser negociados no mercado, etc., assim como a função destinada à Comissão de Valores Mobiliários, quanto ao controle e registro de companhia aberta para negociação de ações no mercado. Assim, com essa reforma, houve uma abertura econômica, especialmente no segmento do mercado de capitais, com inserção da economia brasileira no contexto da globalização econômica. Com essas mudanças, foram atribuídos poderes à Comissão de Valores Mobiliários como agente regulador do mercado, com estabelecimento de maiores direitos aos acionistas minoritários, maiores poderes reguladores à Comissão de Valores Mobiliários e mais transparência.[427] Nessa circunstância normativa, a Comissão de Valores Mobiliários obteve amplitude de competência reguladora e um colegiado a salvo de pressões, com mandato fixo.

Mais recentemente, por meio da Lei nº 11.638, de 28 de dezembro de 2007, houve nova alteração da Lei das Sociedades Anônimas, no sentido de serem estendidas às sociedades de grande porte as disposições relativas à elaboração e divulgação de demonstrações financeiras, com o objetivo de ser ampliada à transparência de tais sociedades.

Por sua vez, a Comissão de Valores Mobiliários, com os novos poderes reguladores, juntamente com o aumento da transparência de toda a ação desenvolvida pelas empresas, inclusive com possibilidades para desnudar operações de reestruturação societária que escondam segundas e malévolas intenções dos controladores, terminou por expedir várias deliberações e instruções técnicas, no sentido de ser evitada a ocorrência de desvios nos pareceres e relatórios de auditoria independente, com estabelecimento de procedimentos que atendam aos princípios fundamentais de contabilidade, às regras da Lei nº 6404/76 e suas modificações posteriores, bem como às normas da Comissão de Valores Mobiliários.

Essas reformas envolvem fator normativo relevante, na medida em que o desenvolvimento de auditoria é elemento fundamental para os interesses da empresa e para os terceiros que possuam relações com a mesma. Por isso, deve ser independente no exercício de suas funções.[428]

Para as empresa sérias e honestas, o Auditor independente é fator essencial para a manutenção de regularidade no exercício de sua atividade negocial, auxiliando na busca de falhas e fraudes praticadas por seus diretores e empregados;

Para as empresas fraudulentas e desonestas, o Auditor é apenas um elemento que pode servir de suporte à prática de atos fraudulentos e desonestos, com desconhecimento de sua independência.

Sendo assim, a regulação a ser efetuada pela Comissão de Valores Mobiliários sobre os procedimentos de auditoria realizados sobre as empresas, inclusive com estabelecimentos de normas técnicas, revela-se como circunstância avançada na direção do bom governo corporativo.

---

[427] BERTOLDI, Marcelo M. (coord.). et al. *Reforma da Lei das Sociedades Anônimas* – comentários à Lei 10.303, de 31.10. 2001. 2. ed. ver. São Paulo: Revista dos Tribunais, 2002, p. 24.

[428] BERTOLDI, Marcelo M. (coord.). et al. *Reforma da Lei das Sociedades Anônimas* – comentários à Lei 10.303, de 31.10. 2001. 2. ed. ver. São Paulo: Revista dos Tribunais, 2002, p. 24 *et seq.*

Portanto, como se vê das regulamentações acima descritas, em decorrência das reformas, procedimentos e regramentos efetuados para o estabelecimento do bom governo, no sentido de ser adequada a nova Administração Pública ao novo modelo do Estado contemporâneo, na qual há maior liberdade e maior possibilidade real de atuação por parte do cidadão, o papel do governo e da administração tem que se desenvolver no sentido de concretizar, de forma efetiva, todos os fundamentos e objetivos das reformas efetuadas, pois, caso contrário, toda a estrutura normativa efetuada restará inócua. Essa será uma tarefa inafastável da Administração Pública no curso do século XXI.[429]

4.1.3 O bom governo na Declaração do Milênio das Nações Unidas e no Livro Branco da Governança Europeia.

A Declaração do Milênio das Nações Unidas, aprovada na Cimeira do Milênio – realizada de 6 a 8 de setembro de 2000, em Nova Iorque, EEUU – é um extraordinário documento estratégico, um documento histórico para o novo século, que reflete as preocupações e intenções de 147 chefes de Estado e de governo de 191 países, que participaram da maior reunião já realizada de dirigentes mundiais.

Na Declaração, na parte que trata dos *Valores e Princípios*, os dirigentes mundiais deram indicações claras de sua fé na Organização das Nações Unidas para o estabelecimento de um mundo mais pacífico, mais próspero e mais justo, assim como reconheceram que o principal desafio no século XXI será conseguir que a globalização venha a oferecer uma força positiva para todos os povos do mundo, cujos esforços deverão incluir a adoção de políticas e medidas, a nível mundial, que correspondam às necessidades dos países em desenvolvimento e das economias em transição e que sejam formuladas e aplicadas em sua participação efetiva. Com essas aspirações, consideraram que determinados

---

[429] FARRERES, Germán Fernández. *Los Códigos de buen gobierno de las admnistraciones públicas. op. cit.* p. 27. Nesse sentido, o autor ressalta: "*La nueva cultura de gestión de los servicios públicos que se preconiza, basada en los principios de la llamada gobernanza, no resulta inconciliable con el modelo estructural de Administración Pública de que disponemos. Todo lo contrario. La transparencia, la responsabilidad, la eficacia y los resultados, la participación, exigen simplesmente algunas correcciones. Unas correcciones que han de ser abordadas con rigurosidad y decisión, reajustando en la medida de lo necessário la organización y el funcionamiento de los poderes administrativos, pero sobre todo, garantizando simultáneamente su plena observancia. Porque, sólo a partir de esa premissa, los Códigos de buen gobierno se legitimarán y podrán acaso cumplir alguna función*".

valores fundamentais são essenciais para as relações internacionais no século XXI, especificando-os:

A liberdade – os homens e as mulheres têm o direito de viver a sua vida e de criar os seus filhos com dignidade, livres da fome e livres do medo da violência, da opressão e da justiça. A melhor forma de garantir esses direitos é através de governos de democracia participativa baseados na vontade popular.

A igualdade – nenhum indivíduo ou nação deve ser privado da possibilidade de ter o benefício do desenvolvimento. A igualdade de direitos e de oportunidades entre homens e mulheres deve ser garantida.

A solidariedade – os problemas mundiais devem ser enfrentados de modo a que os custos e as responsabilidades sejam distribuídos com justiça, de acordo com os princípios da equidade e da justiça social. Os que sofrem, ou os que se beneficiam menos, merecem a ajuda dos que se beneficiam mais.

A tolerância – os seres humanos devem respeitar-se mutuamente, em toda a sua diversidade de crenças, culturas e línguas. Não devem as diferenças dentro das sociedades, nem entre estas. As diferenças devem, sim, ser apreciadas como bens preciosos de toda humanidade. Deve promover-se ativamente uma cultura de paz e diálogo entre todas as civilizações.

Respeito pela Natureza – é necessário atuar com prudência na gestão de todas as espécies e recursos naturais, de acordo com os princípios do desenvolvimento sustentável. Só assim poderemos conservar e transmitir aos nossos descendentes as imensuráveis riquezas que a natureza nos oferece. É preciso alterar os atuais padrões insustentáveis de produção e consumo, no interesse do nosso bem-estar futuro e no das futuras gerações.

Responsabilidade comum – a responsabilidade pela gestão do desenvolvimento econômico e social no mundo e por enfrentar as ameaças à segurança e paz internacionais deve ser partilhada por todos os Estados do mundo e ser exercida multilateralmente. Sendo a organização de caráter mais universal e mais representativa de todo o mundo, as Nações Unidas devem desempenhar um papel central neste domínio.

Para traduzir concretamente tais aspirações, foram estabelecidos vários objetivos a serem buscados pelas nações: II – Paz, segurança e desarmamento; III – O desenvolvimento e a erradicação da Pobreza; IV – Proteção do ambiente comum; V – Direitos humanos, democracia e boa governança; VI – Proteção dos grupos vulneráveis; VII – Responder às necessidades especiais da África; e VIII – Reforçar as nações Unidas. No sentido de pôr em prática todos esses objetivos da Declaração das Nações Unidas, tendo em conta os valores e princípios ali estabelecidos, invariavelmente, a qualificação e o preparo do pessoal, dos governos e da Administração Pública serão fundamentais para que sejam realizadas e postas em prática as reformas destinadas ao desenvolvimento estrutural, econômico e social dos países.[430]

Realmente assim se coloca a questão. Efetivamente, para ser efetuada a concretização dos objetivos da Declaração é um grande desafio, tanto para os governos quanto para as Administrações Públicas, na medida em que não será fácil celebrar a paz, com estabelecimento da segurança e o desarmamento, pois, além de esforços que deverão ser realizados nesse aspecto, deverá também ser somada uma grande dose de boa vontade dos homens (itens 8 a 10 da Declaração); no que tange a transformar o direito ao desenvolvimento em uma realidade, com erradicação da pobreza também não é tarefa simples e possui o mesmo grau de dificuldade do objetivo anterior, tendo em vista os vários aspectos que devem ser trabalhados, com dependência de um bom governo em cada país, assim como de um bom governo a nível internacional e da transparência dos sistemas financeiros, monetários e comerciais (item 13 da Declaração); junto a esses fatores ainda há o objetivo da proteção aos direitos humanos e às liberdades fundamentais, com promoção da democracia e o fortalecimento do Estado de direito, de forma que possa haver governos transparentes e uma participação efetiva de todos os cidadãos (itens 24 e 25 da Declaração), implica no estímulo ao bom governo e uma atividade contínua do aprimoramento do sistema democrático; de igual forma, o objetivo da proteção ao meio ambiente é imprescindível para acabar com a ameaça de destruição do planeta, mas dependerá do estabelecimento de uma nova ética ambiental, com atendimento dos princípios do desenvolvimento sustentável (itens 21 a 23 da Declaração); de outra parte, também não será tarefa fácil realizar a proteção dos grupos vulneráveis (item 26 da Declaração), nem

---

[430] RODRÍGUEZ-ARANA MUÑOZ, Jaime. *El Buen Gobierno y la Buena Administración de Instituciones Pública*. op. cit. p. 145. Como bem adverte Rodríguez-Arana Muñoz, *los logros de la Declaración del Milenio de Naciones Unidas dependem, así de claro, de estructuras constitucionales que funiionen correctamente, así como de funcionários públicos capacitados, dedicados y altamente motivados. Las estructuras institucionales serán sólidas y eficazes si las personas que las integran son, a su vez, funcionarios con una clara idea de servicio público y con un permanente y creciente compromiso con los interes generales.*

o alcance de soluções para as necessidades especiais da África, posto que essas dependerão da consolidação do sistema democrático, com estabelecimento de uma paz duradoura, passando pela erradicação da pobreza e pela implantação de um desenvolvimento sustentável (itens 27 e 28 da Declaração).

De qualquer forma, não resta dúvida sobre a força simbólica que possuem esses objetivos do Milênio, fixados na Declaração das Nações Unidas, do qual deflui a clara intenção dos Chefes de Estado de fortalecer o Estado contemporâneo, no curso do século XXI, como um Estado Social e Democrático de Direito, pluralista, transparente e participativo, com objetivos determinados para a realização de aspectos que conduzam à proteção da liberdade, no estabelecimento da paz e da segurança, com fixação de condições que levem ao desenvolvimento equilibrado e à erradicação da pobreza.

Contudo, conforme já foi salientado, para a realização e alcance efetivo dos grandiosos objetivos do Milênio, haverá a necessidade de uma ação eficiente dos governos e das pessoas que atuam no âmbito da Administração Pública, com implementação de reformas que busquem a transformação dos valores e princípios da Declaração, convertendo-as em políticas governamentais e estratégias de ação, com estabelecimento de um bom governo, no sentido de serem concretizados os direitos fundamentais do cidadão, tendo em conta a utilização das novas formas tecnológicas e das novas teorias do saber e do conhecimento. Certamente, como adverte Rodríguez-Arana Muñoz, os grandes objetivos do milênio dependem, em grande medida, da qualificação, disponibilidade, capacidade e motivação das pessoas que trabalham na Administração Pública.[431]

Dessa maneira, a reforma administrativa que deverá ser elaborada nos países, fixando-se nos valores e objetivos a serem alcançados, terá de levar em consideração os meios materiais existentes, com produção de investimentos no preparo e qualificação da máquina administrativa, com a finalidade de tornarem as reformas eficazes e sustentáveis em longo prazo, com flexibilidade para se amoldar às novas mudanças, tanto no nível local quanto mundial.[432]

---

[431] RODRÍGUEZ-ARANA MUÑOZ, Jaime. *El Buen Gobierno y la Buena Administración de Instituciones Pública*. op. cit. p. 147. Nesse aspecto, o autor alerta: *"Es más, lo que se haga en cada país es muy importante y tiene un evidente efecto ejemplar, sea para bien o para mal"*.

[432] RODRÍGUEZ-ARANA MUÑOZ, Jaime. *El Buen Gobierno y la Buena Administración de Instituciones Pública*. op. cit., p. 148.

Realizando-se uma conexão dos valores e princípios da Declaração com as ações decorrentes das assistências técnicas previstas, verifica-se que será indispensável a realização de reformas do aparelho do Estado, em todos os países, para ser alcançada uma modernização da gestão pública, com programas de bom governo e boa administração, aplicação dos novos mecanismos tecnológicos e da sociedade do conhecimento, códigos de procedimentos éticos, ação transparente e estímulo à participação popular, para que haja o fortalecimento da democracia e a melhora na prestação de serviços essenciais ao cidadão.

Dessa forma, a Declaração do Milênio sugere o aprimoramento da Administração Pública, decorrendo a necessária realização de uma Reforma Administrativa, cuja Reforma seja promotora de uma melhor prestação de serviços públicos, tenha um planejamento integrado e proporcione uma efetiva participação dos cidadãos nas tomadas de decisões, e que seja desenvolvida com uma estrutura descentralizada, possua ação transparente, mediante prestações de contas de todos os seus atos, com um efetivo combate à corrupção.[433]

O bom governo no Livro Branco da Governança Europeia tem de ser compreendido a partir da Declaração do Milênio das Nações Unidas, na qual são fixadas diretrizes de uma *Governança global*, quando foi assinalado sobre a necessidade de normas que sejam objeto de consenso e de uma aplicação efetiva em escala mundial, tanto que este foi o compromisso de todos os Chefes de Estado. Nesse contexto, a União Europeia buscando estabelecer para a Europa uma visão estratégica que estivesse compatibilizada com os objetivos e princípios da Declaração das Nações Unidas, em fevereiro de 2000, a Comissão das Comunidades Europeias, perante o Parlamento Europeu, deu início ao seu mandato, assinalando quatro compromissos que ilustram a dimensão política da integração europeia. Os quatro objetivos estratégicos são:
- promover novas formas de governança europeia;
- estabilizar o continente e fortalecer a voz da Europa no mundo;
- criar uma nova agenda econômica e social;
- melhorar a qualidade de vida para todos.

---

[433] RODRÍGUEZ-ARANA MUÑOZ, Jaime. *El Buen Gobierno y la Buena Administración de Instituciones Pública.* op. cit. p. 170. Sobre o assunto, o autor diz:*"Se insiste, por otra parte, en la necesidad de <<inovar y introducir nuevos mecanismos para introducir todo ello>>, entre los cuales necesariamente hemos de contar con las tecnologías de la información y las comunicaciones, y con el gobierno electrónico, que bien orientado, debe dar lugar a un nuevo sistema en que el ciudadano sea el centro y el gobierno el organismo que gira entorno a él y que tiene como principal tarea <<responder a sus necesidades y expectativas a partir de transparência, responsabilidad y participación>>".*

No que se refere ao estabelecimento de uma nova Governança Europeia, no sentido de destacar mais a atualidade e a exemplaridade do projeto democrático em que a União Europeia está ligada desde as suas origens, a Comissão das Comunidades Europeias decidiu publicar em 2001, o *Livro Branco sobre a Governança Europeia*, com a finalidade de estabelecer um programa de trabalho. Esse programa de trabalho constituiu-se de um plano metodológico destinado a efetuar um processo dinâmico de intercâmbios, aberto e interativo, a cujo ritmo o Colégio de Comissários terá de ir avaliando o alcance político de suas propostas, diante das numerosas situações que surgiram sobre o futuro da Europa.

O Livro Branco sobre a Governança Europeia possui uma exposição de motivos explicitando as expectativas surgidas no exterior sobre o anúncio do Livro Branco e sobre os debates suscitados acerca do assunto. Em sequência, são referidas seis áreas de trabalho, um método de trabalho e as etapas para sua validação pelo Colégio de Comissários: 1 – Ampliar e enriquecer o debate público sobre os temas europeus; 2 – Controlar os processos de elaboração e aplicação das normas comunitárias; 3 – Exercer melhor as responsabilidades executivas europeias mediante a descentralização; 4 – Promover a coerência e a cooperação em uma Europa *en red*; 5 – Reforçar a contribuição da Europa a governança mundial; 6 – Reforçar a integração e a dimensão estratégica das políticas em escala do continente europeu.

Segundo a exposição de motivos do Livro Branco, a *boa governança* utilizada no contexto das políticas de desenvolvimento destaca que transparência, responsabilidade (obrigação de prestar contas) e eficácia são condições indispensáveis para o êxito das políticas públicas. Que *governança a vários níveis* implica articulação dos distintos níveis geográficos de agentes públicos independentes, em torno de objetivos de interesse comum. Que a governança também se refere aos agentes privados: a *governança de empresas* tem por objetivo garantir a responsabilidade do poder de gestão, frente a todas as partes interessadas. Que a ideia de governança está ligada à essência da União Europeia, podendo construir uma Comunidade baseada no direito, respeitando a individualidade própria de cada Estado que a compõe. Que a governança se concentra na interdependência e interação desses diferentes poderes e de distintos níveis dos Estados que integram a União Europeia, ajudando na concretização das condições do equilíbrio e da cooperação.

Por esses motivos, o Livro Branco considera que a reforma dos métodos de governança europeia se inscreve na perspectiva de aprofundamento da democracia europeia, estabelecendo a definição de que *governança designa o conjunto de normas, processos e comportamentos que afetam a qualidade do exercício dos poderes a nível europeu e, em particular, a responsabilidade, a legalidade, a transparência, a coerência, a eficiência e a eficácia.*

Considerando que as áreas de trabalho fixadas pelo Livro Branco são de relevância para a concretização dos objetivos da boa governança e o aprofundamento da democracia europeia, impõe-se de, no mínimo, fazer-se referência as suas principais diretrizes.

Referentemente a *ampliar e enriquecer o debate público sobre os temas europeus*, mais do que estabelecer a realização de cooperação ou negociação internacional, a instauração da União Econômica e Monetária, a construção de um marco comum de segurança, busca a atualização e a consolidação das normas do mercado interior, fixando duas tarefas principais: popularizar os debates sobre os grandes desafios da União Europeia ou de suas políticas essenciais, tendo em conta a diversidade das culturas e os contextos nacionais; e democratizar os conhecimentos científicos, em especial, os relativos à saúde e a segurança, tratando de fazê-los mais acessíveis aos cidadãos, mas de forma real não por mera transparência técnica.

Quanto a *controlar os processos de elaboração e aplicação das normas comunitárias*, significa que deverá haver uma mudança buscando a qualidade da norma a ser editada, tendo em conta a sua aceitabilidade e sua eficácia, com adequação aos princípios da proporcionalidade e da subsidiariedade, com um processo de preparação prévia e de aplicação posterior. Nessa linha de ação, o Livro Branco determina que o trabalho deverá ser direcionado sob três aspectos: deverá haver formalização das *condições de participação*, com a elaboração das normas respeitando a organização interna dos Estados membros, com o conceito de *direito participativo* sendo conciliado às exigências de equidade e autonomia, assim como as contrapartidas de transparência e responsabilidades associadas ao exercício desses direitos; o estabelecimento de formas adequadas de avaliação da eficácia das normas, em particular, sua independência e transparência desde o ponto de vista das instituições; o estudo – desde o ponto de vista do interesse geral e da responsabilidade parlamentar – das vantagens e inconvenientes das distintas formas de regulação e corregulação que implica a formulação de normas voluntárias, como as que decorrem da rápida evolução das tecnologias.

Exercer melhor as responsabilidades executivas europeias mediante a descentralização, na visão do Livro Branco, busca estabelecer uma maior descentralização a nível comunitário. Embora várias tarefas já tenham sido transferidas às autoridades nacionais ou locais competentes, o Livro Branco determina que a Comissão examine formas de descentralização mais apropriadas para executar de maneira mais eficaz e efetiva suas tarefas. Esta área de trabalho deverá estudar, especialmente, dois tipos de descentralização: a descentralização horizontal confiada a *agências*. Que competências devem ser concedidas? Como manter a coerência entre agências cada vez mais especializadas? Que conclusões podem ser retiradas do programa IDA? Que garantias (transparências das decisões, qualidade dos estudos, equidade das consultas, independência, legitimidade, responsabilidade) devem ser estabelecidas; por sua vez, a descentralização vertical resulta em uma maior distribuição das responsabilidades entre instâncias nacionais, regionais e locais. Em que condições se poderia desenvolver uma discussão baseada em *contratos de objetivos* entre a União Europeia e as autoridades dotadas de capacidade regulamentar ou de gestão? Poderia aplicar-se esta colocação aos programas destinados à inovação?

Quando o Livro Branco se refere a *promover a coerência e a cooperação em uma Europa "en red"*, significa que deve haver uma maior convergência das políticas nacionais e/ou regionais. Assim, se a responsabilidade de coordenar as políticas nacionais pertence ao Conselho, a Comissão das Comunidades Europeias corresponde não só a preparação das vias e meios, mas também do acompanhamento e da comparação das boas práticas, assegurando-se da qualidade de aplicação do Direito Comunitário em todos os países. Com esse objetivo a área de trabalho deverá abordar três perspectivas: aprofundar a proporcionalidade entre as formas possíveis de convergência e a natureza dos problemas que devem ser resolvidos; estabelecer uma tipologia das *redes policêntricas* resultantes da liberação dos serviços de interesse geral e promover as formas de organização mais aptas para garantir, em escala europeia, os bens públicos, a interoperatividade e o serviço universal; o marco regional em sentido estrito basta para garantir uma melhor sinergia entre os distintos níveis territoriais de política estrutural: europeu, nacional, regional e local? Não seria necessário ter em conta, em prol dos objetivos europeus de coesão e desenvolvimento sustentável, a *dimensão territorial*? O que se pode concluir das novas formas de planificação espacial em vigor em vários Estados membros para melhorar a definição associativa dos objetivos em longo prazo de coesão social e desenvolvimento sustentável?

No ponto relativo a *reforçar a contribuição da Europa a Governança mundial*, é debatida matéria concernente ao controle da globalização, referentemente às dificuldades similares em outros países que a governança europeia quer superar: extensão das normas a um número crescente de nações; especialização setorial das políticas; interferência crescente das normas multilaterais com as políticas domésticas; aparição de novos agentes globais entre as empresas e na sociedade civil. O objetivo é destacar a necessidade e a oportunidade de que a União Europeia promova uma melhor governança mundial em harmonia com a sua própria governança interna. Para tanto, deverão ser desenvolvidos trabalhos de elaboração de um *documento para uma estratégia europeia* de desenvolvimento sustentável, que deverá ser apresentado pela Comissão ao Conselho Europeu.

Reforçar a integração e a dimensão estratégica das políticas em escala do continente europeu, conforme estabelece o Livro Branco da governança europeia é objetivo que está associado à garantia de visibilidade dos objetivos centrais que dão coerência ao conjunto diversificado e descentralizado do sistema político europeu. Questões como a competitividade global, a busca pelo desenvolvimento sustentável, o aprofundamento da coesão social, a igualdade de oportunidades, a gestão equilibrada da imigração são circunstâncias que, por exemplo, requerem uma integração das distintas políticas setoriais. Essa intenção de ampliação das políticas a nível continental obriga uma redefinição mais coerente e mais estratégica dos seus fatores influenciadores. Por isso, como determina o Livro Branco, o debate sobre a governança deve ser organizado em toda a Europa, *com a ideia chave da unificação continental europeia, de uma solidariedade que deve reconstruir-se, com envolvimento do patrimônio histórico, geográfico e intercultural fundado no desenvolvimento das relações econômicas e comerciais do continente europeu.* Para o alcance de tais objetivos, o Livro Branco exemplifica com as seguintes ações a serem adotadas: Objetivos e ferramentas de uma *política europeia de aproximação,* com o sentido de serem construídas relações estáveis e coerentes ao longo das fronteiras leste e sul da Europa continental; vínculos com uma discussão construtiva das migrações; radiação e equilíbrio da *rede das cidades da Europa:* prevenção da concentração, tensão entre competitividade e coesão, revitalização das relações tradicionais leste-oeste e sul-norte; diversidade e viabilidade das formas de desenvolvimento das atividades agrícolas e não agrícolas nos *territórios rurais do leste e do oeste; desenvolvimento ótimo das redes de serviço econômico de interesse geral* em função de uma visão continental da coesão territorial e do serviço universal.

Dessa forma, em razão do Livro Branco buscar o estabelecimento de uma governança com claras conotações normativas e valorativas, significa pretender que a União Europeia tenha um bom governo porque ele é legítimo, democrático, transparente, responsável, eficaz, eficiente, coerente, competente e que dá respostas às necessidades, orientado pelo consenso, com perspectivas estratégicas, equitativo, respeitoso com os direitos humanos e o Estado de direito, uma vez que todo esse amálgama de valores e virtudes é a governança como bom governo.[434]

Portanto, o Livro Branco sobre a Governança Europeia se justifica, inicialmente, pelo problema de governabilidade da União Europeia: afastamento, desconfiança e desentendimento da União paralelo a um incremento de demandas com respeito a ela mesma. Justamente para responder a esses anseios de abertura e maior participação dos cidadãos, no sentido de serem aumentadas às situações de equilíbrio e de cooperação, com aprofundamento da democracia na União Europeia, que foi realizada a proposta de um plano estratégico, com os princípios da boa governança.

No entanto, embora a relevância das questões analisadas, valoradas e normatizadas pelo Livro Branco, com vista ao estabelecimento de uma nova Gestão Pública Europeia, com reconhecimento de que a União Europeia deva estar na vanguarda de acontecimentos dessa natureza e deva aproveitar as oportunidades de desenvolvimento econômico e humano que o sistema globalizado oferece, há posições de discordância sobre os resultados apresentados na aplicação daquelas normas e objetivos.

De qualquer modo, mesmo que não tenha alcançado os objetivos traçados, o Livro Branco estabeleceu ideais de Governança e de Bom Governo que, no mínimo, terminou por influenciar procedimentos de mesma natureza no âmbito das Nações membros da União Europeia. São desígnios que permanecem válidos, transformando-se no grande desafio do século XXI, qual seja, fazer com que se torne realidade efetiva. Tanto que, em dezembro de 2007, foi celebrado o Tratado de Lisboa, com o sentido de dotar a União Europeia de quadro jurídico

---

[434] HUESO, Lorenzo Cotino. *Teoria y realidad de la transparencia pública en Europa*. 2003. p. 68-75, Disponível em: <www.cotino.net/web/cotino_org/publicaciones/DEFINITIVO. PDF>. *"De este modo, la gobernanza há venido a significar un modelo ideal de gobierno válido para el mundo, con pretención universal por reunir – y mejorar – muchas las carcteristicas que en principio reúnen los gobiernos democráticos occidentales y, de otro lado, los deseos – y condicionamientos – de eficiencia y Nueva Gestión Pública de quienes lideran los procesos de reforma en estos países en desarrollo (ONU, Banco Mundial, Fondo Monetario Internacional)".*

e de instrumentos necessários para fazer frente aos desafios futuros e a responder as expectativas dos cidadãos, tornando a Europa mais democrática e transparente, com um papel reforçado para o Parlamento Europeu e os parlamentos nacionais, com mais oportunidades para que os cidadãos façam ouvir a sua voz e uma definição mais clara de quem faz o que aos níveis europeus e nacional.

4.2 Sociedade do conhecimento

Na sociedade contemporânea, estamos vivendo um período pós-moderno, na era pós-industrial, qual seja, estamos diante de um mundo novo, onde o trabalho físico é feito pelas máquinas e o mental pelos computadores, cabendo ao homem uma tarefa para a qual ele é insubstituível: ser criativo, ter ideias.[435]

Sendo assim, entramos na era do conhecimento, cujo estágio mundial é de um estado de transformação decorrente de uma série de inovações sociais, institucionais, tecnológicas, organizacionais, econômicas e políticas, a partir das quais a informação e o conhecimento passaram a desempenhar um novo e estratégico papel, constituindo-se em elementos de ruptura, segundo alguns, ou de forte diferenciação, segundo outros.[436] Fatores que ocasionaram o que Leo Kissler chamou de revolução econômica (capitalismo social), revolução tecnológica (revolução digital) e processo de globalização (sistema mundial competitivo).[437]

Do ponto de vista econômico, foram adotadas novas práticas de produção, comercialização e consumo de bens e serviços, cooperação e competição entre os agentes, assim como de circulação e de valorização do capital, a partir da maior intensidade no uso de informação e conhecimento nesses processos[438].

---

[435] LUCCI, Elian Alabi. *A Era Pós-industrial, a Sociedade do Conhecimento e a Educação para o Pensar.* Disponível em: <http://www.hottopos.com/vidlib7/e2.htm>. p. 1.

[436] LEMOS, Cristina. *Chaves para o Terceiro Milênio na Era do Conhecimento.* In: LASTRES, Helena Maria Martins; ALBAGLI, Sarita. (orgs.). *Informação e Globalização na era do conhecimento.* Rio de Janeiro: Editora Campus Ltda., 1999, pág. 8.

[437] KISSLER, Leo. *Ética e Participação:* problemas associados à gestão participativa nas empresas. op. cit., p. 19.

[438] LASTRES, Helena M. M.; ALBAGLI, Sarita. *Chaves para o Terceiro Milênio na Era do Conhecimento.* op. cit., p. 8. Sobre essas novas práticas, as autoras comentam: *"Tais práticas apóiam-se, por sua vez, em novos saberes e competências, em novos aparatos e instrumentais tecnológicos, tanto em novas formas de inovar e de organizar o processo produtivo, expressando assim uma nova economia ou um novo padrão técnico-econômico e ensejando também a necessidade*

Esse novo papel da informação e do conhecimento nas economias tem provocado modificações substantivas nas relações, forma e conteúdo do trabalho. Leo Kissler, ao estudar a maior ou menor participação dos empregados na condução e organização do seu trabalho, analisa os problemas éticos associados à prática da participação que ele observou nas empresas da indústria automobilística europeia, constatando que a participação direta dos empregados no planejamento das condições de seu trabalho constitui uma questão central da ética contemporânea e que, assim como as novas técnicas produtivas e sociais, também as técnicas de participação apresentam, simultaneamente, riscos e oportunidades.[439] É por isso que, segundo ainda Kissler, hoje em dia, no contexto do capitalismo social, formas liberais de exercício do poder acabam sendo adotadas, incluindo o da responsabilidade social.[440]

Outra situação atingida pelo novo papel da informação e do conhecimento diz respeito a uma nova dinâmica política que se estabelece, frente à desestruturação ou à reestruturação das antigas formas, mecanismos e escalas de poder e de contestação de poder – desafiando os Estados-Nações e a sua soberania como o *lócus* da hegemonia – e frente à emergência ou projeção de novos atores – tais como os novos blocos político-econômicos regionais, os organismos multilaterais e, particularmente, os grandes grupos multi ou transnacionais.[441]

Nesse contexto de mutação, Reginaldo Carmelo Correa de Moraes, ao analisar Estado, desenvolvimento e globalização, busca pensar as complexas relações estabelecidas entre o processo de globalização e as políticas de desenvolvimento, ao mesmo tempo em que

---

de novas abordagens na própria teoria econômica e do valor. O desenvolvimento, a difusão e a convergência das tecnologias da informação e comunicação são vistos como centrais na conformação dessa nova dinâmica técnico-econômica".

[439] KISSLER, Leo. *Ética e Participação: problemas associados à gestão participativa nas empresas.* op. cit., p. 10;72 et seq. O autor ainda refere que "em termos normativos, sempre houve (e continua havendo) expectativas elevadas à participação direta dos empregados na empresa. Elas vão desde a co-gestão empresarial, no caso da Alemanha, até a auto-gestão da empresa pelos trabalhadores, na França. Entretanto, pode-se vislumbrar uma perspectiva comum de alcance transacional: a mudança na distribuição de poder na empresa. Esta é uma precondição para a redução de hierarquias, superação de autoritarismo repressivo e humanização das condições de trabalho".

[440] KISSLER, Leo. *Ética e Participação: problemas associados à gestão participativa nas empresas.* op. cit. p. 20. Diz o autor: "Ao lado do lucro, que beneficia os 'shareholders' e desempenha função econômica, desenvolve-se outro dínamo – o da responsabilidade social –, que beneficia os demais 'stakeholders' e que, acima de tudo, desempenha função ética" ("shaholders" são as "partes interessadas" das empresas).

[441] LASTRES, Helena M. M.; ALBAGLI, Sarita. *Chaves para o Terceiro Milênio na Era do Conhecimento.* op. cit., p. 9.

identifica o papel do Estado nacional como elemento decisivo nessa conexão.[442] Que o fato possibilita a internacionalização de mercados para bens e finanças (especialmente moedas); relativo declínio da produção industrial e ascensão do setor de serviços, fazendo que as instituições políticas nacionais pareçam tornar-se cada vez mais ineficazes, pesadas – o poder de fogo do Estado nacional parece definhar. Nesses Estados, os partidos políticos construídos com base em ideologias e programas perdem espaço para outras formas de organização e ação políticas.[443]

Por outro lado, embora se reconheça que a globalização tenha implicado uma maior exposição das economias nacionais, bem como um maior condicionamento externo das políticas econômicas nacionais e, via de consequência, um menor grau de liberdade dos governos nacionais, cujos fatores têm implicado a necessidade de elaboração e implementação de novas estratégias e políticas, sobretudo nas economias em desenvolvimento, também não é menos verdade, como argumenta Cassiolato, que a necessidade de retração do Estado não encontra correspondência alguma nas políticas efetivamente implementadas nos países mais avançados. As políticas públicas continuam a desempenhar papel fundamental no funcionamento dessas economias, recorrendo a um número maior e mais complexo de instrumentos.[444]

De qualquer forma, como ressalta Helena Lastres, o poder não mais se restringe ao domínio dos meios materiais e dos aparatos políticos e institucionais, mas que, cada vez mais, define-se a partir do controle sobre o imaterial e o intangível – seja das informações e conhecimentos, seja das ideias, dos gostos e dos desejos de indivíduos e coletivos.[445]

As revoluções provocadas pela informação e o conhecimento empurraram ainda a sociedade para uma mudança organizacional,

---

[442] MORAES, Reginaldo Carmello Correa de Moraes. *Estado, desenvolvimento e globalização.* São Paulo: Ed. UNESP, 2006, p. 7.
[443] MORAES, Reginaldo Carmello Correa de Moraes. *Estado, desenvolvimento e globalização.* op. cit. p. 21-29. "*Ganham corpo novas configurações ideológicas, nesse quadro de eventos: a) as ideias neoliberais (privatizar, desregular, cortar orçamentos etc.); e b) projetos de integração regional (União Europeia, Nafta, Mercosul etc.)*".
[444] LASTRES, Helena M. M.; ALBAGLI, Sarita. *Chaves para o Terceiro Milênio na Era do Conhecimento.* op. cit., p. 12.
[445] LASTRES, Helena M. M.; ALBAGLI, Sarita. *Chaves para o Terceiro Milênio na Era do Conhecimento.* op. cit., p. 9. Por isto, as autoras advertem:"*Estabelecem-se assim novas hierarquias geopolíticas, definidas com base em novos diferenciais sócio-espaciais, refletindo fundamentalmente desiguais disponibilidades de informações e conhecimentos estratégicos, bem como desiguais posições no âmbito dos fluxos e dos fixos que compõem as redes de informação e comunicação em escala planetária*".

envolvendo um complexo esforço de implantação de novas relações de poder e de novas relações de saber. Assim, como ressalta Leo Kissler: *Afinal, as mudanças afetam interesses cristalizados e as inovações culturais abalam velhas crenças – o que não é pouco dizer.*[446]

Assim, a informação e o conhecimento forçam o estabelecimento de uma mudança organizacional e, para tanto, torna-se necessário um planejamento de transição para que a estrutura e as práticas organizacionais sejam transformadas de forma duradoura. No contexto da revolução digital, o fenômeno da mudança torna-se uma vertiginosa constante.[447]

Nessa grande onda de mudanças decorrentes da informação e do conhecimento, há ainda as teses de que a globalização implica o chamado mundo *sem fronteiras*, levando a suposição de que as informações, conhecimentos e tecnologias são simples mercadorias, passíveis de serem *transferidas* sob a mediação dos mercados via mecanismos de preço.[448] No entanto, em realidade, a grande parte dos países vem crescentemente consumindo o mesmo conjunto de bens, os quais apresentam semelhantes, senão igual, nível de conteúdo tecnológico e são produzidos localmente ou importados.

Dessa forma, significa que ainda é importante controlar os processos de geração e difusão de novos conhecimentos e inovações, mostrando-se ainda mais fundamental quando essa geração de conhecimentos está no cerne das estratégias competitivas públicas e privadas.[449]

Outro tema inovador que deflui da informação e do conhecimento é o relativo à gestão estratégica de conhecimentos e competências

---

[446] KISSLER, Leo. *Ética e Participação:* problemas associados à gestão participativa nas empresas. op. cit., pág. 26.

[447] KISSLER, Leo. *Ética e Participação: problemas associados à gestão participativa nas empresas. op. cit.*, p. 27. No que tange às novas demandas, o autor refere: *"Para atender às novas demandas, o mercado impõe às organizações uma busca incessante de rapidez, flexibilidade e capacidade de, eventualmente, reinventarem-se, sob pena de virem a naufragar. Esses imperativos não são factíveis sem que se conheçam as formas de gestão, uma vez que é preciso saber por que mudar, como mudar e, principalmente, para onde ir, e qual a arquitetura organizacional mais adequada ao 'negócio'".*

[448] LASTRES, Helena M. M.; ALBAGLI, Sarita. *Chaves para o Terceiro Milênio na Era do Conhecimento.* op. cit., p. 13.

[449] LASTRES, Helena M. M.; ALBAGLI, Sarita. *Chaves para o Terceiro Milênio na Era do Conhecimento.* op. cit., p. 14. As autoras referem que, dentro dessa lógica, para um conjunto de autores, *"em oposição aos defensores da vertente do tecno-globalismo, a geração e difusão de conhecimentos e de inovações representa exatamente um dos casos de não globalização. Refuta-se portanto a ideia de que a pretensa globalização tecnológica (ou tecno-globalismo) deslocaria os sistemas nacionais de inovação; assim como tornaria redundante, e no limite descabida, qualquer tentativa por parte dos governos nacionais ou locais em promover a geração doméstica de conhecimentos e o desenvolvimento tecnológico".*

nas organizações que trabalham e geram ciência, tecnologia e inovação (CT&I).[450]

Assim, a possibilidade de ser administrados conhecimentos, competências e mudanças vem sendo discutida com mais intensidade na última década, envolvendo pesquisadores e profissionais tanto no âmbito das organizações relacionadas com as atividades da ciência, tecnologia e inovação (CT&I) ou, mais particularmente, nos ambientes de pesquisa e desenvolvimento (P&D), quanto nas empresas ou em outras formas de organização pública ou privada.[451]

São muitas as discussões teóricas sobre a gestão do conhecimento, porém muitos a definem como o processo sistemático de identificação, criação, renovação e aplicação dos conhecimentos estratégicos à vida de uma organização.[452]

Desse modo, como referem os teóricos do tema, a gestão do conhecimento envolve inteligência organizacional que, por sua vez, é uma metodologia que contempla um conjunto de ferramentas úteis para gerir informação. Constitui uma técnica que possibilita o monitoramento informacional do ambiente que, quando sistematizado e analisado, favorece o processo de tomada de decisão.[453] Por isso, como define Ivan Rocha Neto, Gestão Estratégica envolve as seguintes atividades: *acompanhamento*, para monitorar o desempenho dos processos, de acordo com indicadores de eficiência; *avaliação*, para medir eficácia ou os impactos de políticas, planos, programas e/ou projetos, com apreciação das estratégias adotadas pelas organizações; e *prospectiva*, para antecipar mudanças e adotar ações tempestivas.[454]

---

[450] ROCHA NETO, Ivan. *Gestão estratégica de conhecimentos & competências*: administrando incertezas e inovações. Brasília: ABIPTI, UCB/Universa, 2003, p. 13. Pronunciamento feito por Lynaldo Cavalcanti de Albuquerque, Secretário-Executivo da ABIPTI – Associação Brasileira de Instituições de Pesquisa Tecnológica, na apresentação do livro. Como bem posiciona o autor *"Não há como pensar e lidar nos vários campos da CT&I sem acompanhar e monitorar o desempenho de processos baseados em indicadores de eficiência; sem avaliar a eficácia ou os impactos de políticas/planos/programas/projetos que traduzem resultados positivos ou negativos alcançados; ou sem efetuar prospecções capazes de prever mudanças e adotar medidas necessárias"*.
[451] ROCHA NETO, Ivan. *Gestão estratégica de conhecimentos & competências*: administrando incertezas e inovações. op. cit. p. 21.
[452] SOUZA, Marco Aurélio; GIACOBBO, Mauro. A gestão do conhecimento e o exercício do controle externo dos recursos públicos. In: BRASIL. Tribunal de Contas da União. *Prêmio Serzedello Corrêa 2005* : monografias vencedoras. Brasília: TCU, 2006.
[453] SOUZA, Marco Aurélio; GIACOBBO, Mauro. *A gestão do conhecimento e o exercício do controle externo dos recursos públicos*. op. cit., p. 19.
[454] ROCHA NETO, Ivan. *Gestão estratégica de conhecimentos & competências*: administrando incertezas e inovações. *op. cit.*, p. 15.

Portanto, das revoluções sociais, tecnológicas e políticas que ocasionaram, a informação e o conhecimento também possibilitaram o surgimento de um novo tipo de atividade – *a gestão do conhecimento*. Como bem demonstra o seu conceito, assim como o de competências, de capital intelectual, de inteligência e aprendizagem organizacional e de educação corporativa, há uma sinalização para o potencial de contribuição que essas práticas podem dar para a criação, renovação e aplicação de conhecimentos estratégicos na vida do Estado contemporâneo.

Essa situação de avançado desenvolvimento de várias naturezas – econômico, tecnológico, de relações de trabalho, pessoais e de poder, de estratégias governamentais e políticas estruturais – ocasionado pela chamada era do conhecimento, envolvendo, na feliz expressão de Rodríguez-Arana Muñoz, *los postulados del pensamiento abierto, del pensamiento dinámico y del pensamiento complementário*, que estão embutidas no âmbito das novas tecnologias e no âmbito da sociedade da informação, têm de ser utilizadas e compatibilizadas para o bem-estar geral das pessoas, com atendimento dos direitos fundamentais do cidadão.[455]

Assim, na perfeita expressão de Santiago Segarra Tormo,[456] o conhecimento é um ativo intangível das organizações. Conhecimento é a capacidade de selecionar em cada situação a melhor opção possível. O conhecimento se origina e se aplica na mente das pessoas. É adquirido por meio da formação ou da experiência. Na medida em que as organizações são integradas por pessoas se pode distinguir: conhecimento individual; conhecimento de uma organização; e conhecimento interorganizacional.

Logicamente que, dentro desse contexto, o grande desafio, a chave do entendimento das questões será conduzir todo o sistema de geração de conhecimentos e de desenvolvimento tecnológico para melhorar a vida das pessoas, não para centrar essa melhora somente na linha dos sistemas e procedimentos. Os cidadãos são os protagonistas concretos e toda a organização, pública ou privada, tem de estar visualizando continuamente os interesses coletivos que atendam às pessoas. Sendo

---

[455] RODRÍGUEZ-ARANA MUÑOZ, Jaime. *El Buen Gobierno y la Buena Administración de Instituciones Pública*. op. cit. p. 72. Nesse sentido, o autor adverte:"*El buen gobierno, la buena administración no puede olvidar que la sociedad del conocimiento ha de mejorar la calidad de la cultura cívica de las personas, pues de lo contrario estaremos desaprovechando una magnífica oportunidad para incidir positivamente en la mejora de las condiciones de vida de los ciudadanos*".

[456] TORMOS, Santiago Segarra. *El papel de las tecnologias de la información y de las comunicaciones en la reforma de la Administración.*. In: MORENO, Fernando Sáinz (dir.). *Estudios para la reforma de la Administración Pública*,– Reimpresión – Madrid: Instituto Nacional de Administración Pública, 2005, p. 553.

assim, na sociedade do conhecimento, o importante não é a tecnologia pela tecnologia, mas o avanço tecnológico em favor das pessoas. Por isso, como muito bem propõe Helena Lastres, o controle social deve exercer um papel fundamental na orientação do crescimento econômico e da inovação, submetendo as prioridades do crescimento econômico e do desenvolvimento científico e tecnológico a princípios de inclusão, equidade e coesão social, de sustentabilidade ambiental e de caráter ético com respeito a seus meios e finalidades; que deva haver uma subordinação dos mecanismos de apropriação privada de informações, saberes e conhecimento à universalização do acesso daqueles de interesse público e social; que a percepção do trabalho seja compreendida não só como fator de produção, quando o trabalhador é visto apenas como sinônimo de *capital humano*, mas sim como um valor a ser cultivado durante toda a vida; que haja incentivo ao aprendizado contínuo, não somente como fator de competitividade, mas também, como aprendizado social, produzindo capacitação dos indivíduos quanto à utilização das técnicas em favor do exercício pleno da cidadania; que o avanço do conhecimento não seja orientado só para o incremento econômico, mas que seja entendido como elemento indispensável ao desenvolvimento humano, em suas múltiplas dimensões; e que haja uma revisão do papel e dos objetivos das políticas públicas e privadas, no sentido de atenderem a esse conjunto de questões."[457]

Na esteira desse entendimento aqui conduzido e como fator de conclusão desse tópico sobre a sociedade do conhecimento, é de todo oportuno transcrever, por importante, as seis considerações, as seis propostas realizadas por Rodrigues-Arana Muñoz, com ajuda do professor Alejandro Llano, sobre a sociedade do conhecimento e a nova funcionalidade do trabalho no bom governo e na boa administração: em primeiro lugar, trabalhar é aprender. Dirigir é ensinar; em segundo lugar, uma organização inteligente é uma comunidade de investigação e aprendizagem; em terceiro lugar, entender o conhecimento não leva a uma nova forma de entender a profissão que tem muito a ver com o artesanato, que está vinculada a elaboração esmerada do produto do trabalho, tem a ver com essa minúcia, com essa laboriosidade dos artesãos; em quarto lugar, essas organizações possuem uma óbvia dimensão ética: transparência e colaboração; em quinto lugar, uma organização inteligente também deve cultivar uma profunda cultura corporativa e

---

[457] LASTRES, Helena M. M.; ALBAGLI, Sarita. *Chaves para o Terceiro Milênio na Era do Conhecimento.* op. cit., p. 25.

sendo uma organização pública, sua atuação será dirigida ao serviço permanente dos interesses gerais; em sexto lugar, nas organizações inteligentes, a investigação e a gestão se identificam porque a aprendizagem nunca termina, a formação nunca termina e administrar é aprender.[458]

4.3 A nova Administração Pública

Em decorrência de todos os aspectos até aqui analisados, a Administração Pública e o Direito Administrativo sofreram enormes mudanças, passando a ter influência do cidadão no âmbito do poder decisório, com obrigatoriedade de proceder a todas as ações administrativas dentro da mais absoluta transparência.

Assim, como fator completar e decorrente da participação popular e da transparência, o controle social deve passar a exercer um papel fundamental no poder de decisão para o estabelecimento de todas as políticas públicas, inclusive no que tange à determinação de prioridades para o desenvolvimento econômico, científico e tecnológico, tendo em consideração as peculiaridades de um mercado globalizado e posições internacionais sobre o comportamento do Estado e da Administração.[459]

Por isso, a partir de 1990, iniciou-se um processo de mudança de muitos entendimentos que se encontravam arraigados no Direito Administrativo, implantando-se novos princípios de atuação – princípios da eficiência, da proporcionalidade, da razoabilidade, da subsidiariedade e da confiança legítima – levando a uma Reforma Administrativa que praticasse a adoção da privatização, da deslegalização, da regulação e a criação de Agências Reguladoras.[460]

Dessa forma, a Administração Pública contemporânea, como estrutura organizacional com a finalidade de gerir a coisa pública e prestar os serviços necessários ao atendimento dos direitos fundamentais do cidadão, teve de começar a buscar uma nova formatação, na qual a eficiência e a eficácia de sua ação estivesse relacionada com o tamanho do

---

[458] RODRÍGUEZ-ARANA MUÑOZ, Jaime. *El Buen Gobierno y la Buena Administración de Instituciones Pública.op. cit.*, p. 84-85.
[459] CATALÁ, Joan Prats. *Las Transformaciones de las Administraciones Públicas de nuestro tiempo. op. cit.* p. 32. Por tal razão, o autor adverte que há novos desafios e a necessidade de um novo modelo de Administração Pública: *"El dato decisivo viene constituido, en todo caso, por los nuevos desafíos que, como consecuencia de los procesos de globalización y transición a la sociedad del conocimiento, enfrenta hoy la sociedad española, los cuales se traducen en necesidades, valores y demandas sociales nuevos que requieren de un impulso decisivo e integral a los movimientos espontáneos de reforma administrativa hasta ahora registrados".*
[460] ORTEGA, Ricardo Rivero. *El Derecho Administrativo Económico. op. cit.* p. 16-28.

estado, procedendo-se privatizações e transferência de serviços públicos à órbita privada, ficando o Estado na função reguladora, que seria exercida por Agências Reguladoras, criadas especificamente para tal fim.

Nessa linha de avaliação, Diogo de Figueiredo Moreira Neto, com aguçada visão dos acontecimentos no mundo, especialmente das modificações que se processam no âmbito da Administração Pública e do Direito Administrativo, menciona que: 1º – para contrapor a imperatividade sem limites, foi introduzida a consensualidade sempre que possível; 2º – para a intangibilidade de atos políticos, a submissão jurídica ao controle de qualquer ato da Administração Pública; 3º – para ser superada a questão da insindicabilidade da discricionariedade administrativa, instalaram-se os controles de realidade e de razoabilidade do ato discricionário; 4º – para o administrado influir nos processos decisórios, as garantias de crescente participação do administrado; e 5º – para superar a persistência dos conceitos de razões de Estado e do interesse público, passou-se a afirmar a supremacia dos direitos fundamentais e o da dignidade da pessoa humana.[461]

Em sequência, o autor refere que a este quadro mutacional são acrescentados aportes técnicos da Ciência da Administração, da Economia e da Sociologia, assim como de vários outros ramos do conhecimento, levando a Administração a tornar-se cada vez mais complexa e especializada, com ação assentada em três princípios basilares que exprimem as novas exigências do cidadão: *eficiência, transparência e participação*, no sentido de atender as necessidades práticas da época.[462]

Portanto, todos os caminhos tomam a direção para uma Reforma Administrativa que estabeleça um bom governo, tendo em conta todas as alterações estruturais do Estado, as decorrentes mutações da Administração Pública, com um claro objetivo de busca pela eficiência, transparência e participação popular.

---

[461] MOREIRA NETO, Diogo de Figueiredo. *Mutações do Direito Público*. op. cit. p. 237.
[462] MOREIRA NETO, Diogo de Figueiredo, "Mutações do Direito Público", *op. cit.* pág. 238/239. A respeito desse quadro de mudanças, o autor adverte: "As mutações do Direito Administrativo obedecem 'a necessidades', que estão além das teorias e das doutrinas políticas e jurídicas que procuram explicá-las; trata-se, antes de tudo, de um 'sistema de ordem', destinado a 'atender às necessidades práticas da época'. Ora, como uma das necessidades mais em destaque em nossos tempos tem sido a de que essa 'ordem venha impregnada de valores éticos', hoje, mais do que nunca, as mutações seguem também a busca 'da legitimação'. Como o 'atendimento das necessidades' é o móbil da busca do conhecimento, seja empírico, científico ou filosófico, há que se descobrir a melhor maneira de realizá-lo, daí o desenvolvimento de técnicas de toda a natureza, inclusive de' técnicas sociais', dentre as quais o Direito sobressai como a mais importante"

Com esse prognóstico da evolução da Administração Pública e as necessidades de resolução de problemas práticos da sociedade contemporânea, a retórica política passou a envolver os motivos que deveriam conduzir para uma Reforma Administrativa e o estabelecimento de uma nova gestão pública, situação em que os governos deveriam passar a reformular o seu propósito de fidelidade a sua missão pública, tratando de realizá-la com eficiência, transparência e responsabilidade com as novas condições sociais.

A Reforma Administrativa, diante das novas condições do Estado, do desenvolvimento da tecnologia, do conhecimento, da informação e da globalização, que levaram a um novo estágio de evolução da sociedade, foi a resposta aos problemas crescentes de operacionalidade do Governo, do déficit fiscal paralisante dos Estados, da questionada qualidade dos serviços públicos e da adoção de políticas econômicas errôneas que inviabilizaram o desenvolvimento da sociedade e ocasionaram o aumento da crise fiscal, como ocorreu em boa parte dos países latino-americanos.[463]

Reformar a Administração Pública foi, por decorrência, uma orientação óbvia, na medida em que a imputada desordem e ineficiência da Administração Pública exigia uma reformulação, na medida em que esta materializava a forma de operar o sistema político, com todos os adjetivos negativos que eram usados para descrevê-lo (autoritário, patrimonialista, populista, perdulário, clientelista, etc.).[464]

Assim, a partir de 1980, houve a implantação de várias técnicas de gestão para o setor público, tornando a nova Administração Pública um conjunto emergente de princípios administrativos. Houve o nascimento de novos conjuntos de ideias e crenças importantes na área administrativa. *O surgimento do amplo movimento da nova administração pública pode, portanto, ser visto como exemplo de um processo mais geral no qual conjuntos de princípios surgem e desaparecem (Child, 1969; Barley e Kunda, 1992). Tais conjuntos de pensamentos contêm elementos tanto descritivos como normativos (talvez ideológicos). Eles podem estar associados a componentes sociais, a administradores profissionais ou a intelectuais da área organizacional.*[465]

---

[463] VILLANUEVA, Luis F. Aguilar. *Gobernanza y gestión pública.*, op. cit. p. 140.
[464] CATALÁ, Joan Prats. *Las Transformaciones de las Administraciones Públicas de nuestro tiempo.* op. cit. p. 34. "*los nuevos desafíos proceden fundamentalmente de los procesos en curso de globalización y transición a la sociedad del conocimiento. Estos procesos están generando una complejidad, diversidad y dinamismo sin precedentes*".
[465] FERLIE, Ewan et al. *A nova Administração Pública em ação.* Tradução de Sara Rejane de Freitas Oliveira. Brasília: Ed. UnB: ENAP, 1999, p. 24. Os autores ainda comentam, nesse

Nesse contexto de mudanças, Ferlie, Ashburner, Fitzgerald e Pettigrew, referem que há, pelo menos, quatro modelos da nova Administração Pública e, embora cada um deles possua um distanciamento dos modelos clássicos de Administração Pública, entre eles também há diferenças importantes e características distintas.[466] Pela sua relevância, mesmo que de forma sintética, examinaremos os modelos de Administração Pública referidos por aqueles autores.

Nova Administração Pública (NAP)/modelo 1: O impulso para a eficiência

Esse foi o primeiro modelo a surgir, dominando o setor de reformas do início até a metade da década de 1980, mas agora sob grande contestação. Representou uma tentativa de tornar o setor público mais parecido com a iniciativa privada, guiado por noções rudimentares de eficiência.[467] Para os seus críticos, esse modelo representou uma ideia inadequada e importada do setor privado que não considerou as características próprias do setor público.

Os principais temas e fatores incluem:[468] a) um aumento dos controles financeiros, tendo uma forte preocupação com a maximização do valor do dinheiro e com os ganhos em eficiência, obtendo mais com menos; b) uma espinha administrativa mais forte, com administração hierarquizada, tendo objetivos e monitoramento de desempenho e poder outorgado à administração superior; c) extensão da auditoria a aspectos tanto financeiros como profissionais, com métodos mais transparentes para a análise de desempenho; d) ênfase para uma rápida resposta do prestador de serviço com relação aos consumidores, com uma mentalidade mais voltada para o mercado e orientação para

---

aspecto, que "*a nova administração pública tem sido vista pelos críticos como uma ideologia com base no mercado, que invadiu as organizações do setor público previamente imbuídas de valores contraculturais (Laughlin, 1991). Mas também foi vista por outros (Ashburner et al., 1994) como uma administração híbrida, com ênfase contínua nos valores fundamentais do serviço público, embora expressa de uma nova maneira*". Complementam o seu raciocínio dizendo que, "*para Hood (1991), o movimento da nova administração pública foi moldado pelo surgimento de conjunto de teorias, tais como a 'nova economia institucional' (Downs, 1967; Niskanen, 1971; O. Williamson, 1975 e 1985). Esses conjuntos incluem áreas como a teoria da maximização burocrática; a teoria dos custos de transação; teoria do principal agente e teoria do paramercado e forneceu um conjunto de ideias sofisticadas que gozou de grande influência durante a década de 1980. Essa teoria tem sérias implicações para a reestruturação das agências públicas*".

[466] FERLIE, Ewan et al. A nova Administração Pública em ação. op cit., p. 26.
[467] FERLIE, Ewan et al. A nova Administração Pública em ação. op. cit. p. 26-27.
[468] FERLIE, Ewan et al. A nova Administração Pública em ação. op. cit. p. 27-28.

o cliente; e) desregulamentação do mercado de trabalho e aumento do ritmo de trabalho, com desgaste do acordo salarial e das condições e acordos coletivos nacionalmente estabelecidos; f) redução do poder de autorregulamentação das profissões, com transferência do poder dos profissionais para os administradores e envolvimento de alguns profissionais no processo gerencial; g) delegação de um certo grau de poder para uma administração menos burocrática e mais empreendedora, mais ainda com as rigorosas exigências de responsabilidade para com os níveis superiores; h) novas formas de governabilidade corporativa, com produção de marginalização dos representantes e sindicalistas eleitos, mudança para o conselho diretor e transferência do poder para o comando estratégico da organização.

Nova Administração Pública (NAP)/modelo 2: *Downsizing* e descentralização

Esse modelo surge do argumento de que a mudança histórica em direção às organizações grandes, verticalmente integradas, parece ter tomado o caminho inverso. Sobre esse modelo de Administração, Ferlie, Ashburner, Fitzgerald e Pettigrew manifestam que: *Isso trouxe como resultado alguns desenvolvimentos organizacionais muito gerais, incluindo-se os seguintes: o desmonte e o 'downsizing' organizacional; a busca por maior flexibilidade organizacional; o abandono do alto grau de padronização; o aumento na descentralização da responsabilidade estratégica e orçamentária; aumento da terceirização; e a separação entre um pequeno núcleo estratégico e uma grande periferia operacional.*[469]

Tais tendências são encaradas como normais tanto para o setor público como privado, pelos menos nas culturas da Europa e da América do Norte. Esse modelo não tem o domínio exercido pelo modelo 1 durante a década de 1980, mas agora está sendo visto como de crescente importância.

O modelo 2 apresenta os seguintes elementos de identificação:[470] a) ênfase na mentalidade voltada para o mercado dirige-se para paramercados mais desenvolvidos e sofisticados, com troca de planejamento – ainda confusa – para paramercados como Mecanismo de alocação de recursos dentro do setor público; b) mudança da gestão hierárquica

---

[469] FERLIE, Ewan *et al. A nova Administração Pública em ação. op cit.* p. 29.
[470] FERLIE, Ewan *et al. A nova Administração Pública em ação. op. cit.* p. 30.

para a gestão de contrato, com surgimento de regras menos rígidas de gestão; c) *delayering e downsizing:* produção de uma drástica redução na folha de pagamento das organizações públicas, com adoção de estruturas organizacionais mais horizontalizadas e redução de pessoal em todos os setores das organizações públicas; d) separação entre financiamento público e dotação do setor autônomo, com surgimento de organizações separadas para compra e para prestação de serviços; e) mudança da forma de gestão do tipo *comando e controle,* associada ao modelo 1, para novos tipos gerenciais, como o gerenciamento por influência, aumento do papel das formas de organização em rede e ênfase nas alianças estratégicas entre organizações; e f) tentativas de mudança das formas padronizadas de serviço para um sistema mais flexível e variado.

Nova Administração Pública (NAP)/modelo 3: em busca da excelência

Esse modelo 3 está intimamente ligado à corrente da chamada *excelência* dos anos 1980. De certo modo, o modelo representa a aplicação, aos serviços públicos, da teoria da administração denominada escola de relações humanas, com seu desenvolvimento direcionado para a importância da cultura organizacional.[471] Esse modelo dá ênfase às formas carismáticas de liderança em lugar das formas transacionais. Essa liderança é vista com frequência como centrada na pessoa e não no grupo, que provém de um administrador sênior que inspira a organização com uma nova maneira de ver as coisas.

O modelo 3 pode ser compreendido por meio dos seguintes indicadores:[472] a) na forma de baixo para cima: ênfase no desenvolvimento organizacional e na aprendizagem, estabelecendo apoio de cima para baixo para os campeões de produto de baixo para cima e produzindo descentralização radical com o desempenho julgado com base nos resultados; e b) na forma de cima para baixo: tentativas explícitas de preservação da mudança cultural, com projeção de uma visão de

---

[471] FERLIE, Ewan et al.. A nova Administração Pública em ação", op cit. pág. 31. Sobre este modelo, os autores tecem o seguinte comentário: "*A NAP/Modelo 3 rejeita a abordagem altamente racional da NAP/Modelo 1 e, ao contrário desta, enfatiza o papel dos valores, cultura, ritos e símbolos na moldagem da maneira como as pessoas realmente se comportam no trabalho. Há um forte interesse no modo como as organizações administram a mudança e a inovação*".

[472] FERLIE, Ewan et al. A nova Administração Pública em ação. op. cit. p. 32.

cima para baixo, mediante programas gerenciados de mudança cultural, em que ocorra destaque para as formas carismáticas de liderança de cima para baixo, produzindo identificação de modelos carismáticos de papéis do setor privado para o novo estilo do setor público, com uma função de gestão de recursos humanos mais firme e estratégica.

Nova Administração Pública (NAP)/Modelo 4: Orientação para o serviço público

Conforme afirmam Ferlie, Ashburner, Fitzgerald e Pettigrew, o modelo 4 é o que apresenta menor desenvolvimento e que ainda precisa demonstrar todo o seu potencial.[473]

Esse modelo 4 da Nova Administração Pública, consoante esse novo estilo de abordagem do tema, envolvendo uma fusão das ideias de gestão do setor público e privado, é caracterizado pelos seguintes indicadores:[474] a) grande preocupação com a qualidade do serviço (por exemplo, o uso de ações dirigidas para a qualidade, fazendo surgir o gerenciamento para a qualidade total), com uma abordagem voltada para o valor, mas baseada na missão de alcançar a excelência dos serviços públicos; b) reflexo das preocupações e valores do usuário (em lugar do cliente) no processo de gestão, passando a ter confiança na opinião do usuário, tendo em conta o conceito de cidadania; c) desejo de trazer o poder de volta dos grupos nomeados para aqueles eleitos localmente, com uma total descrença quanto ao papel dos mercados nos serviços públicos; d) enfoque no desenvolvimento da aprendizagem social acima e além da prestação de serviços de rotina; e) conjunto contínuo de tarefas e valores característico dos serviços públicos, mediante

---

[473] FERLIE, Ewan et al.. *A nova Administração Pública em ação. op cit.* p. 33. Expressam os autores: *"Representa a fusão de ideias de gestão dos setores público e privado, a revitalização dos administradores do setor público por meio do delineamento de uma missão de serviço público diferente (Osborne e Gaebler, 1992), mas compatível com as noções adquiridas sobre administração de alta qualidade derivadas de práticas bem-sucedidas no setor privado. Isso confere legitimidade ao novo estilo de setor público que afirma ter acabado com os aspectos patológicos do passado, mas que mantém um sentido distinto de identidade e de objetivo. Os críticos argumentam que esses elementos contêm várias contradições internas (du Gay, 1993)"*. Os autores referem ainda que *"o Modelo Orientação para o serviço Público (J.Stewart e Clarke, 1987; J. Stewart e Ranson, 1988; Ranson e Stewart, 1994) é um exemplo desse gênero, que toma emprestadas ideias do setor privado, mas aplica-as a um contexto caracteristicamente de setor público. Esta nova variante de administração pública atrai defensores de centro-esquerda (ver Hodge e Thompson, 1994) e inclui uma forte ênfase na preservação da responsabilidade dos serviços para usuários locais e cidadãos (não tanto para consumidores), que não é observada em outras variantes "*.

[474] FERLIE, Ewan et al. *A nova Administração Pública em ação. op cit.* p. 33-34.

o gerenciamento de políticas públicas características da prestação de serviços públicos coletivos, com ênfase na garantia da participação e responsabilidade como preocupações legítimas no setor público. De um modo geral, pode-se constatar dessas considerações sobre os quatro tipos de modelos que o Governo assume o relevante papel de patrocinador das Reformas dentro do setor público, buscando paradigmas gerenciais que melhor possam atender as necessidades de prestação de serviços públicos, direcionando-se pela busca de um processo contínuo de reinterpretação ideológica, no sentido de estabelecer uma estrutura condizente com a realidade atual do Estado e da sociedade.

Dessa maneira, a teoria que envolve as diversas variantes da nova Administração Pública demonstrada no exame procedido, leva a seguinte conclusão dos autores: *esta análise sugere que os Modelos 1-3, os quais são essencialmente derivados da prática gerencial do setor privado, são por si só inadequados e exigem adaptação ao contexto do setor público. A vantagem da NAP Modelo 4 (orientação para o serviço público) está em sua sensibilidade às peculiaridades do contexto do setor público. Contudo, em nosso modo de ver, o modelo de orientação para o serviço público dá uma guinada muito forte baseado na suposição da diferença. Ele se apoia fortemente nas noções de ciência política (tais como a de cidadania) e não explora adequadamente a natureza das organizações do setor público. Em sua base teórica, as ligações acadêmicas com a teoria organizacional permanecem pouco desenvolvidas.*[475]

Essa linha de entendimento demonstra o quanto é essencial e distinta a Reforma Administrativa ou a chamada Nova Administração Pública para a ação do Estado contemporâneo. Na visão dos investigadores que estudaram as reformas, alguns deram ênfase às questões relativas aos pressupostos, propósitos, instrumentos, práticas e resultados, enquanto outros acentuaram outros fatores. No entanto, o certo é que tais mudanças provocaram profundas transformações na Administração Pública, envolvendo tanto o aspecto teórico como prático. Esses fatores mutacionais levam Luis Aguilar Villanueva a elaborar uma definição de Reforma Administrativa ou Reforma da Gestão Pública: *el cambio de las normas, las estructuras organizacionales y los patrones directivos e operativos del gobierno, que por sus propósitos, modos o resultados se orienta hacia formas posburocráticas de organización, dirección y operación, con el fin de elevar la eficiencia, la calidad y la responsabilidad de la acción pública.*[476]

---

[475] FERLIE, Ewan et al. A nova Administração Pública em ação", op. cit., p. 387.
[476] VILLANUEVA, Luis F. Aguilar. *Gobernanza y gestión pública.* op. cit., p. 146.

Sendo assim, não resta dúvida de que a Administração Pública, pelo volume de reformas para o estabelecimento de uma Nova Administração Pública, encontra-se em um momento de intensa transformação da sua atuação, buscando sistemas, critérios e estruturas que sejam capazes de dar uma resposta eficiente às crescentes exigências da sociedade, obrigando-a a proceder a uma reformulação dos atuais processos de gestão.

Dentro desse contexto renovador, a Administração Pública enfrenta grandes desafios, buscando alterar o modelo antigo para implementar um novo, mas sem que isso represente um afastamento da realidade, razão pela qual procura ser seletiva em determinadas atuações ou atua de forma gradual, seguindo esquemas participativos.[477]

Assim, a preocupação contemporânea dos Estados e Governos foi a de elaborar políticas voltadas para a transformação da natureza e do papel do Estado e da Administração Pública em escala global, pois, como assinala Kamarck (2000), 123 países mobilizaram-se na direção de empreenderem reformas administrativas, com o objetivo de melhorarem o desempenho dos aparatos burocráticos a partir dos anos 1990. Para o mundo em desenvolvimento, nesse período, o Banco Mundial aprovou um total de 1.069 projetos, destinando um montante anual de recursos que variou entre US$ 5 a 7 bilhões para as diversas regiões do globo terrestre.[478]

Como se vê, a Nova Administração Pública abrange um amplo contexto de reformas, em busca de maior eficiência e eficácia financeira, política e administrativa, mediante a implantação de novos modelos de atuação. Nesse sentido, a Organização para a Cooperação e o Desenvolvimento Econômico – OCDE (1998: 5), em seu informe sobre a reforma administrativa, menciona que a melhora da eficiência

---

[477] MARQUES, Maria da Conceição da Costa. *Alguns aspectos da Gestão Pública na Administração central em Portugal.* In: Encuentro Iberoamericano de Contabilidad de Gestión, 1, Valencia, nov. 2000. Disponível em: <http://www.observatorio-iberoamericano.org>. Por este motivo, a autora, ao analisar aspectos da Gestão Pública na Administração central em Portugal, menciona que *"a gestão pública preocupa-se em minimizar os meios ou maximizar os resultados. As reformas a efectuar na gestão pública devem realçar aspectos, como sejam, o aumento da produtividade e eficiência, o aumento da flexibilidade e a capacidade de adaptação à procura, o controlo das despesas públicas e a modernização das relações de controlo e de prestação de contas na hierarquia do Estado"*

[478] REZENDE, Flávio da Cunha. Razões da crise de implementação do Estado Gerencial: desempenho versus ajuste fiscal. *Revista de Sociologia e Política,* Curitiba, n. 19, nov. 2002. Disponível em: <http://www.scielo.br/scielo.php?script=sci_arttex&pid=SO104-4478200 2000200008>.

e da eficácia do setor público, assim, a antiga administração que agia conforme regras e procedimentos, é substituída por um novo paradigma que busca combinar as práticas da gerência moderna com a lógica da economia, preservando os valores do serviço público.[479]

Por sua vez, o *Centro Latinoamericano de Administración para el Desarrollo – CLAD* elaborou o documento chamado *Una nueva gestión pública para América Latin*, que foi aprovado e assinado pelas autoridades de 25 países membros, em 14 de outubro de 1998, em Madri, cujo núcleo do consenso CLAD consiste na *Reforma Gerencial do Estado*, com o objetivo de reconstruir o Estado e sua capacidade de Administração, e a capacidade de governar do governo tornando-se necessária para atender aos três problemas específicos da região: a consolidação da democracia; a necessidade de ser retomado o crescimento econômico; e a redução da desigualdade social, com definição da reforma gerencial que mais se adapta à realidade e às necessidades dos países latino-americanos.

Essa posição adotada na reforma gerencial CLAD possui o diferenciador de intentar a representação de uma terceira via entre o *laissez faire* neoliberal e o antigo modelo social burocrático de intervenção estatal. Trata-se de um programa ambicioso, mas acertado, na medida em que busca resolver os problemas tencionados da atual face da América Latina, por suas inclinações por desenvolvimento e justiça social.[480]

Dimensionada a situação do Estado contemporâneo e verificadas as profundas modificações operadas na sua estrutura de atuação – a Administração Pública, cujas considerações de natureza filosófica, ideológica, jurídica, científica, investigativa e estrutural da Nova Administração Pública, efetuadas dentro de um contexto de amplas reformas que visam à busca de maior eficiência e eficácia financeira, política e administrativa, passa-se ao exame dos resultados práticos operados nos países. A esse exemplo, verificaremos os atos praticados

---

[479] VILLANUEVA, Luis F. Aguilar. *Gobernanza y gestión pública*. op. cit., p. 219. É o que refere o autor: *"implica un fuerte cambio cultural, por cuanto el viejo paradigma administrativo, que en gran medida era una administración que procedia conforme a reglas y procedimientos, es sustituido ahora por un nuevo paradigma que busca combinar las prácticas de la gerencia moderna con la lógica de la economía, preservando los valores centrales del servicio público".*

[480] VILLANUEVA, Luis F. Aguilar. *Gobernanza y gestión pública*. op. cit., p. 199. Adverte o autor: *"Las terceras vias, 'los tercerismos', suelen ser conceptualmente satisfactorios, porque señalan los defectos de los caminos seguidos y reconcilian o superan las polarizaciones de las dos vías en la limpieza del concepto y del lenguaje, si bien en la práctica terminan por apoyarse en una o otra vía según las circunstancias y los problemas sociales. El reto y propósito del documento CLAD es dar precisión y productividad administrativa a la tercera vía".*

no âmbito Europeu, usando como referência as reformas produzidas na Espanha e a acontecida na América Latina, servindo como referência o Brasil.

A Espanha tem alcançado um processo de desenvolvimento histórico nos últimos trinta anos, com uma extraordinária transformação no aspecto político, econômico e social, convertendo o país em uma das economias mais abertas do mundo e a sociedade espanhola em uma sociedade democrática avançada.[481] Para tanto, foram vários os fatores que contribuíram para esse sucesso da sociedade espanhola. A Constituição de 1978 reestruturou o Estado espanhol aos tempos contemporâneos, dando-lhe uma estrutura pós-moderna, com fixação de valores importantes para o estabelecimento de um Estado Social e Democrático de Direito, fundado em uma democracia plural, transparente e participativa.

Esse processo de transformação espanhola deveu-se a vários fatores, entre os quais está o seu ingresso na União Europeia, mas fundamentalmente veio acompanhado de uma reforma adaptadora da estrutura da Administração Pública às novas condições do Estado e às exigências da sociedade espanhola.

Buscando o estabelecimento de linhas mais concretas de procedimento, com vista à implantação de uma Reforma Administrativa na Espanha, com a edição de *la Orden APU/1014/2003, de 25 de abril, reconece que <<se hace necesario impulsar la reforma global de las Administraciones Públicas>>, a cuyo efecto se constituye un grupo de expertos para elaborar un diagnóstico de la situación actual y proponer las principales líneas de reforma de las Administraciones Públicas, el cual se remitirá por el Ministro de Administraciones Públicas a la Comisión de Régimen de las Administraciones Públicas del Congreso. Paralelamente, esta Comisión del Congreso, por Resolución de 21 de mayo de 2003, acuerda la creación de una Subcomisión para **<<el estudio de las principales líneas de reforma y la búsqueda del consenso político necesario para el diseño del nuevo modelo>>** de Administraciones Públicas.*[482]

De qualquer modo, independentemente dos resultados que serão apresentados pela Comissão formada, estão sendo praticados vários atos para a implantação de uma nova Administração Pública. Foi editada a *Ley Orgânica 3/1981, de 6 de abril, Del Defensor Del Pueblo,*

---

[481] SANTOJA, Aldo Olcese. *Teoría y práctica del Buen Gobierno Corporativo.* op. cit., p. 184.
[482] CATALÁ, Joan Prats. *Las Transformaciones de las Administraciones Públicas de nuestro tiempo.* op. cit. p. 32.

no sentido de criar instrumentos para atendimento dos objetivos de interesses gerais previstos no art. 103.1 da Constituição Espanhola, com a competência de proceder qualquer investigação condizente ao esclarecimento dos atos e resoluções da Administração Pública e seus agentes, em relação com os cidadãos (art. 9º, 1, da Lei 3/1981). Portanto, trata-se de uma regulamentação para proteção dos direitos de cidadania, no sentido de serem investigadas ou esclarecidas, resoluções e condutas concretas produzidas pelos órgãos da Administração Pública, que afetem direitos do cidadão ou grupo de cidadãos. Além do Defensor do Povo ser fator indispensável para defesa dos direitos fundamentais postos na Constituição, ainda proporciona o exercício do controle social sobre a Administração Pública por parte do cidadão.

No que tange a contratos, a Espanha produziu um intenso processo de reformas legislativas, no sentido de aprimorar as normas reguladoras dos contratos celebrados pela Administração Pública. Pela edição da Lei 13/1995, de 18 de maio, de Contratos das Administrações Públicas, houve a incorporação ao Direito Público espanhol das regras adotadas pela União Europeia, constante das linhas orientadoras de contratos de obras e orientações posteriormente adotadas às regras iniciais de contratações (essencialmente as 93/36 e 93/37), assim como a *directiva 92/50*, sobre contratos públicos de serviços.

Posteriormente, a Lei 48/1998, de 30 de dezembro (sobre procedimentos de contratação nos setores da água, da energia, dos transportes e das telecomunicações) incorpora ao ordenamento jurídico espanhol as *directivas 93/38/CE y 92/13/CEE*, determinando a sujeição – aos princípios de publicidade e concorrência – de determinadas entidades públicas ou privadas.

Em continuidade a esse processo de reformas da legislação contratual, foi editada a Lei 52/1999, de 28 de dezembro, modificando a Lei 13/1995, de 18 de maio, de Contratos das Administrações Públicas. Tratou-se de uma adaptação ao direito espanhol das modificações produzidas na normatização comunitária sobre contratos públicos[483].

Por fim, no que se refere à reforma dos contratos públicos na Espanha, foi editado o Real Decreto Legislativo 2/2000, de 18 de junho,

---

[483] IBÁÑEZ, Santiago González-Varas. *El Dercho Administrativo Europeo*. 3. ed. Sevilla: Instituto Andaluz de Administración Pública, 2005. p. 146-147. Salienta o autor que *"al mismo tiempo que pretendía la corrección de deficiencias técnicas y la introducción de una mayor objetividad, transparencia y concurrencia en la contratación administrativa. Incorporo concretamente la directiva 97/52, del Parlamento y del Consejo, de 13 de octubre de 1997, la cual reforma las directivas 93/36, 93/37 y 92/50"*.

que aprova o Texto Refundido da Lei de Contratos das Administrações Públicas e, entre outros motivos, busca incorporar a decisão da Comissão Europeia 1999/C 379/08, publicada no Diário Oficial das Comunidades Europeias, número C 379, de 31 de dezembro, a qual impõe novas cifras para a aplicação das diretivas comunitárias.[484]

Outra modificação profunda realizada na Espanha foi a reestruturação da Administração do Estado. A Lei nº 6/1997, de 14 de abril, buscou concentrar em um único dispositivo legal o regime, a organização e os critérios de funcionamento do aparelho administrativo estatal espanhol, em que a Administração Geral do Estado, por meio de suas mais diversas modalidades de atuação, tenha presente sempre que o princípio básico que justifica a sua existência e deve presidir toda a sua atividade é o serviço ao cidadão. O objetivo legal tem em conta a necessidade de regular a atuação da Administração Geral do Estado para efetivar os princípios constitucionais postos no art. 103.1 da Constituição espanhola, com normatização sobre as estruturas normativas estatais, devendo as mesmas reordenar-se com vistas ao atendimento da racionalidade e da necessidade de serem evitadas duplicidades de gestão e haver atendimento ao princípio da economicidade do gasto público (a exposição de motivos da Lei 6/1997 delineia as orientações do regramento efetuado e de seus objetivos).[485]

No que se refere ao modelo de organização territorial espanhol, a Constituição de 1978 produziu um notável impacto sobre o sistema de Administrações Públicas, passando para um regime que se configura em três níveis territoriais: Estado, Comunidades Autônomas e Administração local.[486]

---

[484] IBÁÑEZ, Santiago González-Varas. *El Derecho Administrativo Europeo. op. cit.* p.147.
[485] MORÓN, Miguel Sánchez Morón. *Derecho Administrativo – Parte General. op. cit.* p. 265. Segundo o autor *"ademas de las consecuencias del proceso de descentralización, la administración está obligada a adaptarse continuamente a los cambios de su entorno y de sus funciones, respondiendo a las demandas sociales. Por esto necesita reformarse"*.
[486] ROCAMORA, Antoni Bayona. Descentalización y Coordinación. In: MORENO, Fernando Sáinz (dir.). *Estudios para la reforma de la Administración Pública*. Madrid: Instituto Nacional de Administración Pública, 2005. p. 245. Manifesta o autor:"*El Estado español há pasado de un régimen de protagonismo casi exclusivo de la Administración central del Estado a una nueva situación que se configura en tres niveles territoriales: Estado, Comunidades Autónomas y Administración local. Esta Nueva estructura plurinivel de la Administración Pública no es meramente formal, ya que el principio de autonomía territorial consagrado en la Constitución ha supuesto un cambio conceptual en las relaciones entre los tres niveles. Como ya indicó el Tribunal Constitucional en una de sus primeras decisiones (Sentencia de 2 de febrero de 1981), el Estado español responde hoy a una idea plural de poderes, cuyo elemento de fondo es el reconocimiento de la autonomía de los diferentes entes territoriales*".

Dentro dessa nova concepção de Administração que se desenha para o século XXI, como bem salienta Reyes Zataraín Del Valle, os cidadãos passaram a exigir uma Administração que funcione de forma clara, transparente e eficaz, com aumento da rentabilidade de todos os seus recursos, mediante aplicação do princípio da economicidade. Para o alcance desse objetivo, toda a reforma a ser realizada deverá analisar a configuração das Administrações Públicas, com os aspectos organizativos e funcionais devendo ser valorizados para resolução dos problemas de inadequação organizacional das Administrações, que devem funcionar de forma rápida e rigorosa.[487]

Para implantar esse processo de reformas, foi editado a Lei nº 50/1997, de 27 de novembro, tratando da organização, competência e funcionamento do Governo espanhol. Como revela a exposição de motivos da lei, o Governo estava carecendo, como supremo órgão da direção da política interior e exterior do Reino da Espanha, que contemplasse sua organização, competência e funcionamento, em conformidade com o espírito, princípios e texto constitucional. Assim, o regramento da Lei 50/1997 visa a estruturar a ação governamental ao novo tipo de Estado Social e Democrático de Direito, procedendo a uma ordenação das normas regulamentares, com base em princípios da hierarquia e da competência, critérios que presidem a relação entre os Reais Decretos do Conselho de Ministros e os Reais Decretos do Presidente do Governo, tendo em conta a matéria funcional e operativa desse órgão complexo que é o Governo. Nesse aspecto, como bem ressalta Miguel Sánchez Morón, a diferença entre Governo e Administração do Estado explica que hoje em dia cada uma das instituições se regula por leis distintas.[488]

Contudo, Juan Junquera González adverte que ainda assim é necessário levar a cabo uma generosa política de transferências por parte da Administração Geral do Estado e, em maior grau ou proporção, por parte das comunidades Autônomas.[489]

---

[487] ZATARAÍN DEL VALLE, Reyes. *Configuración de las grandes Administraciones Públicas.* In: MORENO, Fernando Sáinz (dir.). *Estudios para la reforma de la Administración Pública.* Madrid: Instituto Nacional de Administración Pública, 2005. p. 259.
[488] MORÓN, Miguel Sánchez. *Derecho Administrativo* – Parte General. *op. cit.* p. 266-267. Nessa circunstância o autor comenta:"*la Ley 50/1997, de 27 de noviembre, del Gobierno (LG), y la Ley 6/1997, de 14 de abril, de Organización y Funcionamiento de la Administración General del Estado (LOFAGE)*". (...) *Por debajo del Gobierno, la Administración General del Estado tiene una estrutura departamental, es decir, se estrutura en Ministérios, órganos complejos cuyos titulares, los Ministros son el nexo que une al Gobierno con la Administración, pues la coordinan al más alto nivel en el Consejo de Ministros y transmiten las directrices políticas que de él emanan al conjunto del aparato administrativo estatal situado bajo su dependencia jerárquica*".
[489] GONZÁLES, Juan Junquera. *La Reforma y Modernización de la Administración Local Española* In: MORENO, Fernando Sáinz (dir.). *Estudios para la reforma de la Administración Pública.*

De qualquer modo, essa circunstância envolve uma grande complexidade organizacional dos entes instrumentais espanhóis, carecendo de uma ordenação completa e unitária. Como bem salienta Germán Fernández Farreres, há de observar-se que a regulação do amplo e variado conjunto de entes instrumentais das diversas Administrações Públicas territoriais (do Estado, das Comunidades Autônomas e das Entidades locais) não é comum para todas e para cada uma dessas Administrações.[490]

No que tange à Administração Corporativa, embora já existisse a Lei nº 2/1974, de 13 de fevereiro, regulamentando os Colégios Profissionais como Corporações de Direito público, amparadas por lei e reconhecidas pelo Estado, posteriormente, em 17 de julho de 2003, foi editada a Lei nº 26/2003, que modifica a Lei de Mercados de Valores e o texto refundido da Lei de Sociedades Anônimas que ficou conhecida como a *Ley de Transparencia*, que procedeu a modernização no Direito das Sociedades.

Houve também a adoção, no âmbito das reformas do governo corporativo, da Lei nº 44/2002, de Medidas de Reforma do Sistema Financeiro, regulando para o governo corporativo, uma comissão de auditoria para as sociedades emissoras de valores, cujas ações e obrigações estejam admitidas para negociação no mercado de valores. Nesse contexto, a seguir, houve a edição da Lei nº 35/2003, de 05 de novembro de 2003, sobre *Instituciones de Inversión Colectiva*.

Quanto à situação dos Colégios Profissionais, de acordo com o referido por Germán Fernández Farreres, a dispersão e desagregação da instituição colegial resulta preocupante e deveria ser atalhada, para o que deveria ser instituída uma Lei Básica de Colégio Profissionais na Espanha.[491]

Madrid: Instituto Nacional de Administración Pública, 2005. p. 336. Observa o autor: *"A esta solución nos obliga la Carta Europea de la Autonomía Local (art. 4.3) – ratificada en España en 1988 – e incluso las propias normas internas (art. 2.1 de la Ley Reguladora de las Bases del Régimen Local), en las que se consagra la preferencia o primacía de la Administración local para gestionar aquellos asuntos que afectan de forma más inmediata a los ciudadanos".*

[490] FARRERES, Germán Fernández. *Administraciones instrumentales*. In: MORENO, Fernando Sáinz (dir.). *Estudios para la reforma de la Administración Pública*. Madrid: Instituto Nacional de Administración Pública, 2005. p. 342-343. Nesse aspecto, diz o autor: *"La LOFAGE constituye en la actualidad el marco normativo general de referencia para las entidades instrumentales de la Administración General del Estado, mientras que para las dependientes de las Entidades locales, hay que estar a lo dispuesto en la LBRL, sin perjuicio de lo previsto, en su caso, con carácter complementario, en las normas autonómicas de régimen local".*

[491] FARRERES, Germán Fernández. *Corporaciones de Derecho Público*. In: MORENO, Fernando Sáinz (dir.). *Estudios para la reforma de la Administración Pública*. Madrid: Instituto Nacional

Considerando que a Administração Pública é uma organização que só funciona com pessoas que gerem recursos e bens públicos, significa dizer que os funcionários públicos realizam atividades de serviço público, destinadas a atenderem o interesse geral e coletivo. Por essas razões, torna-se fundamental a existência de normas regulamentares de tais atividades funcionais, compatibilizando-as com os procedimentos da Nova Administração Pública. Nesse sentido, foi editada a Lei nº 22/1993, de 29 de dezembro, que modificou as Medidas para a Reforma da Função Pública estabelecidas pela Lei nº 30/1984, introduzindo mudanças substanciais tendentes a melhorar o rendimento dos recursos humanos da Administração Pública, submetendo sua planificação e gestão a procedimentos dotados de maior agilidade e eficácia, repercutindo de forma prática nos procedimentos de ingresso, promoção e previsão de postos de trabalho dos funcionários, terminou por exigir a adoção de um novo regulamento geral para os servidores públicos. Assim, pelo Real Decreto 364/1995, de 10 de março, foi aprovado o Regulamento Geral de Ingresso do Pessoal no Serviço Público da Administração Geral do Estado e de Provisão dos Postos de Trabalho e de Promoção Profissional dos Funcionários Civis da Administração do Estado.

Por último é de ser referida as reformas de natureza orçamentária e fiscal, no sentido de ser alcançado um equilíbrio entre receita e despesa para o estabelecimento de um desenvolvimento sustentável. Assim, a chamada responsabilidade fiscal dos agentes públicos foi regulada na *Ley General de Estabilidad Presupuestaria – Ley 18/2001, de 12 de deciembre (B.O.E. 13 de deciembre), rectificada por Correción de errores (B.O.E. 15 de febrero 2002)*, em cuja exposição de motivos é salientada que *la política presupuestaria continuará jugando un papel clave en esta orientación de política económica, para lo cual es preciso sentar las bases de esta nueva etapa en la que la estabilidad presupuestaria va a ser el escenario permanente de las finanzas públicas español.*

Portanto, a lei de estabilidade orçamentária introduziu expressamente o equilíbrio orçamentário no ordenamento jurídico espanhol,

---

de Administración Pública, 2005. p. 370-371. Nesse sentido, o autor se posiciona:"*A esa Ley Básica de Colégios Profesionales corresponde establecer un <<modelo>> de Colégio Profesional, poniendo con ello a la indeficición existente que ha permitido la aparición de tan variados y diferentes supuestos de Colegios (referidos a profesiones de muy distinta titulación y, por tanto, de muy distintas características; de adscripción obligatoria y de adscrición voluntaria, con atribuición efectiva de funciones públicas de ordenación del ejercicio profesional y sin tales atribuiciones, circunscritos, por tanto, a la defensa de los intereses profesionales; de implantación en todo el territorio nacional o sólo en parte del mismo; etc.)".*

garantindo que a estabilidade orçamentária será, de agora em diante, o cenário permanente das finanças públicas na Espanha, determinando ao Governo, em sua disposição final primeira, a obrigatoriedade de encaminhar às Cortes Gerais um projeto de lei orçamentária, que possibilitou a edição de *la Ley General Presupuestaria – Ley 47/2003, de 26 de noviembre, B.O.E. 27.11.2003* – que, em atendimento à lei de estabilidade orçamentária, contém três princípios gerais: plurianualidade, transparência e eficiência.

No Brasil, as questões relativas à Nova Administração Pública, decorrentes de um plano de reformas para o estabelecimento de um novo tipo de Administração, compatível com as atuais necessidades da sociedade, tendo em conta os parâmetros fixados pelo Estado Contemporâneo, também tiveram repercussão e produziram contundentes efeitos. A partir dos anos 1990 passou-se a buscar um novo desenho da Administração Pública brasileira, na qual fosse estabelecida uma estruturação de forma gerencial, preocupada com a eficiência e o alcance de bons resultados.

Essa intenção reformadora foi traduzida num documento chamado de *Plano Diretor da Reforma do Aparelho do Estado*, elaborado pelo Ministério da Administração Federal e da Reforma do Estado e aprovado pela Câmara da Reforma do Estado em 21 de setembro de 1995, que foi aprovado e editado pela Presidência da República, durante o primeiro mandato do Presidente Fernando Henrique Cardoso (novembro de 1995).

A justificativa central apresentada, para a adoção desse plano, foi a de que o modelo de desenvolvimento aplicado pelos governos anteriores fez o Estado desviar-se de suas funções básicas para ampliar sua presença no setor produtivo, o que teria acarretado, além da gradual deterioração dos serviços públicos, a que recorre, em particular, a parcela menos favorecida da população, o agravamento da crise fiscal e, por consequência, da inflação. Assim, o Presidente Fernando Henrique Cardoso, na apresentação do Plano, refere que a reforma do Estado passou a ser instrumento indispensável para consolidar a estabilização e assegurar o crescimento sustentado da economia e, por isso, determinou a elaboração do *Plano Diretor da Reforma do Aparelho do Estado*, que define objetivos e estabelece diretrizes para a reforma da administração pública brasileira.

Com tal objetivo, a reforma do aparelho do Estado passa a ser orientada predominantemente pelos valores da eficiência e qualidade na prestação de serviços públicos e pelo desenvolvimento de uma cultura gerencial nas organizações.[492] Como se vê, as reformas preconizadas pelo Plano visa ao estabelecimento de uma *Administração Pública gerencial*, no sentido de torná-la compatível com o novo tipo de Estado contemporâneo, levando em consideração a expansão das funções econômicas e sociais do Estado, assim como o desenvolvimento tecnológico e a globalização da economia mundial, que passou a exigir uma maior eficiência da Administração Pública.O paradigma gerencial contemporâneo, fundamentado nos princípios de confiança e de descentralização da decisão exige formas flexíveis de gestão, horizontalização de estruturas, descentralizações de funções, incentivos à criatividade. Contrapõe-se à ideologia do formalismo e do rigor técnico da burocracia tradicional. À avaliação sistemática, à recompensa pelo desempenho, e à capacitação permanente, que já eram características da boa administração burocrática, acrescentam-se os princípios da orientação para o cidadão-cliente, do controle por resultados, e da competição administrativa.[493]

Com essa concepção reformadora, houve a intenção de ser instituída uma nova conformação da Administração Pública, no sentido de estruturá-la em quatro setores:[494]

Primeiro Setor – núcleo estratégico – corresponde ao governo, em sentido lato. É o setor que define as leis e as políticas públicas, e cobra o seu cumprimento. É o setor onde as decisões estratégicas são tomadas, corresponde aos Poderes Legislativo e Judiciário, ao Ministério Público e, no Poder Executivo, ao Presidente da República, aos Ministros e aos seus auxiliares e assessores diretos, responsáveis pelo planejamento e formulação das políticas públicas.

Segundo Setor – atividades exclusivas – É o setor em que são prestados serviços que só o Estado pode realizar. São serviços ou agências em que se exerce o poder extroverso do Estado – o poder de regulamentar, fiscalizar, fomentar. A esse exemplo temos: a cobrança e a fiscalização dos impostos, a polícia, a previdência social básica, etc.

Terceiro Setor – serviços não exclusivos – trata-se do setor em que o Estado atua simultaneamente com outras organizações públicas não estatais e privadas. As instituições desse setor não possuem

---

[492] *Plano Diretor da Reforma do Aparelho do Estado.* Brasília: Presidência da República, Câmara da Reforma do Estado, Ministério da Administração Federal e Reforma do Estado, 1995, p. 21.
[493] Plano Diretor da Reforma do Aparelho do Estado, *op. cit.* p. 25.
[494] *Idem*, p. 52-53.

o poder de Estado. Contudo, os serviços envolvem direitos humanos fundamentais, como os da educação e da saúde, ou porque possuem "economias externas" relevantes, na medida em que produzem ganhos que não podem ser apropriados por esses serviços através do mercado.

Quarto Setor – produção de bens e serviços para o mercado – Corresponde à área de atuação das empresas. É caracterizado pelas atividades econômicas voltadas para o lucro que ainda permanecem no aparelho do Estado como, por exemplo, as do setor de infraestrutura. Estão no Estado seja porque faltou capital ao setor privado para realizar o investimento, seja porque são atividades naturalmente monopolistas, nas quais o controle via mercado não é possível, tornando-se necessário, no caso de privatização, de regulamentação rígida.

Identificados os setores e considerando que reformar o Estado significa melhorar não apenas a organização e o pessoal do Estado, mas também suas finanças e todo o seu sistema institucional-legal, de forma a permitir que o mesmo tenha uma relação harmoniosa e positiva com a sociedade. O Plano de Reforma do Aparelho do Estado, estabeleceu alguns objetivos globais e objetivos específicos para cada um de seus quatro setores.[495]

Objetivos globais: são os objetivos aplicáveis no âmbito de toda a reforma para o aumento da governança do Estado, qual seja, sua capacidade administrativa de governar com efetividade e eficiência, direcionando a ação dos serviços do Estado para o atendimento do cidadão; e limitar a ação do Estado àquelas funções que lhe são próprias, reservando, em princípio, os serviços não exclusivos para a propriedade pública não estatal, e a produção de bens e serviços para o mercado para a iniciativa privada.

Objetivos para o Núcleo Estratégico: aumentar a efetividade do núcleo estratégico, de forma que os objetivos democraticamente acordados sejam adequados e efetivamente alcançados. Para isso, deverão ser adotados dois fatores básicos: a) modernizar a administração burocrática, que o núcleo estratégico ainda se justifica pela sua segurança e efetividade, através de uma política de profissionalização do serviço público, ou seja, de uma política de carreiras, de concursos públicos anuais, de programas de educação continuada permanentes, de uma efetiva administração salarial, ao mesmo tempo em que seja introduzida no sistema burocrático uma cultura gerencial baseada na avaliação do

---

[495] Plano de Reforma do Aparelho do Estado, *op. cit.*, p. 56-58.

desempenho; e b) dotar o núcleo estratégico de capacidade gerencial para definir e supervisionar os contratos de gestão com as agências autônomas, responsáveis pelas atividades exclusivas de Estado, e com as organizações sociais, responsáveis pelos serviços não exclusivos do Estado realizados em parceria com a sociedade.

Objetivos para as atividades exclusivas: transformar as autarquias e fundações que possuam poder de Estado em agências autônomas, administradas segundo um contrato de gestão. Para isso deverá: a) substituir a administração pública burocrática, rígida voltada para o controle a *priori* dos processos, pela administração pública gerencial, baseada no controle *a posteriori* dos resultados e na competição administrada; e b) fortalecer práticas de adoção de mecanismos que privilegiem a participação popular tanto na formulação quanto na avaliação de políticas públicas, viabilizando o controle social das mesmas.

Objetivos para os serviços não exclusivos: transferir para o setor público não estatal estes serviços, por meio de um programa de "publicização", transformando as atuais fundações públicas em organizações sociais, ou seja, em entidades de direito privado, sem fins lucrativos que tenham autorização específica do Poder Legislativo para celebrar contrato de gestão com o Poder Executivo e assim ter o direito à dotação orçamentária; obter, assim, maior autonomia e uma consequente maior responsabilidade para os dirigentes desses serviços; obter adicionalmente um controle social direto desses serviços por parte da sociedade através dos seus conselhos de administração; obter uma maior parceria entre o Estado, que continuará a financiar a instituição, a própria organização social, e a sociedade a que serve e que deverá também participar minoritariamente de seu financiamento via compra de serviços e doações; e aumentar, assim, a eficiência e a qualidade dos serviços, atendendo o cidadão a um custo menor.

Objetivos para a Produção e para o Mercado: dar continuidade ao processo de privatização por meio do Conselho de Desestatização; reorganizar e fortalecer os órgãos de regulação dos monopólios naturais que forem privatizados; e implantar contratos de gestão nas empresas que não puderem ser privatizadas.

Idealizados e estabelecidos os parâmetros da reforma acima mencionados, havia a necessidade de uma estratégia de transição. Nesse aspecto, a estratégia da Reforma do Aparelho do Estado foi concebida em três dimensões: *a primeira, institucional-legal, trata da reforma do sistema jurídico e das relações de propriedade; a segunda é cultural, centrada na transição de uma cultura burocrática para uma cultura gerencial; a terceira* dimensão aborda a gestão pública a partir do aperfeiçoamento da administração burocrática vigente e da introdução da administração gerencial, incluindo os aspectos de modernização da estrutura organizacional e dos métodos de gestão.[496]

A segunda e a terceira dimensão de estratégia envolve mudança comportamental e cultural, cujo processamento é lento e demorado. Porém, embora as muitas críticas quanto à evolução das reformas, ambas estão em processo de aplicação, ensejando muitas mudanças na cultura administrativa do país, possibilitando a sua consolidação. Referentemente a estratégia institucional-legal, esta teve uma intensa produção legislativa de natureza Constitucional e legal, no sentido de possibilitar a operacionalidade das reformas, de acordo com as linhas definidas para cada Setor da Administração, consoante os objetivos globais e específicos determinados para cada um dos quatro setores.

Foi editada a Emenda Constitucional nº 19/98, promulgada em 4 de junho de 1998, que modifica o regime e dispõe sobre princípios e normas de Administração Pública, servidores e agentes políticos, controle de despesas e finanças públicas e custeio de atividades a cargo do Distrito Federal e dá outras providências.

A estrutura das alterações efetuadas pela Emenda Constitucional nº 19/98, que é um dos principais instrumentos da Reforma Administrativa idealizada, pode ser compreendida a partir de três blocos regradores:[497]

1) Regras voltadas para a redução de custos e à eliminação do déficit público: a) – normas sobre a estabilidade do servidor público, aumentando o período de estágio probatório e flexibilizando a possibilidade de demissão; b) – normas sobre controle de gastos com pessoal, com fixação de teto remuneratório; e c) – normas sobre estipêndios remuneratórios, no sentido de viabilizar a aplicação do teto remuneratório.

2) Regras dirigidas à eficiência Administrativa: a) – normas sobre a flexibilização da admissão de pessoal; b) – normas sobre a profissionalização na Administração, com criação de Escolas de Governo e formas de avaliação da eficiência do servidor; e c) – normas sobre a flexibilização da gestão pública.

3) Regras destinadas à transparência e à participação: a) – normas de publicidade de estipêndios e remunerações; b) – normas de participação; e c) – normas de controle.

---

[496] Plano de Reforma do Aparelho do Estado, *op. cit.*, p. 60.
[497] MOREIRA NETO, Diogo de Figueiredo. *Apontamentos sobre a Reforma Administrativa.* op. cit. p. 31.

Outro aspecto relevante das reformas produzidas diz respeito ao sistema de previdência brasileiro, na medida em que a concessão de aposentadorias com proventos integrais e aposentadorias precoces tornaram o sistema previdenciário público brasileiro um sistema de privilégios. Portanto, a reforma do sistema previdenciário brasileiro passou a ser fator fundamental para o estabelecimento de uma Nova Administração Pública.

A aposentadoria que se refletia como uma garantia constitucional para o servidor público revelava-se como uma espécie de pensão concedida ao servidor aposentado por invalidez ou após longos anos de serviços prestados à sociedade, sem que fosse exigida qualquer contribuição para ser conquistado o benefício da aposentação.

No entanto, como nesse tipo de sistema previdenciário não era exigido contribuição, com o seu custo sendo suportado direta e unicamente pelos cofres do Estado, sem qualquer limitação, o fato passou a ser circunstância importante no comprometimento das dotações orçamentárias do Poder Público. Conjuntamente a essa circunstância houve um agravamento da crise fiscal brasileira, com a participação dos gastos com pessoal na receita pública apresentando uma tendência histórica crescente, causando influência comprometedora ao equilíbrio entre receita e despesa.

Por esses motivos, tornaram-se imprescindíveis à realização de modificações constitucionais no sistema previdenciário nacional, envolvendo os servidores públicos e os trabalhadores urbanos e rurais, o que foi efetuado por meio da Emenda Constitucional nº 20, de 15.12.98, produzindo mudança na orientação filosófica norteadora do sistema previdenciário, alterando a forma e o modo de ser obtida a aposentadoria, conforme demonstra a nova redação dada ao art. 40 da Constituição:
Aos servidores titulares de cargos efetivos da União, dos Estados, do Distrito Federal e dos Municípios, incluídas suas autarquias e fundações, é assegurado regime de previdência de caráter contributivo, observados critérios que preservem o equilíbrio financeiro e atuarial e o disposto neste artigo.

Assim, pela normatização efetuada pela Emenda Constitucional nº 20/98, o direito à inativação remunerada do servidor público sofre uma profunda modificação. É retirada a garantia constitucional, de caráter permanente e assistencial, suportada direta e unicamente pelos cofres do Estado, para ser implantado um regime previdenciário de caráter contributivo, com natureza de seguro social e exigência de equilíbrio financeiro e atuarial, sendo dirigido tão somente ao servidor titular de cargo de provimento efetivo.

Posteriormente, em continuidade as reformas da previdência, houve a edição da Emenda Constitucional nº41/2003, promulgada em 15 de dezembro de 1998, produzindo novos ajustes ao sistema previdenciário. As novas alterações estabelecem limite de percepção de proventos de aposentadorias e benefício de pensão que, nos termos dos parágrafos 3º e 7º do art. 40 da CF, introduzidos pela EC 41/03, cominados com o parágrafo 4º do mesmo artigo, não podem ser superiores aos benefícios pagos pelo regime geral de previdência social (R$ 2.400,00), fixam regras de transição de regime e asseguram o direito adquirido sob as anteriores normas constitucionais. Determina a unicidade de regime (não pode haver mais de um regime previdenciário para os servidores efetivos – parágrafo 20 do artigo 40), mas, ratificando a previsão constitucional efetuada pela EC nº 20/98, que introduziu o parágrafo 14 ao art. 40 da Constituição de 1988, permite que seja instituído regime de previdência complementar, por intermédio de entidades fechadas de previdência complementar, de natureza pública, que ofereça aos respectivos participantes planos de benefícios somente na modalidade de contribuição definida. Após, foi editada a Emenda Constitucional nº 47/2005, promulgada em 5 de julho de 2005, que ajusta ainda mais as restrições para a concessão do benefício da aposentadoria, estabelecendo a obrigatoriedade de contribuição previdenciária para os servidores já aposentados, alargando a possibilidade de inclusão previdenciária para atender trabalhadores de baixa renda e àqueles que se dediquem ao exclusivo trabalho doméstico.

A par dessas relevantes reformas produzidas via Emendas Constitucionais, ainda são de ser referidas as reformas destinadas a reduzir o tamanho do Estado, envolvendo a terceirização de serviços, concessões de serviços e privatizações. Foram editadas leis regulando as concessões e permissões de serviço público – a Lei nº 8987/95, de 13 de fevereiro de 1995, é a que regula e defini as modalidades de concessão e permissão de serviço público; e a Lei nº 9074/95, de 18 de maio de 1995, estabelece normas para outorga e prorrogações das concessões e permissões.

Houve, ainda, a edição da Lei nº 11.079/2004, de 30 de dezembro de 2004, que institui normas gerais para licitação e contratação de parcerias públicas privadas, com o sentido de ser viabilizada a possibilidade desse tipo de contratação (PPPs), ensejando a parceria entre o Poder Público e o setor privado, a fim de serem assegurados investimentos prioritários, particularmente em infra-estrutura, com a finalidade de ser atendido o interesse público, em conjunto a uma facilitação para a geração de riqueza. Por meio da Lei nº 11.107/2005 houve o estabelecimento de normas gerais de contratação de consórcios públicos entre as diversas entidades federadas, com a finalidade de procederem na realização de objetivos públicos comuns.

No âmbito das corporações, foi editada a Lei nº 10.303/2001, que alterou a Lei nº 6404, de 15 de dezembro de 1976, que dispõe sobre as Sociedades por Ações, com importantes modificações no que se refere à definição de companhia aberta, sobre os valores mobiliários que podem ser negociados no mercado, etc., assim como a função destinada à Comissão de Valores Mobiliários, quanto ao controle e registro de companhia aberta para negociação de ações no mercado. Mais recentemente, por meio da Lei nº 11.638, de 28 de dezembro de 2007, houve nova alteração da Lei das Sociedades Anônimas, no sentido de serem estendidas às sociedades de grande porte as disposições relativas à elaboração e divulgação de demonstrações financeiras, com o objetivo de ser ampliada à transparência das sociedades de grande porte.

Juntamente com as diversas mudanças realizadas para a implantação de uma Nova Administração Pública, consoante a nova formatação do Estado contemporâneo, havia também a necessidade de ser realizada uma Reforma Fiscal que produzisse um equilíbrio nas contas públicas e iniciasse uma superação da crise fiscal, com aplicação do inadiável ajuste fiscal, com reformas econômicas orientadas para o mercado, no sentido do Estado resgatar a sua autonomia financeira e a sua capacidade de implementar as suas políticas públicas. Por estas razões, foi implementado um Programa de Estabilidade Fiscal para consolidar o processo de redefinição do modelo econômico brasileiro, com mudança do regime fiscal do país, que resultou na elaboração da Lei Complementar nº 101/2000, de 4 de maio de 2000, que estabelece normas de finanças públicas voltadas para a responsabilidade na gestão fiscal. Trata-se de um verdadeiro código de posturas para a implantação da responsabilidade na gestão fiscal, na qual se pressupõe uma ação planejada e transparente, em que se previnem riscos e corrigem desvios capazes de afetar o equilíbrio das contas públicas. Esta questão relativa a Reforma fiscal, tendo em vista a sua importância, será estudada em tópico próprio, o seguinte, onde será procedida uma análise detalhada de todos os seus aspectos.

CAPÍTULO II

A REFORMA ORÇAMENTÁRIA E FISCAL

Por todo o estudo até aqui desenvolvido, constata-se que, ao final do segundo milênio, na contagem temporal do calendário cristão, o mundo passou a experimentar extraordinárias mudanças de natureza técnica, política, econômica e social, com produção de repercussões extraordinárias sobre a vida dos Estados e das pessoas.

Em tempos de informática e Internet, o mundo agilizou-se. O que num dia é novidade e avanço, no outro já é feito antigo e ultrapassado. Não há tempo para consolidação de novos valores porque valores novos estão sendo implementados. Do mesmo modo altera-se o Estado e a sua forma de agir. Altera-se a forma de pensar do cidadão e as suas necessidades, embora se mantenham as necessidades básicas de sua sobrevivência: alimentação, água, habitação e vestimenta, acrescidas de outras que são afetas a sua dignidade, como educação, saúde, segurança, emprego, transporte, previdência, etc.

Por sinal, estas alterações nas relações pessoais e estatais em nível mundial, também estão produzindo alterações no conceito de soberania do Estado. Soberania que se iniciou como um conceito político-jurídico que possibilitava ao Estado moderno, mediante sua lógica absolutista interna, impor-se à organização medieval de poder,[498] passou, na atualidade, a ser entendida como a condição político-jurídica do Estado para se dirigir, reger e governar inteiramente por si mesmo.[499] Assim, soberania é o poder de autodeterminação que não admite

---

[498] MATTEUCCI, Nicola; BOBBIO, Norberto Nicola Matteucci; PASQUINO, Gianfranco. *Dicionário de Política*. 12. ed.Tradução de Carmen C. Varriale *et al.* Brasília: Ed. UnB, 1999, 2. v. p. 1179.

[499] BULOS, Uadi Lammêgo. *Constituição Federal Anotada*. 3. ed. rev. atual. São Paulo: Saraiva, 2001. p. 47

interferências externas em assuntos internos. É o poder de estabelecer mecanismos de proteção interna de efeitos externos, inclusive os de natureza econômica, na salvaguarda dos interesses da população. Contudo, em tempos de globalização e Internet, em que a velocidade da informação é de efeitos instantâneos, causando repercussões internas de natureza comportamental, técnica, social e econômica, não existe país no mundo que possua meios de evitar internamente os efeitos dessas circunstâncias externas. Nessa situação atual, logicamente se altera o conceito de soberania, passando o mesmo a ter um entendimento de autodeterminação relativa.

Nesse contexto de mudanças e de agilização das próprias mudanças, passou-se a se redefinir o papel do Estado, procurando-se um formato de atuação que pudesse atender com maior eficiência a sobrecarga de demandas a ele dirigidas, sobretudo na área social. Junto a esse fator histórico, agrega-se um verdadeiro descontrole fiscal experimentado pela grande maioria dos países no mundo, que passaram a apresentar redução nas taxas de crescimento econômico, aumento do desemprego e elevados índices de inflação. Portanto, o Estado passou a ter dificuldades para administrar as crescentes expectativas da população, consoante a sua função de promover o bem-estar do cidadão.

Assim, altera-se a relação do Estado com o cidadão, inclusive porque há mudanças na própria sociedade que passa a organizar-se de forma diferente, formando grupos corporativos – sindicatos, partidos políticos, associações culturais e de classe, igrejas, grandes empresas, etc – que possuem interesses nem sempre coincidentes com os do Estado, que, conforme pondera Clémerson Merlin Cléve, *muitas vezes disputam poder com este, e que não poucas vezes são mais poderosos que o próprio Estado*.[500]

Assim, mesmo com os vários fatores, especialmente o desenvolvimento tecnológico e a globalização da economia mundial, que estão produzindo alterações no mundo de hoje, o Estado continua como um organismo essencial para o estabelecimento do bem-estar do cidadão e fator de regulação da economia, com poderes para fixar elementos de

---

[500] CLÈVE, Clémerson Merlin. *Atividade Legislativa do Poder Executivo no Estado Contemporâneo e na Constituição de 1988*. São Paulo: Revista dos Tribunais, 1993, p. 41. Por isto, este ilustre professor do Paraná, complementa: *"Ora, no mundo de hoje, o homem necessita preocupar-se com o Estado. Também deve-se precaver contra os grupos, porque, em face deles, mais uma vez a liberdade corre perigo. É preciso limitar o Estado: mas é preciso verificar que nem ele, nem a sociedade, hoje, correspondem às coordenadas oferecidas pelos séculos XVIII e XIX. Por isso, igualmente, é necessária a atuação do Estado para quebrar o domínio dos grupos e corporações"*.

proteção do homem a despeito de grupos ou corporações. Contudo, para o próprio Estado impõe-se uma delimitação de sua ação, no sentido de evitar que a mesma extrapole o objetivo da função estatal e passe a executar ações em desatendimento dos interesses coletivos, inclusive no que tange a atividade financeira do Estado, propiciando um controle sobre o gerenciamento fiscal.

No Estado moderno, logicamente desde que estruturado em bases democráticas e de direito, um dos principais fatores de controle do gerenciamento fiscal é o da transparência fiscal. A transparência motiva às autoridades públicas para um comportamento de maior responsabilidade para os atos de governo, resultando em adoção de políticas fiscais mais confiáveis, reduzindo a possibilidade de ocorrência de crise ou da gravidade das crises.

Portanto, a transparência é o mais novo e importante elemento de governabilidade do Estado, passando a constituir-se também em **princípio orçamentário**, na medida em que o processo orçamentário é fator essencial para a gestão fiscal. É este procedimento, de recentíssima incorporação ao direito financeiro, que será objeto de estudo no presente trabalho. A transparência fiscal como fator imprescindível ao planejamento e execução orçamentária, bem como a sua respectiva prestação.

Assim, buscando uma integração da transparência com a formatação do Estado que irá se consolidar no terceiro milênio, o presente estudo, de forma objetiva, efetua uma análise sobre o Estado pós-moderno, pluralista, transparente e participativo, tendo em conta os seus aspectos estruturais e constitucionais. Em sequência, examinou-se o tipo de administração que surge com esse novo Estado, com ênfase na relação entre Administração Pública e Estado Democrático de Direito: exigências de transparência, verificando-se os aspectos econômicos da ordenação constitucional.

Posicionada, política e juridicamente, essa inovadora atuação estatal, na qual a responsabilidade gestora dos dirigentes está assentada em critérios de transparência administrativa e fiscal, passa-se ao exame das reformas produzidas no aspecto orçamentário e fiscal, tendo em vista que a arrecadação da receita e a execução da despesa são fatores essenciais nas reformas que estão sendo produzidas no Estado e na Administração. Por esse motivo, torna-se imprescindível realizar uma análise específica desses novos aspectos reformadores, do qual surge um novo tipo de responsabilidade – *a responsabilidade fiscal*, com exame de seus princípios orientadores, incluindo uma visão das regulações legais que envolvem especificamente a situação no Brasil e na Espanha.

1 Suporte constitucional da transparência orçamentária e fiscal

Sinteticamente, pode-se dizer que o Estado é uma organização político-jurídica com a finalidade de realizar o bem público, com governo próprio, dentro de um território determinado. Que o Estado, para o alcance de seus fins, exercita o poder por meio da competência, efetuando serviços e atividades, que variam no tempo e no espaço, no sentido de promover a realização do bem público, e que a realização do bem público é efetuada por meio dos órgãos competentes da estrutura administrativa do Estado.[501]

Toda essa atividade desenvolvida para o atendimento do interesse público necessita de uma grande soma de recursos financeiros. A busca desses meios materiais envolve uma atividade de natureza patrimonial, denominando-se de *atividade financeira do Estado*. Essa atividade financeira desenvolvida pelo Estado visa à satisfação do interesse público e, por sua vez, esse interesse público se materializa como encargos que o Estado assume para o atendimento dos interesses dos cidadãos: é a proteção e a segurança dos seus cidadãos; a administração e a distribuição da justiça; é a manutenção dos serviços de saúde da população, assim como a educação e a moradia, etc.

Portanto, resumidamente, pode-se dizer que atividade financeira é a arrecadação de receitas, sua gestão e a realização do gasto, no sentido de atender às necessidades públicas.

Nessas condições, é lógico que todas essas obrigações resultem em custos financeiros, cujos custos só podem ser suportados pela própria sociedade. Em decorrência, surge a questão sobre a forma e condições que deverão ser suportados esses custos.

Nesse aspecto, de um modo geral, a doutrina reconhece que o objeto principal das finanças públicas é o estudo da atividade fiscal, ou seja, aquela desempenhada pelos poderes públicos com a finalidade de obter e aplicar recursos para o custeio dos serviços públicos,[502] com José Matias Pereira referindo que, sendo o estudo da atividade fiscal, significa a existência de uma política fiscal, a qual se orienta em duas direções:

---

[501] MILESKI, Helio Saul. *O Controle da Gestão Pública*. São Paulo: Revista dos Tribunais, 2003. p. 42.
[502] PEREIRA, José Matias. *Finanças Públicas:* a política orçamentária no Brasil. São Paulo: Atlas, 1999. p. 31.

1. *Política Tributária:* é aquela destinada à captação de recursos, no sentido de serem atendidas as funções da administração Pública;

2. *Política orçamentária:* é a que diz respeito, especificamente, com os gastos a serem efetuados pela Administração, quais sejam, os atos e medidas relacionadas com a forma da aplicação dos recursos, levando em consideração a dimensão e a natureza das atribuições do poder público, bem como a capacidade e a disposição para o seu financiamento pela população.

Desse modo, o Estado, na sua atividade financeira, para satisfação de suas necessidades materiais, socorre-se do patrimônio dos governados. É a aquisição de dinheiro que constitui, precipuamente, a atividade financeira do Estado, que é, em síntese, um ente que arrecada e paga. É o maior criador e consumidor de riquezas.

Nesse contexto, considerando que *receita é o ingresso de dinheiro nos cofres públicos que se efetiva de maneira permanente no patrimônio do Estado e que não esteja condicionado a sua devolução ou correspondente baixa patrimonial,*[503] de uma maneira geral, pode-se retirar a conclusão de que a mesma se opera de três formas: *produzida, arrecadada e emprestada.*

Produzida: é a receita produzida pelos mecanismos de produção econômica do próprio Estado, como é o caso da produção agrícola ou industrial realizada do Estado. São as rendas produzidas pelos bens e empresas do Estado.

Arrecadada: é a receita advinda da carga tributária (impostos, taxas e contribuições de melhoria) imposta à sociedade. É a retirada coativa de parcela da riqueza do cidadão, para formar o tesouro do Estado.

Emprestada: é a receita adquirida mediante operação de crédito, qual seja, empréstimo, gerando o processo de endividamento.

Dessa forma, tendo em conta que a receita produzida é muito limitada e a de empréstimo também, nos tempos modernos, a tributação passou a ser a forma mais importante de arrecadação de receita. Pela tributação o Estado exige, coercitivamente, o pagamento de determinados valores e quantias por parte dos membros da sociedade com a finalidade de arrecadar o necessário para o financiamento de seus gastos.[504]

Em tal circunstância, após a década de 30 do século XX, a principal característica das finanças públicas passou a ser o caráter

---

[503] PEREIRA, José Matias. *Finanças Públicas:* a política orçamentária no Brasil. *op. cit.*, p. 35.
[504] CONTI, José Maurício. *Princípios Tributários da Capacidade Contributiva e da Progressividade.* São Paulo: Dialética, 1997, p. 11.

intervencionista do Estado, por meio dos tributos, bem como pela personalização dos mesmos, a fim de tornar a tributação mais justa, fazendo com que cada cidadão contribua para o Estado em conformidade com sua capacidade econômica, razão pela qual as finanças neutras deram lugar às finanças funcionais, estas direcionadas para influir sobre a conjuntura econômica.[505] Por esse fator, Abba Lerner assinalou: *a uma política consciente por parte do Governo para evitar os males da inflação e os da deflação chamaremos finanças funcionais*.[506]

Dessa maneira, começaram a ser estabelecidos vários princípios com vista a nortear uma estrutura tributária justa e igualitária. Na atualidade, o entendimento dominante na doutrina é o de que a estrutura tributária ideal está fundada na igualdade, justiça, equidade e capacidade contributiva.

Nesse sentido, a Constituição espanhola de 1978, no seu art. 31, bem determina a sua orientação para a captação de receita mediante carga tributária, buscando o atendimento desses princípios: *Todos contribuirán al sostenimiento de los gastos públicos de acuerdo con su capacidad económica mediante un sistema tributário justo inspirado en los princípios de igualdad y progressividad que, en ningún caso, tendra alcance confiscatório.*

No Brasil, embora a Constituição de 1978 não tenha sido tão explícita quanto à espanhola e, por isso, gerando muitas discussões, no seu art. 145, §1º, a determinação constitucional também busca consagrar o princípio da capacidade contributiva: *sempre que possível, os impostos terão caráter pessoal e serão graduados segundo a capacidade econômica do contribuinte, facultado à administração tributária, especialmente para conferir efetividade a esses objetivos, identificar, respeitados os direitos individuais e nos termos da lei, o patrimônio, os rendimentos e as atividades econômicas do contribuinte.*

Assim, modernamente os sistemas tributários buscam igualdade, justiça e capacidade contributiva, no sentido de evitar o abuso de Poder, que leva ao confisco dos bens privados, a atividade financeira do Estado passou a ser exercida somente com autorização fundada em princípios e normas fixados na Constituição.[507]

Nesse sentido, a Constituição brasileira de 1988, no Título VI – Da Tributação e do Orçamento, artigos 145 a 169, trata das bases constitucionais das instituições financeiras, por primeiro, regulando sobre o

---

[505] PEREIRA, José Matias. op. cit., p. 43.
[506] LERNER, Abba. *Teoria Econômica del control.* apud PEREIRA, José Matias. op. cit., p. 43.
[507] MILESKI, Helio Saul. *O Controle da Gestão Pública.* op. cit., p. 43.

Sistema Tributário Nacional (art.145 a 163), fixa os tipos de tributos e diz das disposições gerais da tributação, determinando as limitações do poder de tributar. Diz das competências tributárias de cada entidade federada, efetuando a repartição das receitas tributárias. Por segundo, trata das *Finanças Públicas e do Sistema Orçamentário* (art.165 a 169), fixando a obrigatoriedade de ser editada lei complementar à constituição que regule sobre as normas de direito financeiro e dívida pública, diz da estrutura do orçamento público e da elaboração das leis orçamentárias, bem como do processo legislativo pertinente. Como toda essa atividade financeira – instituição e arrecadação da carga tributária, com sua utilização em dispêndios autorizados pela lei orçamentária – deve ter um controle quanto ao correto e legal manuseio dos recursos públicos, a Constituição brasileira, pelo disposto nos artigos 70 a 75, regula sobre a *Fiscalização contábil, financeira, orçamentária, operacional, e patrimonial* de todos os organismos da Administração Pública, estabelecendo o Tribunal de Contas como o órgão executor do controle externo.

De modo assemelhado a questão possui tratamento legislativo na Constituição Espanhola de 1978. No seu artigo 133 é regulada *La Potestad tributaria*, com estabelecimento do principio da legalidade para a instituição e a exigência dos tributos, com fixação de regras para o exercício do poder tributário. O art. 134 regula *Los presupuestos del Estado*, com determinação da estrutura orçamentária e das leis orçamentárias, incluindo aspectos do processo legislativo. Por sua vez, o art. 135 diz da *Deuda Publica*, com estabelecimento do seu conceito e sua submissão ao princípio da legalidade. Como fator de fiscalização de toda essa atividade financeira, o art. 136, 1, prescreveu: *El Tribunal de Cuentas es el supremo órgano fiscalizador de las cuentas y de la gestión económica del Estado asi como del sector público*.

Como se vê, a atividade financeira do Estado possui regulação constitucional, isso em razão da importância dos aspectos econômicos que possui, na medida em que trata da arrecadação da receita, mediante a fixação de uma carga tributária; quais os instrumentos legais – orçamentos públicos – que devem ser utilizados para ser realizada a despesa pública; fixa limites para a dívida pública; e estabelece a forma de como será executado o controle de toda essa atividade estatal. Trata-se de questão fundamental para que a Administração Pública possa ter uma ação adequada para a prestação dos serviços públicos necessários ao cidadão. Assim, em face dessa sua importância para as atividades do Estado, foram efetuadas reformas no âmbito da atividade financeira do Estado, fixadas em dispositivos legais próprios, no sentido de serem adotadas também nesse aspecto as novas prerrogativas do Estado pós-moderno, especialmente a transparência e a participação popular, com estabelecimento da chamada responsabilidade fiscal.

Desse modo, como consequência lógica, nasce a *transparência fiscal*, e esta, como princípio norteador da ação governamental, tem inspiração no conceito de *accountability*, procedimento utilizado especialmente nos países anglo-saxônicos – Nova Zelândia (a lei de responsabilidade fiscal da Nova Zelândia, editada em 1994, é um marco legislativo mundial pelo estabelecimento de normas jurídicas para a regulamentação da transparência da política fiscal e a sua prestação de contas, tornando o governo formalmente responsável perante a população, em face do desempenho das finanças públicas); Austrália (adotou a Carta de Honestidade Orçamentária, à similitude da legislação Neo-zelandês, dando ênfase ao papel do *Australian Bureau of Statistics* na definição de padrões para a divulgação de informações fiscais por todos os níveis de governo); e Reino Unido (implantou um Código de Estabilidade Fiscal muito assemelhado à Carta de Honestidade Fiscal da Austrália) – que não possui uma definição precisa, podendo, numa interpretação livre e genérica, ser entendida como responsabilidade no trato dos bens e dinheiros públicos, transparência e prestação de contas.

Por isso, pode-se dizer que a *accountability* é uma visão moderna de serviço público e traduz um novo paradigma que a administração pública está submetida,[508] alcançando, inclusive, um funcionamento a nível horizontal, o qual compreende um pequeno subconjunto das múltiplas interações que os setores estatais empreendem entre si.[509]

Nesse sentido, deve-se levar em consideração duas experiências internacionais para o estabelecimento de novos padrões fiscais: a dos Estados Unidos e a da Nova Zelândia. De um modo geral, essas experiências estrangeiras adotaram padrões enfocados em duas matrizes: *regras e transparência*, que foram modelos inspiradores de novas legislações em todo o mundo.

---

[508] NÓBREGA, Marcos. *Lei de Responsabilidade Fiscal e Leis Orçamentárias*. São Paulo: Juarez de Oliveira, 2002, p. 36 Diz o autor: "o estudo dos aspectos que levam à 'accountability' traduzem um novo paradigma que a administração pública está submetida. Trata-se de uma visão moderna de serviço público baseada no resgate da cidadania e na construção, entre outras coisas, de espaços democráticos de decisão. Essa nova esfera também se potencializa em um combate à corrupção e o fortalecimento dos instrumentos de controle".

[509] O'DONNELL, Guillermo. Accountability Horizontal. La institucionalización legal de la desconfianza Política. *Revista Española de Ciencia Política*, Madrid, n. 11, out. 2004. "La accountability horizontal es, por lo tanto, un pequeño subconjunto de las múltiples interacciones que las agencias estatales emprenden entre sí. La importância de la AH consiste no sólo de las acciones que genera sino también de las que previene o disuade".

Os Estados Unidos possuem uma história orçamentária antiga, remonta ao ano de 1789 e vem até nossos dias com um esforço contínuo de aperfeiçoamento.[510] A partir de 1980, com a eleição de Ronald Reagan, foram adotadas políticas mais severas de contenção do déficit público. É desse período a edição das duas principais legislações: o *Gramm-Rudman-Hollengs Act* (GRH) de 1985 e o *Budget Enforcement act* (BEA) de 1990.[511] O *Gramm-Rudman-Hollengs Act* (GRH) foi o documento de combate ao déficit, na medida em que determinava uma redução permanente e gradual do déficit anos após anos, com mecanismos de cortes automáticos e uniformes, com o objetivo de alcançar as metas pré-determinadas. Segundo Humberto Petrei, por falta de mecanismos mais ágeis não previstos no ato editado, deixou de haver cumprimento integral dos seus objetivos de disciplina fiscal.[512]

De outra parte, o *Budget Enforcement act* (BEA), para resolver o problema da falta de agilidade do GRH, estabeleceu mecanismos mais ágeis para o controle dos déficits, com fixação de metas a serem cumpridas num período de vários anos, buscando disciplinar a gestão fiscal americana. Os dois mecanismos básicos do BEA são: o *sequestration* e o *pay you go*. *"Tais mecanismos foram traduzidos para a lei brasileira respectivamente como a 'limitação de empenho e compensação'. A limitação de empenho, ou melhor, o 'sequestration' norte-americano, representa a fixação no âmbito orçamentário de limites para as despesas chamadas discricionárias"*.[513] Por sua vez, *pay you go* é o chamado mecanismo de compensação, que tem por princípio básico a neutralidade do ponto de vista orçamentário, devendo ser acionado quando algum ato puder afetar o equilíbrio fiscal e antes de vir a se efetivar.[514]

A outra grande influência internacional foi a experiência da Nova Zelândia, que está alicerçada em dois pilares de sustentação: regras e transparência. Desde 1984 que a Nova Zelândia vem passando por um processo de reformas econômicas e da Administração, situação que, em decorrência, proporcionou uma primeira fase de ajuste do Estado, com implantação da lei de responsabilidade fiscal, denominada de *Fiscal Responsability Act*, estabelecendo como metas principais:[515]

---

[510] PETREI, Humberto. *Presupuesto y control*: pautas de reforma para a América Latina. Washington: Banco Interamericano de Desarrollo, 1998, p. 25.
[511] Esses documentos podem ser consultados no seguinte endereço eletrônico: <www.federativo.bndes.gov.br>
[512] PETREI, Humberto. *Presupuesto y control...* op. cit. p. 31.
[513] NÓBREGA, Marcos. *Lei de Responsabilidade Fiscal e Leis Orçamentárias*. op. cit. p. 51.
[514] *Idem*, p. 55.
[515] NÓBREGA, Marcos. *Lei de Responsabilidade Fiscal...*, op. cit., p. 59.

1. estabelecer relações de custo/benefício para o gasto público e melhorar a qualidade dos bens e serviços prestados pelo Estado;
2. aumentar a transparência do setor público, dotando a sociedade e os gestores de instrumentos mais ágeis de acesso a informações;
3. impor limites e restrições aos gastos públicos com o objetivo de incentivar uma administração fiscal responsável.

Nessa circunstância, embora as severas críticas que são realizadas ao modelo da Nova Zelândia, em razão dos problemas sociais que decorrem do ajuste fiscal, não se pode negar que as reformas produzidas pela Nova Zelândia proporcionaram a adoção da transparência como fator relevante na administração da coisa pública, fator que, invariavelmente, veio a fortalecer o sistema democrático, ampliando a valorização da cidadania.

Outro fator relevante, causador de influência internacional, principalmente em face das suas exigências para os países endividados, como parte do plano de ação para o restabelecimento do equilíbrio orçamentário, foi à posição adotada pelo Fundo Monetário Internacional (FMI), no tocante ao estabelecimento de regras para uma gestão fiscal responsável.

A similitude do modelo adotado pela Nova Zelândia, um dos pontos relevantes da posição fixada pelo FMI foi a sua preocupação com a transparência da Administração Pública e da gestão fiscal, perfeitamente caracterizada pela exigência de abertura das estruturas de Governo à população, mediante o estabelecimento de acesso às informações governamentais de forma inteligível, confiável e rápida.[516] No sentido de fixar esse padrão de comportamento para os países, o FMI elaborou um *Código de Boas Práticas para a Transparência fiscal*, em que se destacam os seguintes requisitos para o implemento da transparência fiscal:

1. mecanismos claros devem ser estabelecidos para a coordenação e gestão das atividades orçamentárias e extra-orçamentárias e devem ser bem definidos os dispositivos de relacionamento com outras entidades públicas;
2. a gestão financeira pública deve ser regida por leis e normas administrativas abrangentes, aplicáveis a atividades orçamentárias e extra-orçamentárias;

---

[516] NÓBREGA, Marcos. *Lei de Responsabilidade Fiscal...*, op. cit., p. 66.

3. o orçamento anual deve proporcionar informações suficientes para permitir a apresentação de um demonstrativo da posição financeira consolidada do Governo;
4. demonstrativos com descrição da natureza e significação fiscal dos passivos eventuais, das renúncias fiscais e das atividades parafiscais devem ser publicados juntamente com o orçamento anual;
5. as normas fiscais adotadas devem ser claramente definidas, bem como os principais riscos que poderão afetar o orçamento anual.

Assim, conforme se verifica das experiências internacionais e influenciadoras para a implantação de um padrão de responsabilidade fiscal, transparência fiscal veio revelar-se como um mecanismo democrático que busca o fortalecimento da cidadania, servindo de pressuposto ao controle social e forma de valorar e tornar mais eficiente o sistema de controle das contas públicas, na medida em que enfatiza a obrigatoriedade de informação ao cidadão sobre a estrutura e funções de governo, os fins da política fiscal adotada, qual a orientação para elaboração e execução dos planos de governo, a situação das contas públicas e as respectivas prestações de contas.[517]

A transparência fiscal é exigência de pura essência democrática. Toda a ação de governo tem de ser dirigida para o atendimento de finalidade pública, representando um padrão confiável de atuação governamental, em que haja demonstração pública regular de todos os atos praticados na condução do gerenciamento fiscal, para ser auferida a confiança e o respeito da população. Sendo obrigados a realizarem demonstração regular de seus atos, os administradores sabem estar sob controle e, por isso, tornam-se mais responsáveis e cuidadosos na condução dos atos de gestão fiscal e dos planos de governo.

Então, considerando-se que o Estado pós-moderno, com democracias pluralistas, que deve ser exercida de maneira transparente e participativa, significa que a Administração, por meio dos órgãos que compõem a sua estrutura organizacional, que são dirigidos e administrados por agentes públicos, os quais também devem atuar sempre de acordo com os princípios e normas constitucionais que lhe são destinados, incluindo-se os relativos à função orçamentária do

---

[517] Palestra proferida na cidade de Ushuaia, Província de Terra do Fogo, República Argentina In: Reunião Anual Internacional da ASUL, 2; Reunião Anual do Secretariado Permanente dos Tribunais de Contas da República Argentina, 4. Ushuaia. 27 nov. 2002.

Estado, dando ênfase à transparência e à participação popular, possuem responsabilidade gerencial, administrativa e fiscal.[518]

Assim, dentro dessa nova concepção do Estado pós-industrial, o Estado contemporâneo, a responsabilidade fiscal surgiu como o mais novo tipo de responsabilidade no âmbito das finanças públicas, tendo como premissa o estabelecimento de princípios norteadores para uma gestão fiscal responsável, envolvendo o planejamento, a elaboração e a execução orçamentária e a prestação de contas, tendo como fator primordial à transparência e a participação popular.

Portanto, a transparência aflorou no Estado pós-moderno como fator essencial da democracia pluralista e participativa, tornando-se princípio orçamentário e de gerenciamento fiscal, fixando-se como exigência inafastável para a prestação de contas dos agentes públicos nas democracias avançadas.

O princípio da transparência dos atos de gestão fiscal assumiu tal relevância no concerto das nações, que o Fundo Monetário Internacional resolveu elaborar um Manual sobre transparência fiscal, com disponibilização franqueada eletronicamente,[519] contendo princípios específicos e normas referentes às boas práticas de gestão fiscal, com estas representando um padrão de transparência fiscal que é considerado, pelo FMI, apropriado para garantir, ao público e aos mercados de capital, que existe um quadro suficientemente completo da estrutura e das finanças do governo para permitir a avaliação fidedigna da solidez da posição fiscal dos países.

Esse Manual reflete o conteúdo do Código de Boas Práticas para a Transparência Fiscal, o qual tem estrutura organizacional fundada em quatro princípios gerais:

o primeiro princípio geral – Definição Clara de Funções e Responsabilidades – refere-se à especificação da estrutura e das funções do governo e o resto da economia;
o segundo princípio geral – Acesso Público à Informação – enfatiza a necessidade de que se divulguem informações fiscais abrangentes a intervalos bem definidos;
o terceiro princípio geral – Abertura na Preparação, Execução e Prestação de Contas do Orçamento – cobre o tipo de informação divulgada a respeito do processo orçamentário;

---

[518] MILESKI, Helio Saul. *O Controle da Gestão Pública*. São Paulo: Revista dos Tribunais, 2003, p. 62.
[519] Disponível em: <www.planejamento.gov.br>.

o quarto princípio geral – Garantias de Integridade – trata da qualidade das informações fiscais e da necessidade de submetê-las a um escrutínio independente.

O Código de Boas Práticas em Transparência Fiscal, que está estruturado de acordo com os princípios acima referidos, reconhece a diversidade existente entre os países em termos de gerenciamento fiscal e cultural, em ambientes constitucionais e legais totalmente distintos, assim como as diferenças dos países no tocante a capacidade técnica e administrativa para melhorar a transparência. Nesse sentido, o FMI tem consciência de que, embora em muitos países haja condições para a melhoria de alguns aspectos de transparência fiscal abrangidos pelo Código, em outros, pela diversidade e diferenças entre os países, haverá extrema dificuldade para a implementação do Código. A prática de aplicação do Código assim tem demonstrado. Enquanto em alguns países há uma maior facilitação para a sua implementação, em outros há um travamento de ação nesse aspecto.

Nesse sentido, então, é necessário ser visto como está regulada a transparência na legislação específica. No entanto, primeiro deve ser salientado que a transparência pode ser empregada sob diversas formas, tendo em conta o seu caráter ideal-axiológico, envolvendo um conjunto de significações complexas que a torna objeto de comunicações positivas, propiciando ressonâncias profundas.[520]

Assim, a transparência está carregada de conotações, em princípio positivas, que se revela como um símbolo associado ao que deve ser conhecido e compreendido, em absoluto oposto ao inacessível ou inexplicável.[521] Por essa razão, pode-se dizer que transparência possui intrínseca natureza democrática, significando abertura dos atos e procedimentos governamentais, em total contrariedade ao segredo e a todas as formas de dissimulação.

---

[520] CHEVALIER. *Une notion très complexe*. In: *La transparence administrative (Problèmes politiques et sociuaux)*, em concreto Chevalier, nl 679, 1992, 4, neste caso, *apud* SCHRAM, Frankie. *Debating transparêncy*. p. 33. apud HUESO, Lorenzo Cotino. *Teoria y realidad de la transparência pública en Europa*, 2003, p. 14, Disponível em: <www.cotino.net/web/cotino_org/publicaciones/DEFINITIVO.PDF>

[521] HUESO, Lorenzo Contino. *Teoria y realidad de la transparência pública en Europa*. op. cit. p. 14. Diz o autor: "*Cabe apuntar que la 'transparencia' viene cargada de connotaciones, en principio positivas, un simbolismo asociado a lo que puede ser conocido y comprendido, por contraposición a lo cerrado, misterioso, inaccesible o inexplicable. La transparencia se asocia igualmente a una carga afectiva ligada a la tranquilidad y serenidad provocada por todo aquello que se denomina y racionaliza, por oposición a la angustia y pertubación de lo misterioso y desconocido. Es por ello que, en ocasiones se le considere un mito, siempre con expectativas de crecer, quedando por ello por encima de ser un mero principio político, jurídico u organizativo*".

No âmbito da União Europeia, em um conhecido glossário mantido em sua página eletrônica na internet,[522] há o seguinte conceito de transparência:

El concepto de transparencia se utiliza a menudo en la lengua comunitaria para designar la claridad de funcionamiento de las instituciones comunitárias. Está vinculada a las diversas solicitudes relativas a un mayor acceso a la información y a los documentos de la Unión Europea para el ciudadano, una mayor participación en la toma de decisiones y una mejor legibilidad de los textos (simplificación de los Tratados, consolidación y mejor calidad de redación de los textos legislativos).

La falta de transparencia a menudo se menciona para traducir un sentimiento generalizado respecto a instituciones europeas lejanas y secretas y a procedimientos dicisorios de difícil compresión para el ciudadano europeo.

Nesse aspecto, a transparência como um direito à informação pública material e formal torna-se um pressuposto da participação popular, porém, sem confundir-se com esta. Por isso, é muito apropriado o seguinte comentário efetuado por Lorenzo Hueso sobre o assunto: *Como se dirá, sobre todo en el âmbito de la Unión Europea, la transparência tiene uma clara vocación legitimadora por su funcionalidad de legitimación del proceso de toma de decisiones, en donde se busca la participación y para ello se proclama la transparencia y la apertura. Si se confunde transparência con participación, se corre el peligro de consolarse con la transparencia sin tener participación alguna, un fenómeno, por otra parte, no extraño al ámbito de la Unión Europea, como habrá lugar de analizar.*[523]

Assim, de um modo geral, pode-se dizer que há um nexo de ligação entre transparência – abertura – participação, cujos espaços comuns não afastam a autonomia própria de cada uma das noções. Outro aspecto relevante diz respeito à simplificação de atos que decorre da transparência. Todos os procedimentos têm de ter maior qualidade e compreensão, propiciando um maior grau de acessibilidade, de legibilidade, de inteligibilidade, coerência, etc., com a finalidade

---

[522] Disponível em: <http://europe.eu.int/scadplus/leg/es/cig/g4000.htm>. Acesso em: 6 maio 2003.

[523] HUESO, Lorenzo Cotino. *op. cit.* p. 25. O autor refere ainda em nota de roda-pé, 72-73, que pelo Tratado de Amsterdam de 1997, foi introduzida a determinação de que *"las decisiones serán tomadas de la forma mas abierta y próxima a los ciudadanos que sea posible".* Que de acordo com o artigo 1 TUE, *"el Defensor Del Pueblo europeo ha considerado que apertura implica: 1 – compresibilidad del proceso y oportunidad de participación; 2 – razonabilidad e las decisiones, p. 129 y ss. Derecho de buena administración; 3 – acceso a las informaciones que llevan a las decisiones.* Así se refere en HARDEN, Ian. The European Ombudsman's Efforts to Increase Opennes in the Unión. In DECKMYN, Veerle (ed). Increasing Transparency in the European Union? Maastricht: Instituto Europeu de Administración Pública, 2002, p. 123-146".

de ser alcançada uma simplificação da legislação, das codificações e dos documentos para que haja uma melhor transparência no sentido amplo.

Diante dessa importância da transparência, da qual decorre um processo de abertura e a consequente participação popular, existem vários impulsos jurídicos, democráticos e econômicos para a sua consolidação. No aspecto jurídico-legal, inclusive no que se refere à reforma orçamentária e fiscal que emerge no final do século XX e início do século XXI, muitos direitos passaram a ser regulados em textos legais, com vista a assegurar uma real transparência e abertura da Administração, com participação do cidadão nas questões decisórias que envolvem o interesse público.

Por isso, o exame da legislação que promove a regulação dos direitos e deveres relativos à transparência orçamentária e fiscal torna-se muito importante, razão pela qual passamos a analisar esses aspectos jurídico-legais relativos ao que tem sido chamado de responsabilidade orçamentária e fiscal, tendo como exemplo a legislação brasileira e espanhola.

A transparência, como um dos pressupostos legais fixados para a responsabilidade na gestão fiscal brasileira, é uma das principais inovações realizadas pela Lei Complementar nº 101/2000, com produção de importantes consequências na atividade financeira do Estado, que visa a estimular a participação e o controle popular sobre os atos do Administrador Público, especialmente os que envolvem a estruturação do sistema orçamentário.

Nesse contexto, a lei complementar brasileira considera como instrumentos de transparência da gestão fiscal, aos quais deve ser dada ampla divulgação, inclusive em meios eletrônicos de acesso público: os planos, orçamentos e leis de diretrizes orçamentárias; as prestações de contas e o respectivo parecer prévio; o Relatório Resumido da Execução Orçamentária e o Relatório de Gestão Fiscal; e as versões simplificadas desses documentos. No sentido de ser assegurada a transparência deve haver também o incentivo à participação popular e a realização de audiências públicas, durante os processos de elaboração e de discussão dos planos, lei de diretrizes orçamentárias e orçamentos.

Portanto, depreende-se dessa exigência legal, que o seu regramento fixa mais que um mero propósito de atuação administrativa, na verdade estipula um novo princípio de cumprimento obrigatório para o gestor público, que deriva dos princípios basilares que fundamentam a estrutura normativa da responsabilidade que deve haver na gestão fiscal dos Administradores Públicos.

No que tange ao atendimento do princípio da definição clara das funções e responsabilidades, além de haver uma divisão de responsabilidades entre os diferentes níveis de governo na Constituição Federal brasileira (por exemplo: no art. 18 é referido que a organização político-administrativa compreende a União, os Estados e os Municípios e que todos são autônomos; nos artigos 153 a 156 são explicitadas as competências tributárias de cada nível de governo; e nos artigos 157 a 159 são fixados os mecanismos de repartição de receitas tributárias entre as entidades federadas), também são estabelecidas nos parágrafos 2º e 3º do art. 1º e no art. 2º da Lei Complementar nº 101/2000, quais são as entidades federadas que estão obrigadas ao seu cumprimento – União, Estados, Distrito Federal e Municípios – quem está abrangido por esta referência legal (o Poder Executivo, o Poder Legislativo, o Poder Judiciário, o Ministério Público e o Tribunal de Contas, com as respectivas administrações diretas, fundos, autarquias, fundações e empresas estatais dependentes), apresentando definições legais de ente da Federação, empresa controlada, empresa estatal dependente e receita corrente líquida.

Por sua vez, o princípio geral que assegura o acesso público à informação estatal está regulamentado nos art. 48 e 49 da Lei de Responsabilidade Fiscal brasileira (LC n º 101/2000), que determina a ampla divulgação, inclusive em meios eletrônicos de acesso público, para: os planos, os orçamentos e leis de diretrizes orçamentárias; as prestações de contas e o respectivo parecer prévio; o Relatório Resumido da Execução Orçamentária e o Relatório de Gestão Fiscal; e as versões simplificadas desses documentos. Deve ainda ser incentivada a participação popular e a realização de audiências públicas, durante os processos de elaboração e de discussão dos planos, lei de diretrizes orçamentárias e orçamentos, com as contas apresentadas pelo Chefe do Poder Executivo devendo ficar disponíveis, durante todo o exercício, no respectivo Poder Legislativo e no órgão técnico responsável pela sua elaboração, para consulta e apreciação pelos cidadãos e instituições da sociedade.

O princípio de acesso aos procedimentos de elaboração, execução e prestação de contas também está assegurado nos artigos 48 e 49 da Lei de Responsabilidade Fiscal brasileira, bem como pela determinação de publicação do Relatório Resumido da Execução Orçamentária, a cada bimestre, sobre a arrecadação da receita e a realização da despesa, valores referentes ao refinanciamento da dívida mobiliária, receitas de operações de crédito e despesas com amortizações da dívida (arts. 52

e 53 da LRF); pela publicação do Relatório de Gestão Fiscal, quadrimestral, contendo comparativos dos limites relativos à despesa total com pessoal, dívidas consolidada e mobiliária, concessão de garantias, operações de crédito, com indicação das medidas corretivas adotadas ou a adotar, se ultrapassado qualquer dos limites, com demonstrativo, no último quadrimestre, do montante da disponibilidade de caixa em 31 de dezembro e inscrições em Restos a Pagar (arts. 54 e 55 da LRF); e pela prestação de contas dos gestores fiscais que deverá evidenciar o desempenho da arrecadação em relação à previsão, destacando as providências adotadas no âmbito da fiscalização das receitas e combate à sonegação, as ações de recuperação de créditos nas instâncias administrativa e judicial, bem como as demais medidas para incremento das receitas tributárias e de contribuições (arts. 56 a 58 da LRF).

As garantias de integridade das informações fiscais é princípio que está regulado nos artigos 50 e 51 da Lei de Responsabilidade Fiscal, em que são determinados os procedimentos de escrituração e consolidação das contas públicas que, além de obediência às demais normas de contabilidade pública, devem observar:

I – a disponibilidade de caixa constará de registro próprio, de modo que os recursos vinculados a órgão, fundo ou despesa obrigatória fiquem identificados e escriturados de forma individualizada;

II – a despesa e a assunção de compromisso serão registradas segundo o regime de competência, apurando-se, em caráter complementar, o resultado dos fluxos financeiros pelo regime de caixa;

III – as demonstrações contábeis compreenderão, isolada e conjuntamente, as transações e operações de cada órgão, fundo ou entidade da administração direta, autárquica e fundacional, inclusive empresa estatal dependente;

IV – as receitas e despesas previdenciárias serão apresentadas em demonstrativos financeiros e orçamentários específicos;

V – as operações de crédito, as inscrições em Restos a Pagar e as demais formas de financiamento ou assunção de compromissos junto a terceiros, deverão ser escrituras de modo a evidenciar o montante e a variação da dívida pública no período, detalhando, pelo menos, a natureza e o tipo de credor;

VI – a demonstração das variações patrimoniais dará destaque à origem e ao destino dos recursos provenientes da alienação de ativos.

Complementando a garantia de integridade das informações fiscais, é determinado ao Poder Executivo da União promover, até o dia 30 de junho, a consolidação nacional e por esfera de governo, das contas dos entes da Federação relativas ao exercício anterior, e a sua divulgação, inclusive por meio eletrônico de acesso público.

Desse modo, consoante a normatização efetuada pela Lei de Responsabilidade Fiscal (Lei Complementar nº 101/2000), existem medidas legais que asseguram a aplicabilidade do princípio da transparência fiscal no âmbito do Estado brasileiro, visando a garantir que a atuação do Administrador Público se suceda na concretização da vontade geral, com satisfação e atendimento dos verdadeiros interesses coletivos, sem a ocorrência de procedimento personalista e autoritário. A instituição desse princípio possibilita ao cidadão condições efetivas de participação no processo orçamentário, proporcionado-lhe meios para propor, acompanhar, avaliar e controlar a ação dos Administradores e Gestores Públicos.

Por sua vez, na Espanha, a responsabilidade fiscal dos agentes públicos está regulada na chamada *Ley General de Estabilidad Presupuestaria – Ley 18/2001, de 12 de deciembre (B.O.E. 13 de deciembre), rectificada por Correción de errores (B.O.E. 15 de febrero 2002)*, em cuja exposição de motivos é salientada que *la política presupuestaria continuará jugando un papel clave en esta orientación de política económica, para lo cual es preciso sentar las bases de esta nueva etapa en la que la estabilidad presupuestaria va a ser el escenario permanente de las finanzas públicas español.*

Assim, a lei de estabilidade orçamentária introduziu expressamente o equilíbrio orçamentário no ordenamento jurídico espanhol, garantindo que a estabilidade orçamentária será, de agora em diante, o cenário permanente das finanças públicas na Espanha, determinando ao Governo, em sua disposição final primeira, a obrigatoriedade de encaminhar às Cortes Gerais um projeto de lei orçamentária, que possibilitou a edição de *la Ley General Presupuestaria – Ley 47/2003, de 26 de noviembre, B.O.E. 27.11.2003* – que, em atendimento à lei de estabilidade orçamentária, contém três princípios gerais: plurianualidade, transparência y eficiência.

Nesse contexto, *la Ley de Estabilidad Presupuestaria y la Ley General Presupuestaria* da Espanha, estabelecem meios de dar cumprimento a *el Pacto de Estabilidad y Crecimiento, acordado en el Consejo de Amsterdam en junio de 1997*, no sentido atender ao previsto no art. 4.3 do Tratado da Comunidade Europeia (*la Ley-Leg. 41490/1992*) que exige dos Estados Membros ações com atendimento dos princípios de *precios estables, finanzas públicas y condiciones monetarias sólidas.*

Quanto ao princípio da transparência, a lei de estabilidade orçamentária espanhola, no seu artigo 5º, rege que *Los presupuestos de los sujetos comprendidos en el ámbito de aplicación de esta ley y sus liquidaciones deberán contener información suficiente y edecuada para permitir la verificación del cumplimiento del princípio de estabilidad presupuestaria.*

Para o atendimento dos princípios de gerenciamento fiscal antes enumerados, verifica-se que, ao atendimento do princípio da definição clara das funções e responsabilidades, além de haver uma divisão de responsabilidades entre os diferentes níveis de governo na Constituição Espanhola de 1978, por exemplo: no art. 137 é referido que o Estado se organiza em Municípios, em Províncias e nas Comunidades Autônomas que se constituam e que todas as entidades gozam de autonomia para a gestão de seus respectivos interesses; no artigo 133 – 1 a 4 – são explicitadas as competências tributárias de cada nível de governo; também é estabelecida no art. 2º da Lei Geral de Estabilidade Orçamentária – Lei nº 18/2001, quais são os organismos e grupos de agentes que estão obrigados ao seu cumprimento – Administração Geral do Estado, os Organismos Autônomos e os demais entes públicos dependentes daquela – e quem está abrangido por esta referência legal.

Por sua vez, o princípio geral que assegura o acesso público à informação estatal está regulamentado nos art. 135 e 136 da Lei Geral Orçamentária espanhola (Lei nº 47/2003), que determina a divulgação por parte de *La Intervención General de la Administración del Estado*, inclusive por outros meios que entenderem convenientes, mediante informação às Cortes Gerais ou publicação no Boletim Oficial do Estado, das operações de execução do orçamento do Estado e de suas modificações, operações de tesouraria e das demais que se considerem de interesse geral; bem como dos principais fatos e documentos que participem da Conta da Administração Geral do Estado.

O princípio de acesso aos procedimentos de elaboração, execução e prestação de contas está relativamente assegurado nos artigos 135 a 136 da Lei Geral Orçamentária espanhola (Lei nº 47/2003), no entanto, a lei deixa de estabelecer obrigatoriedade de divulgação dos procedimentos de elaboração do orçamento e das prestações de contas efetuadas, assim como não possibilita a divulgação da situação das dívidas do Estado.

As garantias de integridade das informações fiscais é princípio que está regulado nos artigos 119 a 126 da Lei Geral Orçamentária (Lei nº 47/2003), em que são determinados os procedimentos de escrituração e consolidação das contas públicas que, além de obediência às demais normas de contabilidade pública, no sentido de refletir toda classe de operações, custos e resultados de sua atividade, como para facilitar dados e informações com transcendência econômica.

Portanto, pelo exame dos princípios acima realizados, constata-se que a transparência e a participação popular, como fatores decorrentes da democracia participativa, são imprescindíveis ao Estado moderno e à moderna Administração Pública, contudo, não se revela como um modo alternativo de governar. A democracia participativa é complementar à democracia representativa, pois, como muito bem assevera Miguel Sánches Morón, *participar no es (generalmente) decidir, sino influir en la decisión*.[524] De qualquer maneira, uma Administração transparente, aberta a participação dos cidadãos, que tenha a capacidade de levar em consideração as opiniões populares, sem dúvida, é uma Administração mais democrática e, por consequência, atenderá melhor ao interesse público. Quando se trata então de transparência e participação popular em matéria fiscal e orçamentária, invariavelmente haverá a possibilidade de melhor serem identificadas às necessidades públicas, com acompanhamento da execução das políticas públicas e verificação da regularidade das contas que forem prestadas pelos gestores públicos.

2 Princípios dirigidos à transparência orçamentária e fiscal

Como a transparência tem por fundamento a necessidade do governo promover informações aos cidadãos sobre a estrutura e funções governamentais, no sentido de prestar esclarecimentos sobre as atividades que está desenvolvendo, dando conta da sua política fiscal, bem como de todos os seus atos, envolvendo os de preparação, execução e prestação de contas, cujo procedimento possibilite um acompanhamento por parte da população, a fim de que esta tenha de forma clara, regular e confiável, cientificação de toda a ação governamental, há a necessidade de serem aplicados alguns princípios que, efetivamente, possam assegurar a transparência de todos os atos de gestão fiscal do governo.

Não basta tão somente serem divulgados números relativos à arrecadação da receita e à execução da despesa, porque se a população não tiver um conhecimento sobre as funções do governo e a quem

---

[524] MORÓN, Miguel Sánches. *Derecho Administrativo – Parte General*. Madrid: Tecnos, 2005, p. 81.

pertencem às responsabilidades, incluindo-se as questões de natureza orçamentária, essa divulgação resultará inócua porque não haverá compreensão do que esses números representam.

Transparência não significa divulgar por divulgar, dar acesso à informação por dar. O sentido da transparência é promover a participação popular nos atos de governo, democratizando a gestão fiscal, a fim de que o cidadão, tendo conhecimento da ação governamental, possa contribuir para o seu aprimoramento e exercer um controle sobre os atos de governo, agindo em colaboração ao sistema oficial de controle da atividade financeira do Estado.

Dessa forma, como bem salienta Juarez Freitas, é da transparência que *o controle da sociedade emerge, pois, como um imperativo de estatura constitucional, partícipe do esforço mais ou menos universalizado de democratizar o poder, tornando-o visível e, por assim dizer, mais confiável e limitado em suas tentações de arbítrio ou de conformista omissão.*[525]

Portanto, para que isso possa ocorrer, impõe-se a adoção de alguns princípios genéricos, no sentido de ser assegurada à transparência fiscal uma abrangência, clareza e confiança que deem possibilidade de pleno conhecimento e acompanhamento dos atos governamentais. Como no Brasil e na Espanha não há, propriamente, uma regulamentação de princípios dirigidos à transparência, valemo-nos dos princípios adotados em nível internacional, adequando o seu sentido à realidade brasileira e espanhola, porém sem desvinculá-los daqueles adotados nas nações desenvolvidas, para ser obtida a compreensão do real significado de transparência, dando-se a ela a adequada aplicabilidade, com verificação de como está ocorrendo a sua adoção no direito financeiro brasileiro e espanhol (Lei de Responsabilidade Fiscal e *Ley General de Estabilidad Presupuestaria*) e como se procede ao seu controle.

Esses princípios gerais podem ser definidos como: a) princípio da definição clara de funções e responsabilidades; b) princípio do acesso público à informação estatal; c) princípio do acesso aos procedimentos de elaboração, execução e prestação de contas; d) princípio das garantias de integridade das informações fiscais.

---

[525] FREITAS, Juarez. O Controle Social do Orçamento Público. *Interesse Público*, Sapucaia do Sul, ano 3, n. 11, jul./set. 2001. p. 15.

2.1 Princípio da definição clara de funções e responsabilidades

Definirem-se claramente as funções e responsabilidades do governo, dando-se de forma nítida o seu conhecimento público, é primordial e básico para o estabelecimento da transparência fiscal. É da essência da transparência o conhecimento da estrutura governamental para o exercício das funções do Estado, pois só mediante o conhecimento sobre quem detém a competência para o exercício de determinada função, é que se torna possível à atribuição de responsabilidade pela criação e implementação dos planos de governo e, consequentemente, da política fiscal.

A imprescindível especificação da estrutura e funções do governo, com consideração de ser um requisito básico da transparência fiscal tiveram definição no Sistema de Contas Nacionais, 1993 (SCN) da Organização das Nações Unidas (ONU) e na versão atual do Manual do FMI sobre estatísticas de finanças públicas (Manual GFS).[526] Na definição desse sistema devem ser englobadas todas as instituições cuja principal atividade seja a execução de funções governamentais. Portanto, incluindo-se todas as unidades governamentais nacionais e infranacionais, inclusive os fundos extra-orçamentários, bem como todas as instituições sem fins lucrativos que prestem, principalmente, serviços não relacionados ao mercado e que sejam controladas e financiadas pelas unidades governamentais. Para atingir a clareza na definição da estrutura do governo é sugerida a publicação de um quadro institucional que apresente a estrutura do governo e do resto do setor público, a exemplo do utilizado pelo Sistema Europeu de Contas, 1995 (SEC), nas estatísticas econômicas dos países da União Europeia.[527]

Efetivamente é de extrema importância para a transparência que haja um indubitável conhecimento sobre a estrutura e as funções do governo, pois, assim, será possível saber-se como, por meio de quem e para quem o governo está agindo, no sentido de haver identificação, em gênero e grau, dos responsáveis pela ação governamental. Para tanto, deve ser publicado um organograma institucional que apresente de maneira clara a estrutura do governo e as demais entidades do setor público, com o indicativo das funções que executam.

---

[526] Disponível em: <http://www.imf.org/external/pubs/ft/gfs/manual/index.htm>.
[527] O Sistema Europeu de Contas está harmonizado com o Sistema de Contas Nacionais da ONU. Disponível em: <http://www.europa.eu.int/comm/eurostat/>.

Nesse aspecto da definição clara de funções e responsabilidades, o Código de Boas Práticas em Transparência Fiscal do FMI trata o princípio como *Esclarecimentos sobre Papéis e Responsabilidades*, dando-lhe dois enfoques procedimentais, explicitando a sua operacionalidade:
1. O setor governamental deveria ser distinguido claramente do resto da economia e os papéis das políticas e do gerenciamento no governo deveriam ser bem definidos.
   a) O limite entre o setor governamental e o resto da economia deveria ser claramente definido e extensamente compreendido. O setor governamental deveria corresponder ao governo geral, no qual inclui o governo central e os mais baixos níveis do governo, inclusive operações extraorçamentárias.
   b) O envolvimento governamental no resto da economia (por exemplo, através de regulamento e propriedade de patrimônio líquido) deveria ser administrado de uma maneira aberta e pública na base de regras claras e procedimentos que são aplicados de uma maneira não discriminatória.
   c) A distribuição das responsabilidades entre os diferentes níveis de governo, e entre a filial executiva, a filial legislativa e a filial judiciária deveriam ser claramente definidas.
   d) Os mecanismos claros para a coordenação e a administração de atividades orçamentárias e extraorçamentárias deveriam ser estabelecidos e, com arranjos bem definidos, comparados com os de outras entidades governamentais (por exemplo, o banco central, o estado-controlado financeiro e os empreendimentos não financeiros) deveriam ser especificados.
2. Deveria ser uma estrutura legal e administrativa e clara para a administração fiscal.
   a) A administração fiscal deveria ser governada por leis abrangentes e regras administrativas aplicadas às atividades orçamentárias e extraorçamentárias. Qualquer compromisso ou dispêndio de capitais governamentais deveria ter uma autoridade legal.
   b) Impostos, deveres, taxas e encargos deveriam ter uma base legal explícita. Leis fiscais e regulamentos deveriam ser facilmente acessíveis e compreensíveis, e critérios claros deveriam guiar qualquer discrição administrativa na aplicação deles.
   c) Padrões éticos de comportamento para funcionários públicos deveriam ser claros e bem publicados.

2.2 Princípio do acesso público à informação estatal

Tratando-se de transparência, obviamente que uma das características mais importantes e marcantes é a relativa a disponibilização das informações governamentais ao público em geral. De nada adianta o Poder Público elaborar documentos informativos sobre toda a sua atuação, produzindo relatórios sobre a política fiscal e sua execução, se não efetuar a sua disponibilidade pública. Portanto, comprometer-se com o fornecimento de informações abrangentes sobre toda a atividade fiscal e com sua publicidade é princípio de transparência que deve ser plenamente observado pelos governantes.

Dessa forma, o público deve ser plenamente informado sobre todas as atividades fiscais passadas, presentes e futuras do governo. O fornecimento de tais informações deve ser disponibilizado por meio eletrônico, publicadas e dada a sua publicidade por outros meios. As formas de publicação e publicidade não são optativas, mas sim conjuntivas. Não deve ser escolhido apenas um meio para ser procedida à publicação e a publicidade, esta deve ser abrangente, com utilização de todas as formas de publicidade, no sentido de que haja uma plena divulgação dos atos governamentais.

Para haver informação adequada da atividade financeira e fiscal, a documentação orçamentária, as contas definitivas e outros relatórios fiscais dirigidos ao cidadão deve abranger todas as atividades orçamentárias e extra-orçamentárias do governo, especialmente quanto a: cobertura do orçamento anual; resultados e previsões; passivos eventuais, renúncias fiscais e atividades parafiscais; dívida e ativos financeiros; posição consolidada do governo geral – União, Estados e Municípios.

Essas informações devem ser prestadas por meio de Relatórios Orçamentários periódicos, que podem ser mensais, bimensais ou trimestrais, contendo os resultados orçamentários das contas do governo, incluindo a situação da dívida. Esses relatórios demonstram o comportamento relativo à arrecadação da receita e à realização da despesa, quanto ao equilíbrio orçamentário, atingimento das metas fiscais e cumprimento de limites eventualmente fixados, inclusive os destinados à dívida.

Do mesmo modo, deve ser dada divulgação ao orçamento anual e aos seus documentos comprobatórios, ao relatório anual das contas de dotações orçamentárias, relatórios financeiros, balanços anuais e da prestação de contas anual.

A divulgação desses documentos comprobatórios da execução orçamentária possibilita que seja efetuada uma avaliação do desempenho recente em comparação ao orçamento, no sentido de ser verificada a existência de riscos significativos de previsão, de política ou macroeconômicos, para um cotejamento sobre o realismo do orçamento apresentado.

Dessa forma, o princípio do acesso público às informações fiscais é intrínseco à transparência, não podendo deixar de ser adotado porque sem acesso público às informações do governo, não há transparência dos atos governamentais.

Por sua vez, o Código de Boas Práticas em Transparência Fiscal do FMI se refere a esse princípio como *Disponibilidade Pública da Informação*, focalizando o tema em dois aspectos, assim dimensionado:

1.Ao público deveriam ser proporcionadas informações completas sobre a atividade fiscal do governo do passado, do presente e a projetada.

    a) O orçamento anual deveria cobrir todas as operações do governo central em detalhes e também deveria prover informação sobre as operações extraorçamentárias do governo central. Além disso, informação suficiente deveria ser proporcionada sobre a receita e dispêndio dos mais baixos níveis do governo para permitir uma posição financeira consolidada para o governo geral a ser apresentado.

    b) Informação comparável àquela no orçamento anual deveria ser provida para a inspeção dos dois anos fiscais precedentes, junto com as previsões de orçamentos chaves agregados durante os dois anos que seguem o orçamento.

    c) Declarações deveriam ser publicadas com o orçamento anual dando uma descrição da natureza e a significância fiscal das obrigações contingentes, dos dispêndios de impostos e atividades quase fiscais.

    d) O governo central deveria publicar regularmente informação sobre o nível e composição de sua dívida e de ativos financeiros.

2.Um compromisso público deveria ser feito com a publicação oportuna da informação fiscal.

    a) Compromissos específicos deveriam ser feitos com a publicação de informação fiscal (por exemplo, em uma lei de orçamento).

    b) Calendários com datas antecipadas de lançamento para o relatório fiscal ao público deveriam ser anunciados.

2.3 Princípio do acesso aos procedimentos de elaboração, execução e prestação de contas do orçamento

O orçamento anual é, invariavelmente, quase sem exceção, o principal instrumento de execução da política fiscal. Por isso, todas as etapas do processo orçamentário, juntamente com as informações contidas no próprio orçamento e na documentação que o acompanha são de vital importância para a transparência fiscal.

Assim, o plano de governo, a preparação do orçamento, em que se inclui o estabelecimento das prioridades e a proposta de lei orçamentária, deve imediatamente ter disponibilização à população, mediante o fornecimento de informações sobre todo o processo orçamentário, incluindo a forma de participação popular.

Pois, nos tempos modernos, o orçamento público transformou-se no principal instrumento de exercício do poder, podendo-se dizer, inclusive, que se trata do principal instrumento de exercício do poder, de um poder intervencionista, na medida em que o orçamento público efetua uma verdadeira intervenção na vida de cada cidadão, possibilitando ou não a prestação de um serviço ou a realização ou não de um investimento – é por meio do orçamento que o Poder Público diz se vai colocar uma lâmpada no último poste da última rua da última vila da periferia ou se vai construir uma usina hidroelétrica; ou se vai calçar uma rua; ou se vão prestar serviços de saúde, segurança e educação – fato que o revela como um instrumento poderosíssimo nas mãos dos governantes, por isso mesmo, devendo estar, necessariamente, sob um controle rígido, não só do Parlamento e dos Tribunais de Contas, mas também de todos os cidadãos.

Saliente-se ainda que a eficácia do orçamento depende de sua regulamentação em lei específica e na legislação complementar, devendo, nesse aspecto, ser dada ampla divulgação da normatização legal reguladora dos orçamentos, no sentido de dar conhecimento à população dos vínculos de legalidade a que estão sujeitos os governantes na condução da gestão fiscal.

Sendo assim, é de vital importância a transparência de todos os atos que constituem o processo orçamentário, com divulgação de informações desde a situação pré-orçamentária, face ao plano de governo e às prioridades que devem ser estabelecidas, bem como sobre o conteúdo geral dos orçamentos (previsões econômicas, renúncia fiscal, passivo e ativo financeiros, ativos não financeiros, obrigações previdenciárias, passivos eventuais, etc.), da execução orçamentária, do relatório anual e da sua prestação de contas, no sentido de que o cidadão possa exercer o controle social sobre os atos de preparação orçamentária, com acompanhamento da execução orçamentária e proceda a avaliação dos resultados alcançados pela gestão fiscal do governante.

Referentemente a esse princípio, o Código de Boas Práticas em Transparência Fiscal do FMI o denomina de *Preparação de orçamento aberto, Execução e Relatório*, dividindo-o em quatro momentos de aplicação:

1. A documentação do orçamento deveria especificar objetivos de política fiscal, a estrutura macroeconômica, a base de política para o orçamento e principais riscos fiscais identificáveis.

   a) Uma declaração dos objetivos de política fiscais e uma taxação de política fiscal sustentável deveria prover a estrutura para o orçamento anual.

   b) Quaisquer regras fiscais que foram adotadas (por exemplo, uma exigência de um orçamento equilibrado e os limites de empréstimo para níveis mais baixos dos governos) deveriam ser especificadas claramente.

   c) O orçamento anual deveria ser apresentado dentro de uma estrutura macroeconômica quantitativa abrangente e consistente e as suposições econômicas e parâmetros-chave (por exemplo, alíquotas efetivas de imposto) abordando as estimativas de orçamentos subjacentes.

   d) Os compromissos existentes deveriam ser distinguidos de novas políticas incluídas no orçamento anual.

   e) Os riscos principais ao orçamento anual deveriam se quantificados, onde for possível, inclusive variações em suposições econômicas e os custos incertos de compromissos de despesa específicos (por exemplo, reestruturação financeira).

2. Estimativas de orçamento deveriam ser classificadas e apresentadas de uma maneira que facilite a análise da política e promova a responsabilidade.

   a) As transações governamentais deveriam estar em uma base bruta, renda distinguindo a receita, dispêndio e financiamento, e a classificação de dispêndios em uma base econômica e funcional. Além disto, o dispêndio deveria ser classificado através da categoria administrativa. As datas de operações deveriam ser classificadas. A data do orçamento deve ser apresentada de uma maneira que permita comparações internacionais.

   b) Uma declaração de objetivos a serem alcançados através dos grandes programas do orçamento (por exemplo: a melhoria nos indicadores sociais relevantes) deveria ser provida.

c) O equilíbrio global do governo geral deveria ser um indicador do sumário padrão da posição financeira do governo. Deveria ser completado através de outros indicadores fiscais (por exemplo, balanço operacional, balanço estrutural e balanço primário) quando as circunstâncias econômicas o fazem impróprios para basear julgamentos sobre a posição da política fiscal no déficit global.

d) O orçamento anual e as contas finais deveriam incluir uma declaração numa base contábil (por exemplo, dinheiro vivo ou provisão contábil) e os padrões usados na preparação e a apresentação de dados do orçamento.

3. Procedimentos para a execução e monitoração de despesas aprovadas deveriam ser claramente especificados.

a) Um sistema de contabilidade abrangente e integrado deveria ser estabelecido. Ele deveria prover uma base fidedigna para avaliar atrasos de pagamentos.

b) Os procedimentos para obtenção e emprego deveriam ser padronizados e acessíveis a todas as partes interessadas.

c) A execução do orçamento deveria ser examinada internamente e os procedimentos de auditoria deveriam ser abertos à revisão.

4. Informações fiscais deveriam ser oportunas, abrangentes, fidedignas e capazes de identificar divergências do orçamento.

a) Durante o ano, deveria haver relatórios regulares e oportunos do orçamento e inspeções extraorçamentarias que deveriam ser comparadas com estimativas originais. Na ausência de informação detalhada em níveis mais baixos do governo, indicadores disponíveis de suas posições financeiras (por exemplo, empréstimos bancários e emissão de títulos da dívida) deveriam ser providos.

b) As contas finais oportunas, abrangentes e auditadas oriundas de operações orçamentárias deveriam ser apresentadas à legislatura.

c) Os resultados alcançados relativos aos objetivos de grandes programas orçamentários deveriam ser reportados à legislatura.

2.4 Princípio das garantias de integridade das informações fiscais

Outro princípio, que deve nortear os atos de gestão fiscal para que haja transparência, é o relativo à garantia de integridade das informações fiscais.

Deve haver garantias específicas quanto à qualidade das informações fiscais, com indicação de que os dados dos relatórios fiscais são internamente coerentes e se foram conciliados com informações relevantes advindas de outras fontes. As contas definitivas devem ser inteiramente conciliadas com as dotações orçamentárias e todas elas devem ser conciliadas com os relatórios fiscais elaborados. A variação no saldo da dívida (e ativos financeiros) deve ser conciliado com o saldo orçamentário apresentado. Deve haver um documento de referência contendo uma análise da diferença entre as previsões orçamentárias dos principais agregados macroeconômicos e fiscais e os resultados dos últimos anos. Deve haver uma rigorosa conciliação dos dados fiscais e monetários e, caso os processos de conciliação se mostrem frágeis, isto deve ser levado a público.

Portanto, para que haja transparência, há necessidade de que as informações efetuadas pelos governantes possuam uma representação de integridade, de cuja qualidade informativa resulte confiabilidade de certeza e correção dos dados divulgados, com indicativo, inclusive, do regime contábil adotado.

O Código de Boas Práticas em Transparência fiscal do FMI, no que tange à garantia de integridade das informações fiscais, estabelece como princípio a *Integridade de Segurança Independente*, fixando quatro aspectos de procedimento:

a) A integridade da informação fiscal deveria ser sujeita ao público e a um escrutínio independente.

b) Um corpo de auditoria nacional, ou organização equivalente, deveria ser designado pela legislatura, com a responsabilidade de prover relatórios oportunos para a legislatura e para o público na integridade financeira das contas do governo.

c) As previsões macroeconômicas (incluindo suposições subjacentes) deveriam estar disponíveis para o escrutínio por peritos independentes.

d) A integridade das estatísticas fiscais deve ser aumentada proporcionando ao escritório de estatísticas nacionais uma independência institucional.

3 Estrutura normativa legal e o controle da responsabilidade orçamentária e fiscal

Como está sendo demonstrado no curso da presente tese, mudando o Estado, mudou a Administração, implantando-se uma Nova Administração Pública, de conteúdo transparente, aberta a participação dos cidadãos, leva também, invariavelmente, a realização de uma reforma orçamentária e fiscal, no sentido de ser dado às finanças públicas uma gerência com responsabilidade e adequada às exigências dos novos tempos.

Nesse contexto, em face da implantação da nova Administração Pública, passou a ser indispensável à adoção do critério da transparência e da participação popular também no que respeita a matéria fiscal e orçamentária, posto que haverá, indiscutivelmente, a possibilidade de melhor serem identificadas às necessidades públicas, no sentido de serem implantadas políticas públicas correspondentes a essas necessidades, com a possibilidade do exercício do controle social.

Assim, em decorrência das reformas realizadas, impõe-se uma verificação da estrutura normativa que vem sendo adotada para o estabelecimento da responsabilidade orçamentária e fiscal. Por isso, exemplificativamente, serão analisadas as estruturas normativas estabelecidas para essa responsabilidade no Brasil e na Espanha.

A estrutura normativa e reguladora da responsabilidade orçamentária e fiscal, no âmbito brasileiro, está contida na Lei Complementar nº 101/2000, que é um verdadeiro código de procedimentos fiscais administrativos, tendo como premissa o estabelecimento de princípios norteadores para uma gestão fiscal responsável, em que são fixados limites para o endividamento público e para expansão de despesas continuadas, com a instituição de mecanismos prévios e necessários para assegurar o cumprimento de metas fiscais, com a finalidade de ser alcançado o equilíbrio entre receita e despesa.

Buscando-se a devida compreensão do texto da Lei Complementar nº 101/2000, pode-se dizer que a sua filosofia regradora encontra-se expressamente sintetizada no §1º do seu art. 1º, com a seguinte redação: *a responsabilidade na gestão fiscal pressupõe a ação planejada e transparente, em que se previnem riscos e corrigem desvios capazes de afetar o equilíbrio das contas públicas, mediante o cumprimento de metas de resultados entre receitas e despesas e a obediência a limites e condições no que tange a renúncia de receita, geração de despesas com pessoal, da seguridade social e outras, dívidas consolidada e mobiliária, operações de crédito, inclusive por antecipação de receita, concessão de garantia e inscrição em restos a pagar.*

Essa filosofia regradora da responsabilidade fiscal comanda toda a estrutura normativa da lei Complementar nº 101/2000, que, basicamente, está assentada em quatro pilares de sustentação: planejamento, transparência, controle e sanção.[528]

Como a lei é um verdadeiro código de conduta fiscal, é evidente que todo o seu regramento possui relevância, envolvendo aspectos inovadores para a receita pública e fixação de limites para o endividamento e para as despesas de pessoal, incluindo regras limitadoras à ação do administrador em determinados períodos – como não poder realizar despesas, em final de mandato, que não possam ser pagas dentro do próprio período de mandato –, mas que dependem, fundamentalmente, dos quatro pilares de sustentação referidos.

A exigência de planejamento como pressuposto indispensável para a responsabilidade fiscal, busca estabelecer e recuperar a capacidade de planejamento do Estado brasileiro, no sentido de resgatar a confiabilidade do Poder público. Trata-se de um objetivo de aspecto estratégico, envolvendo uma função gerencial – planejamento –, na qual está inserido o sistema orçamentário, com a exigência de um Plano Plurianual, conforme o qual serão traçadas diretrizes orçamentárias que orientarão a estruturação do orçamento anual (artigos 3º, 4º e 5º 10 º, da Lei Complementar nº 101/2000).

Assim, o planejamento exigível pela Lei Complementar nº 101/2000 direciona a ação governamental para uma adequada utilização dos recursos financeiros, na medida em que possibilita o estabelecimento de políticas, ações e meios para o atendimento das necessidades do cidadão, de conformidade com um sistema de elaboração que busca assegura a realização do planejado e do orçado, criando um elo de ligação entre o planejamento, o orçamento, a programação financeira e o fluxo de caixa, com fixação de normas para se proceder ao acompanhamento e à avaliação da execução orçamentária, com mecanismos de ajustes para a correção de desvios constatados na execução do orçamento em relação ao planejamento.[529]

Traça, ainda, a Lei Complementar nº 101/2000 regras específicas e inovadoras para a receita e a despesa. No pertinente à receita, em face da filosofia normativa estar voltada para o equilíbrio entre receita e despesa, tendo em conta um planejamento que previna riscos e corrija desvios capazes de afetar esse equilíbrio, é lógico que um dos

---

[528] MILESKI, Helio Saul. *O controle da Gestão Pública.* op. cit. p. 65.
[529] MILESKI, Helio Saul. *O controle da Gestão Pública.* op. cit. p. 67.

fatores primordiais dessa responsabilidade fiscal esteja assentado na arrecadação da receita.

Justamente por isto, de maneira inovadora no direito financeiro brasileiro, a Lei Complementar nº 101/2000, art. 11, constitui como requisito essencial da responsabilidade na gestão fiscal a instituição, a previsão e a efetiva arrecadação de todos os tributos da competência constitucional da entidade federativa.

Como medida complementar, os artigos 12 e 13 da Lei Complementar nº 101/2000 fixam critérios técnicos para a previsão da receita, cujos procedimentos deverão estar acompanhados de demonstrativo da sua evolução nos últimos três anos, da projeção para os dois seguintes e da metodologia de cálculo e premissas utilizadas, no sentido de obstar a subestimação ou superestimação da receita, que são circunstâncias nocivas para o planejamento, podendo levar ao endividamento.

Outro aspecto inovador e de relevância é o relativo à renúncia de receita. Conforme o regramento contido no art. 14 da Lei Complementar nº 101/2000, a concessão ou ampliação de incentivo ou benefício de natureza tributária da qual decorra renúncia de receita ficaram restritas ao cumprimento obrigatório das condições ali estabelecidas.

Circunstância também importante no planejamento exigido pela Lei de responsabilidade fiscal é a despesa pública que, a par de toda a regulamentação de natureza constitucional e legal, teve um capítulo próprio dedicado na Lei Complementar nº 101/2000, com um regramento inovador, envolvendo a geração de despesas, as despesas de caráter continuado, as despesas de pessoal e as despesas com a seguridade social.

Nos artigos 16 e 17 da Lei Complementar nº 101/2000 são reguladas a geração de despesa (art. 16) e as despesas de caráter continuado (art. 17). Todo o procedimento que crie, expanda ou aperfeiçoe a ação governamental deverá se submeter a uma análise prévia, contendo estimativa do impacto orçamentário-financeiro no planejamento em curso, envolvendo não só o exercício em questão, mas também os dois subsequentes (inciso I do art. 16). Esta estimativa, em face da expressa exigência da lei, deverá estar acompanhada das premissas e da metodologia de cálculo utilizadas na avaliação da despesa (§2º do art. 16). De outra parte, para a criação ou aumento da despesa obrigatória de caráter continuado prevista no §1º, o ato terá de estar acompanhado de comprovação de que não afeta as metas de resultados fiscais previstas no anexo que acompanha a lei de diretrizes orçamentárias (§1º do art. 4º), com seus efeitos financeiros, nos períodos, devendo ser compensados pelo aumento permanente de receita ou pela redução permanente da despesa (§2º do art. 17).

Buscando evitar o inchamento desproporcional da máquina administrativa, decorrente do elevado índice de empreguismo público, com o objetivo de bloqueamento das concessões remuneratórias privilegiadas outorgadas a este mesmo corpo funcional, no sentido de restarem recursos financeiros em maior proporção da receita para serem aplicados em investimentos públicos, a Constituição de 1988, no seu art. 169, determinou a fixação de limites para gastos com pessoal ativo e inativo.

Nos artigos 18 a 24 da Lei Complementar nº 101/2000 é feita à regulação de conceitos e limites dos gastos com pessoal. Para o entendimento de como deve ser compreendido o que seja despesa total com pessoal, o art. 18 menciona que é o somatório dos gastos da entidade federativa, com ativos, inativos e pensionistas, relativos a mandatos eletivos, cargos, funções ou empregos, civis e militares e de membros de Poder. Por sua vez o art. 19 fixa os limites que não podem ser ultrapassados, quais sejam: o gasto total com pessoal não poderá exceder os percentuais da receita corrente líquida a seguir discriminados: União: 50%; Estados: 60%; e Municípios 60%, com o art. 20 efetuando a repartição desses limites ao nível de poder.

O controle da despesa total com pessoal está regulado nos artigos 21 a 23 da Lei Complementar nº 101/2000, onde é estabelecida a nulidade de pleno direito do ato que provoque aumento da despesa com pessoal e não atenda aos requisitos ali determinados. No art. 24 estão reguladas as despesas com a seguridade social, sendo determinado que nenhum benefício ou serviço relativo à seguridade social poderá ser criado, majorado ou estendido sem a indicação da fonte de custeio total, nos termos do §5º do art. 195 da Constituição, com atendimento ainda das exigências estipuladas no art. 17 da Lei Complementar nº 101/2000.

No Capítulo VII – Da Dívida e do Endividamento, artigos 29 a 42 da Lei Complementar nº 101/2000, são estabelecidas as definições básicas sobre a dívida e o endividamento; são fixados os limites da Dívida Pública e das Operações de Crédito; são determinadas as formas de recondução da Dívida aos limites determinados na Lei Complementar; são efetuadas as regulações das operações de crédito, tendo em conta a sua contratação; são estabelecidas as vedações para a realização de operações de crédito, das operações de crédito por antecipação da receita orçamentária, das operações com o Banco Central do Brasil, da garantia e da contragarantia, assim como dos restos a pagar.

O segundo pilar de sustentação da Lei de Responsabilidade Fiscal é a transparência, a qual está considerada como um dos pressupostos legais fixados para a responsabilidade na gestão fiscal, sendo uma das principais inovações realizadas pela Lei Complementar nº 101/2000, com produção de importantes consequências na atividade financeira do Estado, que visa a estimular a participação e o controle popular sobre os atos do Administrador Público, especialmente os que envolvem a estruturação do sistema orçamentário.

O princípio geral que assegura a transparência, o acesso público à informação estatal, está regulamentado nos arts. 48 e 49 da Lei Complementar nº 101/2000, que determina a ampla divulgação, inclusive em meios eletrônicos de acesso público, para: os planos, os orçamentos e as leis de diretrizes orçamentárias; as prestações de contas e o respectivo parecer prévio; o Relatório Resumido da Execução Orçamentária e o Relatório de Gestão Fiscal; e as versões simplificadas desses documentos. Deve ainda ser incentivada a participação popular e a realização de audiências públicas, durante os processos de elaboração e de discussão dos planos, da lei de diretrizes orçamentárias e dos orçamentos, com as contas apresentadas pelo Chefe do Poder Executivo, devendo ficar disponíveis, durante todo o exercício, no respectivo Poder Legislativo e no órgão técnico responsável pela sua elaboração, para consulta e apreciação pelos cidadãos e instituições da sociedade.

Posteriormente, em maio de 2009, foi editada a Lei Complementar nº 131/2009, que amplia as normas de transparência destinadas à responsabilidade na gestão fiscal, determinando a disponibilização, em tempo real, de informações pormenorizadas sobre a execução orçamentária e financeira da União, dos Estados, do Distrito Federal e dos municípios.

O parágrafo único do artigo 48 da Lei de Responsabilidade Fiscal, que já possuía uma boa exigência de transparência, com regra compatível à nova visão de democracia participativa, determinava o incentivo à participação popular e a realização de audiências públicas, durante os processos de elaboração e discussão dos planos, lei de diretrizes orçamentárias e orçamentos, agora, com a alteração produzida pela Lei Complementar nº 131/09 (art. 1º), é mantido o incentivo à participação popular, mas acrescentando duas novas exigências: a) liberação ao pleno conhecimento e acompanhamento da sociedade, em tempo real, de informações pormenorizadas sobre a execução orçamentária e financeira, em meios eletrônicos de acesso público; e b) adoção de sistema integrado de administração financeira e controle, que atenda a padrão mínimo de qualidade.

O terceiro pilar de sustentação da Lei de Responsabilidade Fiscal é o controle, posto que de nada adiantaria uma gestão orçamentária e fiscal planejada e transparente, se não houver controle sobre a sua regularidade de aplicação.

Dessa forma, com o sentido de acompanhar e verificar a regularidade dos procedimentos da gestão fiscal, tendo em conta um planejamento elaborado com o atendimento do princípio da transparência, é necessária a existência de um sistema de controle que verifique e exija o cumprimento das normas, limites e obrigações contidas na Lei Complementar nº 101/2000, a fim de que os atos de gestão fiscal sejam realizados com a responsabilidade e atendimento ao interesse público.

Esse controle está previsto na Lei de responsabilidade fiscal e, dando cumprimento a forma de controle especificada constitucionalmente, destina a sua fiscalização para uma dualidade de controle – controle interno e controle externo –, o controle interno é constituído pelos órgãos de controle de cada Poder e do Ministério Público, enquanto que o controle externo está a cargo do Poder Legislativo, mediante execução pelo Tribunal de Contas (art. 59 da Lei Complementar nº 101/2000).

O quarto e último pilar de sustentação da Lei Complementar nº 101/2000 é a sanção. Caso inexistisse sanção para o descumprimento das normas que regulam a gestão fiscal na chamada Lei de Responsabilidade fiscal, seria inócua a atuação do sistema de controle regulamentado na lei, na medida em que esta ação resultaria sem eficácia, por falta de uma penalidade que lhe desse sustentação nas determinações de ajustes e correções dos desvios apurados.

Assim, consoante as regras da Lei Complementar nº 101/2000 e as legislações por ela enunciadas, as penalidades fixadas são de duas naturezas: administrativa e criminal.

As sanções administrativas constituem penalidades de dois tipos: a) suspensão de transferências voluntárias e b) multa por infração às leis de finanças públicas.

a) Suspensão de transferências voluntárias – Os Estados e os Municípios, no descumprimento dos dispositivos da Lei de Responsabilidade Fiscal, especificamente quanto ao cometimento de excesso no limite fixado para as despesas de pessoal e ao descumprimento dos prazos fixados para a consolidação, nacional e por esfera de governo, das contas das entidades federadas têm como penalidade administrativa à suspensão de transferências voluntárias, excetuando-se aquelas relativas a ações de educação, saúde e assistência social.

b) Multa por infração as leis de finanças Públicas – esta penalidade foi instituída pela denominada Lei de Sanções Fiscais – Lei nº 10.028, de 10.10.2000 – estabelecendo no seu art. 5º que constitui infração administrativa contra as leis de finanças públicas:

    I – deixar de divulgar ou de enviar ao Poder Legislativo e ao Tribunal de Contas o relatório de gestão fiscal, nos prazos e condições estabelecidos em lei;

    II – propor lei de diretrizes orçamentárias anual que não contenha as metas fiscais na forma da lei;

    III – deixar de expedir ato determinando limitação de empenho e movimentação financeira, nos casos e condições estabelecidos em lei;

    IV – deixar de ordenar ou de promover, na forma e nos prazos da lei, a execução de medida para a redução do montante da despesa total com pessoal que houver excedido a repartição por Poder do limite máximo.

Para a prática de qualquer desses atos que são considerados infração às leis de finanças públicas, como punição, é prevista uma multa de 30% dos vencimentos anuais do agente que lhe der causa, com o pagamento da multa sendo de sua responsabilidade pessoal (§1º do art. 5º da Lei nº 10.028/2000).

A Espanha, por sua vez, editou a *Ley 18/2001, de 12 de diciembre, General de Estabilidad Presupuestaria*, onde está contida a estrutura normativa e reguladora da responsabilidade orçamentária e fiscal, no âmbito espanhol. A edição da lei de estabilidade orçamentária espanhola ocorreu, como menciona a sua exposição de motivos, em razão do processo de consolidação fiscal ter sido uma das chaves da política econômica que tornou possível o acesso da Espanha na União Econômica e Monetária em 1999, oportunizando mudança estrutural no comportamento da economia, possibilitando a combinação de um elevado ritmo de produção e criação de emprego com estabilidade econômica. *El principal reto de la política económica es mantener y prolongar este ciclo expansivo de larga duración, aprovechando plenamente las oportunidades derivadas de nuestra participación en el proceso de construción europea, de forma que segan aumentando las rentas, el empleo y el bienestar de los ciudadanos españoles.*

Dessa forma, o processo normativo de reformulação dos princípios e procedimentos da política orçamentária espanhola deverá se ater aos regulamentos da Lei nº18/2001, inclusive orientando a elaboração de uma lei geral orçamentária (nesse sentido foi editada a *Ley nº47/2003, de 26 de noviembre, General Presupuestaria*).

A estrutura normativa da lei nº 18/2001, conforme o disposto no seu art. 1, tem como objeto e filosofia regradora *o establecimiento de los principios rectores a los que deberá adecuarse la política presupuestaria del sector público en orden ala consecución de la estabilidad y crecimiento económicos, en el marco de la Unión Económica y Monetaria, asi como la determinante de los procedimientos necesarios para la aplicación efectiva del princípio de estabilidad presupuestaria, de acuerdo con los principios derivados del Pacto de Estabilidad y Crecimiento, y en virtud de la competencia del Estado respecto de las bases y coordinación de la planificación general de la actividad económica.*

De acordo com esse objetivo, o Título I, artigos 1 a 6, trata do âmbito de aplicação da lei e dos princípios gerais. Após definir o seu objeto no art. 1, o artigo 2 determina o alcance do setor público aos efeitos da lei, envolvendo no seu âmbito subjetivo o Estado, as Comunidades Autônomas e as Entidades locais, qualquer que seja o estatuto jurídico da organização administrativa, resguardando atendimento do espaço de autonomia e competência que têm as Administrações Territoriais para a configuração de seus entes instrumentais, assim como do conjunto de pessoas jurídicas, públicas e privadas, dependentes de todas elas.

Os princípios gerais determinados na Lei nº18/2001 são: o princípio de estabilidade orçamentária, definido como equilíbrio ou superávit orçamentário; o princípio de plurianualidade possui definição de que a elaboração orçamentária se dará em um cenário plurianual compatível com o princípio da anualidade que rege a aprovação e a execução orçamentária; o princípio da transparência define-se no sentido de que os orçamentos dos sujeitos compreendidos no âmbito de aplicação da lei e suas prestações de contas deverão conter informação suficiente e adequada para permitir a verificação do cumprimento do princípio da estabilidade orçamentária; e o princípio da eficiência e utilização dos recursos públicos é definido em consideração que as políticas de gastos públicos devem estabelecer-se tendo em conta a situação econômica e o cumprimento do objetivo de estabilidade orçamentária, executando--se mediante uma gestão dos recursos públicos orientada por eficácia, eficiência e qualidade.

No Título II, arts. 7º a 18, regra sobre o equilíbrio orçamentário do setor público espanhol. No Capítulo primeiro, relativo as *disposiciones comunes*, é determinado que todos os sujeitos compreendidos no âmbito de aplicação da lei são obrigados a estabelecerem em suas normas reguladoras de matéria orçamentária os instrumentos e procedimentos necessários para adequá-las ao objetivo de cumprimento do princípio de estabilidade orçamentária, correspondendo ao Governo da Nação espanhola, sem prejuízo das competências do Conselho de Política Fiscal e Financeira das Comunidades Autônomas, velar pelo cumprimento do princípio da estabilidade orçamentária em todo âmbito do setor público espanhol.

Para o atendimento do princípio de estabilidade orçamentária, a lei 18/2001 prevê a elaboração de um informe – relatório – sobre o grau de cumprimento do objetivo de estabilidade orçamentária do exercício imediatamente anterior, para ser remetido ao Conselho de Política Fiscal e Financeira das Comunidades Autônomas.

Nos arts. 10 e 11, da Lei nº 18/2001, é estabelecida a obrigatoriedade de verificação do cumprimento do objetivo de estabilidade orçamentária, mediante medição que será realizada de acordo com as normas do Sistema Europeu de Contas Nacionais e Regionais. Em face dessa avaliação é fixada a Responsabilidade Financeira derivada do descumprimento dos compromissos adquiridos pela Espanha perante a União Europeia em matéria de estabilidade orçamentária.

Referentemente à elaboração dos Orçamentos Gerais do Estado, nos artigos 12 a 14 da Lei nº 18/2001, está determinado como caráter prévio ao processo de elaboração, a realização de previsão plurianual das receitas e despesas, fixando, no processo de elaboração orçamentária que há de culminar com a aprovação dos Orçamentos Gerais do Estado do exercício seguinte, como limite máximo anual de gasto financeiro no Orçamento do Estado. Para manter uma situação de equilíbrio orçamentário, quando de maneira excepcional os orçamentos se apresentem em situação de déficit, o Governo enviará às Cortes Gerais um plano econômico-financeiro de correção do desequilíbrio, contendo a definição das políticas de receitas e despesas que seja preciso aplicar para corrigir dita situação nos três exercícios orçamentários seguintes (art. 14).

Buscando determinar regras claras para a gestão orçamentária, nos seus artigos 15 a 17, a Lei nº 18/2001, prevê a criação de um Fundo de Contingência de Execução Orçamentária, para atender necessidades, de caráter não discricional e não previstas no orçamento inicialmente aprovado, que possam apresentar-se no decorrer do exercício, inclusive no relativo aos créditos extraordinários, suplementos de créditos, ampliações e incorporações de crédito. Referentemente ao saldo de liquidação orçamentária, a lei prevê resolução dos aspectos deficitários e superavitários. Em situação de déficit, o Governo deverá remeter às Cortes Gerais um plano econômico-financeiro de correção do déficit; havendo uma posição de superávit, este será aplicado de dois modos: na redução do endividamento e no Fundo de Reserva da Seguridade Social, com a finalidade de atender necessidades futuras do sistema.

Como norma específica dirigida aos entes de direito público espanhol, o art. 18, da Lei nº 18/2001, estabelece que as entidades de direito público, dependentes da Administração Geral do Estado, que incorram em perdas que afetem o cumprimento do objetivo de estabilidade orçamentária, ficarão obrigadas a elaborar um informe de gestão – relatório – sobre as causas do desequilíbrio e, nesse caso, apresentado um plano de saneamento em médio prazo, com indicação das medidas corretivas de caráter econômico-financeiro que devam ser adotadas por seus organismos diretores.

Para regulamentar o equilíbrio orçamentário das Entidades Locais, o Capítulo III, artigos 19 a 25, da Lei nº 18/2001, fixa norma para cumprimento do princípio de estabilidade orçamentária, determinando que o Governo, por proposta do Ministério da Fazenda, fixará o objetivo da estabilidade orçamentária para *las Entidades Locales*, sem prejuízo das competências atribuídas às Comunidades Autônomas.

Fornecimento de informação é outra responsabilidade dirigida as Entidades Locais (art.21 da Lei nº18/2001), para tanto, o Ministério da Fazenda, para os efeitos de comprovação do cumprimento dos objetivos de estabilidade orçamentária, poderá solicitar das Entidades Locais a informação que permita a medição do grau de realização do objetivo que a cada uma corresponda alcançar, de acordo com as normas do Sistema Europeu de Contas Nacionais e Regionais.

A correção das situações de desequilíbrio também está prevista para as Entidades Locais, quando estas não tenham alcançado o objetivo de estabilidade orçamentária (art.22). Nesse caso, as Entidades Locais ficarão obrigadas a elaborar no prazo de três meses seguintes a aprovação ou liquidação do orçamento em situação de desequilíbrio um plano econômico-financeiro de médio prazo para correção.

Somente haverá autorização para as Entidades Locais realizarem operações de crédito e emissões de dívida quando houver cumprimento dos objetivos de estabilidade orçamentária (art. 23 da Lei nº 18/2001). Será mantida pelo Ministério da Fazenda uma central de dados de caráter público que mantenha informação sobre as operações de crédito, a emissão de dívida, ou qualquer outra *apelación de crédito* ou assunção de riscos e as cargas financeiras delas derivadas, contratadas pela Administração Geral das Entidades Locais e demais sujeitos dela dependentes.

As entidades de direito público dependentes das Entidades Locais, que incorram em perdas que afetem o cumprimento do objetivo de estabilidade orçamentária, ficarão obrigadas a elaborar um informe de gestão, dirigido ao Pleno da Corporação, dizendo das causas do desequilíbrio e, nesse caso, apresentar um plano de saneamento em médio prazo, quando serão indicadas as medidas corretivas de caráter econômico-financeiro que se devam adotar por meio de seus órgãos diretores.

Em cumprimento ao determinado pela Lei de Estabilidade Orçamentária (Lei nº 18/2001) e em seu complemento, houve a edição da *Ley nº 47/2003, de 26 de noviembre, General Presupuestaria*, no sentido de serem adotadas normas mais modernas, juntamente com novas teorias e técnicas orçamentárias, controle e contabilidade no âmbito da gestão pública, permitindo a adoção de procedimentos de informação e orçamento, com vista à obtenção de uma gestão eficiente, mas sem diminuição das garantias e seguranças que o manejo dos fundos públicos necessariamente exigem.

Nessa nova Lei Geral Orçamentária, no aspecto plurianual dos cenários orçamentários, se emolduram os Orçamentos Gerais do Estado e estão orientados, igualmente, para a estabilidade orçamentária. A Lei Geral Orçamentária – Lei º 47/2003 – define os programas plurianuais e o detalhe de seu conteúdo (objetivos, meios, atividades, processos investidores e indicadores de avaliação). Estes programas plurianuais, que devem ser aprovados pelo Ministro de cada Departamento, serão remitidos anualmente ao Ministério da Fazenda para elaboração dos chamados cenários orçamentários plurianuais.

As políticas de gasto passam a ser elemento nuclear das atribuições de recursos, da avaliação da gestão e do alcance dos objetivos. Há previsão de que as atribuições orçamentárias aos centros gestores de gasto se efetuem tendo em conta o nível de cumprimento dos objetivos em exercícios anteriores. Outras novidades significativas da lei se encontram na flexibilização da gestão dos gastos em investimento, que passam do vínculo do nível de dois dígitos para o nível de um dígito, e na ampliação para todo tipo de gasto da possibilidade é admitida à possibilidade de serem adquiridos compromissos de gasto de caráter plurianual.

Nesse contexto de estrutura legislativa da Lei Geral Orçamentária espanhola, no aspecto da responsabilidade orçamentária e fiscal, é de ser ressaltado o regramento contido no Título II – Programação Orçamentária e Objetivo de Estabilidade (artigos 28 a 31), uma vez que regula o equilíbrio entre receita e despesa determinado pela Lei Geral Orçamentária.

O Título II se dedica à regulação dos Orçamentos Gerais do Estado e começa fixando, em seu Capítulo I, os princípios de estabilidade orçamentária, plurianualidade, transparência e eficiência na destinação e utilização de recursos da programação orçamentária, assim como as regras de gestão orçamentária submetida a um orçamento anual que se enquadra no limites de um cenário plurianual.

O Capítulo II (artigos 28 a 31) contém uma regulação inovadora ao tratar da programação orçamentária e do objetivo de estabilidade. A programação da atividade do setor público se materializa nos cenários orçamentários plurianuais, envolvendo tanto a receita como a despesa, que devem se ajustar ao objetivo de estabilidade para os três exercícios seguintes e se adequarão aos Orçamentos Gerais do Estado. Estabelece ainda seu procedimento de elaboração, aprovação e de seu conteúdo.

É regulado no Capítulo III o procedimento de elaboração do orçamento, o trâmite de seu encaminhamento às Cortes Gerais e contempla o suposto de prorrogação dos Orçamentos Gerais do Estado. Caso não se formalize sua aprovação dentro dos prazos previstos, regula também a estrutura que deve ser adotada nos orçamentos, tanto no relativo a execução da despesa como na da arrecadação da receita.

No Capítulo IV é reorganizada e sistematizada a normativa relativa às modificações de crédito junto com a atribuição de competências sobre a matéria, além de recorrer à novidade mais destacada que é o papel desempenhado pelo Fundo de Contingência de Execução Orçamentária para fazer frente às necessidades inadiáveis de caráter não discricional e que se aplicam determinado tipo de modificações, segundo o procedimento que dispõe a lei.

Outra novidade, resulta da possibilidade de ser recorrido a um capítulo específico das entidades públicas empresariais, sociedade mercantis estatais e fundações do setor público estatal em matéria orçamentária, como faz a Lei Geral Orçamentária, devendo se concentrar na necessidade de elaborar seus orçamentos de exportação e capital, a formulação e tramitação de um programa de atuação plurianual, e das singularidades das variações de suas dotações orçamentárias.

Por fim, o último Capítulo do Título II possui dedicação à gestão orçamentária, estabelecendo como princípio geral o cumprimento da eficácia na consecução de um sistema de objetivos que se fixará por meio da elaboração dos programas plurianuais. São descritas as sucessivas fases do procedimento de gestão dos gastos públicos, assim como a designação de competências de gestão de gastos e ordenação de pagamentos. São contemplados também determinados aspectos em matéria de gestão orçamentária como o procedimento de embargo de direitos de cobrança, as atuações em relação aos pagamentos indevidos e demais reintegrações, bem como os mecanismos orçamentários de antecipações de caixa fixa e de pagamentos a justificar.

De outra parte, para que, efetivamente, os atos de gestão fiscal se procedam com transparência, não basta a existência de uma regulamentação legal, com o atendimento de princípios gerais. Para tanto, impõe-se o funcionamento regular do sistema de controle. Assim, com o sentido de acompanhar e verificar a regularidade dos procedimentos de Gestão Fiscal, tendo em conta um planejamento elaborado com o atendimento do princípio da transparência, é necessária a existência de um sistema de controle que verifique e exija o cumprimento das normas, limites e obrigações contidas na Lei Complementar brasileira nº 101/2000 e na Lei espanhola 47/2003, a fim de que os atos de gestão fiscal sejam realizados com responsabilidade e atendimento ao interesse público, com verificação de que está sendo dada uma ampla divulgação aos mesmos.

No Brasil, esse controle está previsto na Lei de Responsabilidade Fiscal que, consoante a exigência de transparência dos atos de gestão fiscal, propicia a realização do controle social (art.48 e 49 da Lei nº 101/2000) e, seguindo a forma de controle estruturada constitucionalmente, destina a sua fiscalização para os órgãos do sistema de controle externo que está a cargo do Poder Legislativo, mediante execução pelo Tribunal de Contas e para os órgãos de controle interno de cada Poder e do Ministério Público (art. 59).

Como a atribuição principal do sistema de controle é a fiscalização quanto ao cumprimento das normas da lei complementar, especialmente no que se refere ao atingimento das metas fixadas na lei de diretrizes orçamentárias; aos limites e condições para a realização de operações de crédito e inscrição em Restos a Pagar; às medidas adotadas para o retorno da despesa total com pessoal ao respectivo limite; às providências tomadas para recondução dos montantes das dívidas consolidada e mobiliária aos respectivos limites; à destinação de recursos obtidos com a alienação de ativos, tendo em vista as restrições constitucionais e as da Lei Complementar nº 101/2000; e ao cumprimento do limite de gastos totais dos legislativos municipais, quando houver; com os Tribunais de Contas devendo proceder alerta aos Poderes ou órgãos referidos no artigo 20 da Lei de Responsabilidade Fiscal quando constatarem a ocorrência de situação que exceda aos limites legais determinados, bem como de fatos que comprometam os custos ou os resultados dos programas ou indícios de irregularidades na gestão orçamentária, pode-se dizer que essa forma de regulamentar a ação fiscalizadora caracteriza o controle como de acompanhamento, inclusive quanto ao acompanhamento de que esses atos estão tendo a devida divulgação pública.

O controle assim realizado permite prevenir riscos e corrigir desvios capazes de afetar o equilíbrio das contas públicas, na medida em que o acompanhamento da gestão fiscal das Administrações Públicas deve ser realizado bimestral, quadrimestral ou semestralmente por meio de relatórios e demonstrativos parciais, na forma legal regulada. Ao final de cada exercício haverá a consolidação desses relatórios parciais, resultando na prestação de contas anual da gestão fiscal.

Dessa forma, nesses relatórios não são apuradas responsabilidades quanto à arrecadação da receita e a execução da despesa, mas sim, são efetuadas comparações com os dados ali registrados e os limites estabelecidos na Lei Complementar nº 101/2000, que culmina com a emissão de *parecer conclusivo* sobre a gestão fiscal, o qual deve manifestar se há atendimento ou não das regras fixadas na Lei de Responsabilidade Fiscal.

Por isso, na Lei Complementar nº 101/2000, o exercício da fiscalização pelos Tribunais de Contas e emissão do Parecer Prévio não ensejam uma decisão propriamente dita, posto que se trata de uma lei de acompanhamento em que o órgão de controle acompanha a execução do planejamento – sistema orçamentário – tendo em conta o atingimento das metas fixadas pela Administração Pública e diz da sua conformidade ou não com as determinações legais.

Nesse contexto normativo, embora existam regras claras e detalhadas para o estabelecimento da transparência nos atos de gestão fiscal, se não houver penalização exemplar para o descumprimento da lei, provavelmente esta se tornará ineficaz, letra morta, porque sua aplicabilidade, dependendo exclusivamente da boa-vontade do governante, restará inexoravelmente prejudicada e abandonada. Por isso, a estrutura normativa que regula a responsabilidade fiscal dos governantes estipula várias penalidades, de natureza administrativa e criminal, para os violadores das regras da Lei Complementar nº 101/2000, conforme já foi examinado em tópico anterior.

Os Estados e Municípios que não encaminharem, para consolidação, as suas contas ao Poder Executivo da União, dentro do prazo fixado legalmente, ficarão, até que se regularize a situação, impedidos de receberem transferências voluntárias e de procederem a contratos de operações de crédito, exceto as destinadas ao refinanciamento do principal atualizado da dívida mobiliária (art.51, §2º, da LRF).

Consoante o art. 5º da Lei nº 10.028, de 19.10.2000, deixar de divulgar ou de enviar ao Poder legislativo e ao Tribunal de Contas o Relatório de Gestão Fiscal, nos prazos e condições estabelecidos em lei, constitui infração administrativa contra as leis de finanças públicas, punível com multa de trinta por cento dos vencimentos anuais do agente que lhe der causa, sendo o pagamento da multa de sua responsabilidade pessoal. A aplicação dessa penalidade é da competência exclusiva do Tribunal de Contas.

Por fim, genericamente, no sentido de abranger todo e qualquer tipo de descumprimento às normas que regulam a responsabilidade fiscal, em que se incluem as medidas de transparência, o art. 73 da LRF determina que as infrações aos seus dispositivos serão punidas segundo as normas do Código Penal; da Lei nº 1.079, de 10 de abril de 1950; do Decreto-Lei nº 201, de fevereiro de 1967; da Lei nº 8.429, de 2 de junho de 1992; e demais normas da legislação pertinente.

De igual modo, na Espanha, também se procede ao controle da gestão econômico-financeira do setor público estatal, com vista ao cumprimento da Lei Geral de Estabilidade Orçamentária, no sentido de ser assegurado o cumprimento do princípio da estabilidade orçamentária, a fim de que não seja ultrapassado o limite máximo anual de gasto coerente com o cenário orçamentário plurianual previamente elaborado; seja efetuada a criação de um Fundo de contingência de execução orçamentária para suporte de necessidades imprevistas; bem como, em caso de déficit orçamentário, seja realizado um plano de correção da situação de desequilíbrio e, em caso de superávit, seja o saldo destinado à redução do endividamento.

Para tanto, a Lei espanhola 47/2003, no seu artigo 140, 1 e 2, rege que o controle da gestão econômico-financeira se dará consoante a dualidade de controle – controle externo e controle interno. O controle externo, por sua condição de supremo órgão fiscalizador das contas e da gestão econômica do Estado, está a cargo do Tribunal de Contas. A Intervenção Geral da Administração do Estado exerce a função de controle interno da gestão econômica e financeira do Estado.

A Intervenção Geral da Administração do Estado realiza o controle da gestão econômico-financeira e os objetivos do controle que está regulado na Lei 47/2003, artigo 142, visa a: a) verificar o cumprimento das normas aplicáveis à gestão objeto do controle; b) verificar o adequado registro e contabilização das operações realizadas, seu fiel e regular reflexo nas contas; c) avaliar se as atividades e os objetos do controle estão de acordo com os princípios de boa gestão financeira e, em especial, os previstos na Lei Geral de Estabilidade Orçamentária; e d) verificar o cumprimento dos objetivos assinalados aos centros gestores dos gastos nos Orçamentos Gerais do Estado.

Esse controle que deve ser realizado pela Intervenção Geral da Administração do Estado efetua-se mediante o exercício da função interventora, do controle financeiro permanente e da auditoria pública, consoante as regras determinadas pelos artigos 143 a 181, com acompanhamento e avaliação concomitante dos atos de gestão econômico-financeira.

A transparência fiscal e orçamentária espanhola está regulada no art. 136, 1 a 5, da Lei nº 47/2003 – Lei Geral Orçamentária – que determina a publicação mensal no Boletim Oficial do Estado de informações relativas às operações de execução orçamentária e de suas modificações, e operações de tesouraria, e das demais que sejam consideradas de interesse geral; anualmente, deverá ser publicado no Boletim Oficial do Estado, um resumo das principais situações e documentos que compõem as contas da Administração Geral do Estado; as entidades que aplicam recursos públicos, sem a obrigação de publicarem as suas contas no Registro Mercantil, deverão publicar anualmente no Boletim Oficial do Estado o balanço da situação e da conta de resultado econômico e patrimonial, assim como de um resumo das restantes situações que constam das contas anuais; a Intervenção Geral da Administração do Estado poderá determinar a publicação das informações por outros meios que não o Boletim Oficial do Estado, possibilitando o exercício do controle social sobre os atos de execução orçamentária e de prestação de contas dos Administradores públicos.

De outra parte, a obrigação de prestar contas por parte dos gestores públicos ocorre perante o Tribunal de Contas Espanhol, por meio da Intervenção Geral da Administração do Estado, alcançando a todas as autoridades e funcionários públicos indicados como *cuentadantes* no art. 138 da Lei 47/2003 – Lei Geral Orçamentária – e o cumprimento dessa obrigação de prestar contas, na forma do art. 139 da mesma lei, os *cuentadantes* devem remeter as suas contas anuais à Intervenção Geral da Administração do Estado, acompanhadas do Relatório de Auditoria correspondente, dentro dos sete meses seguintes ao encerramento do exercício econômico (até o final de julho), com a Intervenção Geral da Administração do Estado devendo, no prazo de um mês, remeter ao Tribunal de Contas a documentação pertinente à prestação de contas encaminhada.

A legislação espanhola também estabelece sanções por descumprimento à Lei Geral Orçamentária (art. 176 da Lei 47/2003), estabelecendo que *las autoridades y demás personal al servicio de las entidades contempladas en el artículo 2 de esta ley que por dolo o culpa graves adopten resoluciones o realicen actos com infracción de las disposiciones de esta ley, estarán obligados a indemnizar a la Hacienda Pública estatal o, en su caso, a la respectiva entidad los daños y perjuicios que sean consecuencia de aquellos, con independencia de la responsabilidad penal o disciplinaria que les pueda corresponder.*

Como complemento, o art. 180 da Lei 47/2003, ao estabelecer o órgão competente para apuração dessa responsabilidade e o procedimento adequado, fixa que a responsabilidade será exigida pelo Tribunal de Contas, mediante procedimento de recomposição por alcance, na forma do estabelecido em sua legislação específica (Lei Orgânica 2/1982).

Em conclusão, pelo estudo até aqui efetuado, não resta dúvida sobre a existência de um redesenho do Estado contemporâneo, onde está configurado um novo formato de natureza pluralista, transparente e participativa, fazendo surgir uma Nova Administração Pública, com novas concepções interpretativas de princípios administrativos, bem como estabelecendo a necessidade de realização de Reforma Orçamentária e Fiscal, no sentido de ser alcançado um equilíbrio entre receita e despesa, para implantação de um desenvolvimento sustentável.

CAPÍTULO III

O CONTROLE DA ADMINISTRAÇÃO PÚBLICA

A vida em sociedade é de natureza conflituosa, por isso, nem sempre pacífica, surgindo daí a necessidade de imporem-se controles sobre as individualidades e entidades para que a organização social possa funcionar de maneira satisfatória. Assim, a sociedade organizada exige uma estrutura de controle para a sua própria sobrevivência. Como expressa Franco Garelli, mencionado no Dicionário de Política organizado por Norberto Bobbio, Nicola Matteucci e Gianfranco Pasquino, *por controle social se entende o conjunto de meios de intervenção, quer positivos quer negativos, acionados por cada sociedade ou grupo social a fim de induzir os próprios membros a se conformarem às normas que a caracterizam, de impedir e desestimular os comportamentos contrários às mencionadas normas, de restabelecer condições de conformação, também em relação a uma mudança do sistema normativo.*[530]

De acordo com a maioria dos pensadores sociais desde os fins do século XIX, a sociedade somente sobrevive aos egoísmos individuais e aos conflitos coletivos, em razão do estabelecimento do controle social. Assim, o chamado controle social é o controle protetor da sociedade em face dos desmandos de indivíduos ou grupos.[531]

---

[530] BOBBIO, Norberto; MATTEUCCI, Nicola; PASQUINO, Gianfranco. Dicionário de Política. 12. ed. Tradução de Carmen C. Varriale et al. Brasília: Ed. UnB, 1999, v. 1, 2.p. 283.

[531] PEREIRA JUNIOR, Jesse Torres. *Controle Judicial da Administração Pública*: da legalidade estrita à lógica razoável. 2. ed. Belo Horizonte: Fórum, 2006, p. 17. Sobre o controle social o autor refere: *Por isto que a ideia de controle e o sistema que a serve devem ter assento, necessariamente, no documento político fundante da organização social, que é a constituição. E não se diga que o fenômeno se circunscreve a tal ou qual ordem nacional. O direito Comunitário, desenvolvido a partir da experiência da comunidade econômica europeia, pós II Grande Guerra (1939-1945), cunhou uma ordem transnacional ou supranacional a que não faltam instrumentos*

Portanto, pelos motivos acima expressos, fica demonstrada a relevância do controle em todo o âmbito do grupamento social, especialmente quando ele ocorre sobre a atuação normativa e material da Administração Pública. Dessa forma, o controle da Administração Pública revela-se como um meio de proteção do cidadão diante do Estado.[532] Nessa circunstância de entendimento, evidencia-se o caráter constitucional de proteção e promoção que alcança o *status* de direito fundamental conferido a vários direitos subjetivos que o cidadão detém face à atividade do Estado, que normalmente estão expressos nas constituições dos Estados Democráticos de Direito.

Por esse motivo, o controle está associado ao Poder do Estado e, por poder ele interferir nos direitos fundamentais do cidadão, deve ter anteparo e compatibilização normativa constitucional para o seu exercício. Esse atrelamento do controle ao Poder, leva Roberto Dromi a mencionar que o Poder Político, como atributo essencial da comunidade política, refere-se à capacidade do Estado, concebida como meio, para conseguir o seu objetivo: o bem comum. Sendo essa uma capacidade qualitativa e moral, imprescindível para manter a ordem, causa formal do Estado.[533]

Em continuidade ao seu raciocínio, Dromi salienta que a ordem predica obrigatoriamente ao poder e ao direito; expressa-se em direito e se organiza em poder. Que poder e direito são atributos essenciais, próprios da ordem, exigidos pela essência do ser estatal; que em sua atuação, poder e direito especificam uma organização e um ordenamento jurídico que explicitam as relações fundamentais entre o Estado e o Indivíduo.[534]

---

que produzem controle, tais como um tribunal judicial comunitário, um parlamento europeu e um Tribunal de Contas da comunidade, no bojo de uma Constituição também comunitária. Na América Latina, intenta-se replicar o modelo com o Mercosul.

[532] FRANÇA, Phillip Gil. O Controle da Administração Pública e sua efetividade no Estado Contemporâneo. *Interesse Público*, ano 9, n. 43, maio/jun. 2007. Belo Horizonte: Fórum, 2007. p. 167. Este é o comentário do autor sobre a temática: *"Como efetivo meio de proteção do cidadão face o Estado, considerando que esse titular (cidadão) do poder propulsor da máquina pública – gerenciada por aquele detentor desse Poder (Estado) – sempre estará na condição de hipossuficiência frente à ordem estatal, justificando, assim, o vasto rol de instrumentos garantidores do seu desenvolvimento individual e intersubjetivo".*

[533] DROMI, Roberto. *Modernización del Control Público*. Madrid: Editorial Hispania Libros, 2005. p. 33.

[534] DROMI, Roberto. *Modernización del Control Público*. op. cit., p. 33-34. Razão pela qual, o autor comenta: *el poder actúa a través del Derecho, imponiendo límites subjetivos a los derechos y a las libertades públicas de los individuos, y límites objetivos, o finalidades públicas, sobre los fines que especifican el bien común. La autoridad elabora el Derecho, pero a la vez se subordina a él, teniendo siempre como mentor un Derecho anterior, que le impone el reconocimiento de cualidades,*

Dessa forma, não resta dúvida de que o sistema democrático exige que haja uma relação equilibrada entre as duas funções principais do poder, governo e controle, no sentido de que a reorganização do governo possibilite reintegrar-lhe autoridade, implicando a reinstalação do controle, a fim de torná-lo apto para o resguardo da liberdade. [535] É por isso que Miguel Sánchez Morón diz que governo e administração representam o poder do Estado, devendo, por tal razão, terem controle.[536]

Com efeito, a evolução da história política do ocidente, especialmente a partir da revolução francesa, com a instalação do Estado Liberal, permite a visão de que a melhor maneira de defender a liberdade *es que el derecho sea límite del poder*, como bem adverte Gonzáles Navarro.[537] Isso em razão de que, como ainda salienta o mesmo doutrinador espanhol, a democracia possui dois mandamentos fundamentais: sujeição plena ao ordenamento jurídico e ao controle, sem exclusões, da atuação de todos e de cada um dos titulares do Poder Público.

Nesse contexto de avaliação, verifica-se que a estrutura política do Estado, como um fiel reflexo da sociedade, está dividida entre os que mandam e os que obedecem, entre governantes e governados e entre autoridade e liberdade, fatores que exigem um sistema eficaz de controle público, a fim de que possa ser mantido um equilíbrio razoável e prudente entre essas polaridades.[538]

Por esse motivo, em continuidade ao seu pensamento sobre controle, Dromi diz que o controle tem por objetivo verificar a legitimidade (razão jurídica) e a oportunidade (razão política) da forma

---

libertades o derechos individuales esenciales emanados de la naturaleza humana y que el Derecho positivo no hizo mas que reconocer. En este juego recíproco el ordenamiento jurídico establece 'los controles del poder' para salvaguardar su propria vigencia.

[535] OYHANARTE, Julio C. *El Estado como actor en una Sociedad Dinámica*. In:____. Recopilación de sus Obras. Buenos Aires: La Ley, 2001, p. 602. O autor refere ainda que, *sin perjuicio de la tradicional concepción del poder global dividido en tres funciones concurrentes, ejercidos de manera equilibrada y armónica, hay otra que merece ser distinguida, por cuanto enseña mucho acerca de la dinámica interna del poder. Me refiero a la diferenciación de dos funciones que se condicionan recíprocamente: la función de gobierno y la función de control.*

[536] MORÓN, Miguel Sánchez. *Derecho Administrativo* – parte general. 4. ed. Madrid: Tecnos, 2008. p. 98. Por isto, o autor adverte: *Gobierno y Administración – Gobiernos y Administraciones Públicas – son los Poderes activos por excelencia, según hemos explicado ya; aquellos cuya actuación afecta de manera más directa y cotidiana a la vida de los ciudadanos, los que gestionan la mayor parte de los recursos públicos. No hace falta enfatizar la necessidad de que quedan sometidos a un control efectivo.*

[537] NAVARRO, Francisco González. *El control de la actuación del Tribunal de Cuentas*. In: Instituto de Estudios Fiscales, El Tribunal de Cuentas en España. Madrid: Dirección General de lo Contencioso del Estado, 1982, t. 1, p. 635 apud DROMI, Roberto. *Modernización del Control Público*. op. cit. p. 35.

[538] DROMI, Roberto. *op. cit.* p. 35.

(procedimento) e o fim (causa final) da atuação da autoridade, como modo de constatar a correspondência entre antecedente e consequente, entre a forma prevista e o fim proposto pelo legislador, com a forma executada e a finalidade realizada pelo administrador. Daí que antes, durante e depois do ato de poder, corresponde o seu controle, com verificação da legitimidade formal (processual) e substancial (final), como fator necessário para constatar a correspondência entre atuação política subjetiva e finalidade política objetiva.[539]

Em avaliação sobre a importância e necessidade de controle da Administração, Bergeron desenvolve a tese de que o controle envolve quatro elementos básicos: 1) uma situação concreta sobre a qual incidirá o controle; 2) um padrão, um *role* que servirá de ponto de comparação para controlar; 3) a aproximação dessas duas premissas significa o ato de controle propriamente dito; 4) a razão de ser, o objetivo do controle. Junto a esses elementos, outros dois tornam-se necessários: o agente do controle, o controlador; o agente do ato que é objeto do controle, o controlado. Assim, o exercício do controle exige a existência de dois agentes diferenciados, estando um em superioridade funcional, não necessariamente hierárquica, em relação ao outro; um agente cuja ação é controlada, um outro que realiza o ato de controle – e seu ato, seu papel, seu objetivo, sua função poderão denominar-se *controle*.[540]

Por sua vez, Gianini refere que os controle de procedimento e verificação (que a seu ver, configuram os verdadeiros controles) possuem estrutura jurídica própria, decorrente do juízo de verificação da regularidade da função, com medida consequente desse juízo.[541]

Avaliando esses dois elementos de caracterização do controle, especialmente a medida, Gianini refere que no procedimento de controle autônomo juízo e medida se vinculam estreitamente.[542] Para clarear a

---

[539] *Idem*, p. 35-36.
[540] BERGERON. *Fonctionnement de l'État*. 2. ed. Paris, 1965, p. 52, *apud* MEDAUAR, Odete. Controle da Administração Pública. São Paulo: Revista dos Tribunais, 1993, p. 20.
[541] GIANNINI, Massimo Severo. Controllo: Nozioni e Problemi. *Rivista Trimestrale di Diritto Pubblico*, 1974, v. 4, p. 1278, *apud* MEDAUAR, Odete. *Controle da Administração Pública. op. cit.*, p. 20. As ponderações do jurista italiano são as seguintes: *no procedimento de controle autônomo (controle típico, controle verdadeiro) juízo e medida se vinculam estreitamente, porque o momento do juízo é determinante da medida; o juízo de verificação da regularidade da função é destinado à medida, porque esta é destinada à eliminação da função irregular; é esta a razão pela qual se pode dizer que a medida constitui o 'momento cominatório' do controle, mesmo quando a medida é positiva.*
[542] GIANNINI, Massimo Severo. Controllo: Nozioni e Problemi. *Rivista Trimestrale di Diritto Pubblico*, 1974, v. 4, p. 1278, *apud* MEDAUAR, Odete. *Controle da Administração Pública. op. cit.*, p. 1279.

essa sua visão de controle, ele exemplifica com a autoridade que edita um ato propositalmente ilegal com conhecimento de assumir um risco, no sentido jurídico; se a autoridade de controle verifica a ilegalidade, adota medida negativa; pode ocorrer, no entanto, que não a perceba ou que tenha como legal o que era ilegal; não interessa se a medida seja ou não aplicada, mas a possibilidade de ser adotada para a eliminação da ilegalidade. O mesmo autor, em outra obra mais recente, indica a medida como um dos elementos próprios da atividade de controle; é o ato que o controlador adota (ou que propõe seja adotado por outra autoridade), apresentando-se de múltiplas formas: medida tácita, aprovação, visto, anulação, havendo medidas que não sendo propriamente de controle, vinculam-se a atos precedentes de controle, como por exemplo, a exoneração do titular em um órgão.[543]

Com esses argumentos, Gianini fixa ainda que as atividades controladoras que abrangem os dois elementos, mormente a medida, constituem os controles jurídicos por excelência, embora outras espécies de controle também possam ter relevância jurídica.

De acordo com essa linha de visão do controle, impõe-se relembrar manifestação de Caio Tácito sobre o controle da Administração Pública, de que o controle de legalidade não se constitui monopólio de ninguém, na medida em que, dele, compartilham os vários poderes do Estado.[544]

Desse modo, considerando os fundamentos até aqui apresentados pelos doutrinadores, pode-se afirmar que a função de controle do poder foi estruturada no Estado moderno, quando se consolidou como uma das principais características do Estado de Direito. No Estado de Direito a Administração está vinculada ao cumprimento da lei e ao atendimento do interesse público – atendimento ao principio da legalidade e à supremacia do interesse público – por isso, para eficácia dessa exigência, torna-se imperativo o estabelecimento de condições

---

[543] GIANINI, Massimo Severo. *Istituzioni di Diritto Amministrativo*. 1981, p. 48-49, *apud* MEDAUAR, Odete. *Controle da Administração Pública*. op. cit., p. 21.
[544] TÁCITO, Caio. *Direito Administrativo*. São Paulo: Saraiva, 1975. p. 136. Este é o pensamento do autor: *"O controle de legalidade da administração não é, afinal, monopólio ou privilégio de ninguém. Dele compartilham os vários poderes do Estado. Dele se utiliza qualquer do povo quando ferido em direito seu ou interesse legítimo. A defesa da ordem jurídica é, sobretudo, um dever de cidadania: a mística da lei e a fidelidade ao interesse público são a essência mesma da sociedade livre e moralizada. O culto à liberdade não se coaduna com a tolerância do arbítrio ou aceno a violência. A legalidade não é uma simples criação de juristas, dosada em formulas técnicas e símbolos latinos. É o próprio instinto de conservação da comunidade. A todos incumbe, assim, o dever elementar de vigilância, a paz social traduzida na lei e no direito".*

que verifiquem, constatem e imponham o cumprimento da lei para o atendimento do interesse coletivo, com a finalidade de ser evitado o abuso de poder. A isso se chama controle da Administração Pública.[545]

Contudo, embora estejam perfeitamente estabelecidos os parâmetros essenciais para a existência do controle da Administração Pública, resta ainda dizer-se do seu conceito, no sentido de ser fixada uma noção perfeita de seu significado e alcance.

De uma maneira geral, há concordância com a maioria dos elementos constitutivos do controle do poder e, via de consequência, da Administração Pública. A função do controle é fazer com que a Administração atue de acordo com os princípios que lhe são impostos pelo ordenamento jurídico, qual seja, está vinculado ao direito e à lei, constituindo-se em um poder-dever da Administração, tendo em vista o seu objetivo de correção, não podendo ser renunciado nem retardado.

Tendo em vista todos esses fatores essenciais do controle, que contém os elementos conceituais de sua compreensão, os estudiosos do Direito Público apresentam variedades sobre o tema, embora a ideia central não pareça divergente.[546]

Portanto, conforme o até aqui demonstrado, o controle é elemento essencial ao Estado de Direito, tendo por finalidade assegurar que a Administração não atue com discrepância do ordenamento jurídico. Por essa razão, e tendo em conta os elementos doutrinários e de constituição

---

[545] MILESKI, Helio Saul. *O Controle da Gestão Pública*. São Paulo: Revista dos Tribunais, 2003. p. 137.

[546] MEDAUAR, Odete, "Controle da Administração Pública", op. cit. pág. 22, apresenta a seguinte noção: *"controle da Administração Pública é a verificação da conformidade da atuação desta a um cânone, possibilitando ao agente controlador a adoção de medida ou proposta em decorrência do juízo formado"*; Por sua vez, Roberto Dromi, por entender que o controle público está enraizado como princípio natural na estrutura do poder estatal, na medida em que não deve haver poder sem controle, manifesta: *"El control se impone para asegurar la sujeición del obrar público a reglas y princípios de Derecho y buena administración, ya que en él debe imperar inexcusablemente la perspectiva finalista del bien común (causa-fin), a la que debe ajustarse el poder (causa-medio)"*, "Modernización Del Control Público", op. cit. pág. 36; Para Andrés Fernández Díaz, Conselheiro do Tribunal de Contas Espanhol e Catedrático da Universidade Complutense, deve-se entender o conceito de controle identificando-o com fiscalização, no sentido de dar um papel mais relevante na dimensão temporal. *"En efecto, el término <<control>> carece de sentido si no se interpreta como un proceso inevitablemente dinámico en el que la realimentación permanente constituy pieza clave. En dicho proceso la secuencia a contemplar sería la siguiente: análisis de la gestión pública, diseño de un programa de fiscalización, realización de auditorías y utilización de otras técnicas complementárias, valoración de los resultados, eventuales actuaciones en el ámbito de la jurisdicción contable (enjuiciamiento), efectos concretos sobre la gestión pública, gestión pública modificada, análisis..."*, DÍAS, Andréz Fernández, *"Puede hablarse de una economía del control?"*. Revista Española de Controle Externo, vol. I, nº 1, enero 1999, págs. 35/57.

do controle, posiciono-me pelo seguinte entendimento: o controle da Administração Pública é próprio dos Estados de Direito e, sobretudo, democráticos, no sentido de se proceder à verificação, quanto ao atendimento dos princípios e normas constitucionais, em toda a forma de atuação administrativa, a qual deve estar sempre voltada para a satisfação do interesse público, que reflete fator de proteção não só para os administrados como também para a própria Administração Pública.[547]

1 Aspectos de compreensão do controle e suas formas

No Estado contemporâneo houve uma valorização dos sistemas de controle, especialmente no âmbito público, com uma ampliação das formas de exercício do controle. Trata-se de uma atividade que envolve todas as funções do Estado, estando direcionada para o estabelecimento e a manutenção da regularidade e da legalidade administrativa, que procede a uma avaliação no sentido de evitar erros e distorções na ação estatal, buscando indicar procedimentos de reorientação para as falhas detectadas ou agindo na responsabilização dos agentes causadores dessas impropriedades legais que ocasionam prejuízos à coletividade.

Assim, quem administra tem o dever de prestar contas de sua administração e de responder por seus atos, circunstâncias que trazem implícita a ideia de controle. Para que se possa ter uma noção exata e compreensiva do sistema de controle, torna-se necessário examinar a sua estrutura e funcionamento, o que certamente não é fácil, tendo em conta que os muitos tipos de sociedades e culturas orientam a formação das várias formas de constituir o controle.

No aspecto relativo aos objetivos da atividade controladora, na esteira das indicações efetuadas, Luciano Ferraz,[548] embasando-se em Fayol, bem consolida os elementos essenciais da ação de controle:

a) a atividade de controle tem como parâmetro os programas, as ordens (normas) e os princípios;

b) o controle é o elemento da Administração que concilia todos os elementos precedentes – planejamento, organização, comando e coordenação;

c) objetiva detectar erros e falhas, evitando outras futuras ocorrências;

---

[547] MILESKI, Helio Saul. *O Controle da Gestão Pública*. op. cit., p. 138.
[548] FERRAZ, Luciano de Araújo. *Controle da Administração Pública* – Elementos para a compreensão dos Tribunais de Contas. Belo Horizonte: Mandamentos, 1999. p. 73-74.

d) dependendo da complexidade da atividade controladora, é necessário valer-se de controladores e inspetores especializados;
e) o controle deve ser realizado em tempo hábil e, detectadas as falhas, os responsáveis devem sofrer as consequências;
f) os responsáveis pelo controle devem possuir conhecimentos técnicos e isenção, no momento de realizar a sua atividade.

Já Roberto Dromi refere que todo o sistema de controle se estrutura com base em certos elementos essenciais do processo de fiscalização, separando-os em quatro elementos: *a) finalidade do controle; b) objeto e oportunidade do controle; c) modo ou procedimento de controle; d) efeitos do controle*.[549] Esclarecendo o seu entendimento, o autor explicita cada um dos elementos, a saber:

a) Finalidade do Controle (para quê?). O fim comum que têm os distintos sistemas e procedimentos de controle está orientado para verificar o cumprimento das normas de direito, cuja ação deve ocorrer com respeito aos princípios jurídicos, políticos e éticos da boa administração;

b) Objeto e oportunidade do controle (que e quando?). Os limites jurídicos e políticos assinalados pelo complexo normativo para ser realizada a fiscalização fixam que atos de gestão podem ser submetidos ao controlador e em que oportunidade, já que se trata de controle da atividade regrada ou discricional, ou ainda das categorias conhecidas como legitimidade e oportunidade;

c) Modo ou procedimento de controle (como?). Compreende as formas pelas quais se canaliza a atividade de fiscalização que são variadas, tipificadas em função da distinta atividade do controlado ou da natureza do controlador, que deve estar dotado de competências ou faculdades suficientes. O procedimento é a causa formal que habilita a formulação do juízo de valor contido no pronunciamento final do órgão controlador, qual seja, o modo em que deverá ser feita a declaração orgânica administrativa do controle;

d) Efeitos do controle (por quê?). Todo pronunciamento de controle, como ao final e substancial da atividade fiscalizadora, produz diversos efeitos. Às vezes incide definitivamente na eficácia do ato (como no caso da aprovação, autorização, revogação, anulação, modificação, conversão, etc.); em outras ocasiões afeta

---

[549] DROMI, Roberto. *Modernización del Control Público*. op. cit. p. 30-31.

a execução do ato ou ao efetuar controle de modo provisório ou temporário (por exemplo: veto e suspensão), assegurando a materialização da atividade controladora.

Consoante Gualazzi, a função controle constitui, na expressão de Gianini, uma função complementar. O Controle envolve uma função paralela à da administração ativa. Como a função consultiva consiste em autotutela apriorística complementar à administração ativa, nos aspectos de legitimidade e legalidade, a função controle significa supervisão complementar à da administração ativa, nos aspectos de legalidade e mérito.[550]

Assim, sendo o controle uma atividade complementar, que tem a finalidade de avaliar a atuação administrativa, consoante um conjunto de normas e princípios, visando a estabelecer ou manter a regularidade e a legalidade da Administração, não pode ele, independentemente do tipo ou natureza do controle ou órgão que o executa, fazer às vezes do administrador, substituindo a Administração na sua função ativa de realizar as tarefas de sua finalidade. Controle não administra. A sua função é fiscalizar, avaliar, detectar erros e falhas e responsabilizar a Administração, mas jamais tomar o seu lugar. Controle que substitui a Administração pratica abuso de poder, com desvio de finalidade na sua atuação controladora.[551]

No exercício da atividade controladora são praticadas várias *formas de controle da Administração*. Em gênero, são muitos os critérios existentes para serem classificadas as modalidades de controle, posto que isto depende do tipo de estado, do tipo de sociedade e sua cultura. Por isto, como bem menciona Medauar, da mesma forma que no âmbito das ciências médicas ou sociais, o estudioso do Direito está habituado *às várias enumerações, classificações ou tipologias dos diversos institutos nos vários ramos do conhecimento jurídico*.[552]

Nesse sentido, além de suas características didáticas, as enumerações, classificações, formas e tipos possibilitam uma compreensão mais adequada do instituto jurídico examinado, abrindo uma visão panorâmica de sua extensão, com uma reflexão mais aprimorada dos diversos ângulos que se apresenta, incluindo a sua própria essência.[553]

---

[550] GUALAZZI, Eduardo Lobo Botelho. *Regime Jurídico dos Tribunais de Contas*. São Paulo: Revista dos Tribunais, 1992, p. 27.
[551] MILESKI, Helio Saul. *O Controle da Gestão Pública. op. cit.*, p. 140.
[552] MEDAUAR, Odete. *Controle da Administração Pública. op. cit.*, p. 23.
[553] MEDAUAR, Odete. *Controle da Administração Pública. op. cit.*, p. 23.

Visando a estabelecer essa panorâmica do controle, com exame de sua extensão no campo das formas com que se apresenta, incluindo a produção de análise dos diversos tipos de sua atuação, com a finalidade de abrir a compreensão de sua essência e dos seus diversos modelos, verificaremos os vários tipos de classificação do controle, objetivando uma reflexão mais apurada sobre toda a sua conformação.

Bergeron, ao deter-se ao exame do controle que a Administração realiza sobre si mesma e ao controle jurisdicional, oferece uma classificação por tipo de controle, usando a denominação de *distintos modais de controle*, em que constam diversos critérios e subcritérios.[554] Embora o detalhamento da classificação efetuada, há algumas dificuldades para a aplicação de alguns tipos no âmbito da Administração Pública, por falta de um maior esclarecimento de parte do autor. Contudo, esta é a classificação apresentada:

I – Quanto ao tempo:
  a) Duração:
    1. Permanentes, contínuos.
    2. Não permanentes, descontínuos.
  b) Momento:
    1. *a priori*, prévios, preventivos.
    2. *a posteriori*, consecutivos, repressivos.

II – Quanto à direção:
  a) Em altura:
    1. Vindo do alto.
    2. Vindo de baixo.
  b) Segundo a reversibilidade:
    1. Reversíveis.
    2. Irreversíveis.

III – Quanto à autoridade:
  1. Unitaristas.
  2. Federalistas.
  3. Confederalistas.

IV – Quanto à iniciativa
  1. Ativos: há um controlador titulado.
  2. Semiativos: o controlador não pode entrar em ação por iniciativa própria.
  3. Passivos: para exercer-se necessita da intervenção de um fator ativo, como, por exemplo, um regulamento.

---

[554] BERGERON. *Fonctionnement de l'Etat*. 2. ed. Paris: 1985, p. 80 *et seq. apud* MEDAUAR, Odete. *Controle da Administração Pública. op. cit.*, p. 24-26.

V – Quanto à estrutura:
   a) De organização:
      1. Institucionalizados, formais.
      2. Não institucionalizados, não formais.
   b) De mediação:
      1. Diretos, imediatos.
      2. Indiretos, mediatos.
VI – Quanto ao resultado:
   1. Propulsivos: acarretam novas ações.
   2. Estabilizadores: consolidam resultados adquiridos.
VII – Quanto à pressão:
   1. Sugestão e conselho.
   2. Instrução e disciplina.
   3. Comando e execução.
   4. Ingerência e intervenção.
   5. Anulação e Reforma.
   6. Gestão e apropriação.
   7. Substituição e eliminação.

De outra parte, Jorge Silva Censio assinala a existência da multiplicidade dos procedimentos de controle, que obedecem a diversos critérios, mas que são complementares, sem serem excludentes.[555] Esta é a sua proposta:

I – Quanto ao objeto:
   1. Controle sobre as pessoas: refere-se à conduta das pessoas que desempenham tarefas na Administração, incidindo sobre uma única manifestação dessa conduta ou sobre um conjunto de atos dessa pessoa.
   2. Controle sobre a atividade administrativa: abarca a totalidade da gestão ou um fato determinado realizado pela Administração.
II – Também quanto ao objeto:
   1. Controle de legalidade.
   2. Controle de oportunidade ou conveniência.
   3. Controle de legalidade e de oportunidade.
III – Quanto ao momento em que o controle se exerce:
   1. Controle preventivo: antes que se produza à atuação do órgão ou se edite o ato.

---

[555] CENSIO, Jorge Silva. El control de la Administración. *Revista de Direito Público*, nº 39-40, jul./dez. 1976, p. 5-19.

2. Controle concomitante ou simultâneo.
3. Controle *a posteriori*: quando encerrada a gestão ou editado o ato.

IV – Quanto à forma em que o controle se movimenta:
1. Controle de ofício: o órgão fiscalizador inicia o procedimento quando considera conveniente, sem necessidade de pedido algum.
2. Controle a pedido da parte: ocorre quando uma pessoa deve interpor um recurso, propor uma ação ou tomar a iniciativa.
3. controle obrigatório: desencadeia-se, executa-se, necessariamente no momento oportuno, em cumprimento das normas aplicáveis.

V – Quanto aos órgãos que atuam na função de controle:
1. Controles intraorgânicos: acontecem dentro da organização jurídico-administrativa interna do órgão.
2. Controles interogânicos: mútuo e recíproco controle que têm os Poderes Executivo, Legislativo e Judiciário no exercício do Poder.
3. Controles extraorgânicos: ocorrem fora da relação orgânica, como é o caso de controle exercido por partidos políticos, associações e corpo eleitoral.

Conforme Odete Medauar, três administrativistas franceses, Braibant, Questiaux e Wiener, efetuaram uma classificação dos seguintes tipos de controle sobre a Administração Pública:[556]

I – Quanto aos órgãos:
1. Controles internos: Administração controlada no interior, por si mesma.
2. Controles externos:
   2.1 Por instituições de caráter político, ex: partidos, sindicatos, imprensa.
   2.2 Por instituições especializadas de caráter essencialmente jurídico e técnico, ex: *Ombudsman*.

II – Quanto aos procedimentos:
a) Alcance do controle:

---

[556] BRAIBANT, Guy; QUESTIAUX, Nicole; WIENER, Celine. *Lê Controle de l'Administration et la Protection dês Citoyens*. Paris: Cujas, 1973. *apud* MEDAUAR, Odete. *Controle da Administração Pública*. op. cit. p. 28-29.

1. Sobre os agentes.
2. Sobre os atos da Administração
b) Tipos:
   1. Permanente: exercido de modo sistemático e exaustivo.
   2. Intermitente: por meio de inspeções, relatórios de atividade, ou mediante reclamação.
c) Formas de atuação:
   1. Por peças (*sur pièces*): exame de documentos e de processos (*dossiers*).
   2. *in loco*: por indagações diretas junto aos funcionários.
d) Como se opera:
   1. De ofício.
   2. Por iniciativa do Órgão de Controle.
   3. Por reclamação de um cidadão, associação ou autoridade pública.
III – Quanto às suas funções:
   1. Essencialmente preventivos: visam a impedir a Administração de cometer ilegalidade e erros, de agir arbitrariamente, de causar danos; ocorrem antes da edição dos atos.
   2. Essencialmente corretivos: objetivam censurar os erros cometidos, eliminar ou reparar as consequências desses erros; ocorrem após a emissão dos atos.

Gianini, o célebre publicista italiano, tipifica o controle na seguinte forma: *quanto ao tempo: controles preventivos, simultâneos e sucessivos; quanto ao controlador: controles internos (realizados por órgão interno da organização) e externos (exercidos por unidade de outra organização); quanto ao objeto: controles sobre atos e controles sobre atividades, os últimos com várias subespécies, controle de gestão, contábil, de resultados; quanto ao modo: controles formais, realizados mediante procedimento definido por normas e informais, os outros.* O autor complementa o seu raciocínio enunciando o que chama de figuras de controle: supervisão, tutela, controles técnicos, controles contábeis, controles de gestão, controles de eficiência e controles inspectivos.[557]

Roberto Dromi, por sua vez, manifesta que o exercício do poder de controle por parte do Estado pode ser analisado por distintos ângulos, sem prejuízo dos difusos limites que exibem tais classificações.

---

[557] GIANINI, Massimo Severo. *Istituzioni di Diretto Amministrativo.* Giufrè, 1981. *apud* MEDAUAR, Odete. *Controle da Administração Pública.* op. cit., p. 29.

Assim, considerando essas peculiaridades do sistema de controle, apresenta as seguintes categorias de controle da função administrativa:[558]
    a) Pela atividade: aqui se fala de controle administrativo, jurisdicional e administrativo. Essa tipologia de controle atende à finalidade ou natureza da atividade fiscalizada seguindo os lineamentos normativos do regime presidencialista de tripartição funcional de competências.
    b) Pela oportunidade: o controle pode operar-se antes, durante ou depois da atuação administrativa fiscalizada. O controle é preventivo ou antecipado quando revisa o ato antes de sua execução, dentro do processo de formação. Pode ser administrativo (por exemplo, mediante autorização), judicial (suspensão judicial da execução) ou legislativo (como no caso da aprovação do orçamento ou a autorização de empréstimo).

Os controles concomitantes são geralmente realizados pela própria Administração, por meio do poder hierárquico da estrutura administrativa, ou por meio dos funcionários destacados pelos organismos de controle (auditorias internas).

O controle repressivo ou *a posteriori* se opera em sede administrativa, por via dos recursos administrativos e pela própria intervenção administrativa (autocontrole); em sede judicial por meio das ações processuais administrativas e dos demais remédios judiciais; e em sede legislativa por meio da fiscalização orçamentária ou do juízo por delitos de responsabilidade do Presidente da República e dos Ministros de Estado.
    c) Pelo objeto: segundo o objeto do controle, pode-se distingui-lo em razão das *pessoas* e *atividades*. O primeiro se refere à conduta das pessoas que desempenham tarefas na Administração, podendo recair sobre uma só manifestação dessa conduta ou sobre um conjunto de atos. O controle de atividades abarca a generalidade ou a totalidade da gestão de um ente ou organismo ou bem de um determinado ato realizado pela Administração. Na prática, tal desdobramento é mais teórico que real e ambos aspectos revistam-se conjuntamente.
    d) Pela localização orgânica: O controle é comumente denominado *horizontal* ou *vertical*, segundo a localização dos órgãos que atuam na função de controle. O controle horizontal faz referência à relação que guardam os órgãos entre si, em igualdade de situação, enquanto que o controle vertical é derivado de uma vinculação hierárquica, tanto política como administrativa,

---

[558] DROMI, Roberto. *Modernización del Control Público. op. cit*, p. 40-41.

compreendendo, entre outros, os fenômenos políticos do federalismo, o regionalismo, a descentralização, a desconcentração e a delegação.
Dentro do controle horizontal se distinguem três modalidades: intraorgânica, interorgânica e extraorgânica. Os controles intraorgânicos são internos na estrutura organizativa; os interorgânicos têm lugar em razão das relações que se estabelecem entre os órgãos de poder, sujeitos a controle mútuo e recíproco; e os extra-orgânicos se operam fora da relação orgânica.

e) *Pela forma de promoção:* O controle pode ser promovido de ofício ou por instância da parte, segundo surja da própria iniciativa pública ou por petição de terceiro interessado, afetado em suas situações subjetivas. O controle de ofício se opera por meio do autocontrole, pela revogação de ofício, pela avocação, pelo controle hierárquico; é por isso que o controle a instância da parte se realiza por meio da promoção de recursos, reclamações ou denúncias administrativas.

f) *Pelo alcance*: segundo seu alcance, o controle pode ser de legitimidade ou de oportunidade. A legalidade administrativa está composta por razões *políticas* (de oportunidade, conveniência ou mérito) e por razões *jurídicas*. Todo o controle público contém, inseparavelmente, aspectos de uma e outra. Não há atividade absolutamente *regulada* nem absolutamente *discricional*, tampouco o controle é puramente de legitimidade ou de oportunidade.

O controle de legitimidade se verifica tanto em sede administrativa como em sede judicial, por conter limites regulados diretos, indiretos e residuais, ademais dos limites jurídicos elásticos e técnicos concretos; tanto que o controle de oportunidade está isento da fiscalização judicial, reservando-se seu mérito à Administração de modo privativo, por ser realizado sobre uma atividade discricional.

Andrés Fernándes Díaz, com uma visão de controle especificada pela sua atuação no Tribunal de Contas Espanhol, manifesta que qualquer tipificação deve explicitar e deixar claro quais são os critérios que são utilizados, posto que só dessa forma são evitadas contradições ou enunciados absurdos, apresentando para tanto os seguintes critérios:[559] da dependência; temporal e de conteúdo; de alcance; e responsabilidade.

---

[559] DÍAZ, Andrés Fernández. ¿Puede hablarse de una economía del control? *Revista Española de Control Externo*, v. 1, jan. 1999, n. 1, p. 35-57.

a) *Critério da dependência – tipos de controle: interno e externo*. Nesse caso, fala-se de controle interno *da* gestão e controle externo *sobre* a gestão; no primeiro caso trata-se de ajudar os diferentes níveis de decisão a coordenar suas ações e, no segundo lugar, de levar a cabo verificações *a posteriori* realizadas por um órgão desvinculado do ente fiscalizado e possuidor das garantias necessárias e suficientes de neutralidade.

b) *Critério temporal e de conteúdo – tipos de controle: preventivo, sucessivo e "consuntivo"*. Nesse caso, parece oportuno cruzar o critério temporal com o critério de alcance, no sentido de haver distinção entre o controle preventivo e sucessivo de legalidade, por uma parte, e controle sucessivo sobre a gestão, por outra. O controle preventivo e sucessivo de legalidade constitui uma valoração referente à adequação ou conformidade de determinados atos da Administração Pública com respeito a previsões ou normas de natureza legislativa e orçamentária. O controle sucessivo sobre a gestão consiste, por sua vez, na verificação entre o que efetivamente foi realizado e o previsto pela legislação em matéria de objetivos e instrumentos, considerando, por suposto, o cumprimento dos princípios exigíveis no campo do Direito. O denominado *controle consuntivo*, na visão do autor, constitui uma *avis rara*, tanto no ordenamento jurídico espanhol como nos principais países da União Europeia.

c) *Critério de alcance – tipos de controle: de legalidade, de regularidade e de gestão*. O controle de legalidade visa à adequação ou conformidade dos atos praticados pela Administração Pública com referência as normas legais e constitucionais, contribuindo para a melhora da Administração. O controle de regularidade diz respeito à verificação da prática de atos de conformidade com a técnica e a boa administração. O controle sobre a gestão envolve outros tipos de controle, no sentido de comprovar o suporte legal da Administração, verificando-se também a regularidade e levando-se a cabo uma análise dos resultados obtidos com o auxílio das técnicas de avaliação e indicadores necessários.

d) De responsabilidade – tipos de controle: jurisdicional e não jurisdicional. Tomando o grau de responsabilidade exigível pelo órgão fiscalizador, os parâmetros a considerar são as medidas corretoras que possam derivar-se da análise das contas e de uma fiscalização específica, por uma parte, e a difusão, publicidade e conhecimento dos resultados, por outra.

O controle jurisdicional supõe, por sua parte, esgotar todas as possibilidades no exercício das funções fiscalizadoras da gestão pública, incluindo a exigência de responsabilidade no grau e no alcance a que, em cada caso, houver lugar.

Como se vê, em gênero, são muitos os critérios existentes para serem classificadas as modalidades de controle. Contudo, independentemente da forma ou da classificação, existem alguns elementos que constam sempre como referência no meio doutrinário. Quanto ao tipo, o controle pode ser interno ou externo. Quanto ao Órgão que o executa, pode ser administrativo, legislativo ou judiciário. Quanto ao momento, o controle se efetua de forma prévia, concomitante ou a posteriori. Quanto ao seu alcance, de legalidade ou de mérito.

Tendo em conta os poderes de fiscalização e correção que o controle tem sobre os órgãos da Administração Pública, conforme o seu grau de precedência e amplitude, o mesmo é exercido por meio de várias espécies. Assim, conforme o controle é exercido – sobre os próprios atos; do Legislativo sobre os atos do Executivo; do Judiciário sobre os atos dos demais Poderes; da população sobre os atos do Poder Público em geral; sobre os atos de execução orçamentária – ele pode ser caracterizado como controle administrativo, controle legislativo, controle judicial, controle social ou de fiscalização sobre a execução orçamentária.

Dessa forma, passaremos agora a análise de cada uma das espécies de controle, no sentido de ser alcançada uma compreensão mais clara dos objetivos que envolvem a função controladora.

1.1 Controle Institucional

O controle institucional é o que ocorre dentro da estrutura institucional da Administração Pública, no âmbito dos três Poderes do Estado. É uma espécie de controle interno, decorrendo do poder hierárquico que a organiza. É a forma que a Administração possui para verificar a regularidade e a legalidade de seus próprios atos, no sentido de se ater aos princípios da legalidade, da boa administração e da supremacia do interesse público, em que se inclui, inclusive, avaliação envolvendo a conveniência administrativa do ato praticado.

Quando alguém assume a condição de agente público, seja como agente político, seja como agente administrativo, no momento do ato em que toma posse no seu cargo público, para poder exercer atividades em nome da Administração e do Estado, também lhe é transferida parcela do Poder Público. Juntamente com essa parcela do Poder Público, o agente público assume também direitos e obrigações, inerentes ao cargo público no qual é empossado. Uma das principais obrigações do agente público está no dever de controle que deve ser exercido de acordo com as competências do seu cargo. O servidor, além de exercer bem as suas funções – agir com eficiência, zelo e dedicação –, tem o dever de proceder ao controle sobre os serviços em que atua, bem como sobre os materiais, bens e equipamentos postos a sua disposição para o exercício das suas atividades públicas. Sobre este servidor há controle da chefia imediata, a qual sofre o controle do seu Supervisor e este do Diretor. Esse é o chamado controle institucional, que decorre do poder hierárquico, exercido em face das atividades institucionais, tendo em conta os seus bens e equipamentos, juntamente com as funções que devem ser desenvolvidas na órbita funcional de cada agente público.

1.2 O Ministério Público

Como toda a instituição pública permanente, o Ministério Público é um organismo do Estado que possui uma longa trajetória de aperfeiçoamentos. De meros procuradores do rei, função hoje desempenhada por órgãos específicos, os membros do Ministério Público evoluíram para a condição de procuradores da sociedade, passando a defender os interesses gerais desta,[560] significando dizer que também assumiu um papel relevante no controle da Administração Pública, funcionando, na qualidade de controle oficial, como fator de eficácia do controle social.

Contudo, o Ministério Público, na atualidade, dependendo da organização política, social, cultural e jurídica de cada país, apresenta especificidades que variam de acordo com este país. Conforme bem demonstra Emerson Garcia, *nos países que seguem a 'common law', de origem anglo-saxônica, o recrutamento pode se dar por meio de eleição ou por contratação direta, e as atribuições são concentradas na esfera criminal. Já nos países de civil law, de tradição romana, o acesso ao cargo costuma pressupor a aprovação em concurso público, exigindo, ou não, a frequência em escolas especializadas.* [561]

---

[560] GARCIA, Emerson. *Ministério Público* – Organização, Atribuições e Regime Jurídico. Rio de Janeiro: Editora Lúmen Júris, 2004, p. 10.

[561] GARCIA, Emerson. *Ministério Público* – Organização, Atribuições e Regime Jurídico. op. cit., p. 10.

No aspecto das atribuições funcionais, elas tanto podem se restringir à esfera penal como podem ter atuações de maior amplitude, como ocorre no Brasil no referente à defesa dos interesses difusos e coletivos. Esta é mais uma comprovação da importância da formação política, cultural e social de cada povo, para o estabelecimento das atribuições do Ministério Público. Nesse sentido, segundo observa Perfecto Andrés Ibáñez, *dentro do processo, o MP alemão, o português e o italiano têm atribuído – além da função de acusar – a gestão da fase processual de investigação. Ao francês cabe basicamente o exercício da ação penal e a formalização da acusação; e o espanhol, tradicionalmente coincidente com o francês, hoje está experimentando uma lenta mas perceptível evolução para o sistema encarnado por aqueles, cuja incidência prática é reforçada pelo franco desuso em que atualmente se encontra a perseguição 'ex officio' por parte do juiz de instrução.*[562]

No Brasil, o Ministério Público é instituição permanente, de caráter nacional, essencial à função jurisdicional do Estado, subordinada aos princípios de unidade, indivisibilidade e independência funcional (CF, art. 127). Por ser assim, a atuação do Ministério Público, do mesmo modo do que ocorre no Poder Judiciário – que tem sua jurisdição limitada pelas regras de competência – se dá de forma organizada e hierarquizada.[563]

Na forma do estabelecido no art. 129 da Constituição brasileira, são funções institucionais do Ministério Público: promover, privativamente, a ação penal pública, na forma da lei; zelar pelo efetivo respeito dos poderes públicos e dos serviços de relevância pública aos direitos assegurados nesta Constituição, promovendo as medidas necessárias a sua garantia; promover o inquérito civil e a ação civil pública, para a proteção do patrimônio público e social, do meio ambiente e de outros interesses difusos e coletivos; promover a ação de inconstitucionalidade ou representação para fins de intervenção da União e dos Estados, nos casos previstos na Constituição; defender judicialmente os direitos e interesses das populações indígenas; expedir notificações nos procedimentos administrativos de sua competência, requisitando informações e documentos para instruí-los, na forma da lei complementar respectiva;

---

[562] IBÁÑEZ, Perfecto Andrés. *Por um Ministério público 'dentro da legalidade'*. Tradução de Eduardo Maia Costa. em Ministério Público II, Democracia. São Paulo: Editora Atlas, 1999, pág. 41. APUD GARCIA, Emerson, *op. cit.*, p. 11.

[563] ZAVASCKI, Teori Albino. Ministério Público e Ação Civil Pública. *Revista de Informação Legislativa*, Brasília, ano 29, n. 114, abr./jun. 1992. p. 149-156.

exercer o controle externo da atividade policial; requisitar diligências investigatórias e a instauração de inquérito policial; e exercer outras funções que lhe forem conferidas, desde que compatíveis com sua finalidade.

Como se pode ver das disposições constitucionais acima referidas, o Ministério Público brasileiro teve uma evolução fantástica: começou como defensor do rei, passou a defensor do Estado, depois a defensor da sociedade, e, hoje, no forma do perfil traçado na Constituição de 1988, passou a ser defensor de uma sociedade democrática[564], de sentido plural, transparente e participativo.

Conforme se posiciona Hugo Nigro Mazzilli, cidadania é atributo político consistente no conjunto de direitos e deveres de participar do governo e ser ouvido, com estreita ligação ao exercício da democracia, como também todo o conjunto de direitos fundamentais, por isto, quando a lei concede ao Ministério Público, por meio das Promotorias de Justiça da Cidadania, a prerrogativa de efetuar a *defesa dos direitos constitucionais do cidadão*.[565]

Dessa forma, o Ministério Público brasileiro moderno está encarregado não só de assegurar o acesso à Justiça, como também defender todos os direitos sociais, assim como os individuais, se indispensáveis, exercendo uma espécie de controle externo da Administração Pública, dispondo, para tanto, dos seguintes instrumentos: a) ação penal pública (para processar os criminosos); b) inquérito civil (para investigar lesão ao meio ambiente, consumidor, patrimônio público e social, e outros interesses metaindividuais); c) ação civil pública (para buscar a responsabilização civil de causadores de danos a interesses da coletividade); d) *ombudsman* (para ouvir reclamações, investigar, fazer audiências públicas e tomar providências para que os serviços públicos e de relevância observem os direitos assegurados na Constituição).[566]

---

[564] MAZZILLI, Hugo Nigro. Ministério Público e cidadania. *Revista Jurídica*, Sapucaia do Sul, ano 47, n. 264, out. 1999. p. 12-14.
[565] MAZZILLI, Hugo Nigro. *Ministério Público e cidadania. op. cit.* p. 12. Consoante este posicionamento, o autor considera: *Assim, alcança-se o direito de todas as pessoas, sem distinção, de, entre outros pontos: a) exigirem que os Poderes Públicos e os serviços de relevância Pública respeitem os direitos assegurados na Constituição; b) verem respeitadas as regras constitucionais de legalidade, impessoalidade, publicidade, eficiência, probidade e razoabilidade na administração; c) verem defendidos o patrimônio público e social; d) verem combatidas as violações aos chamados direitos humanos, como aqueles proclamados na Declaração Universal dos direitos do Homem (ONU, 1948); e) verem garantidos os direitos individuais, sociais e coletivos, previstos no art. 5º da Constituição; f) verem preservados e funcionando os princípios democráticos do Estado de Direito.*
[566] MAZZILLI, Hugo Nigro. *Ministério Público e cidadania. op. cit.*, p. 13.

Portanto, muito mais que combater a criminalidade, consoante o novo rol de atribuições que são destinadas ao Ministério Público, em que se inclui as suas tarefas de zelar pela cidadania e o exercício do controle sobre a Administração Pública, pode-se dizer que a sua função, na atualidade, volta-se, especialmente, para os seguintes aspectos: a) combate à criminalidade em geral; b) combate à improbidade administrativa (contratações sem concurso, obras sem licitação, alcance dos administradores, corrupção, etc.); c) defesa das pessoas em geral (meio ambiente, consumidor, contribuintes, minorias, pessoas portadoras de deficiência, idosas, crianças e adolescentes, etc.); d) acesso à justiça (ações em defesa de interesses difusos, coletivos e individuais homogêneos, que tenham expressão social, etc.).[567]

O Ministério Público pode agir de ofício ou mediante provocação. Qualquer pessoa pode provocar o Ministério Público sobre o fato e sua autoria, bem como as circunstâncias em que se deu a ocorrência. Os membros dos Tribunais de Contas ou órgãos integrantes do controle interno, quando em autos ou documentos de que conhecerem, verificarem a existência dos crimes definidos na lei remeterão ao Ministério Público as cópias e os documentos necessários ao oferecimento da denúncia.

O Ministério Público da Espanha, por sua vez, consoante o estabelecido no art. 124 da Constituição de 1978, possui funções relevantes em defesa da legalidade, dos direitos dos cidadãos e do interesse público, conforme expressa: *tiene como misión promover la acción de la justicia en defensa de la legalidad, de los derechos de los ciudadanos y del interes público tutelado por la ley, de oficio o a petición de los interesados, así como velar por la independência de los Tribunales y procurar ante éstos la satisfacción del interés social.*

Com organização semelhante ao sistema francês, *el Ministerio Fiscal* da Espanha é chefiado pelo Fiscal Geral do Estado, que é assistido pelo Conselho Fiscal, órgão que desempenha função consultiva no âmbito da instituição. O Fiscal Geral do Estado, por proposta do Governo, ouvido o Conselho Geral do Poder Judicial, será nomeado pelo rei da Espanha (art.124.4 CE). O Fiscal Geral do Estado pode ser livremente demitido, o que é fator de comprometimento da sua independência. O Ministério Público – *el Ministerio Fiscal* – exerce as suas funções por meio de órgãos próprios, conforme os princípios de unidade de atuação, com estrutura hierárquica e com sujeição aos princípios da legalidade

---

[567] MAZZILLI, Hugo Nigro. *Ministério Público e cidadania*. op. cit., p. 13.

e imparcialidade (art. 124.2 CE). Os seus membros, por decorrência, agem por delegação, podendo haver a substituição pelo superior hierárquico, com uma simples comunicação ao Conselho Fiscal (art. 23 do Estatuto Orgânico – Lei nº 50/81, de 30 de dezembro). De qualquer maneira, a similitude do que ocorre nos sistema francês e português está assegurado o *direito de resistência*, possibilitando uma exposição fundamentada, com a indicação da inconveniência ou da ilegalidade da ordem recebida.

De outra parte, na forma do previsto no art. 124.3 CE, cabe à Lei Orgânica dispor sobre a organização e o regime jurídico do Ministério Público, contudo, conforme determina o art. 127 CE é vedado aos membros do Ministério Público a ocupação de outros cargos públicos e a filiação a partidos políticos ou a sindicatos. Por sua vez, o Estatuto do *Ministério Fiscal* foi editado pela Lei nº 50/81, de 30 de dezembro, em cujo art. 2º é dito da sua integração ao Poder Judiciário, embora esteja dotada de autonomia funcional.

Na esteira do determinado pelo art. 124 CE, a Lei nº 50/81, Estatuto Orgânico, no seu art. 3º, fixa as várias atribuições institucionais, como: ajuizar a ação penal; patrocinar os interesses dos que careçam de representação legal ou de capacidade para agir; velar pela independência dos Juízes e Tribunais; atuar em todos os mandados de segurança; velar pelo respeito das instituições e dos direitos fundamentais e liberdades públicas; velar pela efetividade das decisões judiciais que sejam relevantes ao interesse público e social; atuar nos processos concernentes a estado civil e naquelas em que a lei exija a sua intervenção, etc.

De acordo com o art. 12.1 da Lei nº 50/81, com a redação determinada pela Lei nº 10/95, de 24 de abril, houve a instituição e o disciplinamento das atribuições de uma *Fiscalia Especial* para a repressão dos delitos econômicos relacionados com a corrupção, o que significa que pode ser efetuado um controle sobre a Administração Pública, no que se refere o combate à corrupção.

Por fim, como se viu, O Ministério Público não só pode como deve exercer um papel relevante na defesa dos direitos do cidadão e no controle da Administração Pública, razão pela qual, sem qualquer sombra de dúvida, pode-se dizer que o futuro está lhe reservando um lugar de destaque funcional na estrutura do Estado do século XXI.

1.3 O Controle Judicial

O controle judicial da Administração Pública é concebido no sentido de estabelecer freios e contrapesos entre os Poderes do Estado, todos independentes e harmônicos entre si, mas sujeitos a controles recíprocos, que só a Constituição pode criar com força cogente. É o que Odete Medauar chama de *controle jurisdicional da Administração*, dizendo que este se reveste de conotação mais ampla que a expressão *controle jurisdicional do ato administrativo*, na medida em que abrange a apreciação jurisdicional não somente dos atos administrativos, mas também dos contratos, das atividades ou operações materiais e mesmo da omissão ou inércia da Administração.[568]

Desse modo, o controle judicial da Administração, como bem coloca Edgar Guimarães,[569] *trata-se de uma garantia constitucional que constitui meio ou instrumento de tutela de direito individual ou coletivo, líquido e certo, lesado ou ameaçado de lesão, por ato de autoridade pública ou agente de pessoa jurídica no exercício de suas funções, seja por ilegalidade, seja por abuso de poder.*

Na configuração geral dos controles que atuam sobre a Administração Pública até aqui examinados, o controle judicial pode ser identificado como controle externo, de execução *a posteriori*, de forma repressiva ou corretiva, com desencadeamento por provocação e realizado por juízes ungidos de independência.[570]

Segundo Jessé Torres Pereira Junior, os controles judiciais conformam um subsistema do sistema constitucional, com o seguinte sentido: *controlar significa, basicamente, o exercício de uma função política, de um dever jurídico e de uma etapa ínsita a todo o processo sistêmico de trabalho. É manifestação de função política porque decorre necessariamente da Constituição, da aplicação dos freios e contrapesos que viabilizam a harmonia e a independência entre os poderes, coibindo-lhe os eventuais abusos. É dever jurídico porque predeterminado à produção de resultados de interesse público, que é o que se espera do funcionamento de qualquer sistema estatal em favor das populações. É também etapa necessária de um processo sistêmico de trabalho na medida em que toda a atuação estatal deve almejar gestão eficiente eficaz dos meios que a*

---

[568] MEDAUAR, Odete. *Controle da Administração Pública*. op. cit., p. 159-160.
[569] GUIMARÃES, Edgar. *Controle das Licitações Públicas*. São Paulo: Dialética, 2002, p. 97.
[570] MEDAUAR, Odete. *Controle da Administração Pública*. op. cit., p. 160. A autora, sobre o assunto, refere: *De regra, os juízes se atêm aos termos do pedido que provocou sua atuação, citando-se as jurisdições administrativas da Alemanha e da Suécia como exemplos em que o juiz examina de ofício todas as questões de direito suscitadas pelo caso.*

sociedade deposita nas mãos dos gestores públicos. É o devido processo legal aplicado às relações de administração entre o Estado e os cidadãos.[571]

Assim, o controle judicial tem sido compreendido como o mais importante instrumento de controle da Administração Pública, embora a existência de outros meios de controle – Ombudsman, Tribunal de Contas e Ministério Público – que possam complementar o sistema constitucional de controle da Administração Pública. Trata-se de um controle de essência democrática e decorrente do Estado de Direito.[572]

Dessa maneira, o controle judicial, de um modo geral, visa a conformar a Administração Pública ao Estado de Direito, de acordo com a estrutura constitucional determinada.[573]

Assim, pelo controle judicial, independentemente da ação do controle social e dos controles públicos: controle administrativo, controle interno e controle externo, todos os atos – decisórios ou interlocutórios – praticados no âmbito da Administração Pública estão adstritos a uma revisão judicial, por intermédio da forma processual adequada. No entanto, como o Poder Judiciário não age espontaneamente, posto que há a necessidade de ser provocado para a prestação jurisdicional, esta provocação pode ocorrer por meio do cidadão ou do Ministério Público, no sentido de serem reparadas as alegadas irregularidades que envolvam ilegalidade, desvio de finalidade ou abuso de Poder.

A utilização do controle judicial necessita da forma processual própria a cada situação. Assim, embora sejam várias as possibilidades processuais que podem ser empregadas para ser obtida a correção judicial de atos praticados pela Administração, é indispensável à identificação do tipo certo para cada situação.

---

[571] PEREIRA JUNIOR, Jessé Torres. *Controle Judicial da Administração Pública: da legalidade estrita à lógica do razoável*. 2. ed. Belo Horizonte: Fórum, 2006, p. 21.
[572] MORENO, Pedro T. Nevado-Batalla. *Notas sobre Derecho Administrativo II*. op. cit. p. 73. Por isso, o autor menciona: *la existencia de un control judicial de la actividad administrativa es, junto a la vigencia del principio de legalidad y la existencia de un sistema de responsabilidad patrimonial, el tercer pilar de la estructura de cualquier Estado que se defina como de Derecho.*
[573] MORÓN, Miguel Sánchez. *Derecho Administrativo*. op. cit., p. 101. Com referência ao assunto, o autor manifesta: *En paralelo al sometimiento pleno de la Administración a la ley y al Derecho, hay que afirmar que la Constitución sujeta toda la actuación administrativa a control judicial, pues ésta es la garantía de aquella vinculación jurídica.*

1.3.1 Sistema de dupla jurisdição: contencioso judicial e contencioso administrativo

Conforme o próprio nome indica, no sistema de dupla jurisdição, também denominado de dualidade de jurisdição, o controle se organiza em dois sistemas, caracterizando-se pela existência de duas ordens de jurisdição: a jurisdição ordinária ou comum e a jurisdição administrativa, destinada, em princípio, a julgar questões que envolvem a Administração pública.[574]

Segundo essa orientação, a jurisdição administrativa ou contencioso administrativo teve origem na França, em razão de uma interpretação diferenciada do princípio da separação dos poderes, devido a fatos históricos anteriores à Revolução Francesa, em cuja época, os Parlamentos, dotados de funções jurisdicionais, passaram a intervir na Administração, editando as normas que lhe aparentavam melhor para acabar com abusos – o que seria uma mescla de justiça e ação administrativa – e proferindo censuras a medidas administrativas do monarca, por ocasião do registro dos decretos reais.[575]

A partir de então foram editados vários atos com a finalidade de resolver a questão da solução dos litígios administrativos, porém, somente a partir de 1872, houve reconhecimento à jurisdição administrativa francesa independência para decidir, passando a fase da justiça delegada. Portanto, a contar dessa data (1872) a jurisdição administrativa francesa deixou de ser subordinada à Administração, passando a usufruir às mesmas garantias de independência da jurisdição comum, caracterizando-se como jurisdição própria.[576]

O sistema da jurisdição administrativa transportou-se para outros países da Europa, adotando variações e particularidades. Na atualidade, o sistema de contencioso administrativo é adotado na França (criadora do sistema), na Alemanha, na Suécia e em Portugal, com uma versão que pode ser considerada pura ou completa. A Itália e a Bélgica preferiram adotar o sistema de jurisdição administrativa incompleta.

Como ocorre em todo tipo de análise sobre sistemas jurídicos, no contencioso administrativo também existe a abordagem dos aspectos

---

[574] MEDAUAR, Odete. *Controle da Administração Pública.* op. cit., p. 161. Nesse aspecto, diz a autora: *A jurisdição administrativa ou contencioso administrativo forma um conjunto hierárquico de juízos ou tribunais administrativos encabeçados por um órgão supremo, de regra denominado Conselho de Estado, independente do tribunal supremo da jurisdição ordinária e cujas decisões representam a última instância.*
[575] MEDAUAR, Odete. *Controle da Administração Pública.* op. cit., p. 161-162.
[576] MEDAUAR, Odete. *Controle da Administração Pública.* op. cit., p. 162.

positivos e dos negativos relativos à situação. O primeiro argumento positivo utilizado pela doutrina, diz respeito à especialização de conhecimento em relação ao Direito Administrativo, ao Direito Público e aos problemas da Administração. Para afirmação desse dado positivo, os doutrinadores, sobretudo franceses, invocam a atuação do Conselho de Estado da França, que foi o elaborador do núcleo de muitos institutos do Direito Administrativo, buscando assegurar os direitos dos particulares ante o Poder da Administração. Outro fator apontado como relevante e positivo seria a adoção de procedimento mais simples no âmbito da jurisdição administrativa, que a tornaria mais rápida que a jurisdição judicial. No entanto, nos dias de hoje, a própria doutrina francesa vem apontando a morosidade do procedimento como uma das insuficiências do controle Jurisdicional da Administração.

O principal aspecto negativo e desfavorável à jurisdição administrativa está relacionado aos conflitos de competência com a jurisdição ordinária, uma vez que as regras de repartição de competências dificilmente apresentam-se de forma clara e insofismável, ficando dependentes de interpretações.[577]

Portanto, os conflitos de competência entre jurisdição administrativa e jurisdição ordinária necessitam de uma prévia decisão no que se refere à legitimidade de foro. Na França, essas questões são resolvidas pelo Tribunal de Conflitos, órgão composto com paridade de membros da jurisdição ordinária e da jurisdição administrativa, com o litígio principal ficando sem solução até que se resolva à questão de competência, fator que produz retardamento na decisão final, como vem reclamando os doutrinadores franceses.

1.3.2 Sistema de jurisdição una

Jurisdição una é o sistema de composição de conflitos de interesses ou sistema de composição de lides, mediante um processo judicial,[578] com o julgamento dos litígios em que a Administração é

---

[577] MEDAUAR, Odete. *O Controle da Administração Pública*. op. cit., p. 163. Nesse sentido, como ressalta a autora, *na Itália, a repartição de competência entre a jurisdição comum e a jurisdição administrativa tem como critério o direito subjetivo e o interesse legítimo, de tal modo que, os litígios com a Administração relativos a direitos subjetivos são julgados pela justiça comum e as questões referentes a interesses legítimos cabem à justiça Administrativa. Assim, a divisão de competência entre as duas jurisdições fica na dependência da diferenciação entre direito subjetivo e interesse legítimo, tema debatido na doutrina publicista italiana há cerca de meio século, parecendo eterno.*

[578] SILVA, José Afonso da. *Curso de Direito Constitucional Positivo*. 24. ed. rev. e atual. São Paulo: Malheiros, 2005, p. 553.

parte, competindo aos juízes e tribunais ordinários. Embora na estrutura do Judiciário sejam admitidos organismos (Câmaras) ou Varas Especializadas (ex: Vara da Fazenda Pública), não se trata de justiça especial, mas sim, organismos de uma única ordem jurisdicional.[579]

Esse é o sistema normalmente utilizado pelos países anglo-saxônicos, alguns europeus como a Espanha, e que foi transportado para muitos países latino-americanos, como o Brasil e a Argentina. Conforme adverte Odete Medauar, embora seja mencionada com frequência a inspiração da Constituição Belga de 1831 na adoção da jurisdição una nos países sul-americanos, na realidade, o sistema originou-se na Inglaterra, em meados do século XVII. No início desse século, a realeza inglesa, posteriormente a união dos reinos da Inglaterra e Escócia, buscaram aumentar o poder real com a criação de órgãos e comissões para controlar senhores e autoridades locais, um desses órgãos, a *Star Chamber*, exercia o controle jurisdicional sobre as autoridades locais, arvorando-se em único dos funcionários do rei e de questões sobre ordem pública, agindo com grande arbítrio.[580]

O sistema de jurisdição una criado na Inglaterra passou para as colônias norte-americanas, com previsão na Constituição americana de 1737 (art. 111), daí passando a ter influência nos países sul-americanos.

Como fator positivo da jurisdição una há o argumento de que esta possui simplicidade e unidade, sem complicadores relativos ao conflito de competência. Em contra-partida, no seu aspecto negativo, os tratadistas invocam a não especialização dos juízes, o que traria dificuldades de compreensão das questões pertinentes à Administração Pública, além de criar uma sobre-carga de trabalho ao Poder judiciário, em face das ações movidas contra a Administração Pública.

De qualquer modo, ao estabelecer-se uma relação entre fatores positivos e negativos de um ou outro tipo de jurisdição – contencioso administrativo ou jurisdição una – na verdade, a eficácia do controle jurisdicional sobre a administração não depende necessariamente da unidade ou dualidade de jurisdição. Qualquer um deles é perfeitamente hábil a exercer o controle da Administração Pública de maneira

---

[579] MEDAUAR, Odete. *O Controle da Administração. op. cit.*, p. 163.
[580] MEDAUAR, Odete. *O Controle da Administração. op. cit.*, p. 164. Sobre esta evolução histórica, a autora menciona: *As lutas do povo contra os privilégios da coroa e seus abusos levaram à abolição, pelo Parlamento, de todas as jurisdições reais, que tinham atuado como instrumento de opressão, instituindo-se controle de tipo jurisdicional exercido pela 'High Court', mediante a 'Kings Division'. Em 1701 o 'Act of Settlement' conferiu estabilidade aos juízes, separou-os do poder real e deu-lhes competência para julgar questões comuns e questões administrativas.*

adequada e efetiva, basta que seja buscado o meio adequado para a superação das dificuldades apontadas para cada caso.

1.3.3 O sistema de controle jurisdicional no Brasil e na Espanha

No *Brasil*, durante o período imperial, por influência francesa, tudo indicava que haveria a instituição de jurisdição dupla, de contencioso administrativo. Contudo, superada essa fase, pela Constituição de 1891, art. 60, foi adotado o sistema de jurisdição una, incorporando-se de maneira definitiva à estrutura constitucional brasileira, passando, desde então, a ser reiterado em todos os textos constitucionais.

Nessa linha de postura constitucional, logo após o restabelecimento da democracia no país, foi promulgada a Constituição de 1988, em que a situação relativa ao controle judicial da administração pública permaneceu sendo sistema de jurisdição una, com o Poder Judiciário exercendo o monopólio da tutela jurisdicional, cuja competência ficou expressa no art. 5º, XXXV, da mesma Constituição: *a lei não excluirá da apreciação do Poder Judiciário lesão ou ameaça a direito*.

Com tal regulação constitucional, não parece haver dúvida de que existe uma garantia de que nenhuma lesão ou ameaça a direito, onde se inclui lesões ou ameaças causadas pela Administração Pública, que escapem ao controle do Judiciário. A jurisdição é considerada monopólio do Poder Judiciário.[581] Assim, pela norma constitucional cria-se o princípio da inafastabilidade do controle do Poder Judiciário, reforçando o instituto do controle judicial sobre os atos da Administração Pública.

É o que Odete Medauar chama de *proteção judiciária como garantia dos direitos reconhecidos pelo ordenamento e como garantia contra a ameaça de lesão de direitos*.[582] Pois, a proteção judiciária é um dos colorários do Estado de Direito, que dá suporte ao princípio da legalidade, por ser este o condutor de toda a atuação da Administração Pública.

Dessa forma, embora sem exaurir a análise do preceito constitucional que institui o controle jurisdicional uno, com envolvimento da Administração Pública, pode-se dizer que a norma possui uma

---

[581] SILVA, José Afonso da Silva. *Curso de Direito Constitucional Positivo*. op. cit. p. 554. O autor adverte: *Agora só existe jurisdição estatal, confiada a certos funcionários, rodeados de certas garantias: os magistrados*.
[582] MEDAUAR, Odete. *Controle da Administração Pública*. op. cit. p. 166.

amplitude de proteção, nada podendo escapar do controle judicial, seja privado seja público.

Outro fator decorrente do princípio da proteção judicial é o da não exigência de exaustão prévia da via administrativa para que se possa ingressar em juízo. Quem sofrer lesão ou ameaça de lesão a direito, praticadas pela Administração, não está obrigado a interpor recursos, para tão somente, após a decisão do recurso, ajuizar ação.[583] Pode fazê-lo de imediato ao Judiciário.

Outra circunstância relevante é de que a Constituição de 1988 concedeu legitimação ativa, nas ações de oposição ao poder Público, à pessoa física e à pessoa jurídica na defesa de seus direitos. Por esse motivo, a proteção judiciária abrange, além de direitos do próprio titular, também direitos coletivos e direitos difusos.[584] A provocação do titular do direito lesado ou ameaçado de lesão é que rompe com a inércia inerente à jurisdição. Inércia aparente, posto que apenas aguarda a provocação do titular do direito para o Poder constituído (Judiciário) vir a prestar a jurisdição.[585]

No exame das questões relativas ao controle jurisdicional da Administração Pública, uma em especial, tem gerado controvérsias. Qual o alcance do controle? Ele deve ser um controle restrito ou um controle amplo? Na verdade, esse é um problema que tem possibilitado muitas inquietações científicas, envolvendo matéria relativa à legalidade, mérito e discricionariedade da Administração Pública, sendo motivo de muita discussão. Para o seu esclarecimento, necessário primeiro verificar-se o entendimento sobre esses três aspectos sujeitos ao controle jurisdicional: *legalidade* é a conformação da atividade da administração às normas jurídicas que a norteiam; *mérito* significa apreciação pertinente à conveniência e oportunidade de algum ato ou medida adotada; *discricionariedade* diz respeito à possibilidade de escolha de uma solução dentre duas ou mais, ou escolha entre agir e não agir, ou escolha do momento de agir.[586]

Embora seja na extensão do controle jurisdicional da Administração que residem as maiores controvérsias, no desenvolvimento brasileiro da questão passou-se a estabelecer uma medição da amplitude e profundidade do controle. A trilha do caminho adotado toma

---

[583] MEDAUAR, Odete. *Controle da Administração Pública.* op. cit. p. 167.
[584] *Idem*, p. 171.
[585] PEREIRA JUNIOR, Jessé Torres. *O Controle Judicial da Administração Publica.* op. cit., p. 96.
[586] MEDAUAR, Odete. *Controle da Administração Pública.* op. cit., p. 171.

o rumo da plenitude do controle, com o fim de submeter todos os atos da Administração ao crivo do controle judicial. Contudo, como bem adverte Odete Medauar, a ampliação do controle jurisdicional não pode levar o administrador a ser substituído pelo juiz,[587] a sua decisão culminará tão somente com a anulação de atos, a obrigação de fazer, a abstenção de agir, etc.

Por fim, existem ainda dois aspectos passíveis do controle jurisdicional: o controle dos motivos e o controle da finalidade. Como já foi referido por Seabra Fagundes, com acolhimento em decisões judiciais, o motivo do ato administrativo integra a sua configuração legal e a verificação dele está incluída na análise da legalidade.[588] De outra parte, como parâmetro ao exercício do poder discricionário houve a admissão do controle do fim do ato praticado pela Administração Pública, com desenvolvimento da teoria do desvio de poder, quando o interesse público passou a ser focalizado como centro de legalidade do ato administrativo e, por isso, passível do controle jurisdicional.[589]

A estrutura judiciária do país, para o exercício da função jurisdicional, está composta da seguinte forma: a) um órgão de cúpula, como guarda da Constituição e Tribunal da Federação, que é o *Supremo Tribunal Federal*; b) um órgão de articulação e defesa do direito objetivo federal, que é o *Superior Tribunal de Justiça*; c) as estruturas e sistemas judiciários federais que são os *Tribunais Regionais Federais e Juízes Federais, Tribunais e Juízes do Trabalho, Tribunais e Juízes Eleitorais, Tribunais e Juízes Militares;* d) os sistemas judiciários dos Estados, Distrito Federal e Territórios que são os *Tribunais e Juízes dos Estados, do Distrito Federal e dos Territórios*[590]

Ponto muito controvertido, porém agora já assentado, foi à criação do *Conselho Nacional da Magistratura,* chamado de controle externo do Poder Judiciário. Trata-se de um órgão não judiciário para o exercício de certas funções de controle administrativo, disciplinar e de desvios de condutas da magistratura, como ocorre na França (art. 65 da Constituição); em Portugal (art. 223 da Constituição) e na Espanha (art. 122 da CE).

---

[587] MEDAUAR, Odete. *Controle da Administração Pública. op. cit.* p. 175.
[588] FAGUNDES, Seabra. *O Controle dos Atos Administrativos pelo Poder Judiciário.* 1. ed. p. 118, nota 7. *apud* MEDAUAR, Odete. *Controle da Administração Pública. op. cit.,* p. 177.
[589] MEDAUAR, Odete. *Controle da Administração Pública. op. cit.,* p. 178.
[590] SILVA, José Afonso da. *Curso de Direito Constitucional Positivo. op. cit.,* p. 556-557.

A *Espanha*, na sua estrutura de Estado Social e Democrático de Direito, na advertência realizada por Pedro Nevado-Batalla, como Estado de Direito e Administração possuem garantia patrimonial, sujeitam-se ao princípio da legalidade e estão sob tutela judicial.[591] Essa afirmação decorre da determinação constitucional que submete ao controle judicial as relações jurídicas administrativas, conforme a regra contida no art. 24.1 CE: *"todas las personas tienen derecho a obtener la tutela efectiva de los Jueces y Tribunales en el ejercicio de sus derechos e interesses legítimos, sin que, en ningún caso, pueda producirse indefención"*. Como complemento dessa regra geral, o art. 106.1 CE, de maneira objetiva, regula: *"los Tribunales controlan la potestad reglamentaria y la legalidad de la actuación administrativa, así como el sometimiento de ésta a los fines que la justifican"*.

De acordo com essas normas constitucionais, o sistema de controle jurídico, pleno e externo, é exercido pelo poder judicial sobre o poder regulamentar e sobre a atuação da Administração Pública, tendo em conta regras e princípios que informam a vigente norma reguladora do processo contencioso-administrativo: a Lei nº 29/1988, de 13 de Julio.[592]

Nesse aspecto, García de Enterría adverte que se deve considerar o contencioso-administrativo não como um controle jurisdicional, mas sim como um autocontrole administrativo, unido ao básico princípio da separação entre Administração e Justiça, com a proibição a esta de tolher as autônomas operações administrativas.[593] No seu entendimento, a explicação dogmática do princípio de autotutela enseja uma explicação unitária, embora possua rasgos singulares que a separam dos fenômenos de autotutela privada que conhece o ordenamento.[594]

---

[591] MORENO, Pedro T. Nevado-Batalla. *Notas Sobre Derecho Administrativo II. op. cit.*, p. 73.

[592] ALFONSO, Luciano Parejo, *"Leciones de Derecho Administrativo"*, 2ª *edición*. Valencia: Tirant lo Blanch, 2008, pág. 555. O autor comenta: *"El contencioso-administrativo es hoy, por de pronto, un proceso de plena jurisdicción que tiene por objeto no tanto la actuación administrativa, cuanto las pretenciones que, sobre la base de derechos e interesses legítimos, deduzcan sus titulares, pues el requisito de la existencia de la decisión o actuación previas es exclusivamente presupuesto de admisibilidad de la acción contencioso-administrativo"*.

[593] GARCÍA DE ENTERRÍA, Eduardo; FERNÁNDEZ, Tomás-Ramón. *Curso de Derecho Administrativo- I, decimocuarta edición*. Navarra: Arazandi, 2008. p. 514.

[594] GARCÍA DE ENTERRÍA, Eduardo; FERNÁNDEZ, Tomás-Ramón. *Curso de Derecho Administrativo- I, op. cit.* p. 517. Nesse sentido, o autor ressalta: *A nuestro juicio, el sistema posicional de la Administración respecto a los Tribunales, que sumariamente hemos descrito al comienzo de este capítulo, debe ser explicado como un sistema de autotutela: la Administración está capacitada como sujeto de derecho para tutelar por sí misma sus próprias situaciones jurídicas, incluso sus pretenciones innovativas del status quo, eximiéndose de este modo de la necesidad, común a los demás sujetos, de recabar una tutela judicial. Es este principio de autotutela el que es capaz de explicar en unidad todo ese complejo sistema posicional"*.

Assim, como bem manifesta Miguel Sánchez Morón, a Constituição sujeita toda a atuação administrativa ao controle jurisdicional, por ser esta a garantia última daquela vinculação jurídica, portanto, fixando no âmbito espanhol o sistema de jurisdição una. Que o controle judicial da Administração de ser abordado sobre três ângulos: a) plenitude da tutela judicial e especialização jurisdicional; b) as peculiaridades do controle contencioso-administrativo: a denominada autotutela da administração; e c) controle judicial da administração e tutela judicial efetiva.

a) Plenitude da tutela judicial e especialização jurisdicional. Nesse caso o controle jurisdicional é amplo, tendo evoluído para um controle abrangente, ao qual nada escapa.[595] Na esteira dessas lições de Miguel Morón, o controle da atividade administrativa pode ser levado a cabo por distintas ordens jurisdicionais, posto que dita atividade está submetida a um ou outro ramo do Direito, uma vez que tais ordens jurisdicionais integram o Poder judicial e nenhuma delas constitui jurisdição especial ou esteja alheia ao mesmo, a exceção da jurisdição militar, por ser esta de limitado alcance objetivo, de acordo com o previsto no art. 117.5 da Constituição. Em consequência, segundo cada caso, os litígios em que a Administração seja parte podem ser julgados ante a jurisdição Civil ou Social, sem impedir que suas autoridades ou agentes possam ser julgados pelos Tribunais Penais, por delitos cometidos no exercício do seu cargo e que a própria Administração possa ser demandada em essa sede como responsabilidade civil subsidiaria do delito (art. 146.1 LRJPAC).[596]

De qualquer maneira, quando a Administração atua em relações de Direito Administrativo e quando exercita o poder regulamentar, seu controle corresponde à Jurisdição Contencioso-Administrativa (art. 1 LJCA), com raras exceções (remissão de certos assuntos à Jurisdição Social ou a Julgados de Vigilância Penitenciaria).[597]

---

[595] MORÓN, Miguel Sánchez. *Derecho Administrativo.* op. cit. p. 101. Sobre a plenitude da tutela judicial, o autor realiza o seguinte comentário:*"En virtud de la Constituición no hay zonas exentas de esse control jurisdicional (...). Dicho control corresponde ante todo a los Jueces y Tribunales que integran el Poder Judicial. Éste se rige por el principio de unidad jurisdicional (art.117.5 CE) y está integrado por Jueces y Magistrados independientes, inamovibles, responsables y sometidos únicamente al imperio de la Ley (art.117.1 CE). Conforme a los precedentes históricos, en nuestro Derecho el controle jurisdiccional de la Administración se ejerce, pues, por órganos judiciales y no administrativos.*

[596] MORÓN, Miguel Sánchez. *Derecho Administrativo.* op. cit., p. 101.

[597] MORÓN, Miguel Sánchez. *Derecho Administrativo.* op. cit. p. 102. Nesse aspecto, o autor ressalva:*En fim, la actividad administrativa también puede ser enjuizada por el Tribunal*

O célebre jurista espanhol ainda ressalta que a plenitude objetiva do controle jurisdicional inclui os atos de Governo e dos Governos das Comunidades Autônomas, assim quando não se tratar de atos submetidos ao Direito Administrativo senão direta e exclusivamente ao Direito Constitucional (ou Internacional), caso em que ficará sujeita à independência do alcance de tal controle e da jurisdição encarregada de realizá-lo.[598]

b) As peculiaridades do controle contencioso-administrativo: a denominada autotutela da Administração. O controle judicial contencioso-administrativo apresenta características singulares em seus aspectos essenciais, afetando os seus relevos constitucionais. Como poder Público que é e em virtude de sua posição institucional, a Administração pode adotar decisões vinculantes para os cidadãos, que estes estão obrigados a cumprir desde que se lhes digam ou se lhes notifiquem ou se tornem públicas tais decisões.[599]

Em continuidade ao desenvolvimento de sua linha de pensamento, Miguel Sánchez Morón adverte que a Administração, que é por definição um dos sujeitos da relação jurídica administrativa, pode determinar por si mesma e mediante decisões unilaterais e vinculantes os direitos e obrigações concretas do cidadão, naturalmente aplicando as leis. Quer dizer, só por sua vontade e em virtude do poder que lhe confere a Constituição e as leis, a Administração cria, modifica ou extingue direitos e situações jurídicas. Não necessita valer-se do juiz no exercício de uma ação declarativa.[600]

Constitucional, en los procesos de su competencia (recursos de amparo, conflicto de competencia), así como por el Tribunal de Justicia de la Unión Europea (y el Tribunal de primera instancia) y por el Tribunal Europeo de Derechos Humanos en los asuntos en que les corresponda conforme a sus normas institutivas (arts. 226 ss. TCE, arts. III-258 ss. Const. Eur. y arts. 19 ss. del Convenio Europeo para la proteción de los Derechos Humanos y Libertades Fundamentales).

[598] MORÓN, Miguel Sánchez. *Derecho Administrativo*. op. cit., p. 102.

[599] MORÓN, Miguel Sánchez. *Derecho Administrativo*. op. cit. p. 102. Por isto, o autor adverte: *De ello deriva que el control judicial es, normalmente, un control 'a posteriori'. No sólo eso, sino que la mera interposición del recurso judicial no suspende necesariamente (ni por regla general, en la práctica) la eficácia jurídica de la decisión administrativa recurrida, por que la Administración puede exigir su cumplimiento voluntário y, en caso de resistencia, ejercer sus poderes de ejecución forzosa.*

[600] MORÓN, Miguel Sánchez. *Derecho Administrativo*. op. cit. p. 103. Sobre esta questão, o autor comenta: *Tales decisiones unilaterales – normalmente actos administrativos – gozan de una presunción de validez (art.57.1 LRJPAC) y tienen eficácia por sí mismas. Deben ser cumplidas por sus destinatarios, por lo que, en este sentido, tienen la misma fuerza que una sentencia judicial, es decir, la 'ejecutividad' (art. 56 LRJPAC). Más aún, si el destinatario de la decisión administrativa no la cumple voluntariamente, la Administración tampoco necesita acudir al Juez para imponer coactivamente sus mandatos, sino que puede proceder por su propios medios a la 'ejecución forzosa' en los términos que la Ley permite (arts. 95 ss. LRJPAC). Además, dice la ley (art. 101 LRJPAC), «no se admitirán a trámite interdictos contra las actuaciones de los órganos administrativos*

Em tais circunstâncias, há que se ressalvar que a autotutela administrativa não deve ser entendida como tutela de interesses próprios da Administração, mas sim como tutela dos interesses gerais aos que a Administração serve por definição. É essa a finalidade, a tutela dos interesses gerais, que deve se realizar com eficácia e presteza, explicando e justificando a atribuição da Administração de uma posição semelhante às suas relações com a justiça.[601]

c) Controle judicial da Administração e tutela judicial efetiva. O princípio da autotutela não pode afastar o direito de qualquer pessoa a tutela judicial efetiva de seus direitos e interesses legítimos, em face de proteção constitucional existente (art. 24.1 CE), na medida em que este direito fundamental do cidadão, também se aplica naqueles casos de litígio com uma decisão da Administração Pública.[602]

Nessa linha de entendimento, impõe-se o exame das normas que regulam e dão aplicação a esse direito da tutela judicial na ordem do controle judicial contencioso-administrativo:

1 – O direito à tutela judicial efetiva comporta acima de tudo o de acesso ao processo, isto é, a possibilidade de ter acesso em qualquer situação de conflito ao órgão judicial competente e obter do mesmo uma decisão fundada em direito, sobre a pretensão formuladas pelas partes. Esse direito compreende tanto o direito à primeira instância judicial, como a de utilizar os recursos contra as sentenças e resoluções judiciais previstos pela legislação vigente.

O direito à ação não pode ser impedido ou obstaculizado mediante a exigência de requisitos carentes de justificação razoável, embora não tenha tal caráter de *per si* as vias extrajudiciais previas de recursos administrativos (SSTC 4/1988, 32/1991).[603]

---

realizadas en materia de su competencia y de acuerdo con el procedimiento legalmente establecido>>.
[601] MORÓN, Miguel Sánchez. *Derecho Administrativo.* op. cit. p. 105. Nesse caso, o autor cita decisão judicial esclarecedora da temática: *De ahí que el Tribunal Constitucional haya declarado la conformidad a la Constitución del llamado principio de autotutela o, más en concreto, de la presunción de legalidad y la ejecutividad inmediata de que gozan los actos y decisiones administrativas (SSTC 22/1984, 115/1987, 238/1992, etc.), vinculándolo al principio de eficacia de la administración (art. 103.1 CE).*
[602] MORÓN, Miguel Sánchez. *Derecho Administrativo.* op. cit., p. 105. Sobre esta proteção constitucional, o autor refere: *Por esta razón, a partir de la Constitución, el legislador en unos casos y la jurisprudencia en otros, empezando por la del Tribunal Constitucional, han venido eliminando o restringiendo algunas trabas procesales que en el pasado dificultaban el acceso al proceso, conferían a la Administración privilegios injustificados o limitaban la efitividad de la tutela judicial. Este período tiene su colofón en la aprobación de la vigente LJCA de 1998. No obstante, todavía pueden abordarse ulteriores reformas en la misma dirección.*
[603] MORÓN, Miguel Sánchez. *Derecho Administrativo.* op. cit. p. 106. Como comenta o autor, *en cualquier caso, los requisitos procesales que pueda establecer el legislador deben ser interpretados en*

2 – A tutela judicial efetiva significa o direito a um processo público com todas as garantias. Por isso, Sánches Morón bem adverte que *este derecho tiene multiples manifestaciones en el orden contencioso-administrativo. Supone, por un lado, una absoluta prohibición de indefención y por eso, entre otras cosas, obliga a emplazar o convocar personalmente, para que puedan comparecer en el processo como partes, a todos aquellos que tengan un interés legítimo y que sean conocidos por la Administración demandada.*[604]

As partes no processo devem gozar das mesmas possibilidades de defesa – *princípio da igualdade*. A Administração não tem nenhum privilégio processual, senão que deve igualmente alegar e provar quanto considere procedente a defesa da legalidade de sua atuação. A Administração não pode ocultar ou denegar os informes e provas que estejam em seu poder e que sejam relevantes. O processo deve resolver-se em um *prazo razoável*, sem dilações indevidas. Esse é um problema da atualidade de todos os Tribunais, inclusive dos julgados do Contencioso-Administrativo, devido a grande quantidade de recursos interpostos, cuja estrutura da Jurisdição Contencioso-Administrativo tem absorvido com dificuldade.[605]

3 – O direito a tutela judicial frente às decisões administrativas inclui o *direito a tutela cautelar*, quer dizer, de solicitar e, no caso, obter do órgão judicial medidas cautelares que permitam evitar os prejuízos que possam ser causados durante a tramitação do processo, pela execução da decisão administrativa ou pela manutenção da atuação ou inatividade impugnada (SSTC 238/1992, 148/1993, etc.).[606]

4 – O direito à tutela judicial garante a obtenção do órgão judicial competente uma *resolução fundada no Direito*. No entanto, ele não

---

el sentido más favorable para el ejercicio de la acción (principio 'pro actione') y en todo caso manera razonable y no formalista (SSTC 11/1982, 118/1987, 199/1988, 98/1992, 259/2000, 3/2001, 160/2001, 71/2002, 164/2002). De hecho, a raíz de la constitución algunos requisitos formales, como la exigencia de previo pago a la Administración de la deuda recurrida ('solve et repete'), quedaran suprimidos, mientras que se ha ampliado la legitimación para recurrir a cualquir persona física o jurídica que tenga un derecho o un interés legítimo, individual o coletivo afectado por la disposición o acto recurrido (art. 19 LJCA).

[604] MORÓN, Miguel Sánchez. Derecho Administrativo. op. cit., p. 106.

[605] MORÓN, Miguel Sánchez. Derecho Administrativo op. cit. p. 106. Em decorrência desse fator, o autor refere: *"Sin duda este es uno de los problemas prácticos más importantes de nuestro sistema de Derecho Administrativo, pues una justicia tardía no siempre es efectiva".*

[606] MORÓN, Miguel Sánchez. Derecho Administrativo. op. cit. p. 107. Sobre o direito a tutela judicial, o autor realiza o seguinte comentário: *"Critério este que se recoge hoy en los artículos 129 y siguientes de la LJCA, que ya há superado el caráter excepcional que la tutela cautelar tenía en la legislación anterior. Ello no obstante, aún es de apreciar en la práctica judicial una aplicación bastante restrictiva de las facultades del Juez de acordar medidas cautelares".*

assegura que seja a decisão acertada, mas sim que deve ser congruente com o pedido pelas partes no processo (SSTEC 163/1990, 32/1992, 35/2002), motivada e embasada de forma precisa e exclusivamente em razões jurídicas.[607]

Embora toda a atuação administrativa esteja submetida ao controle judicial, sendo o juiz o detentor da última palavra sobre a desconformidade do interessado com a decisão administrativa, não podem os mesmos, por meio do controle judicial, vir a substituir aos Governos e Administrações na adoção dos aspectos políticos ou técnicos de suas decisões. É justamente por este motivo que o art. 71.2 LJCA contém a seguinte norma: *Los órganos jurisdiccionales no podrán determinar la forma en que han de quedar redactados los preceptos de una disposición general en sustitución de los que anularen ni podrán determinar el contenido discrecional de los actos anulados.*

Contudo, como ressalta Miguel Sánchez Morón, nada impede, antes pelo contrário, que o juiz substitua uma decisão administrativa ilegal pelo que declare na sentença. Tampouco que substitua os elementos regrados de uma decisão discricional.[608]

5 – Por último, o direito à tutela judicial efetiva compreende *el derecho a la ejecución de las resoluciones judiciales* em seus próprios termos, incluídas, como é lógico, aquelas resoluções que condenam a Administração a dar, fazer ou não fazer algo. Essa é uma garantia que decorre da Constituição. A tutela judicial garantida pela Constituição não é meramente teórica, senão efetiva, e ela exige que sejam adotadas todas as medidas necessárias para o cumprimento da sentença, pois, a Administração, como qualquer outro sujeito de direito, está obrigada a cumprir as decisões judiciais e a colaborar na execução do resolvido (art. 118 CE).

De qualquer forma, as consequências concretas decorrentes desse regime de garantias constitucionais são numerosas, motivo que leva Sánchez Morón a mencionar: *Sólo cabe añadir ahora que el derecho a la tutela judicial efectiva puede ser defendido también, con carácter subsidiario, ante el Tribunal Constitucional, a través del recurso de amparo e inclusive,*

---

[607] MORÓN, Miguel Sánchez. *Derecho Administrativo.* op. cit.. p. 107.
[608] MORÓN, Miguel Sánchez. *Derecho Administrativo.* op. cit. p. 107. Sendo assim, o autor adverte: *En cambio, si considera que una decisión discrecional no es conforme a Derecho y la anula por ello, pero son posibles varias decisiones lícitas según criterios políticos o técnicos (por ejemplo, calificar un terreno como vía pública o zona edificable, adjudicar un contrato anulado a unos u otros licitadores), no puede el órgano judicial resolver por sí mismo. Éste es el límite constitucional de su actividad de control de la discrecionalidad administrativa.*

agotada esta vía, ante el Tribunal Europeo de Derechos Humanos, si comporta también una violación del Convenio de Roma de 4 de noviembre de 1950.[609]

Realizadas essas considerações sobre o controle judicial da Administração Pública, faz-se necessário verificar a organização da Jurisdição Contencioso-Administrativa, chamada por Pedro Nevado-Batalla de Planta Jurisdicional.[610] Segundo o art. 6 LJCA a ordem jurisdicional do contencioso-administrativo se acha integrada pelos seguintes órgãos que, como se pode verificar, corresponde ao modelo territorial vigente depois da Constituição Espanhola. Assim, a Jurisdição Contencioso-Administrativa organiza-se em: *Juzgado de lo Contencioso-Administrativo* (art. 8 LJCA); *Juzgados Centrales de lo Contencioso-Administrativo* (art. 9 LJCA); *Salas de lo Contencioso-Administrativo de la Audiencia Nacional* (art. 11 LJCA); *Sala de lo Contencioso-Administrativo del Tribunal Supremo* (art. 12 LJCA).

Seguindo as previsões do art. 7 LJCA, podem ser sintetizadas as seguintes regras gerais de competência da Jurisdição Contencioso-Administrativo:[611]

- Os órgãos da ordem jurisdicional contencioso-administrativo que forem competentes para conhecer de um assunto o serão também para todas suas incidências e para fazer executar as sentenças na forma referida pelo art. 103.1 LJDA.
- A competência dos Julgados e Salas do contencioso-administrativo não será prorrogável e deverá ser apreciada pelos mesmos, inclusive de ofício, com audiência prévia das partes e do Ministério Público, por prazo comum de dez dias.
- A declaração de incompetência adotará a forma de autuação e deverá efetuar-se antes da sentença, remetendo-se as autuações ao órgão da jurisdição que se dê por competente, para que ante ele siga o curso do processo.

Caso a competência possa corresponder a um Tribunal Superior em grau, deverá ser acompanhada de uma exposição arrazoada.

Em resumo, o controle jurisdicional das Administrações em sede da Jurisdição Contencioso-Administrativo, no que diz respeito à técnica processual, o processo contencioso-administrativo evoluiu do processo civil de primeira instância ao modelo do processo de apelação, em que o ato administrativo atua como uma espécie de *sentença*

---

[609] MORÓN, Miguel Sánchez. *Derecho Administrativo. op. cit.* p. 108.
[610] MORENO, Pedro T. Nevado-Batalla. *Notas sobre Derecho Administrativo II. op. cit.* p. 81 *et seq.*
[611] MORENO, Pedro T. Nevado-Batalla. *Notas sobre Derecho Administrativo II. op. cit.* p. 81-82.

inicial. Assim, conforme menciona Pedro Nevado-Batalla, seguindo lição de Santamaria Pastor, os elementos do processo contencioso-administrativo devem ser considerados na seguinte forma: *la jurisdición contencioso-administrativa ejerce un controle sobre la actividad administrativa, desde la óptica de la legalidad, con carácter plenário y bajo la vigencia del principio dispositivo*.[612]

Por fim, consoante essas peculiaridades e elementos constitutivos, o controle jurisdicional executa-se via processo de jurisdição contencioso-administrativo, que possui as seguintes características: o processo contencioso-administrativo dirige-se contra a atividade administrativa; possui um caráter revisor e atua como um mecanismo de controle da legalidade, submetendo as Administrações Públicas ao Direito; é um controle *a posteriori*; e realiza uma fiscalização plena da atividade administrativa, funcionando como um autêntico e eficaz instrumento de tutela efetiva dos direitos e interesses legítimos dos cidadãos;[613] entretanto, todos também se submetem ao controle judicial.

2 O controle financeiro e orçamentário

O controle financeiro e orçamentário é uma atividade controladora específica, que incide sobre os aspectos financeiros e orçamentários da ação gestora da Administração Pública. Quando, em tópico relativo à evolução do Estado, foi examinado o seu desenvolvimento e aprimoramento, propiciando um novo tipo de Administração Pública, também se analisou que o Estado, para o alcance de seus fins, exercita o poder por meio da competência, efetuando serviços e atividades, que variam no tempo e no espaço, no sentido de promover a realização do bem público, e que a realização do bem público é efetuada por meio dos órgãos competentes da estrutura administrativa do Estado, aos quais são destinados serviços de interesse público, cuja ação deve ocorrer de acordo com as normas e princípios constitucionais.[614]

Como o Estado desempenha uma intensa atividade financeira – arrecadando, despendendo e administrando recursos financeiros – no sentido de realizar os seus objetivos de interesse público, há a necessidade de utilização de um meio que discipline essa ação estatal, por um determinado espaço de tempo. Esse meio chama-se orçamento

---

[612] MORENO, Pedro T. Nevado-Batalla. *Notas sobre Derecho Administrativo II*. op. cit., p. 87.
[613] MORENO, Pedro T. Nevado-Batalla. *Notas sobre Derecho Administrativo II*. op. cit., p. 87-88.
[614] MILESKI, Helio Saul. *O Controle da Gestão Pública*. op cit. p. 42.

público.[615] Assim, havendo um instrumento que organiza as finanças públicas, com previsão da receita e fixação da despesa, com execução pelos diversos órgãos da Administração Pública, o controle interno atua sobre essa forma de gerenciamento. Portanto, o controle interno aqui assume uma especificidade mais definida, com um direcionamento aos atos de gerência dos bens e valores públicos, buscando uma atuação administrativa regular, mais eficiente, proba e de acordo com as normas legais.

De certo modo, é o que afirma Puget, ao entender que grande parte das atividades administrativas acarretam despesas e frequentemente é necessário o acordo de dois órgãos distintos, o que realiza a despesa e o que paga; a divisão entre o gestor e o pagador propicia controle exercido por uma dessas autoridades sobre a outra; sobre o conjunto dos órgãos administrativos incidem controle de um único órgão, de regra um Ministério ou Secretaria da Fazenda.[616]

Assim, o controle financeiro e orçamentário é o tipo de controle exercido pelo Poder Público, por meio de organismos especialmente criados para tal fim – controle interno e controle externo –, sobre os administradores dos três Poderes do Estado, alcançando todos os órgãos da administração direta e indireta, sejam autarquias, empresas públicas, sociedades de economia mista ou fundações.

Essa forma de controle visa a proteger a regularidade dos procedimentos que devem ser praticados pelos administradores na gerência dos recursos públicos, envolvendo todos os atos de arrecadação – receita – e todos os atos de dispêndio – despesa – no acompanhamento da execução orçamentária, tendo em conta o fiel cumprimento dos programas, projetos e atividades previstos no orçamento, de acordo com os princípios da legalidade, legitimidade e economicidade.

Portanto, como se trata de um controle baseado em sistema de auditoria, buscando não só o acompanhamento da execução orçamentária, mas também o julgamento das contas dos responsáveis por essa execução orçamentária, independe do momento para o seu exercício. Assim, esse tipo de controle tanto pode ser prévio, como concomitante ou *a posteriori*.

---

[615] *Idem, op. cit.*, p. 43.
[616] PUGET, Henry. *Les Institutions Administratives Étrangères*. Paris, 1969, p. 171. *apud* MEDAUAR, Odete. *Controle da Administração Pública*. op. cit. p. 56.

2.1 O controle interno

O controle financeiro e orçamentário está assentado na dualidade de controle, o controle interno e o controle externo, que, por sua importância, tem regulação constitucional e legal. O controle interno está a cargo da própria administração, com a finalidade de manter a sua ação dentro da regularidade administrativa, com atendimento dos princípios da economicidade e legalidade.

Na Espanha, de acordo com as normas da Lei 47/2003, de 26 de novembro, *General Pressupuestaria*, Título VI, o controle da gestão econômico-financeira será efetuado pela Intervenção Geral da Administração do Estado, com a competência de exercer o controle interno da gestão econômica e financeira do setor público estatal, com plena autonomia sobre as autoridades e demais entidades cuja gestão está sob controle (art.140, 1 e 2).

O controle interno a cargo da *Intervención General de la Administración del Estado*, será realizado mediante o exercício da função interventora, do controle financeiro permanente e da auditoria pública, com os seguintes objetivos:

a) verificar o cumprimento da normativa que resulte de aplicação à gestão objeto de controle.

b) verificar o adequado registro e contabilização das operações realizadas, e seu fiel e regular reflexo nas contas e estados que, conforme as disposições aplicáveis, deva formar cada órgão ou entidade.

c) avaliar se a atividade e os procedimentos objetos do controle se realizam de acordo com os princípios da boa gestão financeira e, em especial, os previstos na Lei Geral de Estabilidade Orçamentária.

d) verificar o cumprimento dos objetivos atribuídos aos centros gestores dos gastos nos Orçamentos Gerais do Estado.

A Intervenção Geral da Administração do Estado exercerá suas funções de controle interno conforme os princípios de autonomia, exercício desconcentrado e hierarquia interna por meio dos órgãos de controle determinados. A intervenção Geral do Estado apresentará anualmente ao Conselho de Ministros, por intermédio do Ministro da Fazenda, um informe geral com os resultados mais significativos do Plano Anual de Controle Financeiro Permanente e do Plano Anual de Auditorias de cada exercício, podendo ainda levar a consideração do Conselho de Ministros os informes de controle permanente (relatórios) e de auditoria que, por razão de seus resultados, estime conveniente antecipar seus resultados.

No Brasil, conforme já tive oportunidade de manifestar,[617] o controle interno apresenta a seguinte situação: tratando-se de um sistema de controle, significa dizer que o controle será exercido em todos os níveis e em todos os órgãos, compreendendo, particularmente, o controle efetuado pelos órgãos próprios de cada sistema, por sinal tudo conforme o determinado pelo art. 13 do Dec. Lei nº 200/1967, que procedeu a Reforma Administrativa no âmbito federal no ano de 1967. A própria Reforma Administrativa, dentro desse contexto normativo, também estabeleceu que *serão organizadas sob a forma de sistema as atividades de pessoal, orçamento, estatística, administração financeira, contabilidade e auditoria, e serviços gerais, além de outras atividades auxiliares comuns a todos os órgãos da administração que, a critério do Poder Executivo, necessitam de coordenação central* (art.30 do Dec. Lei 200/1967), procedendo, assim, a uma regulamentação necessária para a estruturação do sistema de controle interno.

Esse inovador sistema de controle interno da atividade administrativa e orçamentária implantado pela Constituição de 1967, fixado inicialmente como atribuição constitucional do Poder Executivo, na Constituição de 1988, consolidou-se como uma concepção sistêmica, porém evoluindo quanto a sua competência de execução, na medida em que esta passou a ser atribuição dos três Poderes do Estado, na forma do regrado pelo art. 74:

Art. 74 – Os Poderes legislativo, Executivo e Judiciário manterão, de forma integrada, sistema de controle interno com a finalidade de:

I – *avaliar o cumprimento das metas previstas no plano plurianual, a execução dos programas de governo e dos orçamentos da União;*

II – *comprovar a legalidade e avaliar os resultados, quanto à eficácia e eficiência, da gestão orçamentária, financeira e patrimonial nos órgãos e entidades da administração federal, bem como da aplicação de recursos públicos por entidades de direito privado;*

III – *exercer o controle das operações de crédito, avais e garantias, bem como dos diretos e haveres da União;*

IV – *apoiar o controle externo no exercício de sua missão institucional".*

Portanto, ao destinar para os Poderes Legislativo, Executivo e Judiciário a atribuição de manterem, de forma integrada, sistema de controle interno, o legislador constitucional aprimorou a forma de ser exercida essa espécie de controle. Reafirmou a exigência de ser instituído um controle em grau de sistema e confiou o seu exercício a cada um

---

[617] MILESKI, Helio Saul. *O Controle da Gestão Pública. op. cit.* p. 157-173.

dos Poderes do Estado. Por tratar-se de sistema, até porque esta é uma determinação constitucional, o controle interno tem de ser executado de forma integrada, com interação sistêmica, para que não seja prejudicada a própria estrutura de execução do sistema de controle interno. Tratando-se de sistema, a parte depende do todo e o todo depende da parte, pois cada unidade sistêmica deve atuar com regularidade para não causar prejuízos à outra ou, via de consequência, ao todo.[618]

Assim, o sistema de controle interno deve agir de forma interativa entre os sistemas mantidos pelos três Poderes, juntamente com os sistemas que integram todas as atividades administrativas do Poder Público, no sentido de bem cumprir com as funções que lhe são destinadas constitucionalmente.

A partir desses elementos técnico-jurídicos esboçados, pode-se tentar estabelecer uma conceituação de controle interno, objetivando uma compreensão mais exata dos fins a que se destina.

Portanto, no sentido específico da fiscalização contábil, financeira e orçamentária prevista na Constituição brasileira, pode-se dizer que *Controle Interno* é aquele efetuado pelos órgãos administrativos, no âmbito da própria administração, sob o comando de um órgão central e, por isso, organizado de forma sistêmica, no sentido de atuar de maneira integrada em todos os Poderes do Estado, buscando comprovar a legalidade dos atos praticados pelos administradores e avaliar os resultados da ação governamental, verificando o seu grau de eficiência e eficácia, com prestação do devido apoio ao controle externo no exercício das suas atividades constitucionais.

Quanto às finalidades e objetivos do controle interno, esses são determinados constitucionalmente, envolvendo quatro funções básicas, cujas atribuições devem ser exercidas conforme as determinações técnicas exigíveis para cada situação – a ação do controle necessita de métodos e procedimentos técnicos que garantam a sua eficácia – juntamente com as constantes das regulamentações legais editadas para tal fim. Estas funções são:

---

[618] MARTINS, Osmar Scarparo. Sistema de Controle Interno. *Revista do Tribunal de Contas do Estado do RS*, Porto Alegre, v. 7, n. 11. dez. 1989, p. 41-44. Na análise do sistema de controle interno, o autor também realiza o seguinte comentário: Por analogia não bastaria um bom Sistema Contábil, no âmbito da administração pública. Seria indispensável que este estivesse integrado ao Sistema de Controle Interno com o qual deveria manter perfeita interação. Igualmente, todos os demais sistemas deveriam interagir com o Sistema de Controle Interno que, por sua vez, precisaria alcançar todo o ciclo da ação governamental. Todo o ciclo quer dizer todos os fatos, todas as rotinas, todos os procedimentos, todas as receitas, todas as despesas, enfim todos os passos necessários à gestão da coisa pública.

I – o dever do controle interno proceder ao acompanhamento da execução orçamentária, com o objetivo de avaliar o cumprimento das metas previstas no plano plurianual, a execução dos programas de governo e dos orçamentos da União. Esta é uma atividade de extrema relevância para o atendimento do interesse público, na medida em que visa o cumprimento do planejamento governamental, quanto à política estabelecida para a fixação de prioridades com programas que satisfaçam as necessidades do cidadão. Além de proporcionar ao governante dados sobre a realização do planejamento efetuado, possibilitando, de imediato, adoção de medidas corretivas para os eventuais desvios constatados, é elemento informativo imprescindível para o estabelecimento de futuras políticas públicas, quando houver a elaboração de novos Planos de Governo;

II – proceder à comprovação da legalidade e a avaliação dos resultados, quanto à eficiência e eficácia, da gestão orçamentária, financeira e patrimonial nos órgãos e entidades da Administração Pública, bem como da aplicação dos recursos públicos recebidos por entidades de direito privado. A comprovação de legalidade é fator preponderante do Estado de direito, que objetiva evitar o abuso de poder e cingir os atos do administrador às finalidades legais, que são, por assim dizer, a demonstração do interesse público, no sentido de proteger os dinheiros e o patrimônio público. A avaliação de resultados busca verificar as realizações efetuadas para o atendimento das necessidades do cidadão, consoante o planejamento efetuado e explicitado no sistema orçamentário, no sentido de verificar o grau de eficiência administrativa, a fim de ser alcançada uma melhor produtividade. Comprovar a regularidade da aplicação dos recursos públicos recebidos por entidades de direito privado, é procedimento de controle destinado à proteção do bom e regular emprego dos repasses financeiros realizados pelo Poder Público, tendo em conta o interesse público da finalidade a que se destina, com o sentido de evitar o desvio de finalidade;

III – exercer o controle das operações de crédito, avais e garantias, bem como dos direitos e haveres do Poder Público. Essa é outra atribuição de relevância para o controle interno, na medida em que visa a proteger a regularidade da existência e do lançamento da dívida pública, tendo em conta os limites para a sua realização e os pagamentos efetuados para o seu abatimento que, juntamente com o controle dos avais e garantias, resultam no controle do processo de endividamento, com redução dos riscos fiscais. Esse controle é dirigido igualmente à proteção dos direitos e haveres do Poder Público, de qualquer natureza, no sentido de ser evitado o acontecimento de eventuais prejuízos;

IV – a quarta função destinada ao controle interno é a de prestar apoio ao controle externo no exercício de sua missão institucional. Estando o sistema de fiscalização contábil, financeira e orçamentária assentado na dualidade de controle – interno e externo – cujas formas de controle têm de atuar de maneira integrada, no sentido de serem eficientes e produzirem eficácia na consecução dos objetivos controladores; sendo do controle interno a atribuição de acompanhar o dia a dia da ação administrativa e por decorrência do exercício dessas suas funções, assumir o armazenamento de informações completas e atualizadas sobre todo o funcionamento administrativo; à evidência, esses dois fatores conjugados tornam-se a razão que justifica a determinação constitucional para a obrigatoriedade do controle interno dar apoio ao controle externo. Como parte dessa obrigatoriedade de integração entre os controles interno e externo, está a norma do §1º do art. 74, da Constituição, estipulando que *os responsáveis pelo controle interno, ao tomarem conhecimento de qualquer irregularidade ou ilegalidade, dela darão ciência ao Tribunal de Contas da União, sob pena de responsabilidade solidária.*

A disposição constitucional, ao fixar a sobredita responsabilidade solidária para o responsável pelo controle interno, a par de estabelecer o nível da responsabilidade exercida pelo dirigente do sistema de controle interno, visa também a ampliar o seu grau de independência, quando do exercício das suas funções constitucionais. Sendo o controle interno organismo intestino da própria Administração, submete-se a subordinação hierárquica administrativa, com os seus responsáveis sendo subordinados da autoridade governamental. Por isso, mais que uma norma regulamentadora do apoio que o controle interno deve dar ao controle externo, é uma regra protetora do regular exercício das atividades de controle em relação ao poder de mando, associando a execução das funções de controle tão somente à regularidade legal, técnica e administrativa, sem qualquer interferência, pois, se ao contrário, o responsável pelo controle interno deixar-se envolver por interferências indevidas e não noticiar o conhecimento de irregularidade ou ilegalidade, ele será responsabilizado de forma solidária pelo acontecimento.

Dessa forma, conforme o acima especificado, os Poderes Legislativo, Executivo e Judiciário da União devem manter, de forma integrada, sistema de controle interno para o exercício das funções que lhes são destinadas constitucionalmente.

Para atendimento dessas exigências que derivam do texto constitucional, o sistema de controle interno do Poder Executivo Federal teve a seguinte regulamentação: foi adotada a Medida Provisória nº 480, de 27 de abril de 1994, que viabilizou uma ampla remodelação do sistema, produzindo uma reestruturação funcional mediante a criação da então Secretaria Federal de Controle, com adoção do Ministério da Fazenda como órgão central do sistema. Essa Medida Provisória, com modificações, foi reeditada 88 vezes, culminando com a Medida Provisória nº 2.112-88, de 26 de janeiro de 2000, que foi aprovada pelo Congresso Nacional e convertida na Lei nº 10.180, de 6 de fevereiro de 2001, organizando e disciplinando, sob a forma de sistemas, as atividades de planejamento e de orçamento federal, de administração financeira federal, de contabilidade federal e de controle interno do Poder Executivo Federal, com previsão de funcionamento interativo entre esses sistemas.

A estrutura funcional do sistema de controle interno ficou assentada em três organismos fundamentais: o órgão central, os órgãos setoriais e a Comissão de Coordenação de Controle Interno.

Como órgão central do sistema foi criada a Secretaria Federal de Controle Interno, com atuação sobre todos os órgãos do Poder Executivo Federal, excetuando-se o Ministério das Relações Exteriores, o Ministério da Defesa, a Advocacia-Geral da União e a Casa Civil da Presidência da República, que se submetem ao controle interno de órgãos setoriais e esses organismos setoriais ficam sujeitos à orientação normativa e à supervisão técnica do órgão central do sistema, qual seja, a Secretaria Federal de Controle Interno. Por sua vez, a Comissão de Coordenação de Controle Interno foi instituída como um órgão colegiado (a Comissão é composta pelo Chefe da Controladoria-Geral da União, que a presidirá, pelo Subcorregedor-Geral, pelos Corregedores, pelo Secretário Federal de Controle Interno, pelos Secretários dos órgãos setoriais de Controle Interno do Poder Executivo e por um Assessor Especial de Controle Interno, de livre escolha do Chefe da Controladoria-Geral da União – Art. 9º, Dec. Fed. nº 3.591, de 06.09.2000, com a redação dada pelo Dec. nº 4.238/2002), no sentido de coordenar todo o Sistema de Controle Interno do Poder Executivo Federal, com o objetivo de promover a integração e a homogeneização dos entendimentos dos respectivos órgãos e unidades de Controle Interno.

Posteriormente, foi expedido o Decreto nº 4.304, de 16 de julho de 2002, produzindo alterações no Decreto 3.591/2000, para considerar a Controladoria-Geral da União como Órgão Central, incumbido da orientação normativa e da supervisão técnica dos órgãos que compõe o sistema, destinando à Secretária Federal de Controle Interno o desempenho das funções operacionais de competência do Órgão Central do Sistema de Controle Interno, com as competências fixadas no art. 11.

Complementando a estruturação de funcionamento do sistema de controle interno, a Instrução Normativa SFC nº 01, de 15 de maio de 2002, da Secretaria Federal de Controle Interno, definiu rotinas e estabeleceu o fluxo processual para o fornecimento de informações, ao Tribunal de Contas da União, sobre irregularidades ou ilegalidades constatadas quando da realização das ações de controle, no âmbito do Poder Executivo Federal.

Posteriormente, por meio da Medida Provisória nº 103, de 1º de janeiro de 2003, convertida na *Lei nº 10.683*, de 28 de maio de 2003, houve alteração da denominação do órgão para Controladoria-Geral da União, assim como atribuiu ao seu titular a denominação de Ministro de Estado do Controle e da Transparência.

Mais recentemente, o *Decreto nº 5.683*, de 24 de janeiro de 2006, alterou a estrutura da CGU, conferindo maior organicidade e eficácia ao trabalho realizado pela instituição e criando a Secretaria de Prevenção da Corrupção e Informações Estratégicas (SPCI), responsável por desenvolver mecanismos de prevenção à corrupção. Assim, a CGU passou a ter a competência não só de detectar casos de corrupção, mas de antecipar-se a eles, desenvolvendo meios para prevenir a sua ocorrência, constituindo-se dos seguintes organismos: Secretaria Federal de Controle Interno (SFC); Ouvidoria-Geral da União (OGU); Corregedoria-Geral da União (CGU); e Secretaria de Prevenção da Corrupção e Informações Estratégicas (SPCI).[619]

Portanto, conforme a estrutura legal dirigida à sistematização e à organização do controle interno do Poder Executivo Federal, há adequação ao princípio sistêmico exigido constitucionalmente, com a sua atuação buscando satisfazer os quesitos de controle fixados nessa regulamentação. Contudo, inexiste norma regulando o procedimento de integração com os sistemas de controle interno dos Poderes Judiciário e Legislativo, na forma do comando constitucional.

No âmbito do Poder Legislativo Federal, a estrutura do sistema de controle interno adotada não consta com uma central que proceda a orientação normativa e a supervisão técnica dos organismos setoriais integrantes desse sistema, com vista a assegurar a integração preconizada constitucionalmente.

---

[619] Disponível em: <http://www.cgu.gov.br/CGU/historico/index.asp>.

Portanto, embora tenham sido criados organismos de controle interno na Câmara e no Senado, as suas formas de organização deixam de atender integralmente o propugnado pelo dispositivo constitucional, na medida em que contêm normas genéricas e abrangentes, quase uma repetição das normas constitucionais, sem regulamentar a necessária estrutura organizacional para o exercício de um sistema de controle.

Diferentemente não ocorre no âmbito do Poder Judiciário Federal, em que a organização do sistema de controle interno possui a mesma forma adotada pelo Poder Legislativo Federal.

Dessa forma, o Poder Judiciário também deixa de adotar uma estrutura sistêmica para o controle interno, por isso não possui uma Central para coordenar a ação controladora, inclusive quanto à integração dos seus diversos organismos, o que pode lhe ocasionar embaraços no exercício do controle sobre os atos de natureza administrativa, contábil, financeira e orçamentária, refletindo no suporte que deve dar à atuação do controle externo, cujo órgão executor é o Tribunal de Contas da União.

Poderia o Judiciário valer-se da experiência do Poder Executivo Federal, que por largo tempo foi o responsável pelo controle interno da União e possui um sistema bem estruturado, para implantar na órbita judiciária uma sistematização assemelhada, no sentido de atender ao sistema de controle preconizado para a fiscalização contábil, financeira e orçamentária. A adoção do sistema não visa tão somente reprimir e desestimular procedimentos perniciosos à boa administração, mas também uma ação integrada entre os diversos organismos de controle, com troca de informações atualizadas e confiáveis, para que o sistema de controle funcione como retroalimentador do processo de programação e possibilite decisões mais adequadas no que tange ao estabelecimento de prioridades e escolha do que deve ser realizado para melhor atender ao interesse público.

2.2 O controle externo

O controle é externo quando o órgão controlador não integra a estrutura do órgão controlado. É o controle de um Poder sobre o outro; ou da administração direta sobre a indireta. Segundo Hely Lopes Meirelles, *controle externo é o que se realiza por órgão estranho a Administração responsável pelo ato controlado, como, p. ex., a apreciação das contas do Executivo e do Judiciário pelo Legislativo; a auditoria do Tribunal de Contas sobre a efetivação de determinada despesa do Executivo; a anulação de um ato do Executivo por decisão do Judiciário; a sustação de ato normativo do Executivo pelo Legislativo.*[620]

Assim, controle externo seria a contrasteação *externa corporis*, realizado por Poder ou órgão diverso do controlado, envolvendo o exame de legitimidade e legalidade e/ou supervisão político-administrativa,[621] verificando se houve regularidade nos atos praticados para o alcance dos objetivos de interesse coletivo.

A execução do controle externo ocorre no âmbito administrativo das entidades estatais, mediante ação do Legislativo ou por decisão judicial.

Como o controle externo é o exercido por organismo estranho ao do controlado, por importante, torna-se necessário proceder-se exame no pertinente ao controle financeiro e de contas, como é o caso da fiscalização contábil, financeira e orçamentária. O controle externo, nessa circunstância, é efetuado no aspecto da atividade financeira do Estado, envolvendo o exame de contas, no sentido de serem verificadas a arrecadação da receita e a realização da despesa, procedendo a avaliação da regularidade dos atos praticados pelos administradores quanto à legalidade, legitimidade e economicidade, tendo em conta os níveis da responsabilidade fiscal, especialmente a do equilíbrio orçamentário.

Assim, a fiscalização contábil, financeira, orçamentária, operacional e patrimonial é o tipo de controle externo exercido pelo Poder Público, por meio de organismos especialmente criados para tal fim – controle interno e controle externo –, sobre os administradores dos três Poderes do Estado, alcançando todos os órgãos da administração direta e indireta, sejam autarquias, empresas públicas, sociedades de economia mista ou fundações.

Essa forma de controle visa a proteger a regularidade dos procedimentos que devem ser praticados pelos administradores na gerência dos recursos públicos, envolvendo todos os atos de arrecadação – receita – e todos os atos de dispêndio – despesa – no acompanhamento da execução orçamentária, tendo em conta o fiel cumprimento dos programas, projetos e atividades previstos no orçamento, de acordo com os princípios da legalidade, legitimidade e economicidade.

---

[620] MEIRELLES, Hely Lopes. *Direito Administrativo Brasileiro*. 26. ed. atualizada por Eurico de Andrade Azevedo, Délcio Balestero e José Emmanuel Burle Filho. São Paulo: Malheiros, 2001, p. 626.

[621] GUALAZZI, Eduardo Lobo Botelho. *Regime Jurídico dos Tribunais de Contas*. São Paulo: Revista dos Tribunais, 1992, p. 34.

Portanto, como se trata de um controle baseado em sistema de auditoria, buscando não só o acompanhamento da execução orçamentária, mas também o julgamento das contas dos responsáveis por essa execução orçamentária, independe do momento para o seu exercício. Assim, esse tipo de controle tanto pode ser prévio, como concomitante ou *a posteriori*.

São com essas peculiaridades de atuação que o controle externo da Administração Pública, mais especificamente o seu órgão executor – na forma unipessoal (controladorias), ou de maneira colegiada (o Tribunal de Contas) – será agora analisado.

Em todos os tempos, desde os seus primórdios e incluindo as diversas etapas da sua evolução, o Estado sempre se preocupou em manter um controle sobre as rendas públicas, tendo em conta a sua correta aplicação por parte dos encarregados pelo seu gerenciamento e guarda, uma vez que os dinheiros públicos nunca foram imunes à malversação de seus administradores. Evidentemente que esse controle era efetuado por meios adequados às necessidades, organização e cultura de cada povo. Como refere Alfredo Lopes, *o instituto fiscalizador das finanças públicas tem apresentado, no transcurso dos tempos, várias formas de organização e funcionamento, segundo a ordenação política dominante e o progresso científico verificado na matéria. Ele evolucionou firmemente desde as épocas mais afastadas da história até os nossos dias, revelando decisiva tendência unificadora das normas estabelecidas para a sindicância efetiva dos atos dos agentes do poder executivo incumbido de gerir a riqueza pública.*[622]

Na Antiguidade oriental, em face da organização política monárquica absoluta dos Estados, com poderosa influência das castas sacerdotais, os problemas políticos e administrativos tinham soluções orientadas, basicamente, pelas tradições e dogmas, por isso a sua atividade financeira era rudimentar e a fiscalização das arrecadações tributárias sendo feitas por emissários especiais dos monarcas.

Todavia, a Índia e a China diferenciaram-se dos demais Estados orientais. A Antiguidade indiana – século XIII a.C. – por meio do Código de Manu, tinha regulamentado a percepção de tributos anuais em todos os domínios, por comissários da confiança do rei, com designação de inspetores encarregados de examinar a conduta dos funcionários

---

[622] LOPES, Alfredo Cecilio. *Ensaio sôbre o Tribunal de Contas*. São Paulo, 1947. p. 10. O autor ainda comenta sobre o tema que: *"Tais funções são desempenhadas em prol dos interêsses dos governantes, quando o poder dêstes, por absoluto, se confunde com o do estado, ou em favor do tesouro público, quando o titular da soberania é o povo, e o poder estatal em seu nome se exerce".*

arrecadadores. Na antiga China, consoante o pensamento político decorrente de Confúcio e Mêncio, a administração financeira e as demais atividades do Estado deveriam ser realizadas sempre em benefício do povo, por isso as rendas públicas não podiam ser consideradas bens privados dos reis, como também estavam submetidas a uma rigorosa fiscalização para não sofrerem depauperações.[623]

Na Antiguidade clássica, na Grécia antiga, Atenas determinava a obrigatoriedade dos magistrados prestarem contas de seus atos, ao final de seus mandatos, cujas contas eram examinadas por outros magistrados que, em caso de alcance, tomavam providências enérgicas para o ressarcimento do dano e punição do culpado. Na época da Realeza – 754 a.C. a 509 a.C. – Roma não possuía propriamente uma fiscalização sobre os ingressos e os gastos estatais. O controle sobre a condução dos dinheiros públicos dava-se em proveito dos interesses do rei, que não estava sujeito à prestação de contas dos atos de seu governo. Somente após a instauração da República – 509 a.C. – é que começou a modificar-se a estrutura administrativa de Roma, inclusive quanto à administração financeira, com o Senado passando a exercer funções fiscalizadoras sobre os magistrados que geriam dinheiros públicos.[624]

Na idade média, com a queda do império romano, implantou-se o regime feudal, cuja riqueza provinha da terra, por isso as terras precisavam ser fiscalizadas em favor de seus titulares, os senhores feudais. Para tal fim, eram utilizados cadastros das terras – na Inglaterra, o *Domesday Book*, mandado levantar, em 1806, por Guilherme, o Conquistador, e, na Dinamarca, o *Livro da Terra*, ordenado em 1231, por Valdemar II – cujos dados serviam para organizar a administração financeira dos governos. As receitas e despesas desses orçamentos rudimentares eram fiscalizadas, inicialmente, por comissões saídas das Cortes judiciárias. Posteriormente, os duques da Normandia, com a criação do *Echiquier* de contas, por volta do século XII, possivelmente geraram o embrião das atuais Cortes de Contas, influenciando, inclusive, segundo os tratadistas, a instituição da *Corte do Exchequer*, na Inglaterra, em 1297.[625]

---

[623] GETTEL, Raymond G. *História da Ideias Políticas*. Tradução de Eduardo Salgeiro. Rio de Janeiro: Alba, 1941. (Coleção Ciências Sociais). p. 33-40; LOPES, Alfredo Cecílio. *Ensaio sôbre o Tribunal de Contas*. op. cit. p. 12-14; FERRAZ, Luciano. *Controle da Administração Pública – Elementos para a compreensão dos Tribunais de Contas*. op. cit. p. 111.

[624] LOPES, Alfredo Cecílio. *Ensaio sôbre o Tribunal de Contas*. op. cit. p. 17-35.

[625] LOPES, Alfredo Cecílio. *Ensaio sôbre o Tribunal de Contas*. op. cit. p. 36.; FERREIRA, Luis Pinto. *Curso de Direito Constitucional*. 3. ed. ampl. e atualizada. São Paulo: Saraiva, 1974.

Na idade moderna e contemporânea, mediante um enriquecimento material e cultural, os Estados passaram a ter um desenvolvimento crescente, alcançando uma intensa atividade financeira. Aumenta a carga tributária, com a criação de novos tributos. Mediante adoção de processos técnicos racionais, a organização financeira se aprimora, criando um contexto em que a fiscalização das contas públicas torna-se imprescindível para um regular funcionamento da atividade financeira, com vista à realização das funções do Estado.

Dessa forma, modernamente, firmou-se a importância da existência de um sistema de fiscalização sobre os atos governamentais realizados na atividade financeira do Estado, como forma de preservar a probidade no manuseio dos dinheiros públicos, com o sentido de que a sua aplicação seja sempre efetuada em proveito do povo, especialmente nos Estados de estrutura democrática.

Dentro dessa perspectiva, facilmente podemos constatar, nos dias atuais, que não existe país democrático sem um órgão de controle com a missão de fiscalizar a boa gestão do dinheiro público.[626]

Assim, o estabelecimento de um controle sobre as contas públicas, de acordo com o grau de desenvolvimento técnico e cultural dos Estados, pode ser feito de vários modos, consoante o estágio de solidez de suas instituições democráticas. Por isso, a forma de exercer-se o controle sobre a gestão dos bens e dinheiros públicos varia conforme o sistema político e governamental, tendo em conta as peculiaridades sociais e culturais de cada povo.[627]

Justamente, por esse aspecto, a doutrina não é pacífica na classificação das formas de controle. Alguns classificam os tipos de controle como órgãos fiscalizadores em legislativos, judiciários e administrativos. Outros, conforme a anterioridade ou posterioridade do controle das contas. Há ainda a classificação preferida por Alberto Deodato: *a) dos países onde é designado um funcionário, com autoridade bastante e não sujeito ao executivo; b) os que possuem os Tribunais ou Cortes de Contas.*[628]

---

p. 299, sobre o tema também refere que *"na Idade Média se constituíram Câmaras de Contas, que participavam do Conselho do Rei. Este, cioso da sua fortuna, não deixava em vão que alguém se apropriasse indevidamente daquilo que devia ser de direito integrante do seu patrimônio, sobretudo numa época em que se confundia o Estado com a pessoa do Rei".*

[626] CITADINI, Antonio Roque. *O Controle Externo da Administração Pública*. São Paulo: Max Limonad, 1995, p. 12.

[627] MILESKI, Helio Saul. *O Controle da Gestão Pública*. op.cit., p. 177.

[628] DEODATO, Alberto. *Manual de Ciência das Finanças*. 8. ed. São Paulo: Saraiva, 1963, p. 396.

Essa é a classificação que, em nosso entendimento, melhor retrata os organismos de controle no Estado moderno. Assim, partindo da sua estrutura, o controle das receitas e despesas públicas pode ser realizado de forma unipessoal (Controladorias), ou de maneira colegiada (Tribunais de Contas). Os dois sistemas são de origem europeia e terminaram por influenciar a instituição do controle em suas antigas colônias, com o Tribunal de Contas predominando geralmente nos países latinos, de influência francesa e portuguesa (França, Itália, Espanha, Bélgica, Áustria, Grécia, Portugal, Brasil, etc.); enquanto as Controladorias têm predominância, basicamente, onde a tradição é inglesa (Inglaterra, Irlanda, Austrália, Nova Zelândia, Estados Unidos, Israel, México, Venezuela, Chile, etc.).[629]

2.3 Entidades fiscalizadoras superiores na União Europeia

União Europeia – O Tratado Constitutivo da Comunidade Europeia deu-se em Roma, no dia 27 de março de 1957. Após várias alterações, pelo tratado de MAASTRICHT, em 7 de fevereiro de 1992, houve a transformação em União Europeia, que hoje conta com 27 países membros.

Objetivos da União Europeia:
- estreitamento de relações entre os países europeus;
- ação comum para o progresso econômico e social dos países membros;
- esforços permanentes para melhoras de condições de vida e de trabalho;
- afastar obstáculos e estabelecer garantias para um desenvolvimento econômico estável, um intercâmbio equilibrado e uma competência leal.

Pelo *Tratado de Lisboa*, assinado pelos Chefes de Estado e de Governo dos 27 países membros, com o objetivo de reforçar os princípios da União Europeia – igualdade democrática, democracia representativa e democracia participativa – dotando-a com instituições modernas e de métodos de trabalho eficiente que lhe permitirão dar uma resposta efetiva aos desafios atuais, buscando, dentro de um mundo de rápidas mutações, soluções para questões como a globalização, as alterações climáticas, a segurança e a energia.

---

[629] CITADINI, Antonio Roque. *O Controle Externo da Administração Pública*. op. cit. p. 13.

Assim, a União Europeia é uma extraordinária forma de organização estatal, cujos parâmetros de atuação dos Estados Europeus é complexa, absolutamente diferenciada nos aspectos políticos, econômicos e sociais, com as atividades estatais sendo desenvolvidas de forma individual ou comunitária. No âmbito individual, mesmo quando Estado é unitário, a forma organizacional estabelece regiões de descentralização governamental e administrativa. Portanto, para a atuação estatal na busca de realização dos objetivos de cada Estado, torna necessária a utilização de uma monumental soma de recursos financeiros, com responsabilidades regional, nacional ou comunitária ou todas conjuntamente.

Até por ser exigência do Tratado da União Europeia, cujos objetivos foram reafirmados e aprimorados pelo Tratado de Lisboa, todos países membros são constituídos com o sistema político democrático, consoante os aspectos de pluralidade, transparência e participação popular, razão pela qual, todos os países devem se submeter ao sistema de controle da gestão pública, com o dever de prestar contas, logicamente que de acordo com os acontecimentos históricos, sociais, culturais e políticos haverá o condicionamento da composição, organização e funções de cada Entidade Fiscalizadora Superior. Como diz F. Vallés: *En la actualidad no es posible imaginar un estado constitucional sin un control eficaz de la gestión de sus fondos públicos. La garantía de un control financiero independiente es pues, hoy en día, inseparable de la idea misma de democracia.*[630]

Dentro desse contexto de exigência democrática, nos países europeus, de acordo com o esboçado por R. Muñoz Alvarez,[631] as *Entidades Fiscalizadoras Superiores* podem ser agrupadas segundo as seguintes notas diferenciadoras:

a) *A independência do Poder político:* ainda que uma absoluta independência dos órgãos do Estado não pareça possível, as EFS devem gozar de independência funcional e de organização necessária para o cumprimento de suas funções. A independência e a competência profissional são elementos básicos para a eficácia de toda a instituição de

---

[630] F.VALLÉS. La garantía constitucional del ejercicio independiente del controlexterno del gasto público. *Revista de Auditoría Pública*, n. 28, jan. 2003. p. 74-81. apud RIUS, Pilar Jiménez. *El Control de los Fondos Públicos*. Navarra: Arazandi, 2007, p. 43.

[631] R. MUÑOZ ÁLVAREZ. *Jornadas sobre la intervención y control de los gastos públicos en las Comunidades Autónomas*. Valladolid, 3-6 de maio de 1994. apud RIUS, Pilar Jiménez. *El Control de los Fondos Públicos*. op. cit., p. 43.

controle. A questão principal, nesse aspecto, é que o órgão de controle tem de ser distinto do controlado, não deve ter qualquer dependência direta a ele e tem de gozar de autonomia econômico-orçamentária, com organização que lhe permita dar cabo de suas funções com a máxima objetividade;

    a) Funções que devem ser exercidas pelas EFS: que podem ser destinadas algumas ou todas em conjunto:
- função fiscalizadora da atividade econômico-financeira do setor público;
- função consultiva e/ou de assessoramento ao controlado, ao legislativo e ao executivo;
- função de julgamento de supostas responsabilidades por atos praticados por aqueles que administrem bens e dinheiros públicos;

    b) A estrutura ou composição das EFS: dependendo de quem exerce as funções de representação e a origem e modo de designação de seus membros. Nesse sentido, pode-se falar em EFS unipessoais e colegiadas.

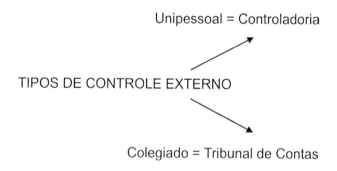

Na Europa, assim como no Brasil e no mundo todo, também se discute qual a melhor forma de controle a ser adotado: unipessoal ou colegiado.

Dessa discussão, a maioria dos doutrinadores manifestam a sua preferência pelo sistema colegiado, sob o argumento de que, teoricamente, os tipos de controle colegiados parecem oferecer uma maior independência e profissionalização.

Contudo, na prática, como adverte M. A Cabezas de Herrera, muitos desses órgãos colegiados, nomeados pelo Poder Legislativo, tem se convertido em uma mera reprodução *del arco parlamentário*, significando dizer que não é raro se verificar uma certa dependência entre os membros das EFS e os partidos com representação parlamentar que os designa. Todavia, essa singular postura de avaliação, a similitude, também é utilizada como razões de crítica ao sistema unipessoal, que tem a sua designação e manutenção no cargo ao partido do executivo, quando não tem em conta outros partidos que dão sustentação à maioria parlamentar.[632]

Em conclusão, para qualquer caso – unipessoal ou colegiado – todos defendem a busca de mecanismos que assegurem a independência administrativa, funcional e financeira do órgão de controle, no sentido de torná-los organismos respeitados pela sociedade, consoante uma atuação profissional e responsável.

2.3.1 Modelos de Entidades Fiscalizadoras Superiores – EFS no cenário europeu

Nesse contexto europeu existem vários modelos de Entidades Fiscalizadoras Superiores – EFS que, por sua importância, merecem análise.

Conforme manifesta o Banco Mundial, de um modo geral há um consenso sobre a existência de quatro grandes modelos de Entidades Fiscalizadoras Superiores – EFS na Europa:[633]

- *Modelo anglo-saxão (anglosajón o de Westminster)* – as Entidades Fiscalizadoras Superiores (EFS) que respondem por esse modelo são unipessoais, independentes do Poder Executivo e possuem funções fiscalizadoras e de assessoramento aos Parlamentos. Sua independência está fundamentada no caráter de órgão de assessoramento técnico do Parlamento, desvinculado e sem qualquer interferência do Poder Executivo. Essas EFS também realizam fiscalização de legalidade, concedendo maior importância à fiscalização operacional. Não possuem poderes de julgamento, as chamadas irregularidades contábeis são remetidas à jurisdição ordinária. As EFS são presididas ou conduzidas por um Controlador ou Auditor-Geral, que é designado pelo Parlamento e/ou pelo Chefe de Estado. Esse é o modelo do Reino Unido e Irlanda, sendo adotado ainda pelos EEUU, Canadá e Austrália.

---

[632] M.A. CABEZAS DE HERRERA. Los órganos de control externo:modelo unipersonal o colegiado?. *Revista Auditoría Pública*. 1995, p. 50-51. *apud* RIUS, Pilar Jiménez. *El Control de los Fondos Públicos. op. cit.*, p. 44.

[633] WORLD BANK. *Features and functions of Supreme Audit Institutions*. Prem Notes. Public sector. n. 59, octubre, 2001. *apud* RIUS, Pilar Jiménez. *El Control de los Fondos Públicos. op. cit.*, p. 44-45.

- *Modelo Germânico* – a composição adotada por esse modelo é colegiada, na forma de Tribunal de Contas, são independentes do Poder Executivo, mas não possuem funções de julgamento. As EFS da Alemanha respondem por esse modelo. O Tribunal de Contas da Alemanha é uma das mais antigas EFS do mundo, suas origens datam de 1714, com existência de Tribunais de Contas no âmbito do Länder (Estados Federados), totalmente independentes do Tribunal de Contas Nacional.

- *Modelo Escandinavo* – similar ao modelo germânico, é colegiado – Tribunal de Contas – mas com uma importante diferença, essas EFS dependem do Poder Executivo e possuem funções fiscalizadoras e de assessoramento ao Executivo, sem funções jurisdicionais. Na atualidade, o Escritório Nacional de Auditoria – RISKREVISIONSVERKET – da Suécia e os demais modelos escandinavos, estão em processo de evolução e transformação para converter-se em instrumentos de controle dos respectivos Parlamentos. A partir de 2003 começou a haver integração entre os auditores do RRV com os auditores do Parlamento.

- *Modelo latino ou napoleônico* – as EFS com este modelo são de composição colegiada – Tribunais de Contas, são independentes dos poderes legislativo e executivo e possuem funções fiscalizadoras e de julgamento de contas. Esse modelo é adotado pela Espanha, França, Itália, Bélgica, Grécia e Portugal.

A par dessa classificação, há variáveis desses modelos que incorporam aspectos de um e outro, como é o caso das EFS da Áustria, Holanda e alguns países da Europa central e do leste.

No pertinente à efetividade do Controle pelas EFS, de um modo geral, o que se constata é o fato da maior ou menor efetividade do controle não estar atrelada à posição legal institucional do órgão ou a sua maior ou menor relação de dependência com um ou outro poder do Estado. O que é determinante para a eficácia do controle é que ele seja efetuado sobre toda a atividade financeira pública, atuando com a independência e a imparcialidade necessária para o cumprimento de suas funções.[634]

Assim, todos os modelos pretendem alcançar o mesmo objetivo: realizar um efetivo controle e fiscalização dos fundos públicos.

---

[634] R. MUÑOZ ÁLVAREZ. *La Función fiscalizadorade los Tribunales de Cuentas y su relación con elParlamento*. Ciudad de Salta, Argentina: Comisión bicameral examinadora de obras de autores salteños, 1995; C. SALGADO PEREZ. *La función jurisdicional de los Tribunales de Cuentas*. Ciudad de Salta, Argentina: Comisión bicameral examinadora de obras de autores salteños, 1995. apud RIUS, Pilar Jiménez. *El Control de los Fondos Públicos*. op. cit., p. 46.

O essencial é que as prestações de contas sejam efetuadas perante um órgão que ofereça garantias de imparcialidade e objetividade no exercício de suas funções controladoras, com utilização dos mecanismos necessários para poder detectar e apurar a responsabilidade dos que tenham praticado atos irregulares.[635]

Relação com o controle interno: de uma maneira geral todas as EFS possuem um estreito relacionamento com o controle interno, na medida em que a fiscalização está assentada na dualidade de controle – controle interno/controle externo. A maioria das EFS da União Europeia confia e apoia os resultados obtidos pelas auditorias internas. Como exemplo desse fator de integração dos controles interno e externo, pode-se citar a Alemanha. O Tribunal de Contas alemão se apoia nos 1.500 técnicos da pré-auditoria, que são os controladores internos dos Departamentos auditados. Esses controladores realizam fiscalização financeira e seu trabalho é considerado pelo Tribunal de Contas, que aprova seus planos, incluindo as estatísticas técnicas, efetuando auditorias para verificar o trabalho da auditoria interna e participa da escolha e nomeação do pessoal do controle interno.

O exercício do controle externo realizado pelas EFS, na União Europeia, possui três níveis de atuação: regional, nacional e comunitário.

Regional

Em Manchester (Reino Unido), no período de 29 de setembro a 1º de outubro de 1992, por ocasião da conferência constitutiva da *Organização Europeia de Instituições Regionais de Controle Externo do Setor Público (EURORAI)* foram aprovadas as bases para a criação de uma organização que reunisse instituições regionais e locais da Europa, com o objetivo de fomentar a cooperação entre as instituições de controle nas diferentes áreas em que realizam suas atividades, assim como promover o intercâmbio de conhecimentos e experiências na área de fiscalização do setor público. Esses órgãos de controle são entidades públicas que exercem suas competências fiscalizadoras a nível regional e local.

A EURORAI realizou um estudo comparativo chamado *las Instituciones Regionales de Control Externo del Sector Público en Europa*, com publicação em 2ª edição revista e ampliada, 2007. Nesse estudo comparativo, como era de se esperar, foi apresentada uma grande variedade de aspectos sobre as características das instituições de controle,

---

[635] RIUS, Pilar Jiménez. *El Control de los Fondos Públicos*. op. cit., p. 46.

em cujo estudo nos focalizamos para verificar a existência de controle com as diferenças mais significativas: existe um controle efetuado a nível regional em onze países da comunidade Europeia (Alemanha, Áustria, Espanha, França, Irlanda, Países Baixos, Polônia, Portugal, Reino Unido, Rússia e Suíça), com uma grande variedade de aspectos relativos às instituições de controle de um país para outro, assim como de uma região para outra.

Há constituição de Estados federados, no caso a Alemanha (Länder), Áustria, Suíça e, de certo modo, também a Rússia; descentralização territorial na França, Polônia e Portugal (em Portugal foram criadas estruturas descentralizadas nas Ilhas dos Açores e da Madeira); um sistema de autonomia regional flexível na Espanha (Comunidades Autônomas – Astúrias, País Vasco, Cataluña, Canárias, etc.); e há também uma longa tradição de administração local na Irlanda, nos Países Baixos e no Reino Unido (no Reino Unido deve se ter em conta a rápida e progressiva regionalização com diferentes estruturas administrativas nas nações constituídas da Inglaterra, Gales, Escócia e Irlanda do Norte).

Conforme ainda o estudo comparativo da EURORAI, nos países com sistema federal, a decisão de serem criadas entidades fiscalizadoras regionais é adotada pela própria região. O mesmo é aplicável aos países com um sistema flexível, quase federal, como a Espanha. Em Estados Unitários como França e Portugal esses órgãos de controle são instituições descentralizadas, mais ou menos independentes do Tribunal de Contas estatal. Por outro lado, na Irlanda e no Reino Unido, com suas instituições de controle externo com competência fiscalizadora a nível local, representam um caso especial. Segundo o Estudo comparativo, em vista da contínua regionalização, era de se esperar que no Reino Unido se produzissem mudanças significativas nas competências fiscalizadoras, o que tem se concretizado, especialmente na Escócia e no País de Gales.

De qualquer modo, no estudo comparativo, constata-se que nem sempre existem instituições de controle em cada uma das regiões de um país (caso da Espanha e da Rússia). Ao mesmo tempo, em alguns países, os órgãos fiscalizadores também levam a cabo auditorias a nível local e não exclusivamente a nível regional (Alemanha, Espanha e França). Contudo, há países onde alguns órgãos de controle regionais não realizam uma atividade de controle externo já que fazem parte da administração regional e, portanto, somente podem ser considerados como órgão de controle interno (Rússia e Suíça).

Nacional

O controle Nacional é efetuado pelas EFS de cada país a nível nacional. Os Informes das EFS nacionais, com exceção dos países federados, têm supremacia sobre os informes das EFS regionais.

Comunitário

Nos países integrantes da União Europeia, o controle externo comunitário será efetuado pelo Tribunal de Contas Europeu, que examinará as contas da totalidade das receitas e das despesas da Comunidade. É organismo vinculado ao Parlamento Europeu, ao qual deve apresentar uma declaração sobre a confiabilidade das contas e da regularidade e legalidade das operações correspondentes. Não possui competência de julgamento e é composto por um membro de cada País-Membro (27 membros, por um período de seis anos, renovável).

2.3.2 Sistema unipessoal: o controle do Reino Unido

O primeiro exemplo de Entidade Fiscalizadora Superior é o do sistema de Controladoria. Consoante as peculiaridades da administração financeira da Inglaterra, na idade média, decorrente de um sistema democrático exemplar, surgiu a fiscalização da atividade financeira do governo, exercida pelo *Comptroller General of the Receipt and Issue of His Majesty's Exchequer* – Fiscal Geral da receita e da despesa do tesouro de sua majestade – a quem era destinada a fiscalização constitucional das rendas e gastos efetuados pelo Tesouro. Segundo Alfredo Lopes, nesse sistema de fiscalização, *o contrasteamento constitucional distingue-se do administrativo, confiado a um 'Paymaster-General', pagador-geral, incumbido de organizar a sua escrituração pelo método das partidas dobradas, tanto em relação às contas gerais como às auxiliares ou elementares. A fiscalização judiciária está entregue ao 'Auditor General', o qual, pelo 'Exchequer and Audit Acto of 1866', que consolidou e modernizou as velhas leis e costumes da atividade financeira, se é um órgão distinto do 'Comptroller', é exercido pela mesma pessoa. Suas funções são as de fiscalizar o bom emprego dos dinheiros públicos e apurar as responsabilidades dos funcionários que agirem em detrimento dos interesses do tesouro.*[636] Esse é o sistema de controladoria, em que a fiscalização da Administração pública está a cargo de um

---

[636] LOPES, Alfredo Cecílio. *Ensaio sôbre o Tribunal de Contas.* op. cit. p. 55; FERRAZ, Luciano. *Controle da Administração Pública – Elementos para a compreensão dos Tribunais de Contas.* op. cit. p. 112.

responsável, com poderes suficientes para auxiliar o Parlamento no controle das contas públicas.

O *Controle do Reino Unido* – Para esse efeito exemplificativo serão utilizados os elementos contidos no excelente trabalho realizado por Pilar Jiménez Rius,[637] de qual se retira o conteúdo das características mais significativas da atuação do controle externo no Reino Unido. O controle do Reino Unido está a cargo do *Escritório Nacional de Auditoria – NAO (Nacional Audit Office)* sendo comandado por um Controlador-Auditor- Geral. A sede principal da NAO fica na Estação Ferroviária *Victoria*, em Londres. A NAO possui um importante lugar no âmbito da Administração Pública britânica, uma vez que é considerada a janela do Parlamento, por meio da qual se pode contemplar o funcionamento e a gestão do Executivo. *Sendo a janela do Parlamento, também é a janela do povo britânico. É o elemento essencial para manter todo o sistema limpo e decente.*[638]

Como se vê, a NAO é um organismo de controle unipessoal, sistema de Controladoria, possuindo os seguintes aspectos essenciais:
- é um órgão de caráter unipessoal, já que a direção e a representação do mesmo recai sobre uma única pessoa, que é o Controlador-Auditor-Geral;
- realiza funções de fiscalização *a posteriori*, o que significa dizer que controla os fundos públicos de forma única, somente após a execução dos mesmos;
- não possui funções jurisdicionais, portanto, as responsabilidades por um manejo incorreto dos fundos públicos, encontradas em suas auditorias, são comunicadas e exigidas pela jurisdição ordinária (judicial).

A missão da NAO é promover a melhora das normas de gestão financeira e de elaboração de informes de fiscalização quanto à correta execução das atividades públicas e da introdução de mudanças positivas na prestação de serviços públicos. Seus objetivos são:
- realizar fiscalização financeira das entidades que integram o setor público estatal, aprovar suas contas e, quando for pertinente, informar o seu resultado ao Parlamento;
- realizar fiscalização operativa das entidades integrantes do setor público estatal e informar dos resultados ao Parlamento;

---

[637] RIUS, Pilar Jimánez. *El Control de los Fondos Públicos.* op. cit., p. 130-168.
[638] HENNERSSY, Peter. *National Audit Office:* Annual Report 2002: Helping the nation to spend wisely. Londres. apud RIUS, Pilar Jiménez. *El Control de los Fondos Públicos.* op. cit., p. 132.

- analisar e informar sobre os riscos dos sistemas financeiros britânicos;
- apoiar o Comitê de Contas Públicas no controle dos entes do setor público e proporcionar informação, evidencias e conselhos aos diferentes entes públicos nacionais e internacionais;
- controlar a saída de fundos públicos desde o Ministério da Economia até os demais Ministérios.

Principais atividades da NAO:
- proporcionar evidências e conselhos ao Parlamento britânico sobre a regularidade e contabilidade dos gastos e ingressos públicos, por meio da fiscalização de contas anuais dos integrantes do setor público;
- dar sua opinião ao Parlamento se as entidades públicas administram os fundos arrecadados dos contribuintes de maneira econômica, eficaz e eficiente.

Portanto, nesse contexto, há as seguintes funções nas atividades da NAO: *função fiscalizadora, função didática e função consultiva. Não possui função julgadora.*
Resultados da Fiscalização: Recomendações e Informes. Da fiscalização realizada pela NAO são obtidos dois tipos de resultados: as recomendações e os informes.

Recomendações
Todos os atos de fiscalização resultam em um informe (relatório) que contém recomendações para melhorar as atividades do setor público. Recomendações constituem a opinião do órgão controlador sobre a atuação administrativa dos órgãos públicos, visando a corrigir ou melhorar o procedimento administrativo.

Informes
Os informes (relatórios) são instrumentos de comunicação entre a NAO e o Parlamento. Assim, todo o trabalho de fiscalização realizado pela NAO tem como destinatário o Parlamento. No Parlamento há a Comissão de Contas Públicas, formada com quinze membros, com reuniões duas vezes por semana, com a competência de realizar reuniões com os membros da NAO, no sentido de analisar os informes de fiscalização financeira e de fiscalização operativas, que são denominadas de audiências. As audiências são públicas, com exceção das matérias

que possam afetar a segurança nacional ou tenha um imenso impacto sócio-comercial. Nessas audiências o Controlador-Auditor-Geral deverá efetuar um resumo do informe perante a Comissão, enquanto o Vice-Controlador deverá ficar presente a toda a reunião para prestar esclarecimentos à Comissão.

Os informes podem ser individuais ou anuais. Os individuais dizem respeito a situações fiscalizadas no decorrer do exercício. Anual é efetuado após o encerramento do exercício, com envolvimento e consolidação de todos os informes individuais.

2.3.3 Sistemas colegiados

Outros países entenderam de criar um órgão colegiado específico para o controle das contas públicas. Na idade média, a França possuía uma monarquia com filosofia política diferenciada da Inglaterra. A contabilidade pública era feita em razão e benefício do rei,[639] mas, mesmo assim, desde o reinado de Luiz IX, adotava um requinte técnico de escrituração das contas reais, o método das partidas dobradas. Como Luís IX dedicava especial cuidado às finanças reais, em 1256 estabeleceu normas rígidas para a gestão financeira de seu reino, o que é considerado pelos historiadores a criação de uma verdadeira Corte de Contas.[640] Posteriormente, Felipe IV, o Belo, em 1309, ao nível do Conselho do Rei, instituiu a *Chambre des Comptes*, a quem os servidores do fisco deveriam prestar contas. A partir de então, a Câmara de Contas experimentou uma extraordinária evolução, até que Napoleão, em 16 de setembro de 1807, criou a *Cour des Comptes – Corte de Contas* – com organização assemelhada a das Câmaras de Contas, composta de sete membros, escolhidos pelo Senado em lista nacional, cuja estrutura básica permanece até hoje.[641] Esse é o sistema de Tribunais de Contas adotado em muitos países, incluindo a Espanha e o Brasil.

Mencione-se ainda que nos Estados alemães, por suas condições de progresso, houve a possibilidade de as finanças públicas serem organizadas tecnicamente, com utilização da contabilidade e de um sistema de fiscalização, por isso, na Prússia, em 1714, por ato

---

[639] FERREIRA, Luís Pinto. *Curso de Direito Constitucional*. 1. v. 3. ed. ampl. e atual. São Paulo: Saraiva, 1974, p. 299.
[640] LOPES, Alfredo Cecílio. *Ensaio sôbre o Tribunal de Contas*. op. cit. p. 38.
[641] DEODATO, Alberto. *Manual de Ciência das Finanças*. op. cit. p. 397. LOPES, Alfredo Cecílio. *Ensaio sôbre o Tribunal de Contas*. op. cit. p. 60.

de Frederico Guilherme I, foi instituída a Câmara Suprema de Contas. Contudo, somente em 1876 é que a Câmara de Contas prussiana foi transformada em Corte de Contas do Império Alemão, com posição de independência equiparada à da mais alta Corte de Justiça.[642]

2.3.3.1 O Tribunal de Contas e a sua função de controle na estrutura do Estado contemporâneo

O sistema colegiado, constituído na forma de Tribunal de Contas, experimentou uma fantástica mudança no decorrer dos tempos. Como se pode notar pela evolução do sistema de controle, este, como não poderia deixar de ser, acompanhou, *pari passu*, o desenvolvimento experimentado pelo Estado. Assim, no novo tipo de Estado que emergiu modernamente, o Estado contemporâneo está um Estado pluralizado socialmente, cuja integração das diferenças consolida o Estado Democrático de Direito, em que o *equilíbrio entre os interesses dos grupos de maior expressão, na atualidade se apresenta também mais e mais pluralizado (...). E de tal forma o pluralismo se tornou uma necessidade fundamental para a existência das sociedades complexas contemporâneas, que passou a ser alçado às constituições, como um princípio fundamental, irradiando-se sobre todos os institutos políticos e jurídicos,*[643] fato esse que propiciou uma participação política aberta a todos os cidadãos, fazendo com que todos aqueles que exercessem parcela do Poder Estatal o fizessem com transparência, no sentido de assegurar um controle social sobre os atos governamentais, ensejando aos cidadãos condições para externarem sua opinião, com poderes de influenciar na formulação de políticas públicas.

Portanto, esse Estado moderno, pluralizado socialmente, com funções dirigidas especificamente para o bem-estar do cidadão, ao qual é dado direito de participação política direta, foi, inicialmente, estruturado com base na teoria de Montesquieu, com sustentação no sistema de freios e contrapesos para o exercício do poder, formatando-se em três poderes: o Poder Executivo, o Poder Legislativo e o Poder Judiciário, no sentido de ser evitado o abuso de poder e o desvio de seu exercício para outros fins que não fossem os interesses do cidadão.

---

[642] LOPES, Alfredo Cecílio. *Ensaio sôbre o Tribunal de Contas.* op. cit. p. 81.
[643] MOREIRA NETO, Diogo de Figueiredo. O Parlamento e a Sociedade como Destinatários do Trabalho dos Tribunais de Contas. In: CASTRO, Flávio Régis Xavier de Moura e. *O Novo Tribunal de* Contas – Órgão Protetor dos Direitos Fundamentais. Belo Horizonte: Fórum, 2003, p. 40.

Contudo, essa matriz constitucional de estruturação do Estado, modernamente, tem-se mostrado superada, posto que, na atualidade, mesmo havendo formalmente o desdobramento em três poderes – Executivo, Legislativo e Judiciário – a materialidade do exercício do poder tem demonstrado a coexistência de vários centros de poder dentro do Estado, com controles recíprocos, que tornam mais apropriada a identificação desses centros de poder por meio das funções do Estado, não pela divisão formal dos poderes.

Assim, as diversas atividades realizadas em razão das funções do Estado são exercidas por um conjunto de órgão constitucionais, que Diogo de Figueiredo distingue *entre órgãos constitucionais subordinantes e órgãos constitucionais subordinados, como resultado do confronto entre as funções exercidas por eles.*[644]

Nesse contexto, pode-se dizer que, em face das funções que executam, controle sobre a atividade funcional do Estado, o Ministério Público e o Tribunal de Contas são órgãos subordinantes, uma vez que não estão subordinados a qualquer outro organismo estatal, possuindo autonomia constitucional para o exercício de suas funções.

Portanto, no Estado contemporâneo, o Tribunal de Contas, como órgão de controle da atividade financeira do Estado, assume um lugar de destaque na estrutura orgânica do Estado, revelando-se como um órgão de função constitucional subordinante, com atuação autônoma e independente dos demais poderes, cuja atividade de fiscalização está dirigida para o interesse público, no sentido de fazer com que os atos dos gestores do Estado sejam praticados sempre em favor do cidadão e da sociedade, com atendimento dos princípios da legalidade, legitimidade e economicidade.

Assim, pode-se dizer que, em face da sua autonomia constitucional para o exercício da função de controle da atividade financeira do Estado, contemporaneamente, o Tribunal de Contas sem ser Poder ficou com o poder de fiscalizar o Poder, agindo em nome do Estado e da sociedade, no sentido de preservar a regularidade da aplicação dos dinheiros públicos, com atendimento do interesse público.[645]

---

[644] MOREIRA NETO, Diogo de Figueiredo. *O Parlamento e a Sociedade como Destinatários do Trabalho dos Tribunais de Contas.* op. cit., p. 58.
[645] MILESKI, Helio Saul. *O controle da Gestão Pública.* p. 205.

2.3.3.2 O Tribunal de Contas como órgão inerente ao Estado Democrático de Direito

Como se vê no decorrer do presente trabalho, a evolução dos sistemas de controle, demonstra que, desde a Antiguidade, sempre houve a instituição de funções de controle das finanças públicas, com o fim de resguardá-las de possíveis desvios. Inicialmente, o desempenho desse controle era efetuado para atender ao interesse dos governantes, na medida em que o seu poder, por ser absoluto, se confundia com o do Estado.

Com a evolução do Estado e a implantação de regimes democráticos, o poder estatal passou a ser exercido em nome e em favor do povo, fazendo com que a fiscalização das contas públicas passasse a constituir prerrogativa da soberania popular, tornando-se imprescindível a manutenção do próprio regime democrático.

Modernamente, acentuou-se ainda mais a importância dos órgãos fiscalizadores das contas públicas – Controladorias e Tribunais de Contas – para os Estados de regime democrático. Visando a manter a atuação governamental direcionada tão somente para a prática de atos que atendam aos interesses da coletividade, justamente para não permitir que os governantes usassem as finanças públicas em proveito próprio ou de terceiro, as Constituições dos Estados passaram a ser pródigas em traçar regramentos com poderes de fiscalização cada vez mais autônomos e independentes, a fim de que os órgãos de controle atuem sempre em favor do cidadão e da sociedade.[646]

Como essas características democráticas transformou-se em essência dos órgãos de controle, pode-se dizer que o Tribunal de Contas tornou-se o olho do povo, na medida em que verifica se há o regular e legal emprego dos dinheiros públicos e a sua aplicação está direcionada ao interesse público. Esse órgão de Controle, como integrante da estrutura política do Estado, com função constitucional autônoma, embora não seja Poder no sentido orgânico formal, atua em nome do povo, a fim de fazer com que a atividade pública se desenvolva de acordo com o interesse público, constituindo, por isso, peça imprescindível do regime democrático.

Considerando que a legitimidade do Estado Democrático depende de um efetivo controle sobre a atividade financeira, posto que os direitos e garantias individuais só estarão protegidos se não houver

---
[646] MILESKI, Helio Saul. *O controle da Gestão Pública*. p. 213.

prepotência do Estado e os atos dos seus dirigentes, de igual forma, só forem realizados em favor dos cidadãos, cuja fiscalização é realizada pelo Tribunal de Contas, pode-se dizer que esse organismo de controle externo é de pura essência democrática, que atua sob fundamentos democráticos e em defesa da democracia. Pelo seu vínculo à Constituição e à lei, produzindo ação em defesa do cidadão (interesse público), é órgão inerente ao Estado Democrático de Direito.

2.3.3.3 O Tribunal de Contas na Espanha e no Brasil

O *Tribunal de Contas da Espanha* tem as suas origens na Idade Média – *Contadores Mayores en la Corte Castellana*, em 1388; *Casa de Cuentas* de Valladolid, criada pela Corte de Toledo em 1436; *La Contaduria Mayor de Cuentas*, criada por Juan II em 1442[647] – mas foi sob o regime da Constituição de 1845, quando se realizaram importantes reformas na administração financeira do Estado, que houve a aprovação da Lei Orgânica do Tribunal de Contas, 1851, com o estabelecimento de uma estrutura institucional de controle, consagrando um sistema de fiscalização financeira da Administração Pública.

A partir de então, em todos os regimes constitucionais que vigoraram na Espanha, com edição de normas em 1845, 1851, 1870, 1924, 1931, 1953 e 1961, o Tribunal de Contas, independente do regime político vigente, foi mantido como órgão de fiscalização financeira, cujos poderes de atuação davam-se na forma do regime político que comandava o país.

Na atualidade, conforme o art. 136 da Constituição de 1978, o Tribunal de Contas espanhol assumiu um papel importante no sistema político de monarquia parlamentar adotado pela Espanha, na medida em que lhe é destinada a função de órgão supremo de fiscalização das contas e da gestão econômica do Estado, assim como de todo o setor público – *El Tribunal de Cuentas es el supremo órgano fiscalizador de las cuentas y de la gestión económica del Estado, así como del sector público* – no sentido de proceder ao exame e à comprovação das contas gerais do Estado.

O Tribunal de Contas exerce as suas funções por delegação das Cortes Gerais – *Las Cortes Generales* – formadas pelo Congresso de Deputados e o Senado, com obrigação de remeter às mesmas um

---

[647] Informações contidas no *site* do Tribunal de Contas Espanhol, no seguinte endereço eletrônico: Disponível em: <http://www.tcu.es/Antecedentes.htm>.

Informe anual, comunicando as infrações ou responsabilidades apuradas e em que setor da administração ocorreu. Embora esse elo com o Legislativo, o Tribunal de Contas possui independência de atuação. A jurisdição do Tribunal de Contas é única e se estende a todo o território nacional, sem prejuízo dos Órgãos fiscalizadores de contas das Comunidades Autônomas (art. 1º, 1 e 2, da Lei Orgânica 2/1982, 21 de maio).

O Tribunal de Contas exerce as suas funções com plena independência, com submissão ao ordenamento jurídico. Elabora seu próprio orçamento, que integrará o orçamento geral do Estado em uma seção independente e será aprovado por *las Cortes Generales* (art. 5º e 6º, da Lei Orgânica).

Os Conselheiros são designados pelas Cortes Gerais, seis pelo Congresso de Deputados e seis pelo Senado, por um período de nove anos, entre Censores do Tribunal de Contas, Censores jurados de Contas, Magistrados e Membros do Ministério Público, Professores de universidades e funcionários públicos pertencentes a corpos funcionais para cujo ingresso se exija titulação acadêmica superior, advogados, economistas e Professores Mercantis, com reconhecida competência e com mais de quinze anos de exercício profissional (art. 30). São independentes e inamovíveis (art.30, 2, da Lei Orgânica), sujeitos às mesmas incapacidades, incompatibilidades e proibições fixadas para os juízes do Poder Judicial (art.33 da Lei Orgânica).

Função
 - O Tribunal de Contas Espanhol realiza uma fiscalização externa, permanente e consuntiva da atividade econômico-financeira do setor Público.
   a) Externa, porque o Tribunal de Contas é um órgão estranho, distinto e não integrado dentro da estrutura do órgão fiscalizado.
   b) Permanente, porque é uma função que se realiza de maneira constante e que se refere a todos e cada um dos exercícios orçamentários que vão se sucedendo no tempo.
   c) Consuntiva, porque é uma função que se há realizado conforme as normas e princípios estabelecidos, se torna definitiva e não pode ser modificada por nenhum outro órgão, nem por outro Tribunal, sequer pelas Cortes Gerais.
 - O Julgamento das responsabilidades apuradas daqueles que tenham a seu cargo o manejo de receitas e despesas públicas.

Princípios fiscalizadores

Segundo Pilar Jiménez Rius, a função fiscalizadora do Tribunal de Contas deve fundamentar-se de acordo com o estabelecido no art. 31.2 da Constituição espanhola e no art. 9 da Lei Orgânica do Tribunal de Contas, nos princípios da legalidade, eficiência, eficácia e economia, definindo-os na seguinte forma:[648]

- de conformidade com o princípio da legalidade porque toda a atividade desenvolvida pelo ente sujeito ao controle deve ajustar-se ao ordenamento jurídico vigente;
- em virtude do princípio da eficiência se deve buscar alcançar o melhor resultado possível entre os serviços produzidos e os recursos utilizados para produzi-los;
- eficácia é o princípio ou parâmetro em virtude do qual se mede o grau de consecução dos objetivos por parte de um ente público;
- pelo princípio da economia deve alcançar-se a melhor quantidade e qualidade das prestações ao menor custo possível.

Objetivos

A função fiscalizadora do Tribunal de Contas Espanhol busca verificar a regularidade da ação administrativa quanto o atendimento aos princípios da legalidade, da eficiência, da economia e da primazia do interesse público, com os seguintes objetivos:

- busca de uma ordem econômica e social justa e promoção do progresso da economia para assegurar a todos uma digna qualidade de vida (preâmbulo da constituição);
- garantia dos princípios de legalidade, segurança jurídica e interdição à arbitrariedade dos Poderes Públicos (art. 9.3 da Constituição);
- assegurar que os gastos públicos sejam realizados de forma equitativa aos recursos públicos existentes e que a sua programação e execução corresponda aos critérios de eficiência e economia (art.31.2 da Constituição e art. 9º da Lei Orgânica).

Alcance da Fiscalização

a) A Administração do Estado
b) As Comunidades Autônomas
c) As corporações locais

---

[648] RIUS, Pilar Jiménez. *El Control de los Fondos Públicos. op. cit.* p. 410.

d) As entidades gestoras da seguridade social
e) Os organismos autônomos
f) As sociedades estatais e demais empresas públicas.

Resultados da Fiscalização
Os resultados da fiscalização são efetuados das seguintes maneiras: mediante Informes, Memorais, Moções, Notas ou Julgamento.

Informes: os resultados da fiscalização serão expostos por meio de Informes ou Memórias ordinárias ou extraordinárias e de Moções ou Notas, que serão levadas ao conhecimento das Cortes Gerais e serão publicadas no Diário Oficial do Estado.

No Informe ou Memória anual será procedida análise das contas gerais do Estado e das demais do setor público, abordando a fiscalização da gestão econômica do Estado e do setor público.

Nos informes deverão ser observadas todas as infrações, abusos ou práticas irregulares constatadas.

Julgamento: o Tribunal de Contas, como jurisdição própria, realizará o julgamento das contas (El enjuiciamiento contable) de todos aqueles que possuam o dever de prestar contas por arrecadarem, administrarem, custodiarem, manejarem ou utilizarem bens, dinheiros e valores públicos.

O Tribunal de Contas no Brasil, embora várias tentativas ocorridas em tempos anteriores, só veio a ser instituído pela Constituição de 1891, ao ser estatuído no seu art. 89: *É instituído um Tribunal de Contas para liquidar as contas da receita e despesa e verificar a sua legalidade, antes de serem prestadas ao Congresso. Os membros deste Tribunal serão nomeados pelo Presidente da República, com aprovação do Senado, e somente perderão os seus lugares por sentença.*

Ponto primordial à execução do texto constitucional deu-se com o regulamento baixado por meio do Decreto nº 1.166, de 17 de dezembro de 1892, permitindo que o Tribunal viesse a funcionar. Essa regulamentação estabeleceu normas de procedimento que ultrapassaram o permissivo constitucional fixado para o exercício da fiscalização dos atos financeiros do governo, na medida em que também estabeleceu uma competência privativa ao Tribunal de Contas, ao dar-lhe competência para julgar as contas dos responsáveis por dinheiros e valores pertencentes à República. Embora tenha sido motivo de grande controvérsia na época, prevaleceu o dispositivo da norma regulamentar, inclusive sendo elevada à condição de regra orgânica, consoante a sua adoção no Decreto-Legislativo nº 392 de 8 de outubro de 1896 (Lei Orgânica do Tribunal de Contas). Posteriormente, foram efetuadas sucessivas reformas em sua organização, levando ao aperfeiçoamento da instituição (1911, 1918 e 1922).

A partir de então, o Tribunal de Contas passou a demonstrar a sua importância na estrutura do Estado, firmando-se como instituição necessária ao controle da sua atividade financeira. Alcançando reconhecimento pela atividade exercida, a Corte de Contas continuou a participar das outras Constituições elaboradas, que lhe reservaram cada vez mais espaço, autonomia e independência de atuação.

No que tange à autonomia do Tribunal de Contas, fator preponderante à execução das eminentes tarefas que lhe são destinadas constitucionalmente, esta deflui das normas dispostas no art. 73 e parágrafos da Constituição Federal, em que consta a forma de constituição do órgão, jurisdição, competência de organização, prerrogativas e garantias a seus membros.

A Constituição estabelece garantias para que os membros do Tribunal de Contas possam manter sua independência e exercer a função fiscalizadora com dignidade e imparcialidade. Conforme os ensinamentos de Sahid Maluf,[649] ministrados para o Poder Judiciário, mas aplicáveis ao Tribunal de Contas, essas garantias constitucionais são de duas ordens: a) institucionais ou orgânicas; e b) subjetivas ou funcionais.

- *São garantias institucionais ou orgânicas* aquelas que dizem respeito: a) à organização do Tribunal e seus serviços auxiliares, elaboração do Regimento Interno, provimento dos cargos, concessão de licença e férias aos seus membros e servidores, criação e extinção de cargos e a fixação dos respectivos vencimentos, inclusive de seus Membros e Auditores; b) formação da composição do Tribunal somente mediante critérios estabelecidos na própria Constituição.

- *São garantias subjetivas ou funcionais* aquelas que visam a assegurar a independência dos membros do Tribunal em relação aos Poderes do Estado, que se fixam em: vitaliciedade, inamovibilidade e irredutibilidade de vencimentos.

Composição e organização

A composição do Tribunal de Contas é uma garantia constitucional de natureza orgânica, cuja formação só pode ocorrer consoante

---

[649] MALUF, Sahid. *Direito Constitucional*. 16. ed. São Paulo: Saraiva, 1984. p. 306-307.

os critérios fixados constitucionalmente, como um dos fatores de autonomia e independência institucional, por isso, não se sujeitando a juízos de conveniência e oportunidade de qualquer dos Poderes do Estado. A forma constitucional determinada deve ser seguida à risca e não pode, independentemente da justificativa – confiança, competência, importância, etc. – ser modificada, uma vez que, envolve norma constitucional e é representativa da autonomia e independência do órgão controlador.[650]

Na atual composição constitucional (art. 73, §2º, CF), o Tribunal de Contas da União é integrado por nove (9) Ministros, cuja escolha se dará: a) um terço pelo Presidente da República, com aprovação do Senado Federal, sendo dois, alternadamente, dentre auditores e membros do Ministério Público junto ao Tribunal, indicados em lista tríplice pelo Tribunal, segundo os critérios de antiguidade e merecimento; b) dois terços pelo Congresso Nacional.

Como se vê, a escolha dos membros do Tribunal de Contas evoluiu para um aspecto de natureza democrática, com participação do Executivo e do Legislativo, cabendo ao Parlamento, de forma justa, o maior número de indicações, por ser este, na qualidade de representante de todos os segmentos sociais, o detentor do controle externo. Contudo, há também um indubitável realce do caráter técnico, uma vez que a escolha deve ocorrer entre auditores e membros do Ministério Público, profissionais qualificados, com ingresso mediante concurso público; ou entre pessoas que sejam detentoras de formação profissional adequada e possuam experiência comprovada no exercício dessas atividades, conforme os seguintes requisitos exigíveis (§1º do art. 73 da CF):

I – mais de trinta e cinco e menos de sessenta e cinco anos de idade;
II – idoneidade moral e reputação ilibada;
III – notórios conhecimentos jurídicos, contábeis, econômicos e financeiros ou de administração pública;
IV – mais de dez anos de exercício de função ou de efetiva atividade profissional que exija os conhecimentos mencionados no inciso anterior.

De outra parte, no tocante à organização, o Tribunal de Contas, como órgão executor do controle externo, para realizar a fiscalização contábil, financeira, orçamentária, operacional e patrimonial da Administração Pública, com competência sobre os três Poderes do

---

[650] MILESKI, Helio Saul. *O controle da Gestão Pública.* op. cit., p. 215-216.

Estado, necessita, para o exercício de tão nobre missão, de garantias constitucionais de autonomia e independência, inclusive no que pertine a estruturação e o funcionamento de seus órgãos. Por isso, nos termos dos art. 73 e 75, com aplicabilidade do art. 96, da Constituição, possui poderes para se organizar, ter quadro próprio de pessoal e jurisdição em sua órbita de competência territorial.

Portanto, a autonomia de organização administrativa é um dos fatores de garantia institucional do Tribunal de Contas, compreendendo a possibilidade de proceder, com independência, a estruturação e o funcionamento de seus órgãos. Justamente por isso, a Constituição lhe conferiu as mesmas garantias dadas aos Tribunais Judiciários, no que couber, o que significa a aplicabilidade do disposto no art. 96, com adaptação às peculiaridades institucionais do Tribunal de Contas,

Nesse sentido, a Lei Orgânica do Tribunal de Contas da União, Lei nº 8.443, de 16.07.1992, fixa a estrutura administrativa e jurisdicional de seus órgãos, estabelecendo a sua forma de funcionamento. O seu Regimento Interno, Resolução Administrativa nº 15, de 15.06.1993, regulamenta tanto o processo de fiscalização, dispondo sobre os procedimentos de auditoria e prestação de contas, quanto aos procedimentos da ação administrativa e de julgamento das contas, dispondo sobre os órgãos criados para o atendimento dessas finalidades fiscalizadoras.

Função

Fiscalização contábil, financeira e orçamentária é a denominação dada à "Seção IX, do Capítulo I – Do Poder Legislativo", que trata do sistema de fiscalização da atividade financeira do Estado. Esse sistema está estruturado na dualidade de controle – o controle externo exercido pelo Poder Legislativo, com o auxílio do Tribunal de Contas e o controle interno de cada Poder – para proceder a uma fiscalização contábil, financeira, orçamentária, operacional e patrimonial sobre todos os Poderes e órgãos da administração direta e indireta, envolvendo a aplicação das subvenções e renúncia de receitas (art. 70 da CF).

Dessa forma, a função do Tribunal de Contas é realizar a fiscalização contábil, financeira e orçamentária da Administração Pública, visando a acompanhar, avaliar e julgar a regularidade dos atos praticados pelos agentes públicos que têm a função de arrecadar a receita, executar a despesa e administrar os bens e valores públicos, submetendo tais atos a um controle nos seus aspectos contábeis, financeiros, orçamentários, operacionais e patrimoniais.

O sistema de fiscalização contábil, financeira e orçamentária não se delimita nem se constitui em simples técnica. O fundamental do sistema de fiscalização é de que este se define por uma atividade que utiliza e analisa a técnica, mas tem a sua atuação direcionada para uma atividade jurídica de avaliação, no sentido de verificar o bom e regular emprego dos dinheiros públicos, que pode repercutir em uma responsabilização, nos termos da lei.

O Tribunal de Contas busca o estabelecimento de uma ação de controle que envolva todas as atividades da organização estatal, desde o planejamento governamental até a efetiva realização dos seus objetivos, mediante procedimentos técnicos e de avaliação jurídica. O sistema de fiscalização contábil, financeira e orçamentária, por meio do procedimento de auditoria visa avaliar e medir a eficácia dos controles internos existentes, no sentido de detectar, prevenir e orientar sobre possíveis falhas, irregularidades ou ilegalidades, funcionando como elemento de fiscalização que permita à Administração promover, com economicidade, maior eficiência e qualidade aos serviços que realiza. Os resultados obtidos pelos procedimentos de auditoria servem de elementos informativos ao exame e julgamento das contas que serão prestadas ao final do exercício financeiro.[651]

Princípios

O Estado Democrático de Direito, como fator de legitimidade, depende de um efetivo controle sobre a sua atividade financeira, no sentido de que a ação estatal se desenvolva em favor do interesse coletivo e não de seus governantes. Por isso, sendo estabelecido um sistema de fiscalização contábil, financeiro e orçamentário que se opera de maneira abrangente sobre toda a Administração Pública, alcançando todos os órgãos da administração direta ou indireta, dos Poderes Legislativo, Executivo e Judiciário, a Constituição determinou que esse controle sobre as contas públicas fosse efetuado de acordo com os princípios da legalidade, legitimidade e economicidade.[652]

a) *Princípio da legalidade.* Pelo princípio da legalidade é obrigação da Administração Pública submeter-se completamente às leis, o que significa submissão a todo o ordenamento jurídico nacional, no

---

[651] MILESKI, Helio Saul. *O controle da Gestão Pública.* op. cit., p. 239.
[652] MILESKI, Helio Saul. *O controle da Gestão Pública.* op. cit., p. 248-252.

sentido de executar os planos de governo, expressos orçamentariamente, com os órgãos de controle, no exercício da fiscalização contábil, financeira e orçamentária, devendo verificar e avaliar juridicamente a regularidade dos atos praticados pelos administradores, a fim de que estes não sejam resultados de uma ação de interesse pessoal do governante, mas sim do interesse público, por ser esse o consectário da soberania popular que, em última análise, está expressa na lei.

b) *Princípio da legitimidade.* De uma maneira geral, legitimidade deriva de legalidade. Legitimidade seria, então, estar conforme a lei e o Direito. Contudo, deixa de encerrar apenas uma conformação de natureza legislativa, indo mais além, na medida em que se estrutura em fundamentos de moralidade, identificando-se com os valores, princípios e fins que regem a ação administrativa, na consecução dos objetivos estatais – o interesse público.

c) *Princípio da economicidade.* O princípio da economicidade tornou-se relevante no direito constitucional moderno, direcionando-se para um *controle da eficiência na gestão financeira e na execução orçamentária, consubstanciada na minimização de custos e gastos públicos e na maximização da receita e da arrecadação. Transcende o mero controle da economia de gastos, entendida como aperto ou diminuição de despesa, pois abrange também a receita, na qual aparece como efetividade na realização das entradas orçamentárias.*[653]

Objetivos

O objetivo fiscalizador é manter uma sindicância permanente sobre a utilização e administração dos bens e dinheiros públicos, a fim de evitar a sua malversação e possibilitar o estabelecimento de um clima de confiança que crie uma estabilidade comportamental na gerência e administração das finanças estatais, com a finalidade dos bens e recursos financeiros serem convenientemente utilizados pelos administradores públicos para o atendimento das necessidades coletivas. Esse objetivo, na forma determinada pelo art. 70 da Constituição de 1988, envolve uma fiscalização no aspecto, contábil, financeiro, orçamentário, operacional e patrimonial.

- *Fiscalização contábil.* Fiscalização contábil é a que se efetua por meio de controle realizado sobre os registros contábeis determinados legalmente, objetivando examinar e verificar a regularidade e a

---

[653] TORRES, Ricardo Lobo. A Legitimidade Democrática e o Tribunal de Contas. *Revista de Direito Administrativo*, Rio de Janeiro, nº 194, p. 31-45, out./dez. 1993.

correção técnica da escrituração, a legitimidade dos atos e fatos que deram origem aos lançamentos e a formalização da documentação comprobatória, medindo e avaliando a segurança e a eficiência do sistema de controle interno, próprias do sistema contábil.[654]

- *Fiscalização financeira*. A fiscalização financeira objetiva verificar se as contas públicas representam a efetiva situação financeira da Administração, envolvendo um controle sobre a arrecadação da receita e a realização da despesa, tendo em conta a legalidade e a regularidade das suas operações.[655]

- *Fiscalização orçamentária*. A fiscalização orçamentária visa proceder a um acompanhamento de verificação da execução orçamentária, com exame sobre a execução dos programas, projetos e atividades determinados pela lei orçamentária, procedendo a uma verificação sobre a fiel observância das normas, procedimentos e dispositivos legais que envolvem todo o ciclo orçamentário, desde a elaboração do Plano de Governo, a Lei de Diretrizes Orçamentárias, o Orçamento anual, incluindo os métodos de controle dos créditos orçamentários ou adicionais até o registro dos fatos pela contabilidade.[656]

- *Fiscalização operacional*. A fiscalização operacional visa avaliar o grau de cumprimento dos objetivos e metas previstos na lei orçamentária; determinar a eficiência (máximo de rendimento sem desperdício de gastos e tempo), a eficácia (realização das metas programadas) e a economicidade (operação ao menor custo possível) dos atos de gestão praticados; avaliar a eficácia do controle na administração dos recursos humanos, materiais e financeiros, identificando as áreas críticas na organização e funcionamento da Administração, com vistas a formular recomendações que possibilitem superar as observações mais significativas.[657]

- *Fiscalização patrimonial*. A fiscalização patrimonial objetiva manter a preservação dos bens patrimoniais do Estado – bens móveis e imóveis – tanto no aspecto de sua guarda quanto no de responsabilidade pelo uso, assim como pela sua movimentação, conservação e segurança.[658]

---

[654] MILESKI, Helio Saul. *O Controle da Gestão Pública. op. cit.*, p. 240.
[655] MILESKI, Helio Saul. *O Controle da Gestão Pública. op. cit.*, p. 241.
[656] MILESKI, Helio Saul. *O Controle da Gestão Pública. op. cit.*, p. 241.
[657] MILESKI, Helio Saul. *O Controle da Gestão Pública. op. cit.*, p. 242.
[658] MILESKI, Helio Saul. *O Controle da Gestão Pública. op. cit.*, p. 243.

Alcance da Fiscalização

O sistema de fiscalização contábil, financeiro e orçamentário alcança todos os órgãos da Administração Pública, sejam da administração direta ou indireta, envolvendo todas as unidades administrativas dos Poderes Legislativo, Executivo e Judiciário, autarquias, sociedades de economia mista, empresas públicas, fundações e sociedades instituídas e mantidas pelo Poder Público, incluindo as empresas supranacionais, submetendo-se a obrigatoriedade de prestação de contas qualquer pessoa física ou jurídica, pública ou privada, que utilize, arrecade, guarde, gerencie ou administre dinheiros, bens e valores públicos.

Competências constitucionais de fiscalização

- Emissão de parecer prévio sobre as contas do Presidente da República. No âmbito dos Estados e Municípios há o mesmo tipo de competência: emissão de parecer prévio sobre as contas dos Governadores de Estado e dos Prefeitos municipais;
- Julgamento das contas dos demais responsáveis por dinheiros, bens e valores públicos;
- Apreciação de legalidade para fins de registro dos atos de admissão de pessoal e dos atos de aposentadorias, reformas e pensões.

Resultados da fiscalização

De uma maneira geral, os resultados da fiscalização realizada pelo Tribunal de Contas se operam de quatro modos: Relatórios, Apreciação de Legalidade, Parecer Prévio e Julgamento.

Relatórios. Os resultados da fiscalização contábil, financeira, orçamentária, operacional e patrimonial dos órgãos da Administração Pública serão expressos em Relatório, o qual será dado conhecimento à autoridade administrativa fiscalizada e integrará o processo de prestação de contas dos responsáveis para fins de julgamento.

Apreciação de Legalidade. São decisões envolvendo a apreciação de legalidade, para fins de registro, dos atos de admissão de pessoal, a qualquer título, na administração direta e indireta, incluídas as fundações instituídas e mantidas pelo Poder Público, excetuadas as nomeações para cargo de provimento em comissão, bem como a das concessões de aposentadorias, reformas e pensões.

Parecer Prévio. A primeira das competências específicas do Tribunal de Contas é a de emitir parecer prévio sobre as contas do Chefe do Poder Executivo das três esferas de governo, assim como sobre as contas que devem ser prestadas pelos gestores fiscais. No sistema de fiscalização contábil, financeiro e orçamentário determinado constitucionalmente, o controle externo fica a cargo do Poder Legislativo, mas é exercido com o auxílio do Tribunal de Contas, o qual, como órgão executor do controle externo, quando no exercício das suas competências, possui um controle de natureza essencialmente técnico-jurídico, enquanto ao Legislativo é reservado o exercício do controle político. Assim, embora sejam competências de controle distintas, não são excludentes, na medida em que uma não exclui a outra, e mesmo sendo exercidas de forma exclusiva, possuem unidade de objetivo, visto buscarem a realização da fiscalização da atividade financeira do Estado.

Julgamento. A competência de julgamento destinada constitucionalmente ao Tribunal de Contas, por resultar de jurisdição administrativa própria e privativa, possui a característica de definitividade no âmbito administrativo, vinculando a autoridade administrativa, mas, por força do disposto no art. 5º, XXXV, da Constituição de 1988, sujeitando-se ao controle judicial, todavia, com esta possibilidade de revisão judicial ficando adstrita aos aspectos de ilegalidade manifesta ou de erro formal, circunstância em que o judiciário pode decretar a nulidade da decisão e devolver a matéria para novo julgamento das contas, porém, sem a possibilidade de rejulgar essas contas em substituição ao órgão julgador, o Tribunal de Contas. Do fato resultaria assunção de competência que não é destinada ao judiciário.

3 O controle social

O controle social é instituto inovador do Estado contemporâneo, que decorre da transparência e da participação popular. Portanto, o controle social é fator de implementação no Estado do século XXI, que busca fortalecer o redesenho do Estado Democrático de Direito, mediante um novo tipo de Administração Pública, com participação e controle do cidadão.

3.1 Transparência e Controle Social

Dessa forma, de acordo com o que vem reiteradamente dito no decorrer deste estudo, transparência, participação popular e controle social estão intimamente interligados e resultam de um mesmo fator, o Estado pós-moderno, qual seja, um Estado plural, transparente e participativo, que se constituiu no Estado Democrático de Direito, ou como denominam os espanhóis, no Estado Social e Democrático de Direito.

Conforme bem expõe Walace Paiva Martins Junior, *a participação popular na gestão e no controle da Administração Pública é um dos princípios fundamentais do Estado Democrático de Direito e dado essencial distintivo entre o Estado de Direito Democrático e o Estado de Direito Social, pela diminuição da distância entre sociedade e Estado. Sua formulação repousa sobre uma verdadeira ideologia de participação do administrado nas funções administrativas para a legitimidade dos atos da Administração Pública. Uma Administração Pública eficaz, democrática e participada é exigência natural do Estado de Direito.*[659]

Assim, O Estado Democrático de Direito, tendo em vista a sua nova conformação, que visa a equalizar os interesses de diversas classes sociais, por isso sendo considerado um Estado policrático, busca a participação popular para evitar os extremos do estatismo e do privatismo. Por esses fatores, Diogo de Figueiredo Moreira Neto acentua com precisão: *Participação e consensualidade são decisivas para as democracias contemporâneas, contribuindo para a governabilidade (eficiência), a contenção de abusos (legalidade), a atenção a todos os interesses (justiça), a tomada de decisões mais sábias e prudentes (legitimidade), o desenvolvimento da responsabilidade das pessoas (civismo) e tornar os comandos estatais mais aceitáveis e facilmente obedecidos (ordem).*[660]

Por essa razão, a transparência transformou-se em valor emergente no Estado do século XXI, na medida em que afirma o direito de acesso à informação pública material e formal, transformando-se no pressuposto da participação popular. Como observa Lorenzo Cotino Hueso, *la comprensión de esta concurrencia explica el porqué de la presencia tan continua de la transparencia en muchos contextos como valor en alza. No obstante, la atención se fijará en particular en el ámbito de las nuevas tecnologías, a través del llamado gobierno electrónico, que entre otras cosas supone el acceso a la información pública.*[661]

---

[659] MARTINS JUNIOR, Walace Paiva. *Transparência Administrativa* – publicidade, motivação e participação popular. São Paulo: Saraiva, 2004, p. 296.
[660] MOREIRA NETO, Diogo de Figueiredo. *Mutações do Direito Administrativo*. Rio de Janeiro: Renovar, 2000, p. 12-15.
[661] HUESO, Lorenzo Cotino. *Teoria y realidad de la transparencia pública en Europa*. 2003. Disponível em: <www.cotino.net/web/cotino_org/publicaciones/DEFINITIVO.PDF>. p. 29.

Nesse contexto, para que haja participação popular, imperiosamente, impõe-se a existência de transparência dos atos governamentais. É inadmissível no Estado Democrático de Direito que o governo fique enclausurado, hermético, sem dar satisfação de seus atos. A arrogância governamental de não expor os atos que pratica, não encontra espaço no Estado Democrático de Direito. Assim, no Estado contemporâneo, deve o Poder Público expor, de forma clara e indubitável, com absoluta transparência, as políticas públicas estabelecidas para o atendimento do interesse público, dando ciência sobre a estrutura e as funções de governo, os fins da política fiscal adotada, qual a orientação para elaboração e execução dos planos de Governo, a situação das contas públicas e as respectivas prestações de contas. Só tendo pleno conhecimento das formas de agir da Administração Pública pode haver participação popular e, em decorrência, controle social.

Portanto, a transparência da ação governamental motiva as autoridades públicas para um comportamento de maior responsabilidade para os atos de governo, resultando em adoção de políticas públicas e fiscais mais confiáveis, reduzindo a possibilidade de ocorrência de crise ou de gravidade das crises. Além do mais, torna-se fator relevante para a participação popular, pois o cidadão somente poderá influir na ação do Poder Público, exigindo a aplicação de políticas públicas que atendam aos interesses coletivos, se tiver pleno conhecimento do planejamento, execução e resultado das políticas públicas idealizadas ou implementadas.

Com tal realidade inovadora, a transparência como pressuposto da participação popular, terminou por propiciar o surgimento do controle social, transformando-se em um novo meio suplementar de controle.

O Estado, na realização dos seus objetivos, desenvolve funções para o atendimento do bem público, consoante uma intensa atividade financeira exercida por intermédio de seus organismos – órgãos públicos –, os quais são geridos por agentes públicos, que devem pautar a sua ação mediante princípios constitucionais dirigidos à Administração Pública.

Dessa forma, a ação estatal envolve a administração do patrimônio e a utilização dos dinheiros públicos, que são atos de poder político praticados pelo governo, cujo exercício está afeto às autoridades governamentais. A autoridade estatal, como expressão dinâmica da ordem pública, é suprema e o seu poder tem como fim o bem-estar da sociedade. Contudo, esse exercício do Poder, não raro, induz a abusos, impondo-se, por esse motivo, a criação e a utilização de controles para o uso do poder.

Por essas razões, conforme já aqui mencionado, a função de controle do poder foi estruturada no Estado moderno, quando se tornou uma das principais características do Estado de Direito. No Estado de Direito a Administração deve sujeitar-se a uma permanente sindicabilidade, com formas e procedimentos que verifiquem, constatem e imponham o cumprimento da lei e o atendimento do interesse público. Em gênero, são muitos os critérios existentes para serem classificadas as modalidades de controle. No entanto, independentemente da forma, existem alguns elementos que constam sempre como referência no meio doutrinário. O controle pode ser interno ou externo. Quanto ao órgão que o executa, pode ser administrativo, legislativo ou judiciário, e se efetua de forma prévia, concomitante ou *a posteriori*, envolvendo aspectos de legalidade ou de mérito. Na execução do controle da Administração Pública, quatro são as formas principais de ser exercido o controle: pela própria Administração, pelo Tribunal de Contas, pelo Ministério Público e pelo Judiciário.

No entanto, com a evolução do Estado que, contemporaneamente, transformou-se no Estado Democrático de Direito, passou a ser exigida uma transparência dos atos governamentais, com estímulo à participação popular. Via de consequência, desse fator evolutivo do Estado, terminou originando-se uma expansão dos meios de controle sobre a Administração Pública, na medida em que a transparência e a participação popular possibilitaram a criação de um novo tipo de controle, o controle social. No controle social, o cidadão é o meio executor do controle, que pode verificar, acompanhar e fiscalizar a regularidade dos atos governamentais.

Esse novo modo de ser exercido o controle sobre a Administração Pública – o Controle Social – no dizer de Grotti,[662] está assentado no princípio da participação popular na gestão e no controle da Administração Pública, sendo inerente à formação do Estado Democrático de Direito. Lorenzo Hueso, ao posicionar-se pela existência de um novo tipo de controle da Administração Pública, decorrente do princípio da transparência, refere que se trata de um controle exercido pela sociedade em geral e pelos meios de comunicação.[663]

---

[662] GROTTI, Dinorá Adelaide Musseti. A participação popular e a consensualidade na Administração Pública. *Revista de Direito Constitucional e Internacional*. São Paulo, abr.- jun. 2002.
[663] HUESO, Lorenzo Cotino. *Teoria y realidad de la transparencia pública en Europa. op. cit.*, p. 35-36. Diz o autor: "*Ello no obsta, claro está, para que pueda incluirse la transparencia como*

Reconhecendo essa nova realidade do Estado do século XXI, Roberto Dromi salienta que a fiscalização que deve ser realizada pelos órgãos estatais ou não estatais também requer uma articulação para que a sua dinâmica se ajuste as regras da eficácia, transparência e economia da gestão da coisa pública.[664]

Esse controle social é instrumento de pura natureza democrática, visando a subordinar a Administração e o Governo ao controle do cidadão, no sentido de assegurar um correto funcionamento da Administração, por isso, deve haver uma aproximação da Administração ao cidadão, propiciando o exercício desse controle social.[665]

Essa participação do cidadão assegurada no Estado pós-moderno propicia ainda uma aproximação dos organismos de controle – especialmente Ouvidorias, Tribunais de Contas e Ministério Público – com a sociedade, no sentido de haver esclarecimento de questões complexas para torná-las compreensíveis ao cidadão. Essa aproximação é fator de incentivo para o cidadão exercer os seus direitos de participação, contribuindo para o fortalecimento do controle social.[666]

Como demonstração exemplificativa do regulamento e prática do controle social, como vimos realizando no decorrer do presente trabalho, mediante a utilização do dado comparativo – exame de como se procede ao controle social no Brasil e na Espanha – para o estabelecimento de uma compreensão mais efetiva sobre o tema.

---

instrumento de control de las administraciones públicas, por lo general de carácter externo y ejercitable por el público. De este tipo de mecanismos de control externo por médio de la sociedad en general y los medios de comunicación se dice que si bien pueden ser políticamente los más eficaces, adolecen de vícios como el desvio fácil de la atención en cuestiones menores pero llamativas o en debates políticamente interesados. De ahí que se considere que estos controles externos son menos importantes que los internos. No obstante, todo parece indicar que la transparencia emerge cada día como más importante instrumento de control de la administración pública".

[664] DROMI, Roberto. *Modernización del Control Público*. op. cit. p. 42-43. Em seu posicionamento o autor conclui: *"En definitiva, el Estado de la hipermodernidad se presenta más participativo, con una mayor responsabilidad social, en tanto los particulares asumen una parte de la gestión y ejercen también ciertas formas de control".*

[665] MORÓN, Miguel Sánchez. *Derecho Administrativo*. op. cit. p. 80. Nesse sentido, o autor afirma:*"Esta circunstancia y la 'vis atractiva' del principio democrático han llevado a introducir en el régimen administrativo instrumentos que aproximen la Administración al ciudadano, la doten de un carácter más abierto y transparente y permitan un control social más intenso de su atuación".*

[666] KELLES, Márcio Ferreira. *Controle da Administração Pública democrática*: Tribunal de Contas no controle da LRF. Belo Horizonte: Fórum, 2007, p. 257. Justamente por isto, o autor enfatiza: *"não sendo mera vitrine ou adorno para administradores avessos à participação, o princípio da publicidade e a cogência da transparência se impõem como princípios republicanos e fenômeno típico das sociedades modernas, que exigem, cada vez mais, não apenas participação, mas, igualmente, satisfação dos órgãos públicos naquilo que lhe mais peculiar, mais nuclear – sua razão institucional".*

No âmbito do Estado brasileiro, houve adoção do controle social no preâmbulo da Constituição de 1988 e reafirmação do instituto no seu art. 1º e em várias determinações expressas dirigidas à Administração Pública (exemplificativamente: art. 5º, XIV e XXXIII – direito à informação administrativa; art. 5º, XXXIV – direito de petição e de certidão em repartições públicas; art. 29, X – cooperação das associações representativas no planejamento municipal; art. 225 – defesa do meio ambiente, todos da Constituição Federal; Lei nº 8.987/95 – participação dos usuários na execução dos serviços públicos por concessionárias ou permissionárias; Lei nº 9.074, art. 33 – determina que o regulamento de cada modalidade de serviço público estabeleça a forma de participação dos usuários na fiscalização; Lei nº 9.784/99, prevê, em caráter facultativo, a consulta pública e a audiência pública como instrumentos prévios à tomada de decisões administrativas relevantes; e a Lei nº 10.177/2001 – como garantia de gestão democrática da cidade, fixa instrumentos de participação popular, inclusive prevendo a possibilidade de iniciativa popular de projeto de lei e de planos, programas e projetos de desenvolvimento urbano).

No âmbito das licitações e contratos administrativos, a Lei nº 8.666/93 estabelece formas de ser efetivado o controle social sobre esses tipos de ato administrativo. Considerando-se que a Administração, para a realização de negócios, envolvendo compras, obras e serviços, deve cumprir com as determinações constitucionais e legais, sobre essa atuação deve atuar o sistema de controle, a fim de que a Administração não descure dos princípios constitucionais. Assim, dentre as formas de controle previstas legalmente, a lei das licitações e contratos públicos regulamenta o exercício do controle social, é o que se verifica do §8º do art. 7º, do §6º do art. 15; do §1º do art. 41; do art. 63; e do §1º do art. 113.

A recente lei que regulou sobre normas gerais para licitação e contratação de parcerias público-privadas – Lei nº 11.0769, de 30.12.2004 – também estabeleceu regramento dirigido ao controle social, com este dando-se em dois momentos importantes.[667] O primeiro momento ocorre antes da realização do procedimento licitatório, quando a administração deve submeter a minuta do edital e do contrato de parceria público-privada à consulta pública, mediante publicação na

---

[667] MILESKI, Helio Saul. Parcerias Público-Privadas: fundamentos, aplicação e alcance da lei, elementos definidores, princípios, regras específicas para licitações e contratos, aspectos controvertidos, controle e perspectivas de aplicação da Lei nº 11.079 de 30.12.2004. *Interesse Público*, Porto Alegre, ano 6, n. 29, jan./fev.

imprensa oficial, em jornais de grande circulação e por meio eletrônico, informando a justificativa para a contratação, a identificação do Objeto, o prazo de duração do contrato, seu valor estimado, com fixação de prazo mínimo de 30 dias para recebimento de sugestões, cujo termo se dará pelo menos sete dias antes da data prevista para a publicação do edital (art. 10, VI, da Lei nº 11.079/2004). Durante a realização da licitação o controle será operado mediante autorização contida na Lei nº 8.666/93, na forma antes referida.

O segundo momento dá-se durante as execuções contratuais, permitindo ao cidadão o acompanhamento da correta e adequada execução contratual, consoante a normatização contida no §6º do art. 14 da Lei nº 11.079/2004, que determina ao órgão gestor de parceria a disponibilização ao público dos relatórios de desempenho de parceria público-privada, por meio de rede pública de transmissão de dados.

Contudo, embora todos esses aspectos reguladores do controle social no direito público brasileiro, tudo indica que a mais moderna exigência de controle sobre os atos da Administração Pública dá-se por intermédio da transparência, especialmente a transparência fiscal, por ser esta um fator relevante para o estabelecimento de uma boa governança, na medida em que possibilita um conhecimento público dos elementos idealizadores da política fiscal e de seus resultados, proporcionando uma participação popular que amplia o controle sobre os governos no que diz respeito à elaboração e à execução dessa política fiscal.

No Brasil, foi a lei de responsabilidade fiscal (Lei Complementar nº 101/2000, art. 48) o meio de introduzir o mecanismo da transparência na gestão fiscal, fixando a obrigatoriedade de ser dada ampla divulgação de todos os procedimentos concernentes ao sistema orçamentário, inclusive dos Relatórios de Gestão Fiscal, exigindo o incentivo à participação popular e a realização de audiências públicas, durante os processos de elaboração e de discussão dos planos, da lei de diretrizes orçamentárias e dos orçamentos.[668]

A transparência e a participação popular na gestão fiscal tem formação idealizada e inspirada no *accountability*, devendo servir para um controle de resultados e de adequação dos meios utilizados para o cumprimento da política fiscal, sem descurar do controle sobre o uso inadequado da discricionariedade.

---

[668] MILESKI, Helio Saul. O controle da Gestão Pública. *op. cit.*, p. 153.

Na Espanha, o dispositivo que dá sustentáculo à participação popular e, via de consequência, ao controle social é o art. 9.2 da Constituição de 1978 que ordena ao poderes públicos: *facilitar la participación de todos los ciudadanos en la vida política, econômica, cultural y social*. Por sua vez, o art. 105.a) da CE fixa que a lei deverá regular a audiência dos cidadãos, diretamente, ou através das organizações e associações reconhecidas pela lei, no procedimento de elaboração das disposições administrativas que lhes afetem. No art. 105.c) da CE determina que lei deva garantir a audiência dos interessados no procedimento de adoção dos atos administrativos. Em cumprimento a essa determinação constitucional, esses direitos de audiência referidos no art. 105.c) estão regulados na Lei nº 30/1992 – LRJPAC – em cujos arts. 84 a 86 houve normatização tanto no aspecto geral como no específico, dizendo da participação dos interessados; da atuação nos atos de instrução que requeiram a intervenção dos interessados; e da fixação de um período de informação pública.

A Constituição espanhola no seu art. 105.b) assegura *el acceso de los ciudadanos a los archivos y registros administrativos...*, que é um fator de transparência da Administração e possibilita o exercício do controle social. No art. 35. a) da LRJPAC é fixado como direito do cidadão, em suas relações com as Administrações Públicas: *conocer, en cualquier momento, el estado de la tramitación de los procedimientos en los que tengan la condición de interesados, y obtener copias de documentos contenidos en ellos*, bem como o direito de identificar as autoridades e o pessoal do serviço das Administrações Públicas, com responsabilidade aonde tramitam os procedimentos. O art. 54 da LRJPAC exige que as decisões administrativas sejam motivadas, o que é uma manifestação de transparência, possibilitando o controle social do cidadão sobre os atos praticados pela Administração. *A lo dicho hay que sumar las llamadas fórmulas de 'democracia directa', como la iniciativa popular y el referendum, também contempladas en la Constitución (arts. 87.3 y 92) y en otras normas, aunque poco utilizadas entre nosotros, o el consejo abierto en los pequeños municipios (art.140). En fin, hoy en día es frecuente en ciertas Administraciones o sectores la utilización de otros variados instrumentos de participación, como la negociación previa de ciertas decisiones, la cogestión de algunos servicios o instalaciones públicas, etc.*[669]

Um fator relevante que envolve o instituto do controle social na Espanha, diz respeito à execução do controle e constitui-se num valioso

---

[669] MORÓN, Miguel Sánchez. *Direito Administrativo*. op. cit., p. 81.

instrumento criado pelo direito público espanhol que é *el defensor del Pueblo*. A Lei Orgânica 3/1981, de 6 de abril, art. 10, menciona que poderá dirigir-se ao Defensor do Povo toda pessoa natural ou jurídica que invoque um interesse legítimo sem restrição alguma. Assim, por meio do Defensor do Povo, o cidadão efetua o controle social requerendo o esclarecimento de atos e resoluções da Administração Pública, que digam respeito aos direitos fundamentais postos no art. 103.1 da Constituição espanhola.

Portanto, o controle social está diretamente relacionado com o Estado Democrático de Direito, tendo em conta os princípios da transparência e da participação popular, como fatores imprescindíveis para que os governos – e os serviços públicos – tornem-se mais responsáveis perante o cidadão. Quanto mais consolidados e reconhecidos os valores democráticos como igualdade, dignidade humana, participação e representatividade, mais intensos serão a participação popular e o exercício do controle social.

Assim, para que se possa ter uma imagem adequada do grau de desenvolvimento e aplicação do controle social no Brasil e na Espanha, deve-se efetuar uma avaliação do nível de democratização do Estado e dos aspectos políticos e culturais da sociedade, no sentido de se obter conhecimento sobre os elementos formadores e possibilitadores do controle social e sua efetividade.

3.2 O exercício do controle social é limitado aos aspectos políticos e culturais da sociedade

O controle social é consequência direta do sistema democrático plural, transparente e participativo do Estado contemporâneo; contudo, ele ainda está pendente de maior operatividade e efetividade, demonstrando que, embora a existência de textos constitucionais e leis reguladoras do instituto do controle social, para se consolidar, ele depende também de aspectos de psicologia política, social e cultural, assim como de estímulo ao seu exercício e garantia democrática de sua validade.

No Brasil, a partir de 1988, com a formação da Assembleia Nacional Constituinte e a promulgação de uma nova norma constitucional, em que foram traçadas as diretrizes para funcionamento de um Estado Democrático de Direito no Brasil, alçou-se a relevância e a importância dos valores democráticos, possibilitando o livre exercício dos direitos de cidadania do povo brasileiro, em que se incluem os assegurados meios para a participação popular e a efetivação do controle social.

Assim, conforme o até aqui demonstrado, teoricamente e em nível de instrumental jurídico – Constituição e legislação infraconstitucional – estão asseguradas todas as condições necessárias ao desenvolvimento da transparência, da participação popular e do controle social. Contudo, na prática, na realidade da execução dos atos governamentais e do comportamento da população, o exercício da transparência, da participação popular e do controle social não possui o grau de satisfação desejado. A realidade, mesmo tendo havido indiscutíveis avanços nesse aspecto, demonstra haver uma relutante dificuldade para a sua realização.

Isso porque, embora o importante e imprescindível fator de democratização do país por si só não é suficiente para que haja, de pronto, uma ativa participação popular e controle social, na medida em que os aspectos políticos e culturais do cidadão brasileiro são fatores de igual grandeza ao da redemocratização do país, no que tange à participação popular e ao controle social.

O Estado Democrático de Direito assegura e estimula o avanço dos valores democráticos para uma ativa participação popular, mas são os aspectos políticos e culturais da sociedade brasileira que irão orientar o comportamento e a ação do cidadão, no acompanhamento da regularidade dos atos praticados pelos administradores públicos.

Nesse sentido, Anna Maria Campos, em uma análise sob os elementos políticos e sócio-culturais que orientam o comportamento do povo brasileiro, especialmente no pertinente ao exercício do controle que decorre da *accountability*, realiza uma avaliação apropriada sobre o tema, afirmando: *Quando as atividades governamentais se expandem e aumenta a intervenção do governo na vida do cidadão, a preservação dos direitos democráticos requer necessariamente a expansão dos limites da arena em que se exerce o controle. O problema do controle assume, de fato, uma dimensão de legitimidade. Quem controla o controlador? Pode essa tarefa ficar nas mãos do Estado? Em termos ideais, tal controle constituiria prerrogativa essencial dos cidadãos: não dos cidadãos individualmente, mas da cidadania organizada. Isso porque, a despeito de sua legitimidade, as reivindicações individuais não dispõem da força necessária para conter o abuso do poder por parte do governo. O ponto a enfatizar, mais uma vez, é que um controle efetivo é consequência da cidadania organizada; uma sociedade desmobilizada não será capaz de garantir a accountability.*[670]

---

[670] CAMPOS, Anna Maria. *Accountability*: quando poderemos traduzi-la para o português?. Este trabalho foi realizado em junho de 1987, como contribuição brasileira a uma coletânea

Dessa forma, para que possa haver um controle social efetivo, é necessário que o cidadão possua uma organização institucional. Porém, para que seja possível essa organização da sociedade, o cidadão tem de ter consciência dos seus direitos e da responsabilidade que daí decorre, no sentido de se organizar de forma a estabelecer uma relação com o governo, em que seja possível uma participação nas decisões de políticas públicas, com controle sobre a correta ação governamental para o atendimento do interesse público.

No entanto, embora a evolução democrática do país nos últimos anos, ainda assim há um traço cultural que contribui para enfraquecê-la. Segundo Anna Maria Campos, *o povo brasileiro mostra vocação maior para ser ajudado do que para exibir autoconfiança. Como consequência, abre os braços ao paternalismo, uma forma disfarçada de autoritarismo.*[671]

Lamentavelmente, a professora Anna Maria tem razão. Esse traço cultural tem mostrado modificações para melhor, mas sendo ainda insuficientes para o fortalecimento da participação popular e do controle social.[672] Em outras culturas democráticas, as palavras: indivíduo e cidadão possuem significados e valores relevantes. Na sociedade brasileira, na maioria das vezes, indivíduo e cidadão têm conotações subliminares de desconsideração (por exemplo: quando se quer tratar alguém com desconsideração, a expressão usada é *aquele indivíduo*; quando o policial de trânsito aborda um motorista, normalmente diz: *cidadão, os seus documentos*, é como se estivesse demonstrando quem é autoridade e quem não é).

Esses aspectos comportamentais de natureza cultural derivam do histórico político brasileiro. O Estado brasileiro possui uma evolução política em que tem havido períodos alternados de autoritarismo

---

de texto: *Public service accountability: a comparative perspective*. Jabbra Joseph G&Dwivedi 0. P. West Hartfird, Connecticut, Kumarian Press, 1988.

[671] CAMPOS, Anna Maria. *Accountability*: quando poderemos traduzi-la para o português?. op. cit., p. 10.

[672] Idem, p. 11. Em nota de rodapé a autora assevera que: "*O país atravessa uma crise constitucional e ética como nunca antes experimentou. Vive uma crise de anomia: não apenas a ausência de normas, mas inobservância de qualquer tipo de norma, sem punição. Nada Funciona: a Constituição, os Partidos Políticos, os três ramos de governo (freios e contrapesos), o sistema federalista, a justiça, a política e assim sucessivamente. Aqueles que detêm muito poder – as classes economicamente elevadas – ocupam posição privilegiada para proteção de seus direitos, à custa dos que não têm poder e, especialmente, daqueles que nada possuem. Um pedestre brasileiro não está seguro quando atravessa uma rua com o sinal vermelho para os carros. Um passageiro brasileiro pode fazer sinal numa parada de ônibus e não ser atendido pelo motorista. Não tem certeza de que poderá desembarcar do ônibus, no ponto solicitado. A única certeza que tem é a de que não vale a pena reclamar*".

e populismo, cujos regimes ocasionam um distanciamento entre o governo e a sociedade civil, já que ambos dispensam as instituições civis.[673]

Sendo assim, torna-se necessário o desenvolvimento da consciência popular como primeira condição para uma democracia participativa, possibilitando a atuação do controle social, com o cidadão passando de um estágio passivo para um estágio ativo.[674]

Então, por esses fatores, torna-se necessário que haja uma modificação mais contundente desse traço político-cultural do povo brasileiro, no sentido de que, reconhecidos os valores democráticos da cidadania, em que o importante é o cidadão, a sociedade, consciente de seus direitos e deveres, poderá de forma participativa, sem sujeitar-se a paternalismos, influenciar as decisões que envolvam políticas públicas, realizando um controle social sobre a regularidade dos atos praticados pelas autoridades administrativas.

A par dessa importância dos valores democráticos, coloca-se também a relevância dos cidadãos se organizarem institucionalmente. O interesse individual possui pequena importância diante do interesse social. A organização institucional, na representação de determinado segmento da sociedade, adquire força e autonomia para pleitear atendimento de seus interesses, assim como para exercer controle e vigilância sobre os atos governamentais.

Só com fortalecimento desses aspectos culturais fundados em fatores de essência democrática, com desenvolvimento de uma consciência popular, poderá o cidadão, na defesa de seus direitos, exigir transparência dos atos governamentais, participação com poder de influência nos atos de decisão de políticas públicas e, consequentemente, exercer um controle social sobre o cumprimento dos planos de governo e regularidade fiscal, social e legal dos atos praticados pelos administradores públicos.

---

[673] CAMPOS, Anna Maria. *op. cit.*, p. 10. Segundo a autora a *"nossa fé democrática é débil e a substituição do cidadão é um traço cultural que contribui para enfraquecê-la. O povo brasileiro mostra vocação maior para ser ajudado do que para exibir autoconfiança. Como consequência, abre os braços ao paternalismo, uma forma disfarçada de autoritarismo"*.

[674] CAMPOS, Anna Maria. *Accountability*: quando poderemos traduzi-la para o português?. *Op. cit.*, p. 8. Como afirma a autora *"à medida que a democracia vai amadurecendo, o cidadão, individualmente, passa do papel de consumidor de serviços públicos e objeto de decisões públicas a um papel ativo de sujeito. A mudança do papel passivo para o de ativo guardião de seus direitos individuais constitui um dramático avanço pessoal, mas, para alcançar resultados, há outro pré-requisito: o sentimento de comunidade. Em outras palavras, é a emergência e o desenvolvimento de instituições na sociedade que favoreçam a recuperação da cidadania e, portanto, a verdadeira vida democrática"*.

Podem os organismos de controle oficial, especialmente Tribunal de Contas e Ministério Público, praticarem ações para o desenvolvimento de uma consciência popular, com vista à participação popular e o exercício do controle social? Não só podem, como devem. Como? Exercendo as suas funções controladoras de modo a garantir que haja transparência nos atos governamentais, estimulando e fazendo com que o Poder Público estimule a participação popular, tornando o controle social um aliado na sua função fiscalizadora.

Nesse aspecto, o Tribunal de Contas do Estado do Rio Grande do Sul tem procurado dar a sua contribuição de diversos modos, por exemplo: a) realiza regularmente Encontros Regionais de Controle e Orientação (ERCO) em todas as áreas de abrangência de sua fiscalização (Estado e Municípios), assim como participa de encontros e seminários com administradores e sociedade civil, no sentido de orientar, esclarecer e difundir a sua função de controle fixada constitucionalmente, dizendo dos direitos e obrigações dos administradores e cidadãos, assim como de sua relação com o órgão de controle externo, o Tribunal de Contas; b) no sentido de agilizar a sua ação controladora, tem produzido constantes aprimoramentos no seu sistema de fiscalização, envolvendo a utilização de modernos instrumentos como a informática, atualizadas formas de auditoria e, recentemente, mudando o seu sistema de fiscalização que era *a posteriori* para um sistema de acompanhamento da execução orçamentária, sistema que possibilita ao órgão de controle dar uma pronta resposta à sociedade; c) exige, pela sua ação fiscalizadora, que os administradores atuem com transparência, mediante publicação e divulgação de todos os atos governamentais, na forma legal determinada, no sentido de que a sociedade possa ter conhecimento dos procedimentos administrativos adotados; d) criou a Ouvidoria, setor por meio do qual, qualquer cidadão, partido político ou organismo da sociedade civil, pode realizar denúncia de fatos irregulares ou ilegais de que possua conhecimento, via telefone, correspondência ou meio eletrônico. As denúncias formalizadas são cadastradas, com fornecimento do seu número ao denunciante que poderá acompanhar, via Internet, a apuração realizada pelo Tribunal de Contas. Concluídos os trabalhos de apuração, o Tribunal de Contas comunica os resultados ao denunciante e os divulga no seu *site*. No primeiro ano de implantação da Ouvidoria – 2004 – foram cadastradas 712 denúncias; em 2005 – 1.045 denúncias; em 2006 – 1.056 denúncias; em 2007 – 1.105 denúncias; e em 2008 – 934 denúncias; e) o Tribunal de Contas possui uma ação controladora integrada com o Ministério Público, o que tem produzido excelentes resultados no pertinente a apuração de fatos delituosos. Assim, o controle social estimulado pela Corte de Contas funciona como um aliado do controle institucional.

No que se refere à Espanha, são muitas as discussões e estudos feitos sobre a participação do cidadão espanhol. A par dessa importância dos valores democráticos, também na Espanha é colocada a relevância dos cidadãos se organizarem institucionalmente, embora esteja havendo uma redução do interesse individual pelo interesse social, levando alguns doutrinadores a falarem sobre a existência de uma crise participativa. Laura Morales, procedendo a um estudo sobre a evolução da participação política e do associativismo na Espanha, adverte: *Algunos investigadores han alertado de que los ciudadanos occidentales participan cada vez menos en los asuntos públicos, a pesar del aumento en los niveles educativos y en las habilidades y recursos de que disponen estos mismos ciudadanos. Esta crisis participativa se manifestaría a través del declive en los niveles de participación electoral en una menor participación en la política convencional. En el caso español, la creencia común es que, tras un breve período de amplia movilización e participación ciudadana durante la transición a la democracia, los ciudadanos españoles son cada vez más reticentes a participar en la esfera pública.*[675]

Em continuidade ao seu exame envolvendo a participação do cidadão espanhol, Laura Morales salienta que alguns investigadores afirmam que a transição da democracia na Espanha não se caracterizou, especialmente, pela mobilização cidadã, já que esta foi fundamentalmente dirigida pelas elites políticas e, ademais, os partidos políticos espanhóis teriam seguido uma estratégia intencional de desmobilização que facilitaria os acordos entre as elites (Sastre, 1995 e 1997). Contudo, essa versão tem sido contestada por outros investigadores, no sentido de que o conflito esteve muito mais presente do que habitualmente se admite durante todo o processo de transição (Desfor Edles, 1998). De qual forma, a autora afirma que o consenso geral entre os analistas

---

[675] MORALES, Laura. Existe una crisis participativa? La evolución política y el asociacionismo en España. *Revista de Derecho Administrativo*, n. 88, out./dez. 995, p. 51-87. A autora, no seu primeiro tópico de avaliação, assevera: *El argumento subyacente es que los cambios sociales, políticos y tecnológicos que se han experimentado en las sociedades postindustriales a partir, fundamentalmente, de los años sesenta debilitanlos mecanismos tradicionales de producción de capital social y, por tanto, la participación de los ciudadanos en los asuntos públicos. Por tanto, el problema del declive del capital social y de la participación ciudadana no sería exclusivo de la sociedad americana sino, con toda probalidad según Putnam, una tendencia de carácter más general y que afecta o afectará a la amplia mayoría de democracias postindustriales.*

espanhóis é que a participação política e cidadã tem diminuído nas últimas décadas na Espanha.[676]

Na esteira dessa linha de entendimento, com base em várias pesquisas que apresenta em sua análise, Laura Morales acrescenta: *En realidad, el debate es especialmente pertinente para el caso español si tenemos en cuenta también que España es uno de los países occidentales com menores niveles de participación política y ciudadana. Ademá, como ya han mostrado numerosos estúdios, en este país nos encontramos, al igual que en otros países del sur de Europa, con un síndrome conjunto de escasa implicación psicológica y conductual con la política, que se traduce en que en España se producen algunos de los niveles má bajos de implicación psicológica con la política y asociacionismo de toda Europa occidental (cuadro 1 y gráfico 1). Po estas razones, la ciudadanía española es frecuentemente descrita como una sociedad desmovilizada y apática.*[677]

De qualquer forma, na medida em que Laura Morales vai avançando em sua análise, com demonstração de várias pesquisas, termina por concluir que os cidadãos espanhóis não se mostram menos ativos na esfera pública na atualidade que há vinte anos.[678]

Como se vê, com pequenas variações de natureza política, social e cultural, tanto Brasil como Espanha, no que tange a participação popular e o exercício do controle social, na condição de democracias ocidentais, que tiveram um período de transição do regime totalitário para o democrático, reconhecem a existência de problemas para incremento de uma maior consciência cidadã, com vista ao aumento da participação popular e do consequente controle social. De outra parte, resta a certeza da importância do mecanismo do controle social, com os instrumentos do controle oficial (Defensor do Povo, Tribunais de Contas e Ministério Público) passando a atuar como elementos de apoio

---

[676] MORALES, Laura. *Existe una crisis participativa? La evolución política y el asociacionismo en España. op. cit.*, p. 53.

[677] MORALES, Laura. *Existe una crisis participativa? La evolución política y el asociacionismo en España. op. cit.* p. 55.

[678] MORALES, Laura. *Existe una crisis participativa? La evolución política y el asociacionismo en España. op. cit.* p. 83-84. Nesse aspecto, a autora comenta:*no está nada claro que el recambio generacional vaya a producir necesariamente <<mejores>> ciudadanos, o al menos no ciudadanos más participativos. El aprendizaje democrático no parece ser acumulativo entre generaciones en lo que se refiere a la participación en asuntos públicos. En la mayor parte de los casos, la generación de españoles <<nacidos>> em democracia no difieren mucho de sus mayores; y, en cambio, se muestran menos favorables a colaborar con las organizaciones y asociaciones más politizadas. En pocas palabras: la democracia no ha producido una generación especialmente <<inactiva>>, pero tampoco ha producido ciudadanos crecientemente activos. Simplemente, no parece que haya muchas razones para ser extremamente optimistas ni extremadamente pesimista.*

ao exercício do controle, de modo a garantir que haja transparência nos atos governamentais, estimulando e fazendo com que o Poder Público fortaleça a participação do cidadão, tornando o controle social um aliado na sua função fiscalizadora.

3.3 O controle social como um aliado do controle Institucional

Superados os problemas políticos culturais antes salientados, tornando possível exigir-se transparência nos atos do Poder Público, decorrendo daí uma efetiva participação popular, pode o cidadão vir a exercer o controle social sobre a Administração Pública.

Portanto, na atualidade, consoante o Estado Democrático de Direito em que se constituem os Estados brasileiro e espanhol, nos termos das suas Constituições e das legislações infraconstitucionais, é possível a prática do controle social sobre os atos da Administração Pública, direcionando-se também para os aspectos de política fiscal, sendo a transparência e a participação popular elementos fundamentais para o seu exercício, uma vez que envolve princípio legal que proporciona ao cidadão em geral condições efetivas de participação e fiscalização no processo orçamentário, dando-lhe condições para propor, acompanhar, avaliar e controlar a ação dos Gestores Públicos.

No Entanto, o controle social exercido pelo cidadão não se esgota em si mesmo, nem possui a função de substituir o controle institucional regulado constitucionalmente. O controle social é complementar ao controle institucional e depende deste último para ter eficácia. O controle social, para fazer valer as suas constatações contra irregularidades praticadas pelo Poder Público, deve buscar a própria Administração para correção das falhas encontradas, representar aos integrantes do sistema de controle interno, denunciar os fatos ao Tribunal de Contas ou representante do Ministério Público.

Nesse sentido, o professor Juarez Freitas, lucidamente, efetua a seguinte manifestação: *O controle social do orçamento público deve, no prisma adotado, assumir condição eminentemente suprapartidária, mostrando-se avesso a qualquer manipulação. Não deve, pois, ser exercido com a mácula de interferências espúrias de natureza grupuscular. Ademais, o controle social, isto é, o controle que a sociedade, ela mesma, exerce sobre a discussão, a elaboração e a implantação do orçamento, precisa, antes de mais nada, servir como robustecimento dos demais controles energizando-os. Não deve ser excludente, nem pretender ocupar lugar superior ou olímpico, porquanto o controle social carece também de mediação e precisa ser institucionalizado e constantemente legitimado. Deve ser universal sem se arvorar em infalível, pois não traduz a vontade geral de modo perfeito, sendo, de certo modo, também parcial. Por razões dialéticas, o interesse público estará, invariavelmente, em que o controle social seja legitimamente controlado, lembrando que o melhor controle é o capaz de incluir todos os outros.*[679]

Nesse contexto, fica perfeitamente demonstrado que o controle social não se sobrepõe nem exclui os demais controles, especialmente o institucional, porque necessita deste último para ter eficácia. O exercício do controle social é independente e universal, mas não produz resultados unicamente pela sua ação, ele depende do controle institucional para fazer valer as suas constatações. Assim, o controle social deve ser considerado um aliado do controle institucional, devendo ter uma atuação conjugada com o controle institucional.

---

[679] FREITAS, Juarez. O controle social do orçamento público. *Interesse Público*, Sapucaia do Sul, ano 3, jul./set. 2001. p. 11-27

CAPÍTULO IV

CORRUPÇÃO, ADMINISTRAÇÃO E CONTROLE

A corrupção, como fenômeno social, político e principalmente econômico, possui uma longa história, embora até pouco tempo fosse quase que inteiramente desconhecida do grande público. Possivelmente, esse fato deva-se ao tipo de Estado predominante até algum tempo atrás. Nos Estados totalitários e despóticos, ou mesmo nos Estados democráticos, o cidadão não possuía acesso, ou este era extremamente reduzido, a qualquer tipo de informação sobre a ação do Estado e seus dirigentes, sem possuir, em consequência, o poder de interferir ou influir nos atos praticados pelos dirigentes estatais.

Contudo, isso não significa que não tenha existido corrupção no passado. Muito pelo contrário, no decorrer da evolução dos povos e dos Estados, a história está repleta de fatos denegridores e escandalosos que foram proporcionados por governantes, independentemente do título ostentado (Caciques, Faraós, Césares, Reis, Imperadores, Papas, Presidentes e outros não tão concorridos).

Assim, pode-se dizer que é recente a preocupação com o fenômeno corrupção, tendo em vista que o Estado moderno, essencialmente de natureza democrática, com fundamentos de Estado de Direito, em que o princípio da legalidade é de cumprimento inafastável, passou a dirigir a sua ação especificamente para o atendimento do interesse público, por isso não permitindo que os dinheiros, bens e valores públicos sejam utilizados em proveito próprio do governante ou de terceiros. No Estado pós-moderno, o Estado contemporâneo, com um sistema democrático pluralista, transparente e participativo, aumentou o poder de informação do cidadão, com ele passando a influir nas decisões que envolvam os aspectos de implantação das políticas públicas.

Dessa forma, por decorrência do Estado Democrático de Direito, solidificaram-se os princípios de liberdade individual, com a liberdade de imprensa passando a desenvolver um papel fundamental na divulgação dos atos de corrupção praticados pelos dirigentes estatais, repercutindo de forma influenciadora sobre o cidadão, que passou a exigir uma conduta ética dos governantes, em razão dos sérios prejuízos causados pela corrupção.

Portanto, um dos fatores primordiais da democracia está no poder do povo de pedir contas aos governantes. Como já foi prenunciado no berço da democracia ocidental – na antiga Grécia – *Sólon não parece ter atribuído ao povo mais que o poder mínimo indispensável, a saber, o de eleger os magistrados e o de pedir-lhes contas, pois, se não possuísse poder absoluto sequer nessa questão, o povo se sentiria como escravo e como adversário rancoroso da administração pública.* (Aristóteles, em *Política*)

Nesse sentido, quando Aristóteles idealiza a tipologia das formas de governo, o faz a partir de duas dimensões: estabelece, de um lado, a fonte do poder legítimo e, de outro, o exercício efetivo desse poder, especulando sobre os critérios do bom governo, com análise da realidade que envolve o exercício do poder político e de todos os seus potenciais desvios, entre os quais está a corrupção.[680]

Em outro período histórico importante, o romano, idênticas preocupações envolveram Políbios, que via na corrupção que se alastrava em Roma uma demonstração da decadência institucional.[681] Pelos estudos realizados, Políbios disse que há a filosofia da história e que esta tem a peculiaridade de dizer que a organização dos homens é uma

---

[680] FILGUEIRAS, Fernando. *Corrupção, Democracia e Legitimidade.* Belo Horizonte: Ed. UFMG, 2008, p. 35. Complementado o seu comentário, o autor ainda refere: *Tendo em vista a tipologia das formas de governo de Aristóteles, pode-se derivar o potencial de corrupção como a degeneração de virtudes, conforme uma natureza típica de cada uma das formas. Uma vez que a corrupção ocorre em potência, no plano das formas de governo existem princípios que a potencializam, tendo em vista o caráter prático do exercício do governo na comunidade. A corrupção, dessa maneira, cumpre um papel histórico, em face dos ciclos de ascensão e decadência de instituições políticas*

[681] FILGUEIRAS, Fernando. *Corrupção, Democracia e Legitimidade.* op. cit. p. 41, nessa visão institucional, *Políbios via nas leis e nos costumes os dois fundamentos da sociedade. As leis, como mostra o autor, devem ser boas a tal ponto que moderem a vida privada, protegendo a comunidade política da mesma, ou eja de suas paixões, e que gerem a justiça e motivem o homem a buscar o bem comum através das virtudes. No entanto, os costumes são peças fundamentais para a prosperidade de uma república, porque eles podem ou tornar os homens desejosos em sua vida privada e injustos na vida pública, ou vituosos a tal ponto que cultivem a igualdade e a liberdade, assegurando a solidariedade. São os costumes – que podem ser entendidos como cultura – que legam às gerações futuras determinados valores mediante os quais poderá ser impedida a corrupção do corpo político. O bom governo, nesse sentido, depende dos costumes e da lei, conforme uma filosofia da história que congregue, no sentimento do aristotelismo, as fontes do poder legítimo e o efetivo exercício do poder, no mundo prático da política.*

sucessão cíclica de formas de governo, na qual a corrupção desempenha um papel fundamental, na medida em que ela é o elemento essencial esclarecedor das mudanças políticas.[682]

Dessa forma, ao final de segundo milênio cristão, o contexto de liberdade produziu um grau de informações até então nunca experimentado. Dessa difusão de informações resultou o conhecimento de que a corrupção minava as estruturas do Estado Democrático, tendo em vista, que envolve ação discrepante do interesse público e deixa a Administração Pública vergada ao peso dos interesses particulares, do tráfico de influência e do apaniguamento de protegidos, causando depauperamento dos dinheiros e bens públicos, em desfavor da sociedade.

Tanto assim é que, só recentemente, a corrupção começou a ser tratada como questão fundamental por todos os países do mundo. O estudo das causas e consequências da corrupção remonta a, no máximo, 30 anos, quando começaram a aparecer os primeiros trabalhos envolvendo avaliações sobre em que áreas há, lícita ou ilicitamente, maiores probabilidades de serem obtidas maiores rendas.[683] Em decorrência da crise do petróleo de 1979, Paul Erdman escreve um romance de grande sucesso – *A crise de 1979* – em que demonstra o que são capazes de fazer aqueles que detêm o poder do dinheiro e, portanto, da corrupção, para subverter o mundo em função de suas mais desmedidas ambições.

A partir de então, começou uma verdadeira cruzada contra a corrupção, envolvendo todos os países, inclusive instituições internacionais como a ONU, OEA, Banco Mundial e FMI, com estabelecimento de estratégias de ação, elaboração de mecanismos legais e procedimentos práticos de combate à corrupção, propiciando a ocorrência de algo inimaginável até então para as ciências sociais, econômicas e políticas: a realização de congressos e seminários internacionais para tratarem do combate à corrupção.

---

[682] FILGUEIRAS, Fernando. *Corrupção, Democracia e Legitimidade. op. cit.* p. 39. Em continuidade ao estudo promovido, às fls. 49, o autor revela fator relevante sobre a corrupção em Roma: *Momento importante é o da disputa entre Cícero e Catilina, que revelaria, de acordo com as 'Catilinárias', o modo como a desonestidade seria o significado específico para a corrupção, entre os romanos. Narrada por Salústio, conjuração liderada por Catilina é o retrato do modo como a corrupção se tornou prática corriqueira no contexto da política romana. De acordo com Cícero, a desonesta chegada de Catilina ao poder seria exemplo vivo de que a corrupção havia se tornado prática corriqueira na política.*

[683] RAINS Luisa C.; FEBRES, Jorge. *La Corrrupccion en el ambito de la administracion tributaria.* Washington, D.C., Janeiro de 1998, mencionam os trabalhos de Krueger (1974) e mais recentemente Ades y Di Tella (1994), Kraay e Van Rijckeghen (1995), Haque and sahaay (1996) e Sachs y Warner (1995).

A esse exemplo podem ser citados: o V Congresso realizado em Amsterdam, Holanda, exclusivamente para ser debatido o tema da corrupção; em 1993, na cidade de Buenos Aires, Argentina, concretizou-se um Seminário Internacional sobre Estado, Sociedade e Corrupção; em 1995, na 9ª Conferência para a Prevenção do Crime, realizada no Cairo, a ONU propôs um Código de Conduta para evitar a corrupção; Foro Iberoamericano sobre el combate a la Corrupción, realizado em 1998 na cidade de Santa Cruz de la Sierra, Bolívia; e mais recentemente, em 2001, na cidade do México, a XII Assembleia Geral da OLACEF – Organización Latinoamericana y Del Caribe de Entidades Fiscalizadoras Superiores, tratou especificamente do tema corrupção.

Desse modo, sendo a corrupção um tema atualíssimo, presente em todos os Estados do mundo, causando sérias e nefastas repercussões no âmbito de cada país, torna-se imperioso o estudo e o debate sobre a corrupção. Desse modo, após terem sido examinados os aspectos evolutivos do Estado e o surgimento do Estado pós-moderno, assim como, em decorrência desses fatores, o tipo de modificação sofrida pela Administração Pública e a implantação da Nova Administração Pública, juntamente com a movimentação e as mudanças impostas aos sistemas de controle da Administração Pública, passaremos a verificar qual o entendimento existente sobre corrupção. Qual o grau de corrupção no mundo, as estratégias utilizadas para o seu combate e quais os resultados que estão sendo alcançados nesse intento.

Pois, como bem ressalta Jorge Malem Seña, *la corrupción es una cuestión importante por sus efectos económicos, políticos, jurídicos y sociales. En una democracia adquiere una mayor trascendencia porque es el único sistema político éticamente justificado y la corrupción implica una deslealdad hacia sus reglas.*[684]

1 Origem, Noção e conceito de corrupção

1.1 Origem e noção de corrupção

Corrupção é um termo ouvido com muita frequência hoje em dia. Contudo, causa muita discussão quanto a sua origem e a sua conceituação, sendo raramente apresentada com uma definição clara de seu entendimento. De uma maneira geral, a sua compreensão está

---

[684] SEÑA, Jorge F. Malem. *La corrupción* – Aspectos éticos, económicos, políticos y jurídicos. Barcelona: Gedisa, 2002. p. 18.

relacionada tanto com o aspecto moral quanto com o jurídico, especialmente com depravação, costumes sociais, roubo, furto, enriquecimento ilícito, favorecimento indevido, suborno, propina, etc.

Qualquer cidadão sente imediatamente uma profunda irritação quando escuta a palavra *corrupção*, associando-a a toda classe de abusos do poder, seja ele público ou privado, político ou administrativo. Esse caráter de amplitude advém do entendimento generalizado do povo, de que todos estão sujeitos a serem seduzidos por alguma coisa, poder ou riqueza, independentemente de sua licitude. Nesse aspecto da ambição facilitar a corrupção, vale lembrar que no livro *O Chalaça*, o Conselheiro de Dom Pedro I sustentou a teoria de que o homem é perseguido por três tipos de ruídos: o sussurro das mulheres, o aplauso e o tilintar das moedas.[685]

Segundo grande parte dos estudiosos, a corrupção, assim como a violência e a avareza, é condição da natureza humana, por isso, sendo circunstâncias integradoras ou energias inerentes à natureza do ser humano, podendo elas vir à tona e manifestar-se em qualquer um de nós, causando consequências imprevisíveis.[686] Assim, de um modo geral, parece haver concordância de que a origem da corrupção está na própria natureza humana que, igual a outras hipóteses nada edificantes, tais como a violência, a avareza e o ódio, possui controles decorrentes do meio em que o homem vive: família, religião, grupo social, educação, formação, Estado Democrático, etc., mas que podem, por circunstâncias de contexto, romper os controle sociais e causar malefícios terríveis.

Com efeito, trata-se de um fenômeno com permanência ao longo da história da humanidade que, para LAPORTA,[687] a corrupção é algo que existe e sempre existiu, qualquer que seja o sistema político e o

---

[685] FÉDER, João. *Erário*: o dinheiro de ninguém. Curitiba: Tribunal de Contas do Paraná, 1997. p. 111-138.
[686] BATISTA, Antenor. *Corrupção*: Fator de Progresso? Violento, avaro, corrupto e compulsivo sexual, eis, em tese, a natureza do homem – Repensando a Ética. 6. ed. atual. São Paulo, Juarez de Oliveira, 2005, p. 3-7. O autor complementa seu raciocínio com o seguinte comentário: *Em geral, esses ingredientes estão acorrentados no subsolo de nosso consciente ou subconsciente, subjugados pela influência do meio ambiente: família, religião, educação, cultura, formação moral, Estado de Direito ou Estado de Polícia etc; porém, jamais serão extintos; exceto se o ser humano for engenheirado geneticamente para excluir tais ingredientes. Contudo, isso iria castrar princípios de leis naturais; o que também seria violência ou corrupção; ainda que engendrados ou modificados pela magnitude da biotecnologia.*
[687] LAPORTA, F. J. *La corrupción política: introducción general*. Madrid, 1997, p. 9. *apud* ALFARO, Luis H. Contreras. *Corrupción y Principio de Oportunidad Penal-alternativas en materia de prevención y castigo a la respuesta penal tradicional*. Salamanca: Ratio Legis Librería Jurídica, 2005, p. 133.

tempo que se pense. Segundo os sistemas políticos, os contextos econômicos, o caldeamento de cultivo, a corrupção será maior ou menor, mas não se pode negar que exista ou que possa existir em alguma medida. Como refere ALFARO, com base em manifestação de POSADA CARBÓ, *ya se encuentran algunas referências a su respecto en los tiempos de la antiguedad clásica griega, y de ella no ha estado libre ninguna forma de organización política a través de la historia, sin embargo, actualmente puede afirmarse que gracias a la tecnología de las comunicaciones existe una conciencia generalizada en relación a sus perniciosos efectos, aún cuando la naturaleza, el alcance y la reacción del cuerpo social frente a los casos de corrupción varía mucho de un contexto nacional a otro.*[688] Por isso, o referido autor afirma que a corrupção é *un fenómeno mundialmente endémico de origen incierto*.[689]

Por esses fatores condutores de procedimentos da ação humana, a corrupção também tem sido entendida como um problema moral, cujo comprometimento em atos de corrupção deriva, basicamente, de uma decisão de nível individual, não atingindo apenas um tipo de sociedade, área geográfica ou somente alguns países, mas sim com extensão a todo e qualquer recanto do globo terrestre. Corrupção, portanto, não é prerrogativa dos pobres, posto que corrupção está associada ao financiamento da política, ao tráfico de armas, à construção de obras públicas, incluindo as chamadas atividades financeiras de duvidosa legalidade dos grandes bancos e atingindo os países ricos e desenvolvidos.[690]

Outro aspecto relevante a ser examinado é o que se compreende por corrupção, qual é a noção que se deve ter de corrupção. De acordo com Peter Euben, a história conceitual da corrupção é incerta, mas a origem etimológica da palavra é clara, já que vem do latim *corrumpere*, tendo um pequeno curso de história. O termo corrupção tem sido utilizado historicamente em dois sentidos. No sentido geral que equivale à destruição, devastação ou adulteração de um material orgânico,

---

[688] ALFARO, Luis H. Contreras. *Corrupción y Principio de Oportunidad Penal-alternativas en materia de prevención y castigo a la respuesta penal tradicional.* Salamanca: Ratio Legis Librería Jurídica, 2005, p. 133-134.
[689] ALFARO, Luis H. Contreras. *Corrupción y Principio de Oportunidad Penal-alternativas en materia de prevención y castigo a la respuesta penal tradicional. Op. Cit.*, p. 133.
[690] SEÑA, Jorge F. Malem. *La corrupción* – Aspectos éticos, económicos, políticos y jurídicos. *op. cit.*, p. 12. Sobre este aspecto, o autor comenta: *De hecho, la corrupción no es un fenómeno nuevo. Desde siempre ha acompañado a la política, a los actos de gobierno, al mercado a la vida social. De allí que no sea de extrañar que se conozca la práctica de la corrupción como la segunda profesión más antigua del mundo. Pero en este mundo cada vez más globalizado, en el que personas, empresas, instituiciones nacionales e internacionales o Estados interactúan con una creciente asiduidad y velocidad y en unas relaciones cada vez más asimétricas, se crean ocasiones extraordinárias para los comportamientos parasitarios u oportunistas como nunca antes se habían producido.*

como, por exemplo, a carne; e no sentido particular para designar uma atividade humana específica, como ocorre quando é relacionada a suborno ou extorsão. Ainda tem significado de decadência, sujeira, desintegração, degeneração, envelhecimento, ilegalidade, ilegitimidade ou imoralidade.[691] Justamente, por isso, Robert Brooks assinala que mesmo quando a corrupção é qualificada como política, comercial ou social está expressando a ideia de uma corrupção orgânica, ou de qualquer outra coisa vil e repugnante a nossos sentidos que esta última implica.[692]

No entanto, como em tantas outras situações, o uso da palavra corrupção teve modificação de seu significado primeiro e hoje são inumeráveis as definições que têm sido propostas para caracterizar o termo. Como é corrente no meio científico, essas definições podem ser agrupadas em três grandes modelos: a) o primeiro deles tem como centro os deveres do funcionário público e a singularidade da função pública; b) o segundo em aspectos concernentes a demanda, a oferta e ao intercambio de ações corruptas, noções essas que deveriam ser interpretadas à luz da moderna teoria econômica; e c) o terceiro modelo define a corrupção atendendo ao interesse público.[693]

Nesse âmbito de variáveis e alternativas para compreensão e noção desse fato chamado corrupção, é indispensável trazer a posição adotada por Fernando Carbajo Cascón, quando alerta que o substrato habitual da corrupção gira em torno da atividade econômica da administração; da atribuição de poderes de decisão e de controle e aplicação de fundos públicos a cargos públicos, funcionários e pessoal contratado, surgindo com motivo de relações ilícitas ou fraudulentas desses cargos eletivos e pessoais com interesses econômicos privados, próprios ou de terceiros, que buscam a maximização do lucro empresarial e pessoal à custa dos interesses coletivos.[694]

---

[691] EUBEN, Peter. Corruption. In: BALL, T.; FARR, I.; HANSON, R (comps.). *Political Innovation and Concptual Change*. Cambridge, UK: Cambridge University Press, 1989. p. 223. apud SEÑA, Jorge F. Malem. *La corrupción* – Aspectos éticos, económicos, políticos y jurídicos. *op. cit.*, p. 22.

[692] BROOKS, Robert. apud ROSENTHAL, Michael. An American Attempt to Control International corruption. In: HEIDENHEIMER, Arnold.; JOHNSTON, Michael; LEVINE, Victor (comps.). *Political Corruption*. A Handbook. 3. ed. Londres: Transaction Publ., 1993. p. 702. apud SEÑA, Jorge F. Malem. *La corrupción* – Aspectos éticos, económicos, políticos y jurídicos. *op. cit.* p. 22.

[693] HEIDENHEIMER, Arnold. *Terms, Concepts, and Definitions*: An Introduction. In: HEIDEHEIMER, A. M. Johnston; VELEVINE, V (comps.). *Political Corruption. op. cit*, p. 8 et seq. apud SEÑA, Jorge F. Malem. *La corrupción* – Aspectos éticos, económicos, políticos y jurídicos. *op. cit.*, p. 22.

[694] CASCÓN, Fernando Carbajo. Corrupción Pública, Corrupción Privada y Derecho Privado Patrimonial: Una relación instrumental. Uso perverso, prevención y represión. In:

Desse modo, pode-se afirmar que, hoje em dia, certas características do próprio sistema de organização política parecem contribuir, em alguma medida, para abuso do cargo público em benefício do funcionário ou de terceiros interessados, até porque, o Estado atual, na sua ação de concretização de objetivos, tem interferido de forma ativa e regularmente na vida econômica, visando à busca de estabilidade e uma mínima igualdade, com favorecimento de alguns agentes econômicos e sociais em detrimento de outros, circunstância que propicia a ocorrência de atos corruptos.[695]

Desse modo, entendida corrupção como desvio ilícito do interesse público em benefício do interesse privado, para uma melhor compreensão do que seja o fenômeno, devemos verificar a estrutura de suas características. Conforme Jorge Malem Seña, são atos corruptos aqueles que reúnem as seguintes características:

a) um ato de corrupção implica a violação de um dever posicional. Quem se corrompe transgride, de forma ativa ou passiva, ou provoca a transgressão de algumas das regras que regem o cargo que ostenta ou a função que cumpre;[696]

---

[695] GARCÍA, Nicolás Rodrígues; CAPARRÓS, Eduardo A. Fabián (Coords.). *La Corrupción en un mundo globalizado*: Análisis Interdisciplinar. Salamanca: Ratio Legis, 2004. p. 127-55. Este é o comentário do autor: *el fenômeno de corrupción se traduce, por tanto, en la 'interposición de un interés privado sobre el interés público o general'. La actividad económica de la Administración atrae poderosamente intereses privados, generalmente de naturaleza económica, que provocan o fomentan conductas desleales con los intereses públicos o generales por parte de políticos y funcionarios. Así pues, desde esta perspectiva tradicional del fenómeno de la corrupción se aprecia la alienación de componentes económicos o financieros públicos y privados con la intención última manifiesta de hacer prevalecer lo privado sobre lo público"*. Após, o eminente professor complementa o seu comentário da seguinte forma: *"El beneficio de la corrupción (tangente) es, en suma, para funcionarios y políticos corruptos y, en su caso, para empresas y particulares que obtienen un lucro en su patrimonio empresarial o personal evitando las exigencias y formalidades exigidas por la Administración y los costes proprios de la competencia en una economia de mercado (v.gr. el coste que supone la participación en concursos públicos de adjudicación de obras o servicios en régimen de libre competencia e igualdad de oportunidades ante la Administración, tal y como exigen los intereses generales).*

[695] ALFARO, Luis H. Contreras. *op. cit.* p. 136. *En este sentido, SÁNCHES MORÓN nos indica que a diferencia del esquema liberal clásico en que el Estado se situaba al margen y por encima de la sociedad, como garante del libre juego del mercado y del orden clasista, el Estado social de nuestros días interviene activa y regularmente en la vida económica para asegurar la estabilidad y una mínima igualdad, y lo que hace necesariamente favoreciendo a unos agentes económicos y sociales en detrimento de otros. Dicho de otra manera, el poder político y el poder económico no están separados, distanciados y mucho menos enfrentados, sino en íntima conexión, no se sabe bien donde termina uno y donde comienza el otro, ambos se necessitan recíprocamente en una relación simbiótica y de ahí necen las mayores tentaciones de prácticas corruptas.*

[696] SEÑA, Jorge F. Malem. *La corrupción* – Aspectos éticos, económicos, políticos y jurídicos. *op. cit.*, p. 32, sobre esta característica, o autor menciona: *Quienes se corrompen manifestan, en esse sentido, un claro sentimiento de deslealtad hacia la regla violada. El caso típico es el de un*

b) para que exista um ato de corrupção, deve haver um sistema normativo que lhe sirva de referência;[697]
c) um ato de corrupção nem sempre está entranhado de uma ação penalmente antijurídica;[698]
d) os atos de corrupção estão sempre vinculados à expectativa de obtenção de um benefício extraposicional;[699]
e) os atos de corrupção tendem a realizar-se em segredo ou ao menos com uma certa discrição.[700]

Jorge Malem Seña, visando a clarear ainda mais o seu entendimento sobre corrupção, menciona os atos que não devem ser considerados como corrupção, quais sejam:[701]a corrupção não pode ser confundida com medidas estatais de caráter promocional; tampouco pode ser confundida com o desvio de poder, na medida em que esta é uma violação ou infração ao ordenamento jurídico provocada pelo

---

[697] *funcionario de Hacienda que debido a un soborno de una empresa transnacional no aplica las tasas fiscales correspondientes.*

[697] SEÑA, Jorge F. Malem. *La corrupción* – Aspectos éticos, económicos, políticos y jurídicos. *op. cit.*, p. 33. Diz o autor: *La noción de corrupción es parasitaria de un sistema normativo. Por esta razón la corrupción puede tener una naturaleza económica, política, jurídica o ética, o participar de estos distintos niveles a la vez. Esta característica se infiere del apartado anterior. Un caso claro es el de un encargado de compras de una determinada empresa que es sobornado para adquirir cierta mercancía por un precio superior al valor de mercado.*

[698] SEÑA, Jorge F. Malem. *La corrupción* – Aspectos éticos, económicos, políticos y jurídicos. *op. cit.*, p. 33. *"Que el acto de corrupción sea legal o ilegal, desde un punto de vista penal, dependerá por cierto, del tratamiento que el sistema punitivo ofrezca a las reglas del sistema normativo de referencia. Este es uno de los problemas con los que se enfrenta la lucha contra la corrupción en el comercio internacional. Según muchas legislaciones sobornar a un funcionario público extrangero para alcanzar, conseguir o asegurar un acuerdo mercantil puede no ser considerado una actividad ilícita, pero no por ello deja de ser un acto de corrupción. Por otra parte, en ocasiones se soborna a una persona no para que tome una resolución contraria a derecho, sino para que cumpla una obligación legal(...). Corrupción e ilegalidad penal son, en ese sentido, términos independientes.*

[699] SEÑA, Jorge F. Malem. *La corrupción* – Aspectos éticos, económicos, políticos y jurídicos. *op. cit.*, p. 33-34. Nessa característica o autor complementa: *Y no es necesario que ese beneficio constituya una ganância de carácter econômico, puede ser política, profesional, sexual, etcétera. Y tampoco es necesario que el beneficio que se pretende conseguir sea elevado.En ocasiones es suficiente, para que se perfeccione el acto de corrupcion, que una parte espere recebir algo con la convicción de que este algo sea valioso. Que efectivamente lo sea es una cuestión empírica irrelevante(...). Un corruptor inteligente puede dejar abierta la acción exigible a su contraparte para ser precisada en el futuro.*

[700] SEÑA, Jorge F. Malem. *La corrupción* – Aspectos éticos, económicos, políticos y jurídicos. *op. cit.*, p. 34-35. Nessa característa é identificada a conduta do agente: *La noción de secreto o de discrición se vincula aquí – seguiendo a Michael Reisman – con un cierto intento por ocultar a acción corrupta, incluso en aquellos casos en que el apartamiento de las normas del sistema de referencia <<se sabe que se practican ampliamente y case nunca se sancionan>>. La corrupción, al implicar una actitud de deslealtad, tiene una carga negativa y, por lo tanto tiene a ser subtraída del público.*

[701] SEÑA, Jorge F. Malem. *La corrupción* – Aspectos éticos, económicos, políticos y jurídicos. *op. cit.*, p. 23-31.

exercício de poderes administrativos com fins distintos dos assinalados pelo direito; não se deve confundir corrupção e clientelismo político, posto que clientelismo é uma relação na qual um agente, em posição de superioridade, utiliza sua influência e seus recursos para dar proteção e segurança a outro agente, que está em posição de inferioridade, em troca de serviços, lealdade e apoios; a recepção de presentes, de recompensas ou de compensação, econômica ou de outro tipo, de um modo geral tem sido entendido como corrupção, mas Jorge Seña defende a posição de que a aceitação de um obséquio ou de um presente é um ato livre e quando há o ato de presentear algo sem exigir nada em troca, mediato ou imediato, não está havendo favorecimento ou benefício de alguém em troca de alguma coisa, nem está sendo praticado em segredo, por isso não seria corrupção. Contudo, pode ser entendida como um ato de suborno, porque esse tem efeito coativo; em sentido similar, o autor busca distinguir atos de corrupção e a recepção, oferecimento, doação de propinas (gorjetas) são complementos salariais dos empregados que ocupam os níveis mais baixos da categoria funcional. Assim, em princípio não seria corrupção, mas pode se constituir em suborno ou extorsão quando um funcionário exigir propina para exercer as suas funções legais. Quem participa de um ato de corrupção não pode ser confundido com um reformador social, na medida em que corrupção e reforma social são situações totalmente distintas e inconfundíveis.

Contudo, em decorrência dos processos de mudança social que passaram a acontecer a partir do pós-guerra, a corrupção passou a ser pensada conforme a teoria da modernização, que associava o mau funcionamento do sistema político à ideia de subdesenvolvimento. No entanto, posteriormente à queda do muro de Berlim, a Ciência Política buscou converter-se em uma postura científica diferente da sociologia, em que o importante não são os elementos da estrutura social, mas sim a ação dos agentes políticos conforme o jogo de preferências políticas.[702]

Essa nova abordagem passou a orientar um novo entendimento sobre corrupção, envolvendo as premissas da escolha racional e do novo institucionalismo, tornando-se hegemônica a partir da década de 1990. Rose-Ackerman[703] foi quem deu início a esses estudos e assentada na teoria da escolha racional, fator que passa a abordar a corrupção de

---

[702] FILGUEIRAS, Fernando. Marcos Teóricos da Corrupção. In: AVRITZER, Leonardo *et al.* (org.). *Corrupção:*ensaios e críticas. Belo Horizonte: Ed. UFMG, 2008, p. 353-361.
[703] ROSE-ACKERMAN, Susan. *Corruption and government.* Causes, consequences, and reform. New York: Cambridge University Pres, 1999.

acordo com uma nova agenda política, qual seja, a um novo espaço de experiência com elementos para se pensar a reforma da política e da economia, conforme os fins normativos da democracia e do mercado. Em decorrência desse aspecto, a Ciência Política da corrupção se confunde com abordagens econômicas, em que influenciam mais as preferências individuais dos agentes, tendo em conta sua racionalidade e sua capacidade de acumular utilidade, assim como os contextos de decisão que influenciam essas preferências.[704]

Dentro desse novo fator de abordagem da corrupção, Rose-Ackerman menciona que *a corrupção ocorre na interface dos setores público e privado, de acordo com sistemas de incentivo que permitem aos agentes políticos maximizarem utilidade mediante suborno e propina. A corrupção está relacionada ao comportamento rent-seeking, mediante o qual os agentes políticos tendem a maximizar sua renda privada. Essa maximização de bem--estar está inserida dentro de um contexto de regras determinadas e de uma renda fixada de acordo com as preferências individuais.*[705]

Como se vê, a noção de corrupção é muito ampla e que, na sociedade atual, está impregnada de elementos economicistas e de mercado em todos os setores e escalas do corpo social,[706] por isso ganha força o entendimento sobre corrupção privada, posto que, na atualidade, a compreensão de corrupção tem alcance nos mais diversos aspectos sociais, de natureza pública e privada, social e pessoal, qualificando condutas de natureza sexual, contratual e funcional, entre outras.[707]

1.2 Corrupção como fenômeno político e econômico

Para compreender-se corrupção e possibilitar a estruturação de uma definição ou conceituação, tem de ser verificada a sua concepção como fenômeno político e econômico.

---

[704] FILGUEIRAS, Fernando. Marcos Teóricos da Corrupção. In: AVRITZER, Leonardo *et al.* (org.). *Corrupção:*ensaios e críticas. Belo Horizonte: Ed. UFMG, 2008, p. 357.
[705] FILGUEIRAS, Fernando. Marcos Teóricos da Corrupção. In: AVRITZER, Leonardo *et al.* (org.). *Corrupção:*ensaios e críticas. Belo Horizonte: Ed. UFMG, 2008, p. 357-358. *apud* ROSE-ACKERMAN, Susan. *Corruption and government*. Causes, consequences, and reform. New York: Cambridge University Pres, 1999.
[706] CASCÓN, Fernando Carbajo. Corrupción Pública, Corrupción Privada y Derecho Privado Patrimonial: Una relación instrumental. Uso perverso, prevención y represión. In: GARCÍA, Nicolás Rodrígues; CAPARRÓS, Eduardo A. Fabián (Coords). *La Corrupción en un mundo globalizado:* Análisis Interdisciplinar. *op. cit.* p. 129.
[707] CAPARRÓS, Eduardo Fabián. *La corrupción de agente público extrajero e interncacional*. Segunda prova do concurso para professor Titular da Faculdade de Direito da Universidade de Salamanca. Salamanca, 2002.

Atualmente, diversos elementos da realidade latino-americana e do mundo inteiro demonstram que a corrupção é um fenômeno que adquiriu dimensões preocupantes, por isso, passando a ser desenvolvidas muitas ações para o seu combate, envolvendo aspectos relativos à política e à economia. Pierre Truche, que foi Procurador-Geral da França, manifestou que *la corrupción es un comportamiento antiguo, hace mucho tiempo ilegal, pero objeto de una práctica tolerada en las altas esferas y por la opinión pública. Hemos entrado actualmente en un período en donde este comportamiento, antes tolerado, ya no lo es más.*[708]

Assim, como os meios de comunicação – mídia – passaram a abrir amplos espaços para notícias relacionadas com a corrupção administrativa, estabeleceu-se um elo entre corrupção, política e negócios.[709]

Dessa forma, torna-se indubitável a necessidade de uma avaliação sobre os elementos constituidores da ação política e as formas básicas da responsabilidade política, tendo em conta a interação da atividade econômica produtiva e a busca improdutiva de ingressos, qual seja, o fenômeno universal da corrupção no setor público.

A corrupção, de um modo geral, envolve uma relação entre o Estado e o setor privado. Conforme Susan Rose-Ackerman, em grande parte das vezes os funcionários são os atores dominantes; em outras situações, os atores privados são as forças mais poderosas. O relativo poder de negociação entre esses grupos determina o impacto geral da corrupção na sociedade, assim como a distribuição dos benefícios entre subornadores e subornados.[710] Dessa maneira, na análise da corrupção, é parte importante no debate ser verificada qual a forma de governo está mais apta para o desenvolvimento econômico. Contudo, ainda assim e mesmo considerando que os países ricos tendem a ser democráticos, não se deve estabelecer uma relação estatística simples entre desenvolvimento e governo democrático.[711]

---

[708] TRUCHE, Pierre *apud* LOZANO, Juan; DINARDI, Valeria Merino (Comps.). *La hora de la transparencia en América Latina* – El manual de anticorrupción en la función pública. Buenos Aires – Argentina: Juan Granica; CIEDLA, 1998, p. 31.

[709] LOZANO, Juan; DINARDI, Valeria Merino, compiladores, *La hora de la transparencia en América Latina – El manual de anticorrupción en la función pública"*, op. cit. pág. 31. O autor refere:"*las altas esferas de la política y los negocios, a lo largo y ancho del mundo, se han visto afectadas por escándalos muy importantes. Además las recurrentes acusaciones mutuas de corrupción entre los políticos no han cesado de aumentar, así como su conversión dudosa en 'líderes naturales' de la lucha contra el fenómeno durante las jornadas electorales.*

[710] ROSE-ACKERMAN, Susan. *La Corrupción y los Gobiernos. Causas, consecuencias y reforma.* Tradução de Alfonso Colodrón Gómez. Madrid: Siglo XXI de España, 2001, p. 157.

[711] ROSE-ACKERMAN, Susan. *La Corrupción y los Gobiernos. Causas, consecuencias y reforma.* op. cit., p. 157. Sobre a questão a autora adverte que *la razón de esto no es difícil de imaginar:*

De qualquer modo, é incontestável que as democracias sustentadas por sólidas bases legais proporcionam um marco estável para a atividade econômica. No entanto, para que esse fator funcione com eficácia, os políticos devem buscar a reeleição e devem sentir-se inseguros sobre suas perspectivas, mas não demasiadamente inseguros, porque isso conduz a um paradoxo de estabilidade: demasiada segurança no cargo pode dar lugar a ações corruptas. Demasiada insegurança também pode ter o mesmo efeito.[712]

Na esteira desse raciocínio, não resta dúvida que os estímulos à corrupção nas democracias dependem da organização dos processos eleitorais, legislativos e dos métodos de financiamento das campanhas políticas, cujos fatores podem estar entrelaçados, isso porque, parece não haver dúvida, as possibilidades de corrupção estão relacionadas com o vínculo existente entre a estrutura política e a riqueza privada.[713]

Sendo assim, os métodos que os políticos utilizam para tentar manter-se no poder e aumentar a margem de manobra de suas políticas, tendo em conta a existência ou não de um controle sobre a chamada responsabilidade política, é fator relevante para a avaliação do fenômeno chamado de corrupção. Como adverte José Maria Maravall, os governos só atenderão aos interesses dos cidadãos por medo de perderem eleições futuras e que esse é um grande elemento de controle da responsabilidade política, a eleição, e diz que esse argumento é fundado na Teoria da Representação Democrática de Sartori (1987: 155-6).[714]

'democracia' es simplemente un término demasiado general para captar la gama de formas de gobierno que se cobijan bajo esta expresión. Por añadidura, una estructura de gobierno que funciona bien en un país puede ser disfuncional en otro contexto. La corrupción generalizada y arraigada es una forma de disfunción.

[712] ROSE-ACKERMAN, Susan. *La Corrupción y los Gobiernos. Causas, consecuencias y reforma.* op.cit., p. 174.

[713] ROSE-ACKERMAN, Susan. *La Corrupción y los Gobiernos. Causas, consecuencias y reforma.* op.cit., p. 174. Na avaliação desse aspecto, a autora salienta que a força do entorno político competitivo aumenta os riscos e reduz o custo da corrupção. Que um sistema político competitivo pode ser uma prova sobre o nível de corrupção, pois, para os políticos eleitos, a forma mais imediata de "castigo" se realiza nas urnas, por isto, complementa o seu raciocínio: *El electorado puede imponer un coste, incluso si los pagos se mantienen secretos. Los sobornos y los donativos ilegales a las campañas políticas se ofrecen a cambio de una ventaja. A menudo, las compensaciones son algo que el político corrupto no habría hecho sin el pago. Si los políticos votan contra los intereses de sus electores, pueden temersufrir las consecuencias en las urnas.*

[714] MARAVALL, José Maria. *El Control de los Políticos.* Madrid: Santillana, 2003, p. 14. Citando Sartori, o autor menciona: *Si es cierto – y lo es casi siempre – que al líder que periodicamente corre el riesgo de verse apartado del poder le preocupa cómo van a reaccionar los votantes ante sus acciones, la consecuencia es que este estará controlado (por lo menos, cuando se planteen cuestiones delicadas) por la previsión de qué reacción, ya sea positiva o negativa, pueda producirse.*

Outro aspecto relevante para compreensão do chamado fenômeno corrupção é o seu reflexo econômico, uma vez que depende da relação política e negócios. Esse reflexo advém da relação política-economia e está representada pela ocupação do governo diretamente por uma empresa.[715] De acordo com esse contexto, o fenômeno da corrupção deriva da relação poder político – poder econômico em face de existirem interesses para serem obtidas vantagens pessoais ilícitas, em detrimento dos interesses gerais. Conforme ressalta Susan Rose-Ackerman, todos os Estados, sejam democráticos ou repressivos, controlam a distribuição de benefícios valiosos e a imposição de custos onerosos. A distribuição desses benefícios e custos, de um modo geral, encontra-se sob o controle de funcionários públicos que possuem um poder discricional. As pessoas e as empresas privadas que desejam um tratamento diferenciado e favorável podem estar dispostas a pagar para obtê-lo. Os pagamentos são corruptos se são feitos ilegalmente a funcionários públicos com a finalidade de ser obtido um benefício ou de ser evitado um custo.[716]

Portanto, a corrupção é um fenômeno político e econômico na medida em que advém da má utilização do poder político, propiciando um resultado econômico ilícito, seja pela obtenção de um benefício seja pelo afastamento de um custo. Assim, corrupção no setor público deriva de relações ilícitas ou fraudulentas dos detentores dos cargos eleitos ou não, com interesses econômicos privados, próprios ou alheios, supondo uma utilização desviada, desleal e perversa dos poderes públicos para satisfação de interesses privados ou particulares dos titulares desses poderes.[717]

---

[715] ALFARO, Luis H. Contreras, *op. cit.* p. 136. O autor, citando FERRAJOLI, diz que esta ocupação do governo *significa la ruptura de un principio fundamental del moderno Estado representativo: el de la separación entre Estado y sociedad, entre esfera pública y privada, en definitiva, entre poderes económicos y poder político.*

[716] ROSE-ACKERMAN, Susan. *La Corrupción y los Gobiernos. Causas, consecuencias y reforma.* op. cit., p. 11. Sobre este aspecto, a autora refere: *La corrupción es un sintoma de que algo no ha funcionado bien en la gestión del Estado. Las instituciones diseñadas para gobernar la interrelación entre los ciudadanos y el Estado se utilizan, en vez de ello, para el enriquecimiento personal y para proporcionar beneficios a los corruptos. El mecanismo de precios, que con tanta frecuencia es una fuente de eficacia económica y un elemento que contribuye al crecimiento, puede, en forma de soborno, socavar la legitimidad y la eficacia del gobierno.*

[717] CASCÓN, Fernando Carbajo. *Corrupción Pública, Corrupción Privada y Derecho Privado Patrimonial: Una relación instrumental. Uso perverso, prevención y represión.* op. cit. p. 127.

1.3 Conceito de corrupção: corrupção pública e corrupção privada

Conforme o até aqui examinado, o fenômeno da corrupção se traduz pela interposição de um interesse privado sobre o interesse público. Trata-se, na expressão de Fernando Carbajo Cascón, de um desvio ilícito do interesse público em benefício de interesses privados, centrando, por isso, a corrupção na órbita do setor público. Entretanto, como ainda refere o citado autor, na atualidade, a sociedade contemporânea impregnou-se de elementos economicistas, com o sistema financeiro adquirindo uma preponderância significativa na vida diária dos cidadãos, daí acontecendo os graves escândalos ocorridos nos últimos tempos, envolvendo os mercados financeiros, as grandes empresas nacionais e internacionais, algumas organizações como o Comitê Olímpico Internacional, incluindo ainda o chamado terceiro setor, formado por organizações não governamentais, que geraram uma onda de *desconfiança e malestar entre los ciudadanos y instancias del poder político por las graves consecuencias que tales escándalos conllevan para el funcionamiento eficiente del mercado y la consecuente satisfacción de los intereses públicos o generales en el funcionamiento correcto del sistema de economia de mercado (...)*.[718]

Por essa razão, passou a ganhar cada vez mais força e sentido o estudo da *corrupção privada*,[719] fruto de comportamentos desviados por parte dos centros de poder e decisão das empresas privadas (administradores e cargos diretivos), geralmente com projeção pública (entidades e estabelecimentos financeiros de crédito, empresas de serviços de investimentos, sociedades cotizadas de valores, companhias de seguro, etc.), com a intenção de aproveitar as lacunas legais e os defeitos estruturais das grandes companhias e do sistema financeiro para benefício próprio e em detrimento de outros interesses privados, particulares e coletivos, atingindo inclusive os interesses gerais cifrados no funcionamento eficiente do sistema financeiro e econômico em seu conjunto.[720]

---

[718] CASCÓN, Fernando Carbajo. *Corrupción Pública, Corrupción Privada y Derecho Privado Patrimonial: Una relación instrumental. Uso perverso, prevención y represión. op. cit.*, p. 129.

[719] Idem, pág. 129.

[720] CASCÓN, Fernando Carbajo. *Corrupción Pública, Corrupción Privada y Derecho Privado Patrimonial: Una relación instrumental. Uso perverso, prevención y represión. op. cit.*, p. 129.
Em nota de pé de página, o autor esclarece a sua posição sobre o tema, mencionando: *En estos casos nos encontramos com conductas fraudulentas en el âmbito privado (en el sentido de abusos de poder por los cesionarios o titulares de potestades de decisión en la empresa privada,*

Portanto, conforme Zarzalejos[721] manifestou, o fenômeno da corrupção, de acordo com o entendimento que vem sendo expresso socialmente, pode referir-se tanto a ação pública como a ação privada. Assim, como bem ressaltou Luis Contreras Alfaro, tão corrupto é um ato de malversação de fundos públicos, em proveito próprio ou alheio, quanto é a apropriação indevida de recursos privados nas sociedades anônimas mediante grandes operações de *engenharia financeira*, que aproveitam a insuficiência dos controles e dos vazios jurídicos de uma legislação insuficientemente adaptada à complexidade das modernas relações econômicas.[722] Complementando sua manifestação, o autor refere que, para haver corrupção privada, as vantagens ilícitas, produto das atividades corruptas, devem ser vantagens patrimoniais e os mecanismos jurídicos para sua ocultação e posterior reconversão ou branqueamento pertençam ao direito privado, por isso, reportando-se a García Mexía, menciona que, *de tal manera, parece que la corrupción pública y la corrupción privada no son sino dos caras de uma misma moneda*[723].

Essa é uma ideia que está cada vez mais se consolidando no mundo, o da corrupção privada, com todos buscando mecanismos para conter o seu alastramento. Como pondera Fernando Carbajo Cascón, se é verdade que a intervenção pública na economia, assumindo a iniciativa empresarial em setores estratégicos e impondo fortes barreiras e controles ao acesso da iniciativa privada foi um caldo de cultivo ideal para a propagação da corrupção no setor público (conjugou--se interesses públicos e privados em mercados estratégicos por sua

---

generalmente de estructura societario-capitalista) que perjudican a un número importante de intereses privados diferentes relacionados directa o indirectamente con un mismo ente privado (acreedores, trabajadores, accionistas, inversores, depositantes o ahorradores en general, etc.) y, de manera refleja, lesionan el proprio interés público en el funcionamiento eficiente del mercado, a la vista de la alarma social creada por estos escándalos financieros, sea por la pérdida de confianza en el sistema (es decir en el entramado institucional y normativo que vela por la transparencia y el buen funcionamiento de los distintos mercados en términos de competencia), o sea por la necessidad de que la Administración intervenga directamente para evitar crisis financieras, reflotar empresas en crisis y/o asumir el coste que suponen la pérdida masiva de puestos de trabajo y las pérdidas financieras de los ahorradores (cfr. prestaciones de desempleo, fondos de garantía salarial, fondos de garantía de despósitos y de inversiones).

[721] ZARZALEJOS, J. A. Descripción del fenomeno de la corrupción. Corrupción y ética. *Cuadernos de Teología Deusto*, n. 9, 1996, p. 11. apud ALFARO, Luis H. Contreras. *op. cit.* p. 131.

[722] ALFARO, Luis H. Contreras. *op. cit.* p. 131. O autor, em nota de pé de página, cita SEÑA, J. Malen. *El fenômeno de la corrupción*. La Corrupción Política. Madrid, 1997, p. 78: *sostiene que quien se corrompe no necessita ser funcionario público, para este autor tambiém la corrupción puede darse entre indivíduos que actúan privadamente. Basta pensar en el pagp a jugadores de fútbol para adulterar los resultados de una competición o en el pago a una secretaria para que desvele cierta información básica atinente a la empresa donde trabaja.*

[723] ALFARO, Luis H. Contreras. *op. cit*, p. 132.

transcendência econômica), os processos de privatizações e a onda de liberação (desregulação) que vêm acontecendo nas economias capitalistas a partir do último quarto do século XX, têm causado um notável crescimento dos escândalos financeiros na grande empresa privada, com conexões nos mercados financeiros.[724] Esses fatores têm demonstrado a existência de relações entre as empresas e o poder político *desregulador*, a prática de fraudes ou irregularidades contábeis, situações continuadas de clientelismo (cfr. relações plurais entre sociedades cotizadas e empresas auditoras que realizam ao mesmo tempo atividades de consultoria e assessoramento para as mesmas empresas que devem auditar), fomentando o lucro dos centros de poder das sociedades cotizadas frente ao conjunto de investidores, perpetuando os administradores e diretores na cúpula do poder das grandes empresas, com os mesmos interpondo seus interesses pessoais sobre o interesse social da empresa administrada e sobre os interesses privados e públicos implicados no funcionamento dos mercados financeiros.[725]

Realmente, essas circunstâncias da atual realidade social demonstram que existe a denominada corrupção privada, envolvendo um complexo mercado econômico e financeiro, com a cúpula das grandes empresas possuindo brutais poderes de ação sobre toda a malha de relações econômicas, tornando-se produtora de corrupção privada que, por satisfazer interesses pessoais dos diretores e administradores, afasta-se do interesse social da empresa e termina por atingir a toda a coletividade. Esse novo tipo de situação existente no mundo, leva Caparrós a afirmar: *Estos conflictos de intereses en el sector privado ponen de manifiesto la fatal atracción del poder económico frente a los tradicionales criterios de honorabilidad en el campo profesional y laboral y frente a la ética de los negocios. Para compartir estas situaciones se hace necesario algo más que el compromiso de honorabilidad y buen gobierno en el desarrollo de actividades privadas, y más también que la abstracta definición de deberes de diligencia y que la voluntaria asunción de deberes de información y transparencia a través del <<artificio>> de los Códigos de Autoregulación, sean de práctica*

---

[724] CASCÓN, Fernando Carbajo. *Corrupción Pública, Corrupción Privada y Derecho Privado Patrimonial: Una relación instrumental. Uso perverso, prevención y represión*. op. cit., p. 130.
[725] CAPARRÓS, Eduardo Fabián. *La corrupción de agente público extrajero e interncacional*. Segunda Prueba del Concurso para la provisión de una plaza de professor tirular de Universidad en la Faculdad de Derecho (Departamento de Derecho Público – Área de Derecho Penal), convocado por el Rectorado de la Universidad de Salamanca mediante Resolución de 11 de junio de 2001, p. 15-20.

(de la empresa) o de buen gobierno (de los cargos diretivos), propios de la etapa liberalizadora y de la nueva economía (e-economía). La experiencia ha demonstrado el aumento progresivo de las prácticas abusivas e fraudulentas del poder empresarial y el mal funcionamiento de los mercados financieros en situações de ese tipo. También demuestra la experiencia la ineficacia de los llamados Códigos de Autorregulación o Códigos de Práctica para frenar los graves escándalos financieros capaces de desequilibrar el regular funcionamiento del sistema financiero mundial. La alarma social reclama medidas legales concretas e eficaces para frenar la corrupción en el sector privado.[726]

Dessa forma, embora, em princípio, a ideia de corrupção esteja vinculada ao uso ilegítimo de poderes por parte dos agentes públicos, nos últimos tempos houve uma progressão desse entendimento, posto que essa ideia também passou a ser compreendida no âmbito das condutas relacionadas com a denominada *corrupção privada*, entendendo como tal o uso desviado do poder de decisão no aspecto das relações econômicas entre particulares,[727] cujas manifestações de corrupção tornaram-se mais palpáveis no processo de *globalização da economia*, na medida em que a globalização dos mercados potencia, sem dúvida, a possibilidade de comportamentos corruptos.[728]

O reconhecimento à existência de corrupção privada tem ocorrido tanto no aspecto da doutrina quanto da regulamentação legal. Muitos países (Alemanha, França, Holanda, Suíça, Suécia, Turquia, etc.) punem a corrupção privada, mediante norma no Código Penal ou em leis especiais. Na Alemanha, no art. 299 CP, a corrupção privada foi colocada entre os delitos contra a concorrência. Na Suécia, houve opção pela equiparação entre funcionários públicos e sujeitos privados, com definição de uma corrupção ampliada, reprovável no geral, tanto a do setor público quanto a do setor privado.[729]

Por sua vez, a *"Acción Común del Consejo de Europa, de 22 de diciembre de 1998, sobre la corrupción en el sector privado"*, forte no art. K.3 do Tratado da União Europeia, considerando que a corrupção falseia

---

[726] CAPARRÓS, Eduardo Fabián. *La corrupción de agente público extrajero e internacional. op.cit.*, p. 131.
[727] CAPARRÓS, Eduardo Fabián. *La corrupción de agente público extrajero e internacional. op. cit.*, p. 18-19.
[728] CASCÓN, Fernando Carbajo. *Corrupción Pública, Corrupción Privada y Derecho Privado Patrimonial: Una relación instrumental. Uso perverso, prevención y represión. op. cit.*, p. 133.
[729] CAPARRÓS, Eduardo Fabián. *La corrupción de agente público extrajero e interncacional op. cit.*, p. 18-19. O autor assenta suas referências nas obras de dois autores: HUBER, Bárbara: Il sistema tedesco di lotta allá corruzione: una comparazione com quelli di altri paesi europei. *RTDPE*, 1999. n. 3, p. 516-517; e NIETO MARTÍN, Adán. Ciudadania europea y Derecho penal. *Manuales de Formación Continuada*, n. 5, CGPJ, Madrid, 1999 (sic), p. 295.

a concorrência leal e compromete os princípios de abertura e liberdade dos mercados, e, em concreto, o correto funcionamento do mercado interior, e é contrária a transparência e a abertura do comércio internacional, contempla a corrupção ativa e passiva no setor privado (é considerada corrupção passiva no setor privado – art. 2º – *o ato intencionado de uma pessoa que, diretamente ou por meio de terceiros, solicita ou receba no exercício de atividades empresariais, vantagens indevidas de qualquer natureza, para si mesma ou para um terceiro, ou aceite a promessa de tais vantagens, em troca de realizar ou abster-se de realizar um ato descumprindo suas obrigações;* e por corrupção ativa no setor privado – art. 3º – *a ação intencionada de quem prometa, ofereça ou dê, diretamente ou por intermédio de terceiros, uma vantagem indevida de qualquer natureza a uma pessoa para esta ou para um terceiro, no exercício das atividades empresariais de dita pessoa, para que esta realize ou se abstenha de realizar um ato descumprindo suas obrigações*), propondo sua tipificação como infração penal, ao menos quando tais condutas suponham ou possam supor uma distorção da concorrência, como mínimo no marco do mercado comum e causem ou possam causar prejuízos econômicos a terceiros devido à adjudicação irregular de um contrato.[730]

Desse modo, são muitas as visões sobre corrupção, por isto, *não é simples definir-se ou conceituar-se o fenômeno chamado de corrupção*, na medida em que são vários os aspectos que envolvem esse fenômeno, tanto no âmbito público como no âmbito privado, levando alguns, inclusive, a referirem que deveria haver várias conceituações de corrupção, considerando o ângulo analisado. O certo é que corrupção, no aspecto jurídico, possuía um envolvimento específico do setor público, mas, posteriormente, evoluiu para uma aquisição de amplitude maior, envolvendo também o setor privado. De qualquer maneira, genérica e juridicamente, corrupção possui um sentido perfeitamente determinado e está interligado com o comportamento ilegal, por isso, ilícito, de quem desempenha atividade com poder de decisão.

Doutrinariamente, embora mantendo o sentido jurídico do ilícito cometido por quem atua no Poder Público, a definição de corrupção tem assumido maior amplitude de entendimento, mas sempre com o direcionamento para a atividade pública.[731]

---

[730] CASCÓN, Fernando Carbajo. *Corrupción Pública, Corrupción Privada y Derecho Privado Patrimonial: Una relación instrumental. Uso perverso, prevención y represión.* op. cit., p. 132.
[731] KAUFMANN, Daniel. *Novas Fronteiras impíricas no combate à corrupção e na melhoria da governança* – Tópicos escolhidos. The World Bank Institute. Conferência realizada no

De outro lado, mencionando que a corrupção, tal como foi entendida tradicionalmente, variou suas características essenciais, Carlos Castresana Fernandes adverte que a corrupção tradicional possuía caráter individual, centrava suas atividades em condutas que se correspondiam com a discrição dos tipos penais clássicos de malversação de recursos públicos e de suborno, mas que, agora, há uma corrupção moderna, envolvendo os mercados financeiros, o tráfico de influências e o abuso de informação privilegiada.[732]

Já Fernando Carbajo Cascón refere que atualmente pode falar-se abertamente *de corrupción privada, concebida como una desviación*

---

[732] Fórum Econômico 2001 da Organização para a segurança e cooperação na Europa – OSCE, em Bruxelas, 30-31 de janeiro de 2001. Para Daniel Kaufmann, do Banco Mundial, define-se corrupção *como o mau uso da função pública para obtenção de vantagens pessoais*; Gianfranco Pasquino, por sua vez, define corrupção como *o fenômeno pelo qual um funcionário público é levado a agir de modo diverso dos padrões normativos do sistema, favorecendo interesses particulares em troco de recompensa* (BOBBIO, Norberto; MATTEUCCI, Nicola; PASQUINO, Gianfranco. Dicionário de Política. 12. ed. Tradução de Carmen C. Varriale *et al*. Brasília: Ed. UnB, 1999. v. 1, p. 291); Para Eduardo Fabián Caparrós, *con el término corrupción se suele dar nombre a la oferta o la prestación directa o indirecta a un servidor público de una ventaja indevida, pecuniaria o de otro género, con la finalidad de indurcilo ejecutar un acto contrario a los deberes de su cargo, o para executar u omitir un acto debido* (CAPARRÓS, Eduardo A. Fabián. La corrupción de los servidores públicos extranjeros e internacionales (Anotaciones para un Derecho penal globalizado). In: GARCIA, Nicolá Rodríguez; CAPARRÓS, Eduardo Fabián. (Coords.). *La corrupción en un mundo golbalisado*: análisis interdiciplinar. Salamanca: Ratio Legis, 2004, p. 228.); Estabelecendo uma análise da corrupção sobre as contratações públicas, Ricardo Rivero Ortega, define que *las decisiones corruptas en la contratación administrativa coinciden la mayor parte de las veces con las distintas modalidades de los delitos de tráfico de influencias* (CUGAT MAURI, 1997) *o de cohecho, también conocido en América Latina bajo la expressión clásica de peculato"* (ORTEGA, Ricardo Rivero.Corrupción y contratos públicos: las respuestas Europea e Latino americana. In: GARCIA, Nicolá Rodríguez; CAPARRÓS, Eduardo Fabián. (Coords.). *La corrupción en un mundo golbalisado*: análisis interdiciplinar. Salamanca: Ratio Legis, 2004, p. 110); por sua vez, Fernando Filgueiras menciona que, modernamente, não está assentada na virtude, mas, sim, nas necessidades, expressando: *"A corrupção, portanto, não é mais compreendida através do conceito de virtudes, mas do conceito de interesses como substrato material das leis"* (in "Corrupção, Democracia e Legitimidade, *op. cit*, p. 78).

[732] FERNÁNDEZ, Carlos Castresana. Corrupción, globalización y delincuencia organizada. In: GARCIA, Nicolá Rodríguez; CAPARRÓS, Eduardo Fabián. (Coords.). *La corrupción en un mundo globalisado*: análisis interdiciplinar. Salamanca: Ratio Legis, 2004, p. 217. Nesse sentido, o autor afirma: *la corrupción moderna opera mucho más en los mercados financieros, y responde a la discripción de conductas de tipos penales más modernos como el de tráfico de influencias y el abuso de información privilegiada. Este fenómeno, unido a una crescente confusión de intereses entre el sector público y el privado, y el continuo trasvase de personas de uno a otro, ha permitido que la corrupción se haya convertido en un fenómeno sistémico, donde los comportamientos rebasan la esfera personal o individual del funcionario para convertirse, especialmente en los sectores productivos o de servicios más vulnerables, en un mecanismo regular o habitual de la asignación presupuestária y de la contratación pública, que compromete regularmente el proceso de adopción de decisiones de las instituciones democráticas.*

fraudulenta o abusiva de potestades de control e decisión en la empresa privada que genera conflictos de intereses dentro del sector privado.[733]

Nesse contexto, há ainda os conceitos de natureza legal, postos em dispositivos legais, com o objetivo da penalização. No Brasil, a corrupção é entendida como tipo penal, especificado como crime do funcionário público, constando do seu Código Penal, na parte dirigida aos crimes da Administração Pública (art. 317, CP). Nessa forma legal determinada, considerando que na corrupção sempre há quem corrompe e quem é corrompido, houve a definição legal de corrupção passiva e corrupção ativa. A *ativa* é dirigida à figura do corruptor e consiste em oferecer ou prometer vantagem indevida a funcionário público, para determiná-lo a praticar, omitir ou retardar ato de ofício. A *passiva* envolve a figura do corrupto e consiste em solicitar ou receber, para si ou para outrem, direta ou indiretamente, ainda que fora da função, ou antes, de assumi-la, mas em razão dela, vantagem indevida, ou aceitar promessa de tal vantagem.

Na Espanha, como no Brasil, e seguindo a linha regradora da Alemanha (Parte Especial, Seção 29ª, CP) e da Itália (Livro segundo, Título II), o Código Penal espanhol regula a matéria sob um mesmo título –*Los delitos contra la Administración Pública* – em que são catalogados os seguintes delitos: a) delitos de prevaricação; b) delitos de abuso ou uso indevido de informação privilegiada; c) delitos de suborno; d) delitos de tráfico de influências; e) malversação de recursos públicos; f) fraudes e exações ilegais; g) negociação proibida aos funcionários.[734]

De igual modo procedeu a *Acción Común del Consejo de Europa, de 22 de diciembre de 1998*, quando definiu e conceituou a corrupção no setor privado, quando propôs a sua tipificação como infração penal, ao menos quando tais condutas suponham ou possam supor uma distorção da concorrência, causando ou que possam causar prejuízos econômicos a terceiros devido à adjudicação irregular de um contrato.

Assim, de um modo geral, pode-se dizer que corrupção envolve comportamento ilícito, com o fim de ser obtido benefício próprio ou de terceiro, tendo em conta os aspectos de legalidade e legitimidade. Portanto, juridicamente, na atualidade, pode ocorrer corrupção tanto no

---

[733] CASCÓN, Fernando Carbajo. *Corrupción Pública, Corrupción Privada y Derecho Privado Patrimonial:* Una relación instrumental. Uso perverso, prevención y represión. *op. cit.,* p. 130.

[734] GÓMEZ, Carmen Rodríguez. La corrupción en un mundo globalizado: análisis interdisciplinar. In: GARCIA, Nicolá Rodríguez; CAPARRÓS, Eduardo Fabián. (Coords.). *La corrupción en un mundo golbalisado:* análisis interdiciplinar. Salamanca: Ratio Legis, 2004, p. 194-195.

âmbito da estrutura estatal como na estrutura das empresas privadas, mediante comportamento ilícito, em face de sua ilegalidade e ilegitimidade, na medida em que corrupção significa negociação ou troca entre quem corrompe e quem se deixa corromper. Como bem salienta Gianfranco Pasquino, *A corrupção é uma forma particular de exercer influência: influência ilícita, ilegal e ilegítima*.[735]

Dessa forma, tendo em vista as várias formas de ser compreendido o fenômeno corrupção, torna-se muito difícil idealizar-se um conceito de corrupção abrangente, que envolva todas as perspectivas da atualidade. De qualquer modo, embora essas imensas dificuldades para conceituar-se corrupção, em uma tentativa genérica, pode-se dizer que corrupção é o meio ilícito de exercer influência nas decisões públicas ou privadas, envolvendo agente público ou empresarial, com favorecimento pessoal ou de terceiro, causando sérios prejuízos ao interesse público ou ao interesse social da empresa, com profundos desgastes a um dos mais importantes fatores da estrutura do sistema público e social, a sua legitimidade, e, em face disto, por reflexo, causando prejuízos a toda a coletividade.

2 Formas de manifestação da corrupção

Considerando-se corrupção como o meio ilegítimo de exercer influência, as suas formas de manifestação são as mais diversas.

Pode ocorrer com aparência inocente de um simples favor. É o caso do servidor que, por simpatia, admiração ou amizade, influencia ilicitamente decisão em favor de alguém. Trata-se de comportamento ilegal porque o sentimento de natureza pessoal conduz, como fator de manutenção dessa relação pessoal, ao favorecimento indevido de alguém.

Uma das formas mais comuns de manifestação da corrupção é a da transação. É como se fora um negócio. Só que um negócio ilícito e ilegal. É o caso de alguém oferecer recompensa para mudar a seu favor a decisão de um servidor público; ou o servidor público exigir ou aceitar pagamento para realizar, omitir ou retardar ato, no sentido de concretizar favorecimento indevido para alguém.

Outro meio de manifestação é o da troca de favores ou interesses. É a circunstância do servidor que, em troca do seu procedimento ilícito

---

[735] BOBBIO, Norberto; MATTEUCCI, Nicola; PASQUINO, Gianfranco. Dicionário de Política. 12. ed. Tradução de Carmen C. Varriale *et al*. Brasília: Ed. UnB, 1999. v. 1, p. 292.

de favorecer alguém, recebe ou solicita medida compensadora ao ato praticado, como por exemplo: para assinar contrato de aluguel de automóveis, pede em troca que lhe seja posto à disposição um automóvel para seu uso particular.

Sendo a corrupção uma forma ilícita de influenciar as decisões públicas, as suas manifestações podem ocorrer no âmbito de qualquer dos Poderes do Estado (Executivo, Legislativo e Judiciário), em qualquer dos setores administrativos desses Poderes, e quem dela procura se servir, invariavelmente, intervirá em três níveis: a) na fase de elaboração das decisões; b) na fase de aplicação das normas legais; e c) na fase de execução das decisões adotadas.

a) Na fase de elaboração das decisões

Nessa fase, a corrupção se manifesta procurando influir na elaboração da decisão. É a pressão ilícita exercida sobre os parlamentares (vereadores, deputados e senadores), procurando oferecer recompensas em troca do voto a ser dado em favor de seus interesses. É a tentativa de suborno dos peritos e membros de comissões de licitação, no sentido de obter ganho com a posição a ser adotada. De igual forma se dá no caso de haver tentativa ilícita para obtenção de acesso privilegiado a informações, fatos ou pessoas, com o fito de influenciar decisões a serem adotadas.

b) Na fase de aplicação das normas legais

A corrupção nessa fase também pode se manifestar de diversas formas. Nessa circunstância, o objetivo é o de alcançar uma isenção ou uma aplicação de qualquer modo favorável, como no caso de alguém apanhado pelo fisco que busca, ilicitamente, mediante suborno ou propina, ser isentado da penalidade ou, no mínimo, favorecido com uma decisão mais branda. É também a tentativa ilícita de alguém que procura influenciar o juiz para uma sentença que lhe seja favorável ou o Chefe do Poder Executivo quanto à penalidade administrativa a ser aplicada.

c) Na fase de execução das decisões adotadas

Tomada a decisão, a corrupção procura interferir na sua execução, objetivando fazer com que alguém escape das sanções legalmente previstas, seja alterando o conteúdo decisório, ou seja, este mascarado, com a finalidade de produzir um favorecimento indevido. É o caso do presidiário que suborna o carcereiro para se por em fuga tranquila. O empreiteiro que, subornando servidor ou autoridade pública, executa a obra ou o serviço em condições inferiores às contratadas, para ser favorecido com esse ato.

Portanto, da forma com que a corrupção se manifesta é um mal que mina, solapa, agride, arruína e destrói toda a estrutura estatal, na medida em que pode estar presente nos três Poderes do Estado, em todas as suas esferas administrativas, envolvendo os três níveis da ação administrativa: elaboração, decisão e execução, alcançando tanto os setores que tratam da receita quanto da despesa.

2.1 A corrupção como problema cultural

Outro fator importante e relevante da análise da corrupção é a questão cultural. Efetivamente, para entender-se um ato como corrupto ou não, deve-se buscar a definição desse ato no contexto cultural da sociedade. Assim, pode-se dizer que o suborno, o presente e a propina, em sua definição, é um assunto cultural. Todavia, como a *cultura* é dinâmica e está em constante mudança, o modo de cultura no tempo e no espaço é que irá ditar se um ato é ou não corrupto. Conforme observa Susan Rose-Ackerman, mesmo que uma conduta possa ser considerada como corrupta por alguns observadores, pode, no entanto, por ser entendida como uma entrega aceitável de presentes e propina dentro de um país, simplesmente ser considerada como legal. Contudo, se tais práticas impõem custos ocultos ou indiretos sobre a população, os analistas podem clarificar e documentar os custos. A definição de ser uma conduta aceitável ou não dependerá da cultura local, de acordo com o nível de tolerância que cada sociedade possui na avaliação de cada caso.[736]

Justamente por este fator, Rose-Ackerman[737] procura distinguir suborno, presentes, preços e propinas, considerando a circunstância em que ocorrem, quem paga e quem recebe, tendo em conta duas dimensões:

a) Existe uma retribuição explícita? Sendo afirmativa, a transação pode ser catalogada como uma venda, inclusive se existe um longo período de tempo entre o pagamento e a recepção do ganho econômico, pois tanto as vendas de mercado como os subornos implicam obrigações recíprocas. De outra parte, os donativos às instituições beneficentes ou às pessoas que se

---

[736] ROSE-ACKERMAN, Susan. *La corrupción y los gobiernos* – Causas, consecuencias y reforma. *op. cit.*, p. 151-152.

[737] ROSE-ACKERMAN, Susan. *La corrupción y los gobiernos* – Causas, consecuencias y reforma. *op. cit.*, p. 126-127.

quer doar, em princípio, não implicam explicitamente uma reciprocidade, embora muitas doações possam gerir obrigações implícitas.

b) A segunda dimensão consiste nas imposições institucionais dos pagadores e dos recebedores, estes são subordinados ou superiores? Como bem explicita Rose-Ackerman, uma conta no restaurante se paga ao proprietário, uma propina (gorjeta) ao garçom, uma multa por excesso de velocidade se paga ao Estado, um suborno ao agente público (policial). Consoante esse posicionamento, a autora realiza o seguinte quadro de pagamentos por clientes:[738]

Pagamentos por clientes

	Compensação	Ausência de Compensação Explícita
Pagamento ao superior	Preço	Presente
Pagamento ao subordinado	Suborno	Propina

Portanto, concentrando-se somente nessas duas dimensões – a existência de um equilíbrio e a presença ou ausência de agentes ou empregados – produz as quatro categorias do quadro acima, chamadas suborno, propinas, presentes e preços de mercado. De qualquer forma, ressalta a autora ainda que nas categorias se inclua expressões com carga moral de subornos e presentes, a tabela identifica os pagamentos somente em função da relação com a Administração e a existência de um equilíbrio ou compensação.

Embora o preço se diferencie do presente por ausência de um equilíbrio explícito, pode haver vínculos bastante sutis entre o presente e a conduta posterior do beneficiário. Essa questão do preço varia muito, dependendo do que se está *vendendo* e de quem cobra e de quem paga o preço.[739]

---

[738] ROSE-ACKERMAN, Susan. *La corrupción y los gobiernos* – Causas, consecuencias y reforma. op. cit., p. 127.

[739] ROSE-ACKERMAN, Susan. *La corrupción y los gobiernos* – Causas, consecuencias y reforma. op. cit., p. 131. Nesse aspecto, a autora realiza o seguinte comentário: "*La falta de flexibilidad organizativa del Estado limita su capacidad para reorganizar este tipo de relación. Un gobierno se sirve de empleados públicos cuando los negocios privados simplemente venderían sus servicios directamente. Por el contrario, el sector público utiliza contratos allí donde las empresas privadas*

Já a propina depende da circunstância que a envolve. A compensação é vaga e o serviço normalmente é prestado depois que se pagou a propina.[740] Essas questões tornam-se complexas porque dependem da forma como o serviço é prestado para gerar uma compensação econômica, a propina, podendo daí resultar em uma distorção. Associar a recompensa (propina) a uma mescla de volume e qualidade é mais eficaz, permitindo aos clientes pagarem diretamente aos empregados por um bom serviço é uma forma de obtê-lo.[741]

Por sua vez, os presentes e o suborno têm uma grande semelhança. Para avaliação desses fatores é necessário verificar-se alguns mecanismos informais de aplicação, que são bem conhecidos de todos: a confiança, a reputação, a tomada de reféns e as obrigações recíprocas (CRAMTON Y DEES 1993; WILLIAMSON 1975, 1979).[742] Em muitos contextos regulares de contratação esses mecanismos são altamente desejáveis, mas podem facilmente tornarem-se atos corruptos, assim como as transferências altruístas.

Diego Gambeta (1993), em seu estudo sobre a Máfia siciliana, *acentua a falta generalizada de confiança no Estado italiano. Um aumento de transações privadas de propriedades se produziu em uma época que o Estado carecia de capacidade para manejar ditas transações. O Estado não pode oferecer um método fidedigno para resolver as disputas e para administrar as transferências de propriedades privadas. Foi então quando surgiu a Máfia como substituto. Outros observadores consideram o surgimento das 'máfias' na Rússia a causa de uma similar debilidade do Estado (Varese 1994).*[743]

---

se integrarían verticalmente por dificultades de control. A veces, la desregulación y privatización puede corregir estas dificuldades, pero algunas limitaciones consustanciales con la naturaleza especial de los servicios del gobierno. Las funciones públicas legítimas no pueden por su naturaleza ser organizadas como mercados privados. Este hecho implica que no se pueden eliminar todos los alicientes a la corrupción de los programas públicos.

[740] ROSE-ACKERMAN, Susan. *La corrupción y los gobiernos* – Causas, consecuencias y reforma. op. cit., p. 131. Nesse caso, a autora refere:*"las propinas son 'legalmente opcionales, informalmente concedidas, la cantidad no es específica, sino variable y arbitraria' (ZELIZER, 1994. p. 91)"*.

[741] ROSE-ACKERMAN, Susan. *La corrupción y los gobiernos* – Causas, consecuencias y reforma. op. cit., p. 132. Sobre esta situação, a autora diz: *Sin embargo, las propinas no serían deseables para los propietarios, si éstas hicieran que los empleados discriminasen entre los clientes de una forma que redujesen los ingresos de aquéllos. Imaginemos, por ejemplo, que los camareros, lo mismo que los agentes de aduana corruptos, otorgaran descuentos sobre las comidas o sirvieran platos extras a cambio de sobornos.*

[742] ROSE-ACKERMAN, Susan. *La corrupción y los gobiernos* – Causas, consecuencias y reforma. op. cit., p. 132.

[743] ROSE-ACKERMAN, Susan. *La corrupción y los gobiernos* – Causas, consecuencias y reforma. op. cit., p. 133.

Do mesmo modo, a confiança também é importante nos atos de corrupção. Segundo ainda Gambeta, a falta de confiança no governo leva a demanda de serviços privados de proteção. De outra parte, a capacidade de estabelecer uma confiança baseada em relações pessoais estreitas ajuda a reduzir os riscos para a descoberta da corrupção. Também proporciona uma garantia de cumprimento quando o pagamento e a compensação estão separados pelo tempo. Como refere Rose-Ackerman, em um entorno corrupto, em que não se pode utilizar a lei para executar os contratos, pode que não exista nenhuma alternativa para negociar com os amigos, pelo que há o risco de que a confiança se converta em aborrecimento, pela incerteza dos entendimentos extralegais.[744]

Por seu lado, assim como nos mercados legais, a reputação ganha no cumprimento de uma atuação repetida pode substituir a lei e as relações pessoais de confiança.[745] Uma reputação de recompensar generosamente a quem nos ajuda induzirá aos demais a favorecer-nos. Uma reputação de mutilar aos que faltam com sua parte no trato assegurará o cumprimento dos tratos corruptos. Por isso, como salienta Rose-Ackerman, *La reputación actúa en los dos sentidos en las transacciones de regalos y sobornos.*[746] Nessa linha de entendimento, a reputação da pessoa que responde em segundo lugar é importante para aquele que faz o primeiro movimento, por exemplo: os doadores provavelmente doarão mais a uma Universidade que tem fama de outorgar títulos honoríficos aos doadores generosos. O suborno pode institucionalizar-se mais facilmente se os subornadores podem observar a atuação passada dos funcionários corruptos e estes funcionários têm perspectivas de emprego estável e em longo prazo.[747]

---

[744] ROSE-ACKERMAN, Susan. *La corrupción y los gobiernos* – Causas, consecuencias y reforma. op. cit., p. 136.

[745] ROSE-ACKERMAN, Susan. *La corrupción y los gobiernos* – Causas, consecuencias y reforma. op. cit., p. 136. A autora esclarecendo a compreensão do termo reputação e sua forma de aquisição, menciona ao pé de página: *trabajos experimentales muestran que la reputación entre comerciantes surge con mas probalidad si la calidad del producto es difícil de valorar antes de la compra para los compradores (Kollock 1994), En los experimentos realizados, los sujetos no se encontraron cara a cara y no se pudo recurrir a ninguna fuente externa. De este modo, las condiciones eran similares en los casos de corrupción o de intercambio de regalos que carecen del elemento de confianza personal.*

[746] ROSE-ACKERMAN, Susan. *La corrupción y los gobiernos* – Causas, consecuencias y reforma. op. cit., p. 136.

[747] ROSE-ACKERMAN, Susan. *La corrupción y los gobiernos* – Causas, consecuencias y reforma. op. cit., p. 136.

Assim, a ilegalidade dos subornos e a legalidade dos donativos fazem que seja mais difícil de estabelecer a reputação no primeiro caso que no segundo. A entrega de donativos pode ser de conhecimento público, a menos que os favores implícitos pareçam uma compensação demasiado ilegal.

Nesse contexto, de um modo geral, a reputação pode-se estabelecer firmemente dentro de um grupo social para o melhor e para o pior. Os custos para constituir-se uma reputação são menos caros se o suborno está amplamente aceito e não existe uma aplicação crível da lei.[748]

Outro fator importante é a reputação como refém. A tomada de refém é uma ferramenta muito usada para execução de um trato. Embora a realidade desse fato seja menos espetacular que uma princesa presa em uma torre, o princípio é o mesmo. Nesse caso, o refém é a reputação de outra pessoa. O primeiro atuante pode manter informações secretas de ações de outra pessoa,[749] cuja reputação fica sua refém. Se os funcionários podem ser sentenciados de forma mais severa que os empresários, estes podem pagar suborno por favores futuros e ameaçar de falar sobre o suborno, a menos que o funcionário consinta em aceitar o suborno.

A reputação como refém também pode ser produzida em um donativo beneficente, por exemplo, um doador pode obrigar a uma universidade a cumprir uma finalidade prometida pela sua doação, ameaçando com uma campanha de publicidade negativa.

Estabelecimento de obrigações recíprocas é outro problema cultural da corrupção. Muitos homens de negócios desenvolvem obrigações recíprocas a longo prazo. Cada pessoa tem um incentivo para cumprir quando é um subordinado que pode empregar o seu atual superior como subordinado no futuro. Esse sistema de obrigações recíprocas também pode ser aplicado no mundo corrupto, como no caso de: o político A vota por um projeto que chegará ao bolso do político B e confia em B para apoiá-lo em projeto semelhante posteriormente.[750]

---

[748] ROSE-ACKERMAN, Susan. *La corrupción y los gobiernos* – Causas, consecuencias y reforma. *op. cit.*, p. 139-140. "*En un mundo honrado, los agentes privados buscan ingresos proporcionados públicamente a través de programas dispendiosos de gasto público y regulaciones que crean ingresos monopolistas (...). En países menos corruptos, los agentes privados buscarán servirse del Estado para conseguir beneficios para sí mismos. En los más corruptos, los funcionarios públicos se sirven del Estado para extraer dinero de las empresas y de los particulares privados*".

[749] ROSE-ACKERMAN, Susan. *La corrupción y los gobiernos* – Causas, consecuencias y reforma. *op. cit.*, p. 140.

[750] ROSE-ACKERMAN, Susan. *La corrupción y los gobiernos* – Causas, consecuencias y reforma. *op. cit.*, p. 142. Para esse tipo de situação, a autora exemplifica:*En Itália, las empresas que*

Nesse tipo de situação, segundo indicativo dos doutrinadores, tendo como exemplo a Califórnia, nos Estados Unidos, em que a febre do ouro foi quebrada quando houve um aumento espetacular de comerciantes, funcionando como uma espécie de cura para a reciprocidade dos favores, talvez a ampliação do mercado funcionasse como melhora do controle, com os seus movimentos dirigindo-se para um sistema econômico e político mais impessoal. Contudo, nem sempre assim ocorre, pois esse tipo de mudança pode debilitar tanto o lado mau quanto o lado bom.

Clientelismo, presentes e desenvolvimento econômico são fatores importantes no aspecto cultural da corrupção. As economias de mercado desenvolvidas trazem muitas linhas formais e informais entre as negociações impessoais de mercado e as funções oficiais, de uma parte, e os vínculos pessoais de outra.[751]

Nesse sentido, no mundo real, a identidade de compradores e vendedores é um elemento importante de informação, que estabelece a reputação e a confiança. Se as relações pessoais são relativamente fáceis de serem estabelecidas, os problemas de fraude ou de comércio de má qualidade podem reduzir-se mediante esforços para criar uma reputação de qualidade e comércio honrado. A conexão pode basear-se no afeto, no respeito ou no medo e na intimidação podendo facilitar a corrupção, debilitando as ações do Estado.[752]

Portanto, se os interesses econômicos privados têm relações pessoais com os funcionários públicos, podem desenvolver-se sistemas patrimoniais e de clientelismo pelos quais se intercambiam favores e pagamentos que debilitam a transparência e a eficácia das instituições públicas e privadas.[753]

---

se involucran en la corrupción ' invierten concretamente en la creación de canales ocultos de comunicación e intercambio con las personas más influyentes que toman las decisiones públicas. Este <<capital>> de información, las conexiones personales y la confianza constituyen, al menos en parte, un <<patrimonio>> compartido por el corrupto y sus corruptores y limita los costes de transacción que implican los nuevos contrato' (Della Porta y Vannucci 1997ª:530).

[751] ROSE-ACKERMAN, Susan. La corrupción y los gobiernos – Causas, consecuencias y reforma. op. cit., p. 143.
[752] ROSE-ACKERMAN, Susan. La corrupción y los gobiernos – Causas, consecuencias y reforma. op. cit., p. 144.
[753] ROSE-ACKERMAN, Susan. La corrupción y los gobiernos – Causas, consecuencias y reforma. op. cit., p. 144-145. Como adverte a autora: En los sistemas patrimoniales, los funcionarios públicos son los patrones, y los intereses privados los clientes. En los Estados en los que abunda el clientelismo, por contraste, los intereses privados son dominantes y controlan el Estado (Kahn 1996)

Os cidadãos supõem que se necessitam vínculos pessoais com os funcionários para conseguir que se faça qualquer coisa e creem que é muito adequado recompensar os funcionários com presentes e propinas. Fortes redes fundadas na confiança e na reputação podem ser de grande utilidade em etapas em que as instituições formais são débeis e ineficazes, por exemplo, no primeiro período pós-revolucionário da União Soviética, redes sociais informais substituíram uma estrutura formal organizativa.[754]

Por sua vez, a China está se desenvolvendo rapidamente, sendo demasiado cedo para dizer qual a tendência. Ela se conduz por ciclos virtuosos que produziram uma economia competitiva de mercado, ou mediante ciclos viciosos em que a traição e a corrupção de alguns alimenta procedimentos de outros.[755]

Assim, sem sombra de dúvida, a corrupção é um problema cultural em que a sua prática, a probabilidade de sua ocorrência e o seu grau de tolerância social, são fatores importantes para ser identificada a conduta como aceitável ou rejeitada no âmbito da sociedade civil de um país.

2.2 A corrupção como problema político

A corrupção como problema político atinge a todo tipo de Estado, seja ele totalitário ou democrático. O que ocorre, como acertadamente refere Rafael Bustos Gisbert, é que nos sistemas democráticos o fenômeno da corrupção, em um grau ou outro, vem à luz do conhecimento público, gerando um convencimento e uma preocupação coletiva acerca de sua importância e extensão, enquanto que nos sistemas não

---

[754] ROSE-ACKERMAN, Susan. *La corrupción y los gobiernos – Causas, consecuencias y reforma. op. cit.*, p. 146-147. Sobre este problema, a autora comenta: *Los cuadros que habían sido miembros de organizaciones subterráneas estrechamente unidas trasladaron consigo sus lealtades y conexiones al nuevo Estado soviético. Con el tiempo, estas redes se convirtieron en fuentes de corrupción y favoritismo. Stalin se quejaba de que las estructuras sociales informales socavaban las estructuras formales, y los esfuerzos reformadores de Gorbachov en los años ochenta se vieron obstaculizados por las redes informales que reducían la capacidad del centro de aplicar las medidas políticas (Easter 1996: 574,576-577).*
[755] ROSE-ACKERMAN, Susan. *La corrupción y los gobiernos – Causas, consecuencias y reforma. op. cit.*, p. 149. A autora realiza o seu comentário com base em artigo de Véase, chamado *El paradigma de la corrupción en China*", publicado no *New Iork Times*, de 6 de março de 1998: *"de hecho, cualquier empresa multimillonaria en dólares, que lucha por modenizerse en un sistema que permanece tozudamente anticuado, está totalmente abierta a tanta corrupción que el éxito casi inevitable conduce a artimañas económicas que pueden estropear cualquier posibilidad de eficiencia o auténtica rentabilidad.*

democráticos, o poder absoluto detém todo um aparato para evitar que o fenômeno da corrupção venha ao conhecimento público, inexistindo preocupação e percepção social porque a sociedade vive equidistante da realidade política.[756] Com a visão dos Estados democráticos, o autor realiza análise de alguns aspectos da corrupção política, essencialmente no que diz respeito à corrupção dos governantes.

Nesse sentido, utilizando-se do que foi destacado por Bull y Newell, Rafael Bustos menciona que convivem três conceitos de corrupção política entre os estudiosos da questão:[757] a) a corrupção possui vínculo a atos que infringem o interesse público; b) a corrupção não está atrelada aos valores individuais do investigador, mas sim aos da sociedade aonde ela ocorre; c) a corrupção é considerada como violação de um contrato.

Em razão dos conceitos expostos, tomando por base os matizes constantes do modelo apresentado por Holmes, Rafael Bustos diz que a corrupção dos governantes deve reunir quatro caracteres fundamentais:[758]

1º) A atividade deve ser realizada por pessoas ou grupos que ocupam um cargo público de natureza representativa;

2º) O cargo público ocupado deve implicar o exercício de autoridade pública e ter uma certa margem de decisão livre;

3º) Entre as razões da prática do ato, ou omissão, reputado como corrupto deve concorrer um interesse pessoal do sujeito. O referido interesse pode ser direto ou indireto e, ao menos, deve haver a consciência de que tal interesse ocorre;

4º) O exercente do cargo público deve ter consciência de que as suas ações ou omissões são ou podem ser consideradas ilegais ou impróprias. Entendendo como impróprias aquelas que se opõem frontal e diretamente aos interesses e preferências expressadas pelos cidadãos por meio dos mecanismos eleitorais.

---

[756] GISBERT, Rafael Bustos. La recuperación de la responsabilidad política en la lucha contra la corrupción de los gobernantes: una tarea pendiente. In: GARCIA, Nicolá Rodríguez y CAPARRÓS, Eduardo Fabián. (Coords.). *La corrupción en un mundo globalisado*: análisis interdiciplinar. Salamanca: Ratio Legis, 2004, p. 68.

[757] BULL, M. J.; NEWELL, J. L. Introduction. In: BULL, M. J.; NEWELL, J. L *Corruption in Contemporary Politics*. Londres: Palgrave MacMillan, 2003, p. 2-3. apud GISBERT, Rafael Bustos. *La recuperación de la responsabilidad política en la lucha contra la corrupción de los gobernantes*: una tarea pendiente. op. cit. p. 69.

[758] GISBERT, Rafael Bustos. *La recuperación de la responsabilidad política en la lucha contra la corrupción de los gobernantes*: una tarea pendiente. op. cit. p. 70.

De outra parte, Jorge Malem Seña aborda a questão sob o ângulo do financiamento dos partidos políticos, na relação democracia e corrupção, lembrando que os partidos políticos se constituem no principal ator político das democracias contemporâneas, posto que a possibilidade dos cidadãos apresentarem-se como candidatos e elegerem-se a margem dos partidos é praticamente nula, por isso os partidos políticos aparecem como a principal fonte da elite governante em uma democracia, levando, entre outros fatores, a ser adotada a expressão *o Estado dos Partidos*.[759]

Sendo assim, conforme adverte Jorge Malem Seña, a questão do financiamento dos partidos políticos é parte relevante e indispensável no combate a corrupção. Pode que em alguns casos se inicie com procedimentos escorregadios, começando com atos irregulares de financiamento e culminando com atos de corrupção[760]. Em sequência, o autor apresenta vários exemplos de financiamento ilegal, corrupto, dos partidos políticos: a) dos contratantes da terceira linha do metro subterrâneo de Milão, na Itália, era exigido que pagassem 4% do valor contratado ao nível de suborno. A Democracia Cristã recebia 1%, o Partido Comunista 1% e o Partido socialista Italiano 2%. A nível local, um representante de todos os partidos cobrava o suborno, para distribuí-lo entre os demais que formavam *el consorcio de partidos*[761]; b) o processo chamado *caso del túnel del Soller*, pelo qual o Presidente do Governo Balear e do Partido Popular das Ilhas Baleares, recebeu um cheque de 50 milhões de pesetas de parte do construtor de dito túnel, cujo valor em parte foi para a Fundação Ilhas Baleares, em parte foi para pagar fornecedores habituais do Partido Popular e parte foi entregue a pessoas não identificadas;[762] c) que os partidos constroem verdadeiras organizações para lograr a captação irregular de fundos para seu financiamento, como é assinalado nos fundamentos da sentença do

---

[759] SEÑA, Jorge F. Malem. *La corrupción* – aspectos éticos, económicos, políticos y jurídicos. *op. cit.* p. 93-94.

[760] SEÑA, Jorge F. Malem. *La corrupción* – aspectos éticos, económicos, políticos y jurídicos. *op. cit.* p. 116. Em sequência a sua análise sobre o financiamento dos partidos políticos, o autor apresenta esta posição com acento na manifestação de Michael Johnston, realizando a seguinte nota ao pé de página: *una corrupción es integradora cuando forma una red de participación corrupta que no deja fuera de los intercambios ilegítimos a ninguna parte interesada. Para la distinción entre corrupción integradora y desintegradora y entre estable e inestable, véase* M. Johnston, <<The Political Consequences of Corruption>>, *Comparative Politics, julio de 1986, especialmente p. 464-466.*

[761] SEÑA, Jorge F. Malem. *La corrupción* – aspectos éticos, económicos, políticos y jurídicos. *op. cit.* p. 117.

[762] SEÑA, Jorge F. Malem. *La corrupción* – aspectos éticos, económicos, políticos y jurídicos. *op. cit.*, p. 118.

chamado *caso Filesa*, que diz respeito ao PSOE: *a mediados de 1987 se inició lo que poco después iba a ser un conglomerado de sociedades cuyo fin promordial era, de la manera que se dirá, la creación de fondos económicos necesarios para hacer frente a los gastos originados al PSOE por las campañas electorales, Elecciones Generales y Europeas del año 1989, con lo cual, sin perjuicio de atender tambiém a la financiación ordinária, se soslayaban los limites cuantitativos establecidos al respecto por la legislación vigente.*[763]

O autor, em complemento a sua análise, apresenta vários efeitos políticos desse tipo de corrupção,[764] que podem ter a seguinte sintetização:

- A corrupção é anexa ao financiamento irregular da política e também corrói os fundamentos da moderna teoria da representação em que está a base do ideal democrático.

- A qualidade da democracia se vê reduzida porque a corrupção afeta também o princípio da publicidade que lhe é próprio, assim como o uso da razão pública.

- A corrupção empobrece assim a qualidade da democracia porque subtrai da agenda pública todas aquelas questões que constituem a contraprestação corrupta correspondente à recepção por parte dos partidos de fundos irregulares.

- Ademais, a criação de organizações, dentro e fora do partido, para arrecadar fundos destinados a campanhas políticas, tem ao menos dois efeitos negativos acrescentados: primeiro porque gera toda uma sorte de personagens necessários ao desenvolvimento dessa atividade: comissionados, intermediários, arrecadadores, etc., que depois se tornam profissionais. Segundo, que é frequente que se crie no seio dos partidos políticos, como sucedeu no caso italiano, a formação de facções que, firmemente fixadas na burocracia partidária e dotadas das prerrogativas que derivam de sua posição privilegiada, mantém uma intensa luta política interna para manter-se com o controle total do poder dentro da organização partidária.

- Por outro lado, em face do financiamento irregular e corrupto da política, a democracia enfrenta a um novo – e por sua magnitude – sério problema. Os partidos políticos se tornam vulneráveis, dadas suas necessidades financeiras aos oferecimentos de

---

[763] SEÑA, Jorge F. Malem. *La corrupción* – aspectos éticos, económicos, políticos y jurídicos. op. cit. p. 119.
[764] SEÑA, Jorge F. Malem. *La corrupción* – aspectos éticos, económicos, políticos y jurídicos. op. cit., p. 121-127.

suporte econômico dos narcotraficantes e das diversas organizações mafiosas e criminosas.

- A corrupção, no geral, não só a vinculada ao financiamento dos partidos políticos, tem sido aduzida como uma desculpa para os diferentes golpes de Estado nos países subdesenvolvidos.
- Toda essa rede de ilicitudes que começa com um financiamento corrupto supõe a existência de um pressuposto básico para que possa funcionar adequadamente: a impunidade. A garantia de impunidade que o sistema oferece a classe política adquire formas variadas e desde logo manifesta uma eficácia provada, em alguns países mais que em outros.

Esses são os efeitos políticos mais visíveis do financiamento ilícito dos partidos políticos que, em decorrência do impacto negativo que produzem sobre a qualidade de vida democrática, seria de todo conveniente a busca de caminhos que ao menos sirva para diminuir, ou eliminar, suas consequências mais nocivas.[765]

Por sua vez, Rose-Ackerman realiza uma análise sobre corrupção e política, tendo em conta as formas de governo mais aptas para o desenvolvimento econômico, com exame da chamada cleptocracia (um governante cleptócrata enfrenta um grande número de subornadores potenciais não organizados. No caso extremo, um poderoso chefe de governo pode organizar o sistema político para maximizar suas possibilidades de obter ganhos), monopólios bilaterais, que são Estados dominados pelas máfias e suborno competitivo.[766]

No universo político, o jogo das relações é feito de discursos destinados a deter uma verdade factual, no sentido de reunir em seu espaço social uma força simbólica capaz de torná-lo legítimo.[767]

---

[765] SEÑA, Jorge F. Malem. *La corrupción* – aspectos éticos, económicos, políticos y jurídicos. *op. cit.* p. 127.

[766] ROSE-ACKERMAN, Susan. *La corrupción y los gobiernos* – Causas, consecuencias y reforma. *op. cit.*, p. 156-172. A autora conclui o exame do tema, na seguinte forma: *El caso de autocracia como forma tecnicamente eficaz de gobierno es un caso débil. La cleptocracia rara vez será equivalente al monopólio privado. No existe una simple correspondencia entre nivel y las consecuencias de corrupción y la organización del gobierno. Por ejemplo, no se puede afirmar confiadamente que la corrupción en la cima es menos dañina que la corrupción en los escalones inferiores. El impacto de la corrupción depende de la fuerza y de la falta escrúpulos de las compañías y de los individuos que pagan sobornos. Bajo un monopolio bilateral, los poderosos actores públicos y privados dividen los beneficios económicos. Un cleptócrata poderoso que se enfrenta a actores privados débiles no sólo extrae ingresos, sino que también organiza el estado para crearlos. Por el contrario, las grandes empresas privadas corruptas que se enfrentan a un Estado débil pueden extaer grandes niveles de beneficios sin pagar altos sobornos. La incidencia de la corrupción es elevada, pero son pequeñas las cantidades pagadas como sobornos.*

[767] FILGUEIRAS, Fernando. *Corrupção, democracia e legitimidade. op. cit.*, p. 179. O autor, ao comentar os aspectos da desocultação da corrupção no campo político, assevera: *Cada força*

Assim, nesse contexto de avaliação, a democracia pode ajudar a combater e a limitar a corrupção, desde que sejam proporcionadas aos cidadãos formas alternativas de queixar-se e oferecer aos mesmos um incentivo para serem honrados.[768]

2.3 A corrupção como problema econômico

Por se tratar de um pagamento que gera um benefício ou uma redução de custo para o corruptor, coligado a um ganho ilícito do corrupto, com perdas para toda a sociedade, a corrupção não só é um problema econômico, como é um fenômeno que causa impacto econômico.

Nesse sentido, Rose-Ackerman salienta que a corrupção generalizada pode determinar quem obtém benefícios e quem suporta os custos da ação do governo, na medida em que *los sobornos reducen el mercado; los sobornos actúan como pagas extras a modo de incentivo; "los sobornos reducen costes; e los sobornos permiten la actividad delictiva.*[769]

De acordo com esse posicionamento a autora efetua uma análise envolvendo pagamentos que *equiparam a oferta à demanda*, com os governos proporcionando com frequência bens e serviços grátis ou os vendem a preços abaixo do mercado, favorecendo a prática da corrupção (na China, por exemplo, alguns produtos foram vendidos a preços subvencionados pelo Estado no mercado livre, por isso, segundo é informado, não surpreende que houve muito suborno para serem obtidos os bens a preços estatais. Na Nigéria, quando o preço do petróleo se estabeleceu artificialmente abaixo dos preços de mercado, nos arredores de Benin, cresceu um contrabando facilitado pela corrupção; entrevistas com empresários da Europa do Este e Rússia comentam a frequente necessidade de ser pago um suborno para ser obtido um crédito).[770] Menciona também a autora a questão relativa à *oferta fixa*, salientando que se existem condições competitivas, tanto no mercado corrupto como no mercado de trabalho, os pagamentos ilegais

---

do campo político procura, dessa forma, representar a corrupção de uma maneira que favoreça sua posição e a luta pelo poder, construindo discursos assertóricos dissonantes, que escamoteiam a real face da corrupção na política.

[768] ROSE-ACKERMAN, Susan. *La corrupción y los gobiernos* – Causas, consecuencias y reforma. op. cit., p. 173.

[769] ROSE-ACKERMAN, Susan. *La corrupción y los gobiernos* – Causas, consecuencias y reforma. op. cit., p. 11-13.

[770] ROSE-ACKERMAN, Susan. *La corrupción y los gobiernos* – Causas, consecuencias y reforma. op. cit., p. 12-13.

funcionam como os preços de mercado.[771] Ao referir-se a *oferta variável*, circunstância em que os funcionários podem influir na quantidade e na qualidade dos serviços oferecidos e na identidade dos beneficiários, refere que podem ocorrer vários tipos de problemas, cujos fatores demonstram, de um modo geral, que quanto maior o poder discricional dos funcionários e menores as opções abertas às pessoas e as empresas privadas, maiores são os custos de um sistema que tolera a corrupção.[772] Cita ainda a autora que o suborno pode servir como *incentivo salarial dos burocratas*, pois, em muitos países, um telefone, um passaporte ou uma carteira de motorista não podem ser obtidos sem pagamento de suborno, levando a uma situação disparatada: os serviços só estão disponíveis para pessoas corruptas, mas não para os cidadãos pacientes e honrados.[773] Refere também *os subornos para reduzir custos*, salientando que os governos impõem normas e isenções tributárias, razão que leva as pessoas e as empresas pagarem para aliviar esses custos. Assim, a autora produz um estudo sobre a corrupção nos programas reguladores que dão abertura a corrupção na arrecadação de impostos e taxas, complementando com o que considera como impacto econômico e político desse tipo de corrupção.[774]

Por sua vez, buscando estabelecer uma aproximação macroeconômica ao fenômeno da corrupção, Maria Victoria Muriel Patino menciona que corrupção inclui uma variada gama de comportamentos de extrema importância para o país.[775]

No mesmo aspecto, a autora diz que a perspectiva da microeconomia oferece instrumentos de análise adequada para buscar uma explicação aos tipos de comportamentos específicos, como os até então

---

[771] ROSE-ACKERMAN, Susan. *La corrupción y los gobiernos* – Causas, consecuencias y reforma. *op. cit.*, p. 15-17.
[772] ROSE-ACKERMAN, Susan. *La corrupción y los gobiernos* – Causas, consecuencias y reforma. *op. cit.*, p. 17-19.
[773] ROSE-ACKERMAN, Susan. *La corrupción y los gobiernos* – Causas, consecuencias y reforma. *op. cit.*, p. 20-23.
[774] ROSE-ACKERMAN, Susan. *La corrupción y los gobiernos* – Causas, consecuencias y reforma. *op. cit.*, p. 23-30.
[775] PATINO, María Victoria Muriel. Aproximación macroeconómica al fenómeno de la corrupción. In: GARCIA, Nicolá Rodríguez; CAPARRÓS, Eduardo Fabián (Coords.). *La corrupción en un mundo globalisado:* análisis interdiciplinar. Salamanca: Ratio Legis, 2004, p. 27. Sobre a relação da corrupção com a economia, a autora tece o seguinte comentário: *de gran trascendencia para la economia del país, algunos de los cuales implican únicamente la actuación del próprio agente que detenta el cargo público (el caso del fraude o la malversación de fondos públicos) mientras otros suponen la intervención de al menos dos partes, a los que podemos referirnos, de forma ampla, como actos de soborno de funcionarios públicos por parte de particulares".*

examinados, enquanto que a análise macroeconômica é a mais adequada para a investigação dos efeitos decorrentes dos comportamentos corruptos sobre a economia global do país e, de forma mais específica, sobre o crescimento e o desenvolvimento econômicos.[776] Favorece o estudo macroeconômico o aumento das relações comerciais internacionais que permitiram um incremento da corrupção para serem conseguidos irregularmente licenças e outros tipos de privilégios, isso sem falar nos recentes processos de transição das economias socialistas, que vieram acompanhadas de privatizações e comportamentos corruptos, principalmente pelo acesso à informação privilegiada e a limitação da concorrência nos leilões. A esses fatores, soma-se o aumento da participação do Estado na economia, seja atuando diretamente ou regulando o sistema econômico. Embora se reconheça esta situação como aplicável comumente a todo tipo de economia, deve ser salientado que a natureza, características e consequências do fenômeno da corrupção são muito distintas no contexto dos países subdesenvolvidos em relação com os mais adiantados economicamente.[777]

De acordo com esse ponto de vista da autora, envolvendo tanto o aspecto teórico quanto o da observação, a sua preocupação imediata é concernente às consequências macroeconômicas do fenômeno, na medida em que a corrupção produz contundentes efeitos negativos sobre o crescimento e o desenvolvimento econômicos, causando aos menos desenvolvidos impeditivos econômicos de difícil superação, que Patino chama de *trampa de la corrupción*.[778] Lamentavelmente, tanto os estudos teóricos como os empíricos sobre a matéria têm confirmado, de forma quase unânime na atualidade, esse pessimista panorama.

Justamente por isso, Maria Muriel Patino lembra que, conforme mencionam Leff e Huntington, por algumas décadas, houve o equivocado entendimento teórico que proclamava eventuais efeitos positivos da corrupção sobre a economia, especialmente das economias subdesenvolvidas ou de planificação central, com argumentos de que

---

[776] PATINO, María Victoria Muriel. *Aproximación macroeconómica al fenómeno de la corrupción*. *op.cit.*, p. 28. Em continuidade de sua análise, a autora refere: *Existen razones de tipo tanto formal (una mayor percepción del problema de la corrupción) como material (mayor presencia del fenómeno en las sociedades y economías actuales) para explicar el interesés por el estudio de los efectos macroeconómicos de la corrupción.*

[777] PATINO, María Victoria Muriel. *Aproximación macroeconómica al fenómeno de la corrupción*. *op.cit.*, p. 29.

[778] PATINO, María Victoria Muriel. *Aproximación macroeconómica al fenómeno de la corrupción*. *op.cit.*, p. 32.

a corrupção ajuda a mitigar a pobreza do país, ao permitir que alguns cidadãos possam ter acesso a determinados bens e atividades (economia afundada, construção ilegal de casas, etc), ou para melhorar os baixos salários dos funcionários nos países mais pobres, utilizando ainda o argumento de que os indivíduos corruptos geralmente dispõem de maior renda e, portanto, de maior capacidade para realizar investimento produtivo. Em qualquer dos casos, mesmo que possa, pontualmente, causar bem-estar a alguns indivíduos pobres, a tolerância da corrupção, com esses possíveis efeitos parciais, traz graves consequências negativas para a economia e para os cidadãos, em decorrência dos efeitos macroeconômicos negativos atribuíveis à corrupção.[779]

Assim, como ainda adverte a autora, uma forma simples e adequada para analisar tais efeitos consiste em expor o impacto do fenômeno nas funções de comportamento dos distintos grupos que conformam a demanda agregada e a oferta agregada do país. A corrupção afeta o consumo do país, pois as famílias têm de destinar parte de sua renda para pagamento de subornos, no sentido de terem acesso a bens e serviços, assim como produz redução de investimento, devida tanto pelo aumento dos custos (principalmente em forma de subornos e pagamento a intermediários) bem como pela incerteza acerca dos mesmos. No referente à oferta agregada, as funções de produção dos empresários são alteradas de forma adversa ante a existência de comportamentos corruptos[780].

Portanto, a presença de corrupção provoca efeitos adversos ao crescimento e ao desenvolvimento econômicos dos países, causando maiores consequências nos países mais atrasados economicamente.

---

[779] PATINO, María Victoria Muriel. *Aproximación macroeconómica al fenómeno de la corrupción.* op.cit., p. 32.

[780] PATINO, María Victoria Muriel. *Aproximación macroeconómica al fenómeno de la corrupción.* op.cit., p. 34. Sobre esta situação, a autora menciona:"*El resultado conjunto de los argumentos anteriores es ciertamente perverso para la economía del país en el que la corrupción está presente: una contradición tanto de la demanda como de la oferta agregadas conllevan resultados macroeconómicos de reducción del nivel de producción y de las posibilidades de crecimiento futuras, la conseguiente reducción del nivel de empleo, y un aumento del nivel de precios. La situación es aún más grave si se tiene en cuenta que, como se ha relatado, el fenómeno de la corrupción afecta a las funciones relativas al comportamiento y resultados de la actuación del sector público, de forma que toda medida de política económica que éste pudiera poner en marcha con el objetivo de luchar contra aquel fenómeno vería mermada en buena medida su efectividad al desarrollarse ella misma en un contexto de corrupción*".

3 Administração Pública e corrupção

Conforme já foi examinado na parte destinada ao estudo do Estado e da Administração Pública, o Estado, para cumprir com seus objetivos – realizar o bem comum – necessita de uma determinada organização e de um certo número de pessoas, no sentido de prestar os serviços públicos necessários à população. Esse conjunto de pessoas, chamado de agentes públicos, que atuam nos órgãos que integram a estrutura administrativa do Estado, compõem o que se denomina, genericamente, de Administração Pública.

Verificamos, ainda naqueles tópicos relativos à Administração Pública, que esta experimentou um extraordinário período evolutivo, com as suas formas de organização, as funções, as atividades e a sua legitimação variando com o tempo e a cultura de cada época. Assim, independentemente do modelo organizacional adotado – tanto no âmbito funcional como de estrutura administrativa – por determinado país, as funções e os objetivos da Administração foram se modificando de modo substancial.

Dessa forma, a Administração pública evoluiu extraordinariamente tanto no aspecto quantitativo como no qualitativo, implicando intensas modificações que propiciaram a construção ou a reconstrução de organismos e agências governamentais.[781] No exercício das suas atividades, os funcionários públicos não aplicam as normas jurídicas ou as diretrizes políticas de maneira mecânica, nesse sentido gozam de uma boa dose de discricionariedade para realizar a sua função de cumprir com os objetivos estabelecidos pelo poder político.

Assim, como salienta Jorge Malem Seña, todos os atos dos funcionários públicos devem poder ser discutidos e exigem justificação pública, já que sua ação está respaldada pelo uso da força coativa do Estado, requerendo legitimidade. Por tal situação, deve o funcionário ter um comportamento de apego às normas constitucionais básicas e uma obediência permanente às leis, com cumprimento dos princípios da imparcialidade, objetividade e honestidade.[782]

---

[781] SEÑA, Jorge F. Malem. *La corrupción* – aspectos éticos, económicos, políticos y jurídicos. *op. cit.* p. 86. O autor menciona que esta evolução deu-se seja *porque el Estado asume nuevas competencias, como cuando se pasa de un Estado mínimo a uno social o por el contrario cuando el Estado de bienestar es sustituido por un Estado privatizador, lo cierto es que los cambios que se han producido y se no producen no han ido acompañados en la mayoría de los casos por una preocupación genuina, o por ninguna preocupación, por los aspectos éticos que han de regir a los funcionarios públicos.*

[782] SEÑA, Jorge F. Malem. *La corrupción* – aspectos éticos, económicos, políticos y jurídicos. *op. cit.* p. 87.

Em decorrência desse *status* adquirido pelos funcionários públicos, dando-lhes capacidade de influência sobre os direitos dos cidadãos, legal ou ilegalmente, os mesmos ficam situados em uma posição privilegiada para cometer distintos tipos de atos de corrupção. Por isso, Susan-Ackerman defende a importância do funcionário ser politicamente neutro, ter segurança e remuneração decente, com critérios de admissão e promoção com base no mérito, no sentido de reduzir a possibilidade de corrupção.[783]

Nesse contexto, são várias as propostas com vista a reduzir a possibilidade de corrupção no âmbito Administrativo. Alguns defendem a redução do número de servidores públicos, alegando que o Estado quanto menor e menos intervencionista melhor.[784] Do mesmo modo, o estabelecimento de normas para evitar o conflito de interesses, fixando níveis de incompatibilidades que devem perdurar, por um certo tempo, após o funcionário desligar-se da Administração.[785] Outro fator muito referido para combater a corrupção na Administração Pública, é o estabelecimento de obrigatoriedade dos funcionários de alto nível, em conjunto com os políticos, de apresentarem declaração de bens, patrimônio e de atividades que desenvolvem em sua vida profissional; implantação dos chamados códigos de ética; e seguir aplicando meios tradicionais de repressão para certos tipos de corrupção, com sanções específicas para certos delitos novos como o tráfico de influências, o manuseio de informações privilegiadas, etc.[786]

Contudo, a reforma da administração é custosa e politicamente difícil, podendo parecer estar muito além da capacidade de muitos países pobres.[787]

---

[783] ROSE-ACKERMAN, Susan. *La corrupción y los gobiernos* – Causas, consecuencias y reforma. *op. cit.*, p. 96. Nesse sentido, a autora comenta: *Tradicionalmente, un funcionario profesional es politicamente neutral, tiene seguridad en su puesto de trabajo, se le paga un sueldo decente, es reclutado y promovido en base al mérito y no tiene propiedades ni intereses comerciales que entren en conflicto con el cumplimiento honrado de suas obligaciones (Adamolekun 1993).*

[784] SEÑA, Jorge F. Malem. *La corrupción* – aspectos éticos, económicos, políticos y jurídicos. *op. cit.* p. 87.

[785] SEÑA, Jorge F. Malem. *La corrupción* – aspectos éticos, económicos, políticos y jurídicos. *op. cit.* p. 88.

[786] SEÑA, Jorge F. Malem. *La corrupción* – aspectos éticos, económicos, políticos y jurídicos. *op. cit.* p. 89.

[787] ROSE-ACKERMAN, Susan. *La corrupción y los gobiernos* – Causas, consecuencias y reforma. *op. cit.*, p. 121. Em consequência dessa situação econômica dos países pobres, a autora adverte: *la corrupción arraigada tiene que combatirse mediante la reforma de la Administración y cambios en la naturaleza de la labor del gobierno.*

Contudo, como bem lembra Jorge Malem Seña, convém nunca esquecer que a decisão de realizar um ato de corrupção é uma decisão individual e, por isso, segundo a Comissão Nolan, sempre existirão desvios de comportamento humano buscando novas formas de burlar o sistema, circunstância indicadora de que há a necessidade de serem mantidos controles adequados para comprovar e avaliar as condutas individuais.[788]

3.1 Comércio Internacional, globalização, delinquência organizada e corrupção

No final do século XX consolidou-se a globalização como um fenômeno de mundialização, especialmente da economia. Esse fator proporcionou um amplo desenvolvimento do comércio internacional, até então nunca experimentado em qualquer período da história da humanidade. Por isso, começou a ocorrer um desaparecimento progressivo das fronteiras econômicas, com incremento de um livre comércio.[789] Tanto que empresas de grande porte desenvolvem políticas de desenvolvimento de seus negócios mais no estrangeiro do que em seus próprios países, transformando a conquista de mercados internacionais, em imperativos de máxima prioridade.[790]

A essa situação de mundialização, em que o sistema de economia de mercado é praticamente aceito de forma universal, some-se à queda do bloco soviético, em decorrência da caída do muro de Berlim, com acesso de todos os países que um dia pertenceram ao pacto de Varsóvia ao sistema de economia de mercado, ocorrendo uma acelerada

---

[788] SEÑA, Jorge F. Malem. *La corrupción* – aspectos éticos, económicos, políticos y jurídicos. *op. cit.*, p. 91. A Comissão Nolan citada pelo autor refere-se a *Normas de Conducta en las Instituiciones Públicas*. *Primer Informe de la Comisión de Normas de Conductas en las Instituciones Públicas*. Presidente Lord Nolan. *Instituto Vasco de Administración Públicas*, 1995, realizando o seguinte comentário: *ninguna de nuestras recomendaciones garantiza una conduta ejemplar. Siempre existirán las debilidades y los errores humanos, y los corruptos seguirán buscando nuevas formas de burlar al sistema. Pero con medidas de control adecuadas se minimiza el riesgo de que dichos comportamientos deshonestos se produzcan o queden impunes. Dentro de estas medidas se incluyen claras expectativas de una conducta personal íntegra, controles internos adecuados para comprobar y evaluar conductas individuales irregulares, y supervisión externa para que la organización tenga que rendir cuentas. Por encima de todo, estas medidas de control contribuyen a crear un clima y una cultura en la que se valore la honestidad.*
[789] FERNÁNDEZ, Carlos Castresana. *Corrupción, globalización y delimcuencia organizada.* In: GARCIA, Nicolá Rodríguez; CAPARRÓS Eduardo Fabián (Coords.). *La corrupción en un mundo globalisado:* análisis interdiciplinar. Salamanca: Ratio Legis, 2004, p. 213.
[790] SEÑA, Jorge F. Malem. *La corrupción* – aspectos éticos, económicos, políticos y jurídicos. *op. cit.*, p. 173.

privatização das principais industrias, meios de produção e serviços públicos que eram propriedade estatal, deixando isolados os Estados que não adotaram este tipo de sistema econômico.

Do mesmo modo, para fortalecimento e aumento das relações mercantis a nível internacional, houve contribuição da melhora e barateamento dos meios de transportes que garantiram um traslado fácil e rápido dos bens e produtos; os sistemas financeiros foram aperfeiçoados, facilitando os modos e segurança dos pagamentos efetuados; o desenvolvimento dos meios de comunicação permitiu o conhecimento de culturas distantes e a adoção de condutas internacionais com respeito a determinados bens; assim como possibilitou a realização de alianças empresariais, dando lugar a associações privadas com um poderio econômico e financeiro sem paradigmas, superiores a muitos Estados, tornando factível sua operatividade em todos os quadrantes do globo terrestre.[791]

O incremento dessa atividade mercantil internacional, sustentada por um sistema de economia de mercado, de forma globalizada, passou a dar visibilidade a diversas práticas corruptas, com o envolvimento de grandes somas de dinheiro.[792]

Saliente-se, no caso, ao buscar-se a elucidação dos efeitos decorrentes da globalização e do decorrente comércio internacional, não se quer estabelecer que os âmbitos comerciais são mais propensos à corrupção ou que os Estados são mais corruptos, mas assinalar que há uma corrupção associada ao comércio internacional.[793]

Nesse contexto, Carlos Castresana Fernández identifica o surgimento de uma nova delinquência e elabora uma análise sobre as mudanças dessas atividades delituosas, salientando: em primeiro lugar,

---

[791] SEÑA, Jorge F. Malem. *La corrupción* – aspectos éticos, económicos, políticos y jurídicos. *op. cit.*, p. 173-174.

[792] SEÑA, Jorge F. Malem. *La corrupción* – aspectos éticos, económicos, políticos y jurídicos. *op. cit.*, p. 175. Sobre esta nova situação do comércio internacional, o autor comenta: *De ahí la preocupación creciente de organismos internacionais como Naciones Unidas o el Banco Mundial en el sentido de que si existe una enorme dosis de corrupción ocasionada por los negocios internacionales sea de prever que un aumento de estos negocios en un contexto de globalización incremente aún más este problema. Se podría concluir entonces que el siglo XXI certificará que la corrupción alcanzará niveles sin precedentes en las operaciones transfronterizas.*

[793] FERNÁNDEZ, Carlos Castresana. *Corrupción, globalización y delimcuencia organizada.* *op. cit.*, p. 214. É o que observa Carlos Castresana Fernández, Fiscal de la Fiscalía Especial Anticorrupción da Espanha: *Como se ha señalado, la libre circulación de capitales, la progressiva liberalización de la circulación de mercancías y, en menor medida, de personas, ha supuesto grandes avances para el bienestar de la sociedad pero también ha conllevado un incremento de la corrupción y una facilitación de la actividad de los grupos de delincuencia organizada.*

essas atividades delituosas se internacionalizaram. Como os sistemas econômicos estatais são interdependentes, as atividades delituosas que se desenvolvem no seu interior também passaram a atuar de forma interdependente; por segundo, profissionalizaram-se. Aprenderam as características das instituições financeiras, dos instrumentos jurídicos nacionais e internacionais, adaptando suas atividades a tais características legais, procurando otimizar os rendimentos e minimizar os riscos; por terceiro, os grupos de delinquência organizada e os operadores jurídicos e econômicos vinculados à corrupção passaram a desenvolver estruturas formais de caráter empresarial; finalmente, os grupos de delinquência organizada passaram maciçamente para os mercados lícitos, mas sem abandonar suas tradicionais atividades ilícitas.[794]

Assim, assinala ainda aquele membro do Ministério Público espanhol, que a nova delinquência, embora não tenha abandonado atividades ilícitas como o tráfico de drogas e o contrabando, passou a desenvolver atividades violentas, envolvendo o tráfico de armas ou outros materiais perigosos, nucleares e bacteriológicos, cujas atividades são identificáveis com outras atividades como a do delito de terrorismo, produzindo, em decorrência de sua introdução nos mercados lícitos, uma notável quantidade e gravidade de casos de corrupção.[795]

Essas circunstâncias de atuação internacional da chamada nova delinquência, o seu ingresso nos mercados lícitos, com sua capacidade de ameaça e ao mesmo tempo de corrupção, elimina a base da livre concorrência, cuja confluência dessa atividade econômica com a atividade política institucional torna-se inevitável e inevitável torna-se a corrupção,[796] com envolvimento de fatores que propiciam a lavagem de dinheiro. Segundo fontes do Fundo Monetário Internacional, a incidência de lavagem de dinheiro sujo é muito grande, revelando

---

[794] FERNÁNDEZ, Carlos Castresana.*Corrupción, globalización y delimcuencia organizada*. op.cit., p. 214-215.
[795] FERNÁNDEZ, Carlos Castresana. *Corrupción, globalización y delimcuencia organizada*. op. cit., p. 215. O autor refere nesse aspecto que: *Entre las actividades <<modernas>> de la delincuencia organizada, las instituciones internacionales señalan el tráfico de mujeres y de niños, el tráfico y transporte ilegal de imigrantes, la fabricación y tráfico de armas, municiones y explosivos, el tráfico de recursos naturales (flora y fauna, hidrocarburos, minerales, joyas y metales preciosos) el control de las entidades financieras y de crédito, el control de las compañías de seguros, las obras públicas y demás contratos de las Administraciones públicas, el control de las privatizaciones de bienes y servicios públicos. Según la ONU, los grupos más importantes de delincuencia organizada transnacional tendrían una creciente presencia en la financiación de grupos armados, movimientos de insurgencia y organizaciones terroristas.*
[796] FERNÁNDEZ, Carlos Castresana. *Corrupción, globalización y delimcuencia organizada*. op. cit., p. 215.

cifras em torno de 590.000 milhões e 1,5 bilhões de dólares, significando entre 2% e 5% do Produto Interno Bruto Mundial, computando-se unicamente a cifra de negócio ilícito em cada exercício, sem contar o capital acumulado em dinheiro sujo.

Nesse sentido, a evolução dos mercados financeiros a nível global tem contribuído com a presença de empresas multinacionais, produzindo um volume importante de transações que circulam por meio dos paraísos fiscais.[797] Como exemplo da ligação entre os paraísos fiscais, a corrupção e o crime organizado, Carlos Fernández cita as minúsculas Ilhas Caimán, situadas no mar do Caribe, com apenas 35.000 habitantes, mas que constituem o domicílio de 40.000 sociedades mercantis, constituindo-se na quinta praça financeira do mundo, contando com 548 bancos (entre eles, quarenta e seis dos cinquenta mais importantes do mundo), em cujas agências bancárias se encontram depositados 600.000 milhões de dólares norte americanos e 2.200 fundos especulativos.[798]

Assim, como muito bem posiciona Carlos Castresana Fernández, a corrupção, como vinha sendo entendida tradicionalmente, alterou também as suas características essenciais, cujo fenômeno, nos países desenvolvidos, evoluiu também como consequência da globalização, aproveitamento as facilidades que certas atividades econômicas e financeiras propiciam a sua utilização. Por isto, salienta que a corrupção tradicional tinha caráter individual, centrando suas atividades em condutas que correspondiam com a descrição dos tipos penais clássicos de malversação de receitas públicas e de suborno, mas que, agora, corrupção moderna opera muito mais nos mercados financeiros, correspondendo a condutas de tipos penais mais modernos como o tráfico de influências e de abuso de informação privilegiada. Que a corrupção converteu-se em um fenômeno sistêmico, indo além da esfera pessoal.[799]

---

[797] FERNÁNDEZ, Carlos Castresana. *Corrupción, globalización y delimcuencia organizada.* op. cit., p. 219. Há ainda, sobre esta situação, o seguinte comentário do autor: *A pesar de los esfuerzos de los Estados y de las organizaciones internacionales, en especial, de la ONU y de la OCDE por arbitrar medidas e instrumentos jurídicos capaces de combatir eficazmente el lavado de dinero de procedencia ilícita, es cada vez más evidente que los paraísos fiscales constituyen un instrumento esencial de la actividad delictiva transnacional vinculada a la corrupción y al crimen organizado.*

[798] FERNÁNDEZ, Carlos Castresana. *Corrupción, globalización y delimcuencia organizada.* op. cit., p. 219-220. O autor complementa seu raciocínio, na seguinte forma: *Se trata del terreno abonado para la corrupción. La liberación del mercado de capitales ha permitido la fuga sistemática de los recursos de los países emergentes. Así, por ejemplo, Rusia recibió en 1998 préstamos por importe de cuarenta billones de dólares, el 80% de cuyo importe fue casi inmediatamente transferido al paraíso fiscal de Jersey.*

[799] FERNÁNDEZ, Carlos Castresana. *Corrupción, globalización y delimcuencia organizada.* op. cit., p. 217.

Por todas essas características de evolução experimentadas pela corrupção em decorrência da globalização, embora os vários convênios, convenções, procedimentos de controle dos Estados como o GRECO – *Grupo de Estados contra la corrupción, del Consejo de Europa*, permanecem importantes resistências, motivadas fundamentalmente por interesses econômicos e políticos muito importantes, que impedem as instituições encarregadas de prevenir e perseguir as atividades ilícitas de alcançar o nível de eficácia que seria necessário para dotar as sociedades humanas da proteção que merecem.[800]

Em tais termos, conforme bem conclui Carlos Castresana Fernández, *Solo una reacción decidida y suficiente de la sociedad civil, y la asunción por parte del poder judicial de su responsabilidad para imponer el efectivo respeto al ordenamiento jurídico y garantizar a los ciudadanos la tutela judicial efectiva a la que tienen derecho podrá enderezar la tendencia al progresivo deterioro del Estado de derecho que caracteriza a la globalización y que, mientras no se demuestre lo contrario, ha resultado ser el mejor sistema, o el menos malo, para articular la convivencia en las sociedades humanas.*[801]

3.2 Direito Sancionador como freio à corrupção

De início, no que tange à análise do tema proposto, direito sancionador como freio à corrupção, deve ser lembrado que o sistema normativo, fixado concretamente em um determinado momento, é resultado de um longo processo de evolução prévia, em cujo curso de evolução são realizados numerosos ajustes, impulsionados por desejos de mudanças e de acordo com as preferências sociais. Por isto, conforme adverte Fernando Rodrigues Lopes, para alcance de tal objetivo, devem ser confrontados encargos de tipo instrumental.[802]

---

[800] FERNÁNDEZ, Carlos Castresana. *Corrupción, globalización y delimcuencia organizada*. op. cit., p. 224-225.

[801] FERNÁNDEZ, Carlos Castresana. *Corrupción, globalización y delimcuencia organizada*. op. cit., p. 226.

[802] LÓPES, Fernando Rodrígues. *Puede el derecho sancionador frenar la corrupción? Reflexiones desde el análisis económico del Derecho.* In: GARCIA, Nicolá Rodríguez; CAPARRÓS, Eduardo Fabián (Coords.). *La corrupción en un mundo globalisado:* análisis interdiciplinar. por Salamanca: Ratio Legis, 2004, p. 15. Em sua visão evolutiva da norma, o autor destaca encargos de tipo instrumental, como os de *predecir los efectos que cabe esperar de la aplicación de una determinada norma, revisar la coherencia entre los objetivos que la ley declara y los incentivos que genera en los agentes y explicar por qué fueron creadas y subsisten ciertas normas"*, circunstância em que, *"aplicado al estudio de la corrupción, la perspectiva del análisis económico del derecho puede contribuir a identificar la naturaleza del problema, reconocer los agentes y evaluar sus incentivos de comportamientos lícito e ilícito ante una determinada normativa.*

Nessa visão temática, o citado autor produz um estudo aprimorado sobre *análise econômica e direito sancionador*, o qual utilizaremos como linha orientadora para compreensão do tema. Nesse sentido, segundo definição apresentada pelo autor, na análise econômica do Direito se estuda, entre outras questões, como devem configurar-se as normas jurídicas, uma vez configuradas as condutas lícitas e ilícitas, e possam ser criados incentivos adequados para influenciarem no comportamento dos membros da sociedade.[803]

Portanto, tendo em conta a racionalidade do indivíduo, em que este na avaliação da eleição da ação a ser adotada produz uma relação entre o ganho e o seu custo, realizando uma valoração das variáveis que se apresentam, podem ser estabelecidas normas jurídicas para a proteção do bem jurídico que se quer tutelar. Por isso, tendo em conta a classificação que aparece em Calabresi y Melamed (1972), Fernando Rodriguez Lopes menciona que existem três tipos de normas jurídicas que podem proteger o exercício de direitos: 1 – em primeiro lugar, normas de propriedade que definam a titularidade nominal dos direitos e evitem a vulneração dos mesmos mediante instrumentos também nominais; 2 – por segundo, há tipos de instrumentos protetores de direitos que são as normas de responsabilidade. Este tipo de norma associa à vulneração de direitos a uma sanção igual ao valor do dano causado; 3 – por fim, um terceiro tipo de normas protetoras que têm por objetivo a criação de incentivos para que os agentes não vulnerem em nenhuma circunstância os direitos alheios, reservando-se para os casos em que a sociedade reconhece um valor máximo e inquestionável para o exercício de um certo direito por parte de seu titular. São as chamadas normas de inalienabilidade.[804]

Seguindo a classificação desses três tipos de normas jurídicas antes referida, o autor produz avaliações envolvendo as variáveis de lucro e severidade da sanção e gravidade e severidade da sanção, com consideração do conflito entre eficácia e proporcionalidade nas sanções

---

[803] LÓPES, Fernando Rodrígues. *Puede el derecho sancionador frenar la corrupción?* Reflexiones desde el análisis económico del Derecho. Op. cit., p. 16. Esclarecendo esse posicionamento, o autor diz que *los argumentos empleados y las conclusiones alcanzadas son válidos únicamente para individuos cuyo comportamiento se asume racional, es decir, agentes que actúan teniendo en cuenta las ganancias y los costes de sus alternativas de elección, y que optan por aquella cuya ganancia neta es mayor.*

[804] LÓPES, Fernando Rodrígues. *Puede el derecho sancionador frenar la corrupción?* Reflexiones desde el análisis económico del Derecho. Op. cit., p. 16-17.

por corrupção,[805] para dizer das dificuldades que existem para a utilização do direito sancionador na luta contra a corrupção.[806] Contudo, embora reconheça as limitações do Direito sancionador para o combate à corrupção, adverte o autor que não se pode esquecer a existência de alternativas para superar alguns dos obstáculos descritos na análise das normas sancionadoras. Uma delas seria aumentar a educação, tanto por sua função socializadora quanto por melhorar a percepção social do trabalho dos agentes públicos, na medida em que por esta forma aumenta a sanção social e a insatisfação pessoal pelas condutas corruptas. Assim, ambos resultados aumentariam o valor percebido da sanção por parte do agente público, sem necessidade de mudanças legislativas externas que ponham em perigo o princípio da proporcionalidade da sanção.[807]

Essa posição adotada por Fernando Rodrigues Lopes, mais do que lógica, possui fundamentos de qualificação verdadeira, na medida em que, indubitavelmente, para a prática do ato corrupto, o indivíduo realiza uma consideração econômica da situação, avaliando o risco na relação entre sanção e lucro que pode ser obtido. Por outro lado, mesmo que ocorra uma sanção severa desestimuladora do ato corrupto, ainda assim esta não produziria efeitos sobre todos os indivíduos. De acordo com a teoria da sanção ótima, leis que possuem sanção ótima são aquelas que produzem o impedimento do ilícito, mediante uma pequena sanção certa. Todavia, ainda assim, estas sanções não vão produzir eficácia sobre a irracionalidade, posto que os indivíduos, como salienta Fernando Rodrigues Lopes, agem por três tipos de circunstância: a) existem os irracionais, que por serem irracionais as sanções não lhes afetam; b) há os que agem por princípios, mas são racionais. As

---

[805] LÓPES, Fernando Rodrígues. *Puede el derecho sancionador frenar la corrupción? Reflexiones desde el análisis económico del Derecho. Op. cit.*, p. 18-24.

[806] LÓPES, Fernando Rodrígues. *Puede el derecho sancionador frenar la corrupción? Reflexiones desde el análisis económico del Derecho. op. cit.*, p. 25. Sobre essas dificuldades, o autor comenta: *El posible conflicto entre eficacia y proporcionalidad obliga a tomar decisiones de política legislativa que prioricen entre los distintos objetivos y a reconsiderar el contenido de las normas de inalienabilidad implicadas. La aparición de este conficto revela algunas de las limitaciones del Derecho sancionador, que resulta incapaz de cumplir adecuadamente el objetivo de protección de derechos para el que fue creado.*

[807] LÓPES, Fernando Rodrígues. *Puede el derecho sancionador frenar la corrupción? Reflexiones desde el análisis económico del Derecho. op. cit.*, p. 25-26. Por final, o autor complementa: *Otra alternativa es aumentar la vigilância y disminuir la probalidad de concluir con éxito actividades corruptas, puesto que de esta forma se reduce el lucro que puede esperar obtener el agente público y disminuyen sus incentivos a realizar tales conductas. En todo caso debe reconocerse la incapacidad de las medidas del Derecho sancionador para frenar por sí solas el fenómeno de la corrupción.*

sanções atingem a esses e produzem efeitos; e c) existem os que agem por princípios. Neste caso, as sanções também não lhes atingem, pois não lhes importa a norma, mas sim os seus princípios. Assim, nesse contexto de ação individual, pode-se dizer que há os que possuem atração pelo risco, preferindo correr o risco em busca do lucro, situação que a sanção não atinge. Há os com problemas patológicos (irracionais) e os que agem por princípios, por isto, não cumprem normas. Há os que ficam no balanço da linha divisória entre o risco e a segurança, ora pendendo para o risco ora para a segurança; restando aqueles que, por serem racionais, as sanções produzem efeitos. Portanto, em tal circunstância, não é simples, nem fácil, mais provável que seja impossível, a fixação de norma que por si só seja suficiente no combate à corrupção. Elas são importantes, mas têm de ser aplicadas em conjunto com outras medidas desestimuladoras à corrupção, no sentido de produzirem efeito, como bem assinalou o autor.

3.3 Estratégias dos países no combate à corrupção

Conforme o até aqui exposto, constata-se que a corrupção avilta o desenvolvimento dos países, mediante o sacrifício dos cidadãos que têm de suportar um prejuízo econômico e moral que advém desse comportamento desonesto de algumas autoridades e servidores públicos.

Como bem afirmou o Presidente do Banco Mundial, James D. Wolfensohn, em conferência realizada no Fórum Global sobre o Combate à Corrupção, realizado em fevereiro de 1999, a corrupção dificulta o desenvolvimento, na medida em que *a corrupção prejudica o crescimento econômico, onerando os pobres de forma desproporcional, e solapa a eficácia de investimentos e ajudas financeiras,* por isso, *as estratégias de combate à corrupção precisam ser partes integrantes de um modelo de desenvolvimento formulado para ajudar os países a erradicar a pobreza.*

Portanto, os países têm de estabelecer estratégias de combate à corrupção, dentro de um contexto que é relativo à boa governança. Nesse aspecto, consoante as pesquisas que estão sendo desenvolvidas no mundo, especialmente por organismos internacionais como a ONU, Banco Mundial, Comunidade Europeia e Transparência Internacional, decorre a constatação de que a principal inovação diz respeito à convergência dos rigorosos cálculos empíricos e análises da corrupção, com o fortalecimento da sociedade civil e de ações reformistas no governo, levando a coalizões, para lutar de forma sistemática contra a corrupção, que terminam por encabeçar as reformas institucionais e econômicas, necessárias ao desenvolvimento e combate à pobreza.

De acordo com as pesquisas e análises empíricas efetuadas pelo Banco Mundial,[808] descobriu-se que existem vários tipos de corrupção, com diferentes padrões em cada país e que suas causas institucionais variam, o que significa que as prioridades das reformas seriam específicas de cada país.

De qualquer sorte, o elemento central de combate à corrupção está assentado na transparência governamental, na responsabilidade de serem prestadas contas à sociedade e fusão da informação com a ação, ação por parte das autoridades públicas, dos cidadãos, de empresas e de organizações não governamentais. Como afirmou o então Vice-Presidente dos Estados Unidos, Al Gore, em seu discurso no Fórum Global sobre o Combate à Corrupção, *O maior trunfo que temos a nosso favor, na luta contra a corrupção, é o acesso cada vez maior à informação.*

Nas pesquisas realizadas, as evidências sugerem que um Estado capaz, com instituições públicas transparentes e de boa qualidade, está associado a uma maior riqueza nacional e um maior crescimento de renda, bem como a um progresso mensurável. De outro lado, também evidenciam que a corrupção aumenta quando os direitos políticos, incluindo eleições democráticas, um poder legislativo, e partidos de oposição, são menos numerosos e mais frágeis, e quando as liberdades civis, que incluem direitos a meios de comunicação livres e independentes e liberdade de reunião e de palavra, também são frágeis. Evidências empíricas em todo o mundo também sugerem que a inclusão das mulheres seja ela medida em termos de representação parlamentar ou de direitos sociais, está acompanhada de uma sociedade civil mais forte. Além disso, as evidências apontam uma correlação significativa entre corrupção e um Estado de Direito fraco.

Em tais circunstâncias de avaliação empírica, como estratégia de combate à corrupção, resulta a compreensão da necessidade dos países empreenderem uma melhora global da governança, com atendimento de aspectos imprescindíveis: requer um sistema de pesos e contrapesos na sociedade que restrinja ações arbitrárias e a perseguição burocrática por parte de políticos e burocratas; seja promovida e estimulada a expressão e a participação da população; promoção de uma economia competitiva de mercado e uma sociedade civil ativa; seja estabelecida como estratégia uma administração pública com base no mérito, com profissionalização da atividade pública e voltada para a prestação de serviços.

---

[808] Disponível em: <worldbank.org>.

Outro fator importante é o relativo ao controle da Administração. O controle da Administração Pública por ser própria dos Estados de Direito e, sobretudo, democráticos, tem o sentido de proceder verificação, quanto ao atendimento dos princípios e normas constitucionais, em toda a forma de atuação administrativa, a qual deve estar sempre voltada para a satisfação do interesse público, o que reflete fator de proteção não só para os administrados como também à própria Administração Pública.

Tendo em conta esses aspectos de pesquisa empírica, de identificação dos fatores que levam à corrupção e das estratégias que podem ser utilizadas para o seu combate, as organizações internacionais e os países, individualmente, passaram a adotar medidas efetivas no combate à corrupção. A Organização dos Estados Americanos (OEA) celebrou entre os Estados Membros uma *Convención Interamericana Contra La Corrupción*, com o propósito de promover e fortalecer o desenvolvimento, por cada um dos Estados Partes, dos mecanismos necessários para prevenir, detectar, sancionar e erradicar a corrupção.

A União Europeia, mediante Ato do Conselho, 97/C 195/01, de 26.05.1997, estabeleceu Convenção relativa à luta contra a corrupção em que estejam implicados funcionários das Comunidades Europeias ou dos Estados-Membros da União Europeia. Em 15 de Novembro de 2000, em vigência desde 29 de setembro de 2003, na cidade de Palermo, foi celebrado Convênio das Nações Unidas contra o Crime Organizado Transnacional, fixando como principal medida a necessidade de harmonização dos tipos penais vigentes nos diferentes Estados e, em particular, a tipificação do delito de participação em grupos de delinquentes organizados.

A comunidade internacional, em 17 de dezembro de 1997, celebrou Convênio da CDE para combate ao suborno dos funcionários públicos estrangeiros nas transações comerciais transnacionais. A Organização dos Estados Americanos, em 29 de março de 1996, celebrou Convênio Interamericano contra a corrupção. Em 9 de dezembro de 2003, em Mérida – México, A Organização das Nações Unidas (ONU), elaborou Convenção das Nações Unidas contra a corrupção, no sentido de promover e fortalecer as medidas para prevenir e combater de forma mais eficaz e eficientemente a corrupção.

Houve a formação do Grupo de Estados contra a Corrupção, do Conselho da Europa (GRECO), pelo qual são arbitrados procedimentos de controle dos Estados, com previsão de assistência mútua e cooperação internacional, de extradição, de informações espontâneas, de comunicação direta entre autoridades centrais e de informação sobre mecanismos de cooperação disponíveis. Houve também a criação da Rede Judicial Europeia. *La Red Judicial Europea fue creada por la <<Acción Común de 29 de junio de 1998, adoptada por el Consejo sobre la base Del artículo K.3 del Tratado de la Unión Europea concerniente a la creación de una Red Judicial Europea>> (DOCE 191/1998, de 7 de julio), con el fin genérico de facilitar la cooperación judicial penal entre los Estados miembros de la Unión. Su equema de funcionamiento se basa en la creación de una red de <<puntos de contacto>> judiciales entre los Estados miembros, a fin de desempeñar los cometidos que en la propia acción común se definen".*[809]

A Transparência Internacional, uma organização não governamental baseada em Berlim, suprapartidária e sem fins lucrativos, que trabalha para mobilizar a sociedade civil, as comunidades empresarial e acadêmica, e o governo, para coibir a corrupção, criou o Índice de Fontes de Suborno e o Índice de Percepção da Corrupção dos países realizado mediante pesquisas efetuadas no mundo todo.

No Peru, além de outras medidas práticas, foi criada *"La Mesa de Repatriación de Dineros Ilícitos y su Uso Ético"*. Na Colômbia, a Corporação Transparência para Colômbia, elabora Índice de Integridade das Entidades Públicas – Comparativo dos Poderes do Estado.

No Brasil, estão sendo criados instrumentos de fortalecimento de uma ação cidadã em praticamente todas as áreas sujeitas à ação estatal. Entre os vários instrumentos podem ser citados: o novo código de trânsito; a lei de defesa do consumidor; o estatuto da criança e do adolescente; a lei de patentes; a lei de direito autoral, a lei de licitações e contratos da Administração Pública; a lei de defesa do meio ambiente; o novo código civil a intensificação das demarcações das áreas sob ocupação dos povos indígenas; a lei de acesso às informações fiscais e bancárias dos envolvidos em crimes contra o setor financeiro; elaboração de códigos de ética para autoridades e servidores públicos; Reforma da Educação, com criação de um fundo financeiro para o ensino fundamental; Reforma Administrativa buscando a profissionalização do servidor público; a lei de responsabilidade fiscal, fator de ampliação do controle sobre a gerência fiscal, ampliando o grau de exigência para a

---

[809] PECO, Angel Galgo. *La Red Judicial Europea y los nuevos instrumentos de agilização y coordinación.* In: GARCIA, Nicolá Rodríguez; CAPARRÓS, Eduardo Fabián (Coords.). *La corrupción en un mundo golbalisado*: análisis interdiciplinar. Salamanca: Ratio Legis, 2004, p. 279.

transparência do Poder Público e a participação popular; fortalecimento dos órgãos de controle interno e externo, especialmente dos Tribunais de Contas; e o fortalecimento do Ministério Público, são exemplos da preocupação governamental brasileira de realizar um fortalecimento das instituições públicas e da sociedade como um todo, na medida em que esses fatores são imprescindíveis não só para o desenvolvimento nacional, mas também para o combate à corrupção.

Esses tipos de instrumentos, como bem colocou Mário Falcão Pessoa, representante brasileiro no Foro Ibero-Americano sobre o Combate à Corrupção,[810] propiciam o estabelecimento de ações práticas como: a alteração da legislação ou das normas produz fortalecimento dos instrumentos legais postos à disposição dos administradores públicos e da sociedade; possibilita um desenvolvimento de instrumentos e metodologias de trabalho nas áreas de controle constitucional; o aprimoramento dos controles interno e dos Tribunais de Contas, com utilização de sistemas informatizados geram programas operacionais sobre as atividades dos agentes públicos, fiscalização dos programas de governo realizados descentralizadamente por Estados e Municípios, criação de sistema de acompanhamento de gastos e custos, aumento da capacitação do pessoal, tanto do controle como dos agentes públicos, mudança de uma cultura de controle posterior para uma cultura de acompanhamento, criando um aumento de independência das áreas de controle, causa aumento da transparência das ações públicas e um fortalecimento do controle social.

Outro fator de relevância são os resultados práticos que decorrem do sistema de controle. O controle tem de ser independente e rígido na sua atuação, buscando aplicar as sanções cabíveis às ilegalidades encontradas. Por exemplo, no âmbito do Estado do Rio Grande do Sul, há uma ação conjunta e coordenada entre os diversos organismos do Estado – Tribunal de Contas, Ministério Público e Poder Judiciário – no sentido de coibir qualquer espécie de malversação de dinheiro por parte dos gestores públicos. O Tribunal de Contas realiza a fiscalização contábil, financeira, orçamentária, operacional e patrimonial sobre a Administração Pública que, ao constatar atos de improbidade administrativa, encaminha os documentos ao Ministério Público que, por sua vez, oferece denúncia para julgamento do Judiciário. O Poder

---

[810] PESSOA, Mário Falcão. *O controle interno no Brasil e combate à corrupção administrativa*. Palestra realizada no Fórum Ibero-americano sobre o Combate à Corrupção. Bolívia. Disponível em: <http://www.clad.org.ve/falcaop.html>.

Judiciário, no sentido de agilizar o julgamento de tais processos, criou uma Câmara Criminal especializada para esse fim. Essa ação estatal conjunta, com cada organismo agindo na órbita de sua competência, tem dado uma pronta resposta à sociedade sobre o controle que efetua sobre a Administração Pública. Nos exercícios de 1997 a 2002 já tinham sido interpostos 620 processos de denúncias, de cujos processos resultaram em 75 condenações de autoridades administrativas.

Por fim, em recentíssima coalizão de instituições lideradas pelo Banco Mundial, composta por ONGs, organizações multilaterais como o Pacto Mundial das Nações Unidas, o Centro Internacional para a empresa privada (CIPE), a Transparência Internacional e várias empresas do Setor Privado, em 19 de junho de 2008, na cidade de Londres, tendo em conta que a corrupção a nível mundial pode incrementar em até 20% a 25% os custos das aquisições públicas, o Banco Mundial apresentou um guia prático e criou um portal na internet, no sentido de promover uma ação coletiva contra a corrupção. Trata-se do documento intitulado Fighting Corruption through Collective Action – A Guide for Business – Acción colectiva contra la corrupción: Una guia para las empresas – Ação coletiva contra a corrupção: um guia para as empresas.[811]

---

[811]Mais informações sobre o guia prático pode ser encontrado no portal criado pelo Banco Mundial: Disponível em: <www.fightingcorruption.org>.

CONCLUSÕES

- O Estado, criado, inicialmente, para estabelecimento da política como um âmbito diferenciado do parentesco familiar, da relação econômica, da crença religiosa e outras formas de interação social, com estabelecimento da capacidade de mandar e determinar obediência, reivindicando para si a exclusividade da coação, produzindo todas as normas de cumprimento obrigatório e com capacidade de resolver os conflitos num território claramente fixado, passou, no decorrer do tempo, em razão das novas realidades do mundo e das necessidades políticas, econômicas e sociais das pessoas, a viver um processo de evolução ebulitivo e grandioso, culminando com a formatação do atual Estado Democrático de Direito ou do denominado Estado Social e Democrático de Direito.

- Desse modo, embora seja recente e ainda não se reflita como uma solução definitiva aos problemas apresentados pela democracia representativa, o Estado Social e Democrático de Direito do final do século XX, reafirmando a importância de manutenção do sistema democrático para o exercício do poder governamental, optou por estruturar politicamente o Estado de acordo com o princípio da transparência, com vista à implantação da democracia participativa, face o incremento positivo da participação popular.

- Neste início de Século XXI, depois de tantas idas e vindas, como se viu, reafirmou-se o sistema democrático de governo. O Estado Social e Democrático de Direito confirmou-se como um Estado plural, que, formalmente, garante a liberdade, afirma e protege os direitos fundamentais do cidadão, assegura a realização de uma ordem econômica e social justa, tudo dentro do princípio da igualdade perante a lei e estrutura de acordo com uma nova concepção política de poder, adotando o princípio da transparência, com participação popular.

- Sendo assim, tudo está a indicar que os países continuarão a formar instituições interestatais com interesses mútuos, mas permanecendo, de forma individual ou coletiva, não só na busca da manutenção, mas, sobretudo, pelo fortalecimento do Estado Social e Democrático de Direito no século XXI, na sua concepção pluralista, transparente e participativa, contudo, com uma reformatação e um redimencionamento da sua estrutura organizacional e funcional no exercício do poder, no sentido de serem alcançadas as soluções para os emblemáticos problemas do final do século XX, com materialização das necessidades do cidadão, consoante os objetivos de realização das ideias de liberdade, igualdade e justiça social.

- Em decorrência de todos esses aspectos analisados, com as emblemáticas transformações ocorridas na formatação do Estado, também a Administração Pública e o Direito Administrativo sofreram enormes mudanças, passando a ter influência do cidadão no âmbito do poder decisório, com obrigatoriedade de proceder a todas as ações administrativas dentro da mais absoluta transparência.

- Assim, como fator completar e decorrente da participação popular e da transparência, o controle social deve passar a exercer um papel fundamental no poder de decisão para o estabelecimento de todas as políticas públicas, inclusive no que tange à determinação de prioridades para o desenvolvimento econômico, científico e tecnológico, tendo em consideração as peculiaridades de um mercado globalizado e posições internacionais sobre o comportamento do Estado e da Administração. Por isso, a partir de 1990, iniciou-se um processo de mudança de muitos entendimentos que se encontravam arraigados no Direito Administrativo, implantando-se novos princípios de atuação – princípios da eficiência, da proporcionalidade, da razoabilidade, da subsidiariedade e da confiança legítima – levando a uma Reforma Administrativa que praticasse a adoção da privatização, da deslegalização, da regulação e a criação de Agências Reguladoras.

- Nesse contexto, a Administração Pública contemporânea, como estrutura organizacional com a finalidade de gerir a coisa pública e prestar os serviços necessários ao atendimento dos direitos fundamentais do cidadão, teve de começar a buscar uma nova formatação, em que a eficiência e a eficácia de sua ação estivesse relacionada com o tamanho do estado, procedendo-se privatizações e transferência de serviços públicos à órbita privada, ficando o Estado na função reguladora, que seria exercida por Agências Reguladoras, criadas especificamente para tal fim.

- Consoante tais aspectos, não resta dúvida que a Administração Pública, pelo volume de reformas que são efetuadas para o estabelecimento de uma Nova Administração Pública, encontra-se em um momento de intensa transformação da sua atuação, buscando sistemas, critérios e estruturas que sejam capazes de dar uma resposta eficiente às crescentes exigências da sociedade, obrigando-a a proceder a uma reformulação dos atuais processos de gestão.

- Dentro desse contexto renovador, a Administração Pública enfrenta grandes desafios, buscando alterar o modelo antigo para implementar um novo, mas sem que isto represente um afastamento da realidade, razão pela qual procura ser seletiva em determinadas atuações ou atua de forma gradual, seguindo esquemas participativos.

- Nessa linha de mudanças e de agilização das próprias mudanças, passou-se a se redefinir o papel do Estado, procurando-se um formato de atuação que pudesse atender com maior eficiência a sobrecarga de demandas a ele dirigidas, sobretudo na área social. Junto a esse fator histórico, agrega-se um verdadeiro descontrole fiscal experimentado pela grande maioria dos países no mundo, que passaram a apresentar redução nas taxas de crescimento econômico, aumento do desemprego e elevados índices de inflação. Portanto, o Estado passou a ter dificuldades para administrar as crescentes expectativas da população, consoante a sua função de promover o bem-estar do cidadão.

- Assim, mesmo com os vários fatores, especialmente o desenvolvimento tecnológico e a globalização da economia mundial, que estão produzindo alterações no mundo de hoje, o Estado continua como um organismo essencial para o estabelecimento do bem-estar do cidadão e fator de regulação da economia, com poderes para fixar elementos de proteção do homem a despeito de grupos ou corporações. Contudo, para o próprio Estado impõe-se uma delimitação de sua ação, no sentido de evitar que a mesma extrapole o objetivo da função estatal e passe a executar ações em desatendimento dos interesses coletivos, inclusive no que tange a atividade financeira do Estado, propiciando um controle sobre o gerenciamento fiscal.

- No Estado moderno, logicamente desde que estruturado em bases democráticas e de direito, um dos principais fatores de controle do gerenciamento fiscal é o da transparência fiscal. A transparência motiva às autoridades públicas para um comportamento de maior responsabilidade para os atos de governo, resultando em adoção de políticas fiscais mais confiáveis, reduzindo a possibilidade de ocorrência de crise ou da gravidade das crises.

- Portanto, a transparência é o mais novo e importante elemento de governabilidade do Estado, passando a constituir-se também em *princípio orçamentário*, na medida em que o processo orçamentário é fator essencial para a gestão fiscal. É este procedimento, de recentíssima incorporação ao direito financeiro, que auxilia na reconstrução da administração de todo o sistema fiscal. A transparência fiscal tornou-se fator imprescindível ao planejamento e execução orçamentária, bem como a sua respectiva prestação de contas.

- Diante dessa importância da transparência, da qual decorre um processo de abertura e a consequente participação popular, existem vários impulsos jurídicos, democráticos e econômicos para a sua consolidação. No aspecto jurídico-legal, inclusive no que se refere à reforma orçamentária e fiscal que emerge no final do século XX e início do século XXI, muitos direitos passaram a ser regulados em textos legais, com vista a assegurar uma real transparência e abertura da Administração, com participação do cidadão nas questões decisórias que envolvem o interesse público.

- Pela relevância desse novo instituto de Direito Financeiro – a transparência –, o exame da legislação que promove a regulação dos direitos e deveres relativos à transparência orçamentária e fiscal torna-se muito importante, razão pela qual chama-se atenção para os aspectos jurídico-legais relativos ao que tem sido chamado de responsabilidade orçamentária e fiscal, tendo como exemplo a legislação brasileira (Lei Complementar nº 101/2000 – lei de responsabilidade fiscal) e espanhola (Lei 18/2001, 12 dezembro – Lei Geral de Estabilidade Orçamentária e Lei 47/2003, 26 de novembro – Geral Orçamentária).

- Portanto, pelo o estudo realizado, não resta dúvida sobre a existência de um redesenho do Estado contemporâneo, onde está configurado um novo formato de natureza pluralista, transparente e participativa, fazendo surgir uma Nova Administração Pública, com novas concepções interpretativas de princípios administrativos, bem como estabelecendo a necessidade de realização de Reforma Orçamentária e Fiscal, no sentido de ser alcançado um equilíbrio entre receita e despesa, para implantação de um desenvolvimento sustentável.

- Estando o Estado contemporâneo formatado em nova concepção, fazendo surgir uma nova Administração Pública, necessitando de uma ação mais eficiente e eficaz, na medida em que precisa gerenciar uma grande soma de recursos financeiros para atendimento das necessidades do cidadão, por decorrência, deve ser estruturado um sistema de controle sobre toda essa atuação do Estado e da Administração

Pública, no sentido de que a aplicação dos recursos financeiros ocorra de maneira boa e adequada ao interesse público.

- Por esse motivo, o controle está associado ao Poder do Estado e por poder ele interferir nos direitos fundamentais do cidadão, deve ter anteparo e compatibilização normativa constitucional para o seu exercício. Este atrelamento do controle ao Poder, significa dizer que o Poder Político, como atributo essencial da comunidade política, refere--se à capacidade do Estado, concebida como meio, para conseguir o seu objetivo: o bem comum.

- Desse modo, considerando os fundamentos apresentados pelos doutrinadores, pode-se afirmar que a função de controle do poder foi estruturada no Estado moderno, quando se consolidou como uma das principais características do Estado de Direito. No Estado de Direito a Administração está vinculada ao cumprimento da lei e ao atendimento do interesse público – atendimento ao principio da legalidade e à supremacia do interesse público – por isso, para eficácia dessa exigência, torna-se imperativo o estabelecimento de condições que verifiquem, constatem e imponham o cumprimento da lei para o atendimento do interesse coletivo, com a finalidade de ser evitado o abuso de poder. A isso se chama controle da Administração Pública.

- No Estado contemporâneo houve uma valorização dos sistemas de controle, especialmente no âmbito público, com uma ampliação das formas de exercício do controle. Trata-se de uma atividade que envolve todas as funções do Estado, estando direcionada para o estabelecimento e a manutenção da regularidade e da legalidade administrativa, que procede a uma avaliação no sentido de evitar erros e distorções na ação estatal, buscando indicar procedimentos de reorientação para as falhas detectadas ou agindo na responsabilização dos agentes causadores dessas impropriedades legais que ocasionam prejuízos à coletividade.

- Assim, quem administra tem o dever de prestar contas de sua administração e de responder por seus atos, circunstâncias que trazem implícita a ideia de controle. Para que se possa ter uma noção exata e compreensiva do sistema de controle, torna-se necessário examinar a sua estrutura e funcionamento, o que certamente não é fácil, tendo em conta que os muitos tipos de sociedades e culturas orientam a formação das várias formas de constituir o controle.

- Porém, de um modo geral, pode-se dizer que a função controle, constitui, de forma indubitável, uma função complementar. O Controle envolve uma função paralela à da administração ativa. Como a função consultiva consiste em autotutela apriorística complementar à administração ativa, nos aspectos de legitimidade e legalidade, a função controle significa supervisão complementar à da administração ativa, nos aspectos de legalidade e mérito.

- Assim, sendo o controle uma atividade complementar, que tem a finalidade de avaliar a atuação administrativa, consoante um conjunto de normas e princípios, visando a estabelecer ou manter a regularidade e a legalidade da Administração, não pode ele, independentemente do tipo ou natureza do controle ou órgão que o executa, fazer às vezes do administrador, substituindo a Administração na sua função ativa de realizar as tarefas de sua finalidade. Controle não administra. A sua função é fiscalizar, avaliar, detectar erros e falhas e responsabilizar a Administração, mas jamais tomar o seu lugar. Controle que substitui a Administração pratica abuso de poder, com desvio de finalidade na sua atuação controladora.

- Tendo em conta os poderes de fiscalização e correção que o controle tem sobre os órgãos da Administração Pública, conforme o seu grau de precedência e amplitude, o mesmo é exercido por meio de várias espécies. Assim, conforme o controle é exercido – sobre os próprios atos; do Legislativo sobre os atos do Executivo; do Judiciário sobre os atos dos demais Poderes; da população sobre os atos do Poder Público em geral; sobre os atos de execução orçamentária – ele pode ser caracterizado como controle administrativo, controle legislativo, controle judicial, controle social ou de fiscalização sobre a execução orçamentária.

- O Controle é fator preponderante e indispensável para manter a regularidade da aplicação das normas no Estado Democrático de Direito, verificar a aplicação da exigência de prestação de contas dos agentes públicos e exercer um efetivo combate à corrupção.

- Consoante essas exigências de controle sobre o Poder Público, surgiu um novo tipo de controle o controle social. O controle social é instituto inovador do Estado contemporâneo, que decorre da transparência e da participação popular. Dessa forma, o controle social é fator de implementação no Estado do século XXI, que busca fortalecer o redesenho do Estado Democrático de Direito, mediante um novo tipo de Administração Pública, com participação e controle do cidadão.

- Portanto, na atualidade, consoante o Estado Democrático de Direito em que se constituem os Estados brasileiro e espanhol, nos termos das suas Constituições e das legislações infraconstitucionais, é possível a prática do controle social sobre os atos da Administração

Pública, direcionando-se, também, para os aspectos de política fiscal, sendo a transparência e a participação popular elementos fundamentais para o seu exercício, uma vez que envolve princípio legal que proporciona ao cidadão em geral condições efetivas de participação e fiscalização no processo orçamentário, dando-lhe condições para propor, acompanhar, avaliar e controlar a ação dos Gestores Públicos.

- No Entanto, o controle social exercido pelo cidadão não se esgota em si mesmo, nem possui a função de substituir o controle institucional regulado constitucionalmente. O controle social é complementar ao controle institucional e depende deste último para ter eficácia. O controle social, para fazer valer as suas constatações contra irregularidades praticadas pelo Poder Público, deve buscar a própria Administração para correção das falhas encontradas, representar aos integrantes do sistema de controle interno, denunciar os fatos ao Tribunal de Contas ou representante do Ministério Público.

- Nesse contexto, fica perfeitamente demonstrado que o controle social não se sobrepõe nem exclui os demais controles, especialmente o institucional, porque necessita deste último para ter eficácia. O exercício do controle social é independente e universal, mas não produz resultados unicamente pela sua ação, ele depende do controle institucional para fazer valer as suas constatações. Assim, o controle social deve ser considerado um aliado do controle institucional, devendo ter uma atuação conjugada com o controle institucional.

- Corrupção é um tema muito complexo, revelando-se como um fenômeno social, político e principalmente econômico, que atinge a todos os países do mundo, independentemente do seu grau de desenvolvimento.

- Corrupção, por sua natureza jurídica, é um meio ilícito de exercer influência nas decisões públicas, envolvendo servidor ou autoridade pública, com favorecimento pessoal ou de terceiro, causando sérios prejuízos ao interesse público e desgastando um dos mais importantes fatores da estrutura do sistema público, a sua legitimidade.

- São várias as formas de manifestação da corrupção, as quais atingem a todos os Poderes do Estado, em todas as suas esferas administrativas, envolvendo os três níveis da ação administrativa: elaboração, decisão e execução, com alcance tanto dos setores que tratam da arrecadação da receita quanto da execução da despesa.

- Por todas as circunstâncias de manifestação da corrupção, com a abrangência que atinge a estrutura estatal, trata-se de um mal que arruína e avilta o desenvolvimento dos países, resultando num enorme prejuízo que ocasiona o sacrifício dos cidadãos, na medida em que impõe a sustentação de um dano econômico e moral que advém desse comportamento desonesto de algumas autoridades e servidores públicos.

- Tendo em conta a natureza complexa da corrupção, torna-se necessário, mediante pesquisas e análises empíricas, identificar as causas básicas de sua ocorrência, no sentido de serem traçadas estratégias de combate à sua continuidade, entre as quais, invariavelmente, devem constar ações para o estabelecimento de uma boa governança.

- Como o acontecimento da corrupção ocorre de acordo com as peculiaridades e cultura de cada país, assumindo vários tipos e padrões diferentes, variando nas suas causas institucionais, as estratégias que envolvem as prioridades das reformas para obtenção de sucesso no seu combate devem ser específicas para cada país.

- Embora as prioridades de combate à corrupção devam ser específicas para cada país, existem fatores estratégicos aplicáveis em qualquer circunstância local: fortalecimento do Estado de Direito; fortalecimento da transparência governamental como o elemento central do combate à corrupção, fortalecendo-se a liberdade individual e de imprensa, com o estabelecimento da obrigatoriedade e responsabilidade de serem prestadas contas à sociedade, produzindo-se fusão da informação com a ação, ação por parte das autoridades públicas, dos cidadãos, de empresas e de organizações não governamentais, enfim de toda a sociedade.

- O combate à corrupção deve se pautar por uma ação integrada dos organismos internacionais e nacionais, envolvendo países, governos, organizações públicas e privadas, organizações não governamentais, empresas e cidadãos, num esforço conjunto de combater não só o corrupto como também o corruptor, pois quem corrompe é partícipe da corrosão estatal que prejudica toda a sociedade. Além do mais, quem corrompe hoje tem a tendência de ser o corrompido de amanhã, formando um ciclo que desfavorece e denigre qualquer nação.

REFERÊNCIAS

AGUILLAR, Fernando Herren. *Controle Social de Serviços Públicos*. São Paulo: Max Limonad, 1999.

ALFARO, Luis H. Contreras. *Corrupción y Principio de Oportunidad Penal* – alternativas en materia de prevención y castigo a la respuesta penal tradicional. Salamanca: Ratio Legis Libreria Jurídica, 2005.

ALFONSO, Luciano Parejo. *Lecciones de Derecho Administrativo*. 2. ed. rev. atual. Valencia: Tirant lo Blanch, 2008.

ARAGÃO, Alexandre Santos de, "*A Supremacia do Interesse Público no Advento do Estado de Direito e na Hermenêutica do Direito Público Contemporâneo*", in "*Interesses Públicos versus Interesses Privados: Desconstruindo o Princípio da Supremacia do Interesse Público*". Organizador: Daniel Sarmento. Rio de Janeiro: Lumen Juris, 2005.

ARAGÃO, Cecília Vescovi de. *Burocracia, Eficiência e Modelos de Gestão Pública: Um Ensaio*. Revista do Serviço Público, ano 48, Brasília, nº 3, set-dez 1997.

ARAGÓN, M. *El control como elemento inseparable del concepto de Constituición*. REDC, nº 19, 1987.

ARANGUREN, Juan-Cruz Alli. *Los paradigmas de la legalidad y la justicia en el Derecho Administrativo francés*. Navarra, ES: Universidad Pública de Navarra, 2008.

_____. *Derecho Administrativo y Globalización*. Madrid: Civitas Ediciones, SL, 2004.

_____. *La construción del concepto de Derecho Administratio Español*. Navarra, ES: Editorial Arazandi, SA, 2006.

ARTOLA, Miguel. *Constitucionalismo en la historia* Barcelona: Critica, 2005.

ASENSIO, Rafael Jiménez. *El constitucionalismo* – Processo de Formación y Fundamentos del Derecho Constitucional. 3. ed. Madrid: Marcial Pons, Ediciones Jurídicas Y Sociales, S. A., 2005.

ASSIS, José Carlos de. *A dupla face da corrupção*. Rio de Janeiro: Paz e Terra, 1984.

ATTALI, Jacques. *Dicionario del Siglo XXI*. Tradução de Godofredo Gonzáles. Barcelona: Ediciones Paidós Ibérica, S. A., 1999.

_____. *Y después de la crisis qué...? Propuestas para una nueva democracia mundial*. 1 ed. Tradução de Heber Ostrovieski. Barcelona: Gedisa, 2009.

ATIENZA, M; MANERO, J R.: Sobre princípios e reglas. *Doxa*: Cuadernos de Filosofia del Derecho, n. 19, 1991.

AUBENAS, Florence; BENASAYAG, Miguel. *A Fabricação da Informação*. Tradução de Luiz Roanet. São Paulo: Loyola, 2003.

AUBY, Jean-Bernard. Globalización y descentralización. *Revista de Administración Pública*, n. 180, set./dez. 2009.

ÁVILA, Humberto. Repensando o 'Princípio da Supremacia do Interesse Público sobre o Particular. In: SARMENTO, Daniel. (Org.). *Interesses Públicos versus Interesses Privados*: Desconstruindo o Princípio da Supremacia do Interesse Público. Rio de Janeiro: Lumen Juris, 2005.

AVRITZER, Leonardo et al. *Corrupção: ensaios e críticas*. Belo Horizonte: Ed. UFMG, 2008.

AZAMBUJA, Darcy. *Teoria Geral do Estado*. 4. ed. Porto Alegre: Globo, 1963.

BALLBÉ, Manuel. El futuro del Derecho Administrativo en la globalización: entre la americanización y la europeización. *Revista de Administración Pública*, n. 174, set./dez. 2007.

BANCO MUNDIAL: PROGRAMA DE GASTO PÚBLICO Y RENDICIÓN DE CUENTAS – PEFA – *Gestión de las finanzas públicas*: Marco de referência para la medición del desempeño. jun. 2005. Disponível em: <http://www.pefa.org>. Acesso em:16 dez. 2008.

BANDEIRA DE MELLO, Celso Antônio. *Curso de Direito Administrativo*. 19. ed. São Paulo: Malheiros, 2005.

BAQUER, Lorenzo Martín-Retortillo. El orden europeo e interno de los derechos fundamentales y su protección jurisdiccional. *Revista de Administración Pública*, n. 165, set./dez. 2004.

BAQUER, Sebastian Martin-Retortillo. *El Derecho Civil en la genesis del Derecho Administrativo y de sus Instituciones*. Madrid: Editorial Civitas, 1996.

BÁSCONES, Jesús Lópes-Medel. El objeto del proceso contencioso-administrativo. *Revista Española de Derecho Administrativo*, n. 115, jul./set. 2002.

BATISTA, Antenor. *Corrupção*: Fator de Progresso? Violento, avaro, corrupto e compulsivo sexual, eis, em tese, a natureza do homem. Repensando a Ética. 6. ed. atual. São Paulo: Juarez de Oliveira, 2005.

BERTOLDI, Marcelo M (Coord.). et al. *Reforma da Lei das Sociedades Anônimas* – Comentários à Lei 10.303, de 31.10.2001. 2. ed. rev. São Paulo: Revista dos Tribunais, 2002.

BINENBOJM, Gustavo. *Da Supremacia do Interesse Público ao Dever de Proporcionalidade*: Um novo paradigma para o Direito Administrativo. In: SARMENTO, Daniel (Org.).: *Interesses Públicos versus Interesses Privados*: Desconstruindo o Princípio da Supremacia do Interesse Público. Rio de Janeiro: Lumen Juris, 2005.

_____. *O sentido da vinculação administrativa à juridicidade no direito brasileiro"*, in *"Direito Administrativo e seus novos paradigmas*. ARAGÃO, Alexandre Santos de; MARQUES NETO, Floriano de Azevedo (Coords.). Belo Horizonte: Fórum, 2008.

BLANQUER, David. *Curso de Derecho Administrativo II* – El fin y los médios – Teoría y práctica. Valencia: Tirant lo Blanch, 2006.

_____. *Curso de Derecho Administrativo III* – El fundamento y el control – Teoría y práctica. Valencia: Tirant lo Blanch, 2006.

BOBBIO, Norberto. *Direito e Estado no Pensamento de Emanuel Kant*. Tradução: Alfredo Fait. Brasília: Ed. UnB, 1997.

_____. *Estado, Governo, Sociedade*. Rio de Janeiro: Paz e Terra, 1995.

_____. *As ideologias e o poder em crise*. 4. ed. Tradução de João Ferreira. Brasília: Ed. UnB, 1999.

_____. *Dalla Struttura allá funzione*. Milano: di Comunità, 1977.

_____. *O futuro da Democracia: uma defesa das regras do jogo.* Tradução de Marco Aurélio Nogueira. Rio de Janeiro: Paz e Terra, 1986.

_____. *Teoría General de la Política.* Tradução de Antonio de Cabo e Gerardo Pisarello Prado. Edição exclusiva para Espanha. Madrid: Editorial Trotta, 2003.

_____. *Teoria do ordenamento jurídico.* Tradução de Maria Celeste Cordeiro Leite dos Santos. 9. ed. Brasília: Ed. UnB, 1997.

BONAVIDES, Paulo. *Curso de Direito Constitucional.* 16. ed. atual. São Paulo: Malheiros, 2005.

_____. *Do Estado Liberal ao Estado Social.* 5. ed. rev. ampl. Belo Horizonte: Del Rey, 1993.

_____. *Teoria Constitucional da democracia participativa: por um direito constitucional de luta e resistência por uma nova hermenêutica por repolitização da legitimidade.* 2. ed. São Paulo: Malheiros, 2003.

_____. *Teoria do Estado.* 5. ed. rev. ampl. São Paulo: Malheiros, 2004.

_____; MATTEUCCI, Nicola; PASQUINO, Gianfranco. *Dicionário de Política.* 12. ed. Tradução de Carmen C. Varriale *et al.* Brasília: Ed.UnB, 1999, v. 1, 2.

BULOS, Uadi Lammêgo. *Constituição Federal Anotada.* 3· ed. rev. atual. São Paulo: Saraiva, 2001.

CACIAGLI, M.; *Clientelismo, corrupción y criminalidad organizada.* Madrid: Centro de Estudios Constitucionales, 1996.

CAETANO, Marcelo. *Princípios fundamentais do Direito Administrativo.* Rio de Janeiro: Forense, 1989.

CÂMARA MUNICIPAL DE MADRID. GUIA DE BOAS PRÁTICAS PARA A GESTÃO FINANCEIRA LOCAL. Programa URB-AL, de cooperação entre a União Européia e a América Latina.

CAMPO, Tomás Cano. La analogia en el Derecho Administrativo Sancionador. *Revista Española de Derecho Administrativo,* n. 113, jan./mar. 2002.

CAMPOS, Anna Maria. Accountability: quando poderemos traduzi-la para o português?. In: JABBRA, Joseph G; Dwivedi, O. P. *Public service accountability*: a comparative perspective. West Hartfird: Kumarian Press, 1988.

CAMPS, Jordi Lópes; CARRERA, Albert Gadea. *Una Nueva Administración Pública – estrategias y métodos para mejorar la calidad y la eficiencia del e-govierno.* Bilbao: Instituto Vasco de Administración Pública; Osiati, 2001.

CANOTILHO, J.J. Gomes; VITAL, Moreira. *Constituição da República Portuguesa Anotada.* 1. ed. São Paulo: Revista dos Tribunais, 2007.

_____. *Direito Constitucional e teoria da Constituição.* 7. ed. Coimbra: Almeida, 2000.

CAPARRÓS, Eduardo Fabián. *La corrupción de agente público extrajero e interncacional.* Segunda prova do concurso para professor Titular da Faculdade de Direito da Universidade de Salamanca. Salamanca, 2002.

_____. La corrupción de los servidores públicos extranjeros e internacionales (Anotaciones para un Derecho penal globalizado), In: GARCIA, Nicolá Rodríguez; CAPARRÓS, Eduardo Fabián (Coords.). *La corrupción en un mundo globalisado*: análisis interdiciplinar. Salamanca: Ratio Legis, 2004.

CASCÓN, Fernando Carbajo. Corrupción Pública, Corrupción Privada y Derecho Privado Patrimonial: Una relación instrumental. Uso perverso, prevención y represión. In: GARCIA, Nicolá Rodríguez; CAPARRÓS, Eduardo Fabián (Coords.). *La Corrupción en un mundo globalizado:* Análisis Interdisciplinar. Salamanca: Ratio Legis, 2004.

CASSAGNE, Juan Carlos. *Derecho Administrativo.* 8. ed. Buenos Aires, 2006. 2. v.

CASSESE, Sabino. As transformações do Direito Administrativo do século XIX ao XXI. *Revista Interese Público,* Porto Alegre, ano 5, n. 24, mar./abr. 2004.

CASTIELLA, Yñigo Del Grayo. La regulación económica como alternativa. *Revista Española de Derecho Administrativo,* n. 130, abr./jun. 2006.

CATALÁ, Joan Prats. Las transformaciones de las administraciones públicas de nuestro tiempo. In: MORENO, Fernando Sáinz (Dir.). *Estudios para la Reforma de la Administración Pública.* Madrid: Intituto Nacional de Administração Pública, 2005.

CAYÓN, José Inacio Solar. *Política y Derecho en la era del New Doal.* Del formalismo al pragmatismo jurídico. Madrid: Dykinson, 2002.

CHÂTELET, François; DUHMEL, Olivier; PISIER-KOUCHNER, Evelyne. *História das Idéias Políticas.* Tradução de Carlos Nelson Coutinho. Rio de Janeiro: Jorge Zahar, 2000.

CENSIO, Jorge Silva. El control de la Administración. *Revista de Direito Público,* n. 39-40, jul./dez. 1976.

CINTRA, Antonio Carlos A.; GRINOVER, Ada Pellegrini; DINAMARCO, Candido Rangel. *Teoria Geral do Processo.* 21. ed. São Paulo: Malheiros, 2004.

CITADINI, Antonio Roque. *O Controle Externo da Administração Pública.* São Paulo: Max Limonad, 1995. p. 12.

COMA, Martin Bassolls. Los principios del Estado de Derecho y su aplicación a la Administración en la Constitución. *Revista de Administración Pública,* 1978. 3. v.

CONTI, José Maurício, *"Princípios Tributários da Capacidade Contributiva e da Progressividade".* São Paulo: Dialética, 1997.

CÓRDOBA, Amador Elena. Fortalecimiento de la posición del ciudadano. In: MORENO, Fernando Sáinz (Dir.). Estudios para la Reforma de la Administración Pública. reimp. Madrid: Intituto Nacional de Administração Pública, 2005.

COTRIM NETO. A. B. Código de Processo Administrativo – sua necessidade, no Brasil. *Revista de Direito Público – RDP,* São Paulo, n. 97, ano 19, p. 34-44, out./dez. 1986.

CLÈVE, Clémerson Merlin. *Atividade Legislativa do Poder Executivo no Estado Contemporâneo e na Constituição de 1988.* São Paulo: Revista dos Tribunais, 1993.

C.R. Sunstein. *Free Markts and Social Justice.* New York: Oxford University Press, 1997.

CRETELLA JÚNIOR, José. *Tratado de Direito Administrativo.* Rio de Janeiro: Forense, 1972, 10. v.

_____. *Prática do processo administrativo.* 2. ed. São Paulo: Revista dos Tribunais, 1998. p. 20.

DALLARI, Dalmo de Abreu. *Elementos da Teoria Geral do Estado.* 21. ed. Atual. São Paulo: Saraiva, 2000.

_____. *O futuro do Estado.* 2. ed. São Paulo: Saraiva, 2007.

DENNINGER, Erhard; GRIMM, Dieter. *Derecho Constitucional para la sociedad multicultural*. Tradução de Ignacio Gutiérrez Gutiérrez. Madrid: Editorial Trotta, 2007.

DEODATO, Alberto. *Manual de Ciência das Finanças*. 8. ed. São Paulo: Saraiva, 1963.

DÍAS, Andréz Fernández. Puede hablarse de uma economía del control? *Revista Española de Controle Externo*, v. 1, n. 1, jan. 1999.

DÍAZ, Elías. *Estado de Derecho y sociedad democrática*. Madrid: Cuadernos para el Diálogo, 1973.

_____. *Legalidad e Legitimidad en el socialismo democrático*. Madrid: Civitas, 1978.

_____. *De la Institución a la Constitución. Política y cultura en la España del siglo XX*. Madrid: Editorial Trotta, 2009.

DIAS, Maria Tereza Fonseca. *Direito Administrativo*. Pós-moderno. Belo Horizonte: Mandamentos, 2003.

DÍEZ-PICAZO, L.M. *El poder de acusar:* Ministerio Fiscal y constitucionalismo. Barcelona: Ariel, 2000.

_____. *La criminalidad de los gobernantes*. Barcelona: Crítica, 2000.

_____. Luis. *Experiencias jurídicas y teoría del derecho*. 3. ed. corregida y puesta al día. Barcelona:1999.

DINIZ, Márcio Augusto Vasconcelos. *Constituição e Hermenêutica Constitucional*. Belo Horizonte: Mandamentos, 1998.

DIPPEL, Horst. *Constitucionalismo moderno*. Tradução de Clara Álvarez Alonso e María Salvador Martínez. Madrid: Marcial Pons, 2009.

DOORGAL DE ANDRADA, Antonio Carlos. *Computocracia:* o déficit democrático da globalização. Belo Horizonte: Armazém de idéias, 2007.

DROMI, Roberto. *Modernización del Control Público*. Madrid: Hipania Libros, 2005.

_____. *Prerrogativas y Garantias Administrativas*. 2ª parte. Católica de Tucuman, 1979.

ERBITI ZABALDA, F. Los estudios de opinión sobre las instituciones de control: La experiencia de la Cámara de Navarra. Auditoría Pública, n. 37, 2005, p. 37-44.

EUBEN, Peter. Corruption. In: BALL, T; FARR, I; HANSON, R. (comps.). *Political Innovation and Conceptual Change*. Cambridge, UK: Cambridge University Press, 1989.

FAIREN GUILLÉN, V. *El Defensor del Pueblo:* Ombudsman. Parte General. Madrid: Centro de Estudios Constitucionales, 1982. t. 1

FALLA, Fernando Garrido. con la colaboración de Alberto Palomar Olmeda e Herminio Losada Gonzalez, *Tratado de Derecho Administrativo*. v. 1. Parte General. 14. ed. Madrid: Tecnos, 2005.

_____. *Reflexiones sobre una recosntrución de los limites formales del Derecho Administrativo español*. Madrid: Instituto Nacional de Administración Pública, 1982.

FAGUNDES, Seabra. *O Controle dos Atos Administrativos pelo Poder Judiciário*. 1. ed. 1941.

FARRERES, Germán Fernández. Los Códigos de buen gobierno de las admnistraciones públicas. *Revista Fórum Administrativo – Direito Público – FA*. ano 1, n. 1, mar. 2001. Belo Horizonte: Fórum, 2001.

_____. *Administraciones instrumentales.* In: MORENO, Fernando Sáinz (dir.). *Estudios para la reforma de la Administración Pública.* reimp. Madrid: Instituto Nacional de Administración Pública, 2005

_____. *Corporaciones de Derecho Público.* In: MORENO, Fernando Sáinz (dir.). *Estudios para la reforma de la Administración Pública.* reimp. Madrid: Instituto Nacional de Administración Pública, 2005.

_____. *¿Hacia una nueva doctrina constitucional del Estado Autonómico?* Madrid: Thomson-Civitas, 2008.

FÉDER, João. *Erário: o dinheiro de ninguém.* Curitiba: Tribunal de Contas do Paraná, 1997.

FERNÁNDEZ, Carlos Castresana. *Corrupción, globalización y delincuencia organizada.* In: GARCIA, Nicolá Rodríguez; CAPARRÓS, Eduardo Fabián (coords.).; *La corrupción en un mundo globalisado:* análisis interdiciplinar. Salamanca: Ratio Legis, 2004.

FERNÁNDEZ TORRES, J. R. *Las transformaciones de la justicia administrativa:* de excepción singular a la plenitud jurisdiccional. ¿Un cambio de paradigma? Madrid: Thomson-Civitas, 2007.

FERNÁNDEZ-VICTORIO I CAMPS, S., *El controle de la actividad financiera de la Administración Pública.* Madrid: Instituto de Estudios Fiscales, 1977.

FERLIE, Ewan; ASHBURNER, Lynn; FITZGERALD, Louise; PETTIGREW, Andrew. *A nova Administração Pública em ação.* Tradução de Sara Rejane de Freitas Oliveira. Brasília: Ed. UnB; ENAP, 1999.

FERRAJOLI, Luizi. *La soberanía en el mundo moderno.* Tradução de Carlo Coccioli. São Paulo: Martins Fontes, 2002.

FERRAZ, Luciano de Araújo. *Controle da Administração Pública* – Elementos para a compreensão dos Tribunais de Contas. Belo Horizonte: Mandamentos, 1999.

FERREIRA, Luis Pinto. *Curso de Direito Constitucional.* 3. ed. ampl. atualizada. São Paulo: Saraiva, 1974.

FERREIRA FILHO, Manoel Gonçalves. A Revisão da Doutrina Democrática. *Cadernos de Direito Constitucional e Ciência Política.* São Paulo, n. 1, 1992.

FILGUEIRAS, Fernando. *Corrupção, Democracia e Legitimidade.* Belo Horizonte: Ed. UFMG, 2008.

_____. *Marcos Teóricos da Corrupção.* In: AVRITZER, Leonardo *et al.* (org.). *Corrupção:* ensaios e críticas. Belo Horizonte: Ed. UFMG, 2008.

FIORAVANTI, Maurizio; *Constituición* – de la antigüedad a nuestro días. Tradução de Manuel Martínez Neira. Madrid: Trotta, 2001.

FLORES PRADA, I. *El Ministerio Fiscal en España.* Valencia: Tirant lo Blanch, 1999.

FONDO MONETARIO INTERNACIONAL. *Código de buenas prácticas de transparencia fiscal.* 2007. Disponível em: <http://www.imf.org>. Acesso em: 16 dez. 2008.

FONT i LLOVET, Tomás. Algunas Funciones de la idea de participación. *Revista Española de Derecho Administrativo,* n. 45, jan./mar. 1985.

FORSTHOFF, Ernest. *Stato di diritto in trasformazione.* Milano: Giufrè, 1973.

FRANÇA, Phillip Gil. O Controle da Administração Pública e sua efetividade no Estado Contemporâneo. *Interesse Público,* Belo Horizonte, ano 9, n. 43, maio/jun. 2007.

FRANCO SOBRINHO, Manoel de Oliveira. *O princípio Constitucional da moralidade administrativa* 1. ed. Curitiba, 1993.

FREITAS, Juarez. O Controle Social do Orçamento Público. *Interesse Público*, Sapucaia do Sul, ano 3, n. 11, jul./set. 2001.

_____. *Discricionariedade Administrativa e o Direito Fundamental à Boa Administração Pública*. São Paulo: Malheiros, 2007.

_____. *O controle dos atos administrativos e os princípios fundamentais*. 3. ed. rev. ampl. São Paulo: Malheiros, 20040.

FUNDACIÓN ALTERNATIVAS. Informe sobre la democracia en España/2007. La estrategia de la crispación. Disponível em: <http://www.falternativas.org/en/laboratory/documentos/documentos-de-trabajo/informe-sobre-la-democracia-en-espana-2007-la-estrategia-de-la-crispacion-version-en-espanol>.

FUNDO MONETÁRIO INTERNACIONAL. *Código de Boas Práticas em Transparência fiscal*. Disponível em: <http://www.imf.org/external/np/fad/trans/por/manualp.pdf>.

F.VALLÉS. La garantía constitucional del ejercicio independiente del controlexterno del gasto público. *Revista de Auditoría Pública*, n. 28, jan. 2003.

GABARDO, Emerson. Princípio Constitucional da Eficiência Administrativa. São Paulo: Dialética, 2002.

GALBRAITH, John Kenneth. *Capitalismo americano* – o conceito do poder compensatório. Tradução Clara A Colotto. Osasco: Novo Século, 2008.

_____. *Una Sociedad mejor*. Barcelona: Crítica, 1996.

GARCÉS SANAGUSTIN, M.; *La estabilidad presupuestaria en el Derecho español*. Ministerio de Hacienda: Instituto de Estudios Fiscales, Madrid, 2004.

GARCÍA CRESPO, M., *El control de la gestión pública por el Tribunal de Cuentas"*, RECE, nº 3, 1999.

_____. *El control del gasto público en Europa:* La coordinación de la auditoría pública en la Unión Europea. Ministerio de Economía y Hacienda: Instituto de Estudios Fiscales, Madrid, 2005.

GARCIA, Emerson. *Ministério Púbico* – Organização, Atribuições e Regime Jurídico. Rio de Janeiro: Lúmen Júris, 2004.

_____. *Ministério Público* – Organização, Atribuições e Regime Jurídico. Rio de Janeiro: Lúmen Júris, 2004.

GARCÍA DE ENTERRÍA, Eduardo; FERNÁNDES, Tomás-Ramón. *Curso de Derecho Administrativo*. 14. ed. v. 1. Navarra: Aranzadi, 2008.

GARCIA DE ENTERRÍA, Eduardo. *Revolución Francesa y Administración Contemporánea*. 4. ed. Madrid: Civitas, 1994, reimpresión, 2005.

_____. Sobre la forma del Derecho Administrativo Español Contemporáneo. *Revista de Administración Pública*, n. 174, set./dez. 2007.

_____."*La formación y el desarrollo en Europa de la jurisdición contencioso-administrativa. Su adquisición definitiva de un status de jurisdición plena y efectiva*", Revista de Administración Pública nº 179, mayo/agosto de 2009.

_____. *Democracia, Jueces y Control de la Administración*. 5. ed. Madrid: Civitas, 2000.

_____. *Revolución Francesa y Administración contemporánea*. 4. ed. *reimp*. Madrid: Thomson-Civitas, 1994.

_____. Reflexiones sobre la ley y los principios generales del Derecho Administrativo. *RAP*, n. 40, p. 189 et seq.

_____.*La Constitución como norma y el Tribunal Constitucional*. 4. ed. Madrid: Civitas, 2006.

GARCIA, José Eugenio Coriano. *Desregulación, privatización y Derecho Administrativo*. Publicaciones del Real Colegio de España. Zaragoza: Cometa, 1993.

GARCÍA, Ramon Álvarez de Miranda. Ponencia presentada en la Mesa Redonda sobre la Fiscalización del Tribunal de Cuentas. *RECE*, n. 12, 2002.

GARCIA PELAYO, Manuel. *Las transformaciones del Estado contemporáneo*. 3. ed. Madrid: Alianza, 1987.

GARCÍA-QUINTANA, C. Albiñana. *La función fiscalizadora del Tribunal de Cuentas*. en Dirección General de lo Contencioso del Estado, 1982.

_____. *Naturaleza del control financiero en la Administración Pública*. REDF, n. 36, 1982.

GASPARINI, Diogenes. *Direito Administrativo*. 10. ed. rev. atual. São Paulo: Saraiva, 2005.

GETTEL, Raymond G. *História da Idéias Políticas*. Tradução de Eduardo Salgueiro. Coleção Ciências Sociais. Rio de Janeiro: Alba, 1941.

GIANINI, Massimo Severo. *Derecho Administrativo*. 1 ed. Madrid: Ministério para las Administraciones Públicas, 1991.

_____. *Premisas sociológicas e históricas del Derecho Administrativo*. 1. ed. Madrid: Instituto Nacional de Administración Pública, 1980.

GIANOTTI, José Arthur. *Moralidade pública e moralidade privada*. In: NOVAES, Adauto. (Org.). *Ética*. São Paulo: Cia. Das Letras, 1992.

GILPIN, Robert. *Economia Política das relações internacionais*. Brasília: Ed. Brasília, 2002.

GISBERT, Rafael Bustos. *La Responsabilidad Política del Gobierno:Realidad o Ficción?* Madrid: Editorial COLEX, 2001.

_____. *La Constituón Red:* Un Estudio sobre supraestatalidad y Constitución. Bilbao: Instituto Vasco de Administración Pública, 2005, p. 188-189.

_____. *La recuperación de la responsabilidad política en la lucha contra la corrupción de los gobernantes: una tarea pendiente*., In: GARCIA, Nicolá Rodríguez; CAPARRÓS, Eduardo Fabián. (coords). *La corrupción en un mundo globalisado:* análisis interdiciplinar. Salamanca: Ratio Legis, 2004.

GÓMEZ, Carmen Rodríguez. *La corrupción en un mundo globalizado: análisis interdisciplinar*. In: GARCIA, Nicolá Rodríguez; CAPARRÓS, Eduardo Fabián. (coords.). *La corrupción en un mundo globalisado:* análisis interdiciplinar. Salamanca: Ratio Legis, 2004.

GÓMEZ SÁNCHEZ, Y. *El Tribunal de Cuentas:* El control económico-financiero externo en el ordenamiento constitucional español. Madrid: Universidad Nacional de Educación a Distancia y Marcial Pons, 2001.

GONÇALVES, Cláudio Cairo. O Contrato Administrativo como Fenômeno Atual do Direito Econômico. *Revista Gestão Pública e Controle*, Salvador, v. 1, n. 3. 2007.

GONZÁLES, Juan Junquera. La Reforma y Modernización de la Administración Local Española. In: MORENO, Fernando Sáinz (dir.). *Estudios para la reforma de la Administración Pública*. reimp. Madrid: Instituto Nacional de Administración Pública, 2005.

GONZÁLES, Luis Manuel Alonso. Las deudas de la Administración y el princípio de estabilidad presupuestaria. *Revista Española de Derecho Administrativo*, n. 124, out./dez. 2004.

GONZÁLEZ PÉREZ, J. *Corrupción, ética y moral en las Administraciones Públicas*. Madrid: Thonson-Civitas, 2006.

GONZÁLES-VARAS, Santiago Ibáñez. *El Derecho Administrativo Europeo*. 3. ed. Sevilla: Instituto Andaluz de Aministración Pública, 2005.

_____. *Tratado de Derecho Administrativo*. 6 tomos, Thomson-Civitas, 2008.

GREENSPAN, Alan. *A Era da Turbulência* – aventuras em um mundo novo. Tradução de Afonso Celso da Cunha Serra. Rio de Janeiro: Elsevier, 2008.

GROTTI, Dinorá Adelaide Musseti. *O Serviço Público e a Constituição Brasileira de 1988*. São Paulo: Malheiros, 2003.

_____. A participação popular e a consensualidade na Administração Pública. *Revista de Direito Constitucional e Internacional*, São Paulo, abr./ jun. 2002.

GUALAZZI, Eduardo Lobo Botelho. *Regime Jurídico dos Tribunais de Contas*. São Paulo: Revista dos Tribunais, 1992.

GUIMARÃES, Edgar. *Controle das Licitações Públicas*. São Paulo: Dialética, 2002.

_____ (Coord.). *Cenários do Direito Administrativo: estudos em homenagem ao Professor Romeu Felipe Bacellar Filho*. Belo Horizonte: Fórum, 2004.

GUTTMANN, Robert. Uma introdução ao capitalismo dirigido pelas finanças. Tradução de Hélio Mello Filho. *Novos Estudos*, São Paulo, n. 82, nov. 2008.

HÄBERLE, Peter. *Pluralismo Y Constitución* – Estudios de Teoría Constitucional de la Sociedad Abierta. Estudio preliminar y traducción de Emilio Mikunda-Franco. Madrid: Editorial Tecnos, 2002. p. 257.

HABERMAS, Jürgen. *Direito e democracia: entre facticidade e validade.*, 2. ed. Tradução de Flávio Beno Siebeneichler. Rio de Janeiro: Tempo Brasileiro, 2003. 1. v.

_____. *A Inclusão do outro* – estudos de teoria política. Tradução de George Sperber, Paulo Astor Soethe e Milton Camargo Mota. São Paulo: Edições Loyola, 2007.

_____. *Problemas de legitimación en el capitalismo tardio*. Tradução de José Luis Etcheverry. Madrid: Ediciones Cátedra, 1999.

_____. *El Occidente escindido. Pequeños escritos políticos X*. Tradução de José Luis Lópes de Lizaga. Madrid: Editorial Trotta, 2006.

HEILBRONER, Robert. *El capitalismo del siglo XXI*. Barcelona: Península, 1996.

HERMANY, Ricardo. *(RE) Discutindo o Espaço Local*. Santa Cruz do Sul: EDUNISC: IPR, 2007.

HERRERO SUAZO, S. La ley General Presupuestaria y el control. *HPE*, n. 44, 1977.

HOLANDA, Sérgio Buarque de. *Raízes do Brasil*. 26. ed. São Paulo: Companhia das Letras, 2003.

HUBER, Bárbara. *Il sisterna tedesco di lotta allá corruzione: una comparazione com quelli di altri paesi europei*. RTDPE, 1999.

HUESO, Lorenzo Cotino. *Teoria y realidad de la transparencia pública en Europa*. 2003. p. 68-75, Disponível em: <www.cotino.net/web/cotino_org/publicaciones/DEFINITIVO.PDF>

HUTTER, Bridget. Entrevista concedida à Revista Época, n. 567, 30 mar. 2009. p. 82-83. Disponível em: <epocaonline@edglobo.com.br>.

IBÁÑEZ, Perfecto Andrés. Por um Ministério público 'dentro da legalidade. Tradução de Eduardo Maia Costa. In: VIGLIAR, José Marcelo Menezes; MACEDO JUNIOR, Ronaldo Porto (Orgs.). *Ministério Público II*: Democracia. São Paulo: Atlas, 1999, p. 41.

IBÁÑEZ, Santiago González-Varas. *El Dercho Administrativo Europeo*. 3. ed. Sevilla: Instituto Andaluz de Administración Pública, 2005.

INTOSAI. CÓDIGO DE ÉTICA E NORMAS DE AUDITORIA. Tradução Inaldo da Paixão Santos Araujo e Tribunal de Contas da União. Salvador: Tribunal de Contas da Bahia, 2005.

JIMÉNEZ, Luis Arroyo. *Libre Empresa y Títulos habilitantes*. Madrid: Centro de Estudios Políticos y Constitucionales, 2004.

JIMÉNES, Tornes. *De la Democracia a la Participación*: remodelación de instituciones. Administración y Constitución (Estudios en homenaje al Profesor Mesa Lopes). Madrid: 1979.

JUSTEN FILHO, Marçal. *Curso de Direito Administrativo*. São Paulo: Saraiva, 2055.

____. O Direito Administrativo de espetáculo. In: ARAGÃO, Alexandre Santos de; MARQUES NETO, Floriano de Azevedo (Coords.). *Direito Administrativo e seus novos paradigmas*. Belo Horizonte: Fórum, 2008.

____. *Comentários à lei de licitações e Contratos Administrativos, de acordo com a Lei Federal nº 8.883 de 08.06.1994*. 4. ed. Rio de Janeiro: Aide Editora, 1996.

KÄGI, Werner. *La Constitución como Ordenamiento Jurídico Fundamental del Estado (investigaciones sobre las tendencias desarrolladas en el moderno Derecho Constitucional)*. Tradução de Sergio Díaz Ricci e Juan José Reyven. Madrid: Dykinson, 2005.

KAUFMANN, Daniel. The World Bank Institute. In: *Novas Fronteiras impíricas no combate à corrupção e na melhoria da governança* – Tópicos escolhidos. Conferência realizada no Fórum Econômico 2001 da Organização para a segurança e cooperação na Europa – OSCE, em Bruxelas, 30-31 jan. 2001.

KAZANCIGIL, Ali. *A regulação social e a governança democrática da mundialização*. In: MILANI, Carlos; SPLINIS, Carlos Arturi Germán (Orgs.). *Democracia e Governança Mundial* – Que regulações para o século XXI. Porto Alegre: Ed. UFRGS; UNESCO, 2002.

KELLES, Márcio Ferreira. *Controle da Administração Pública democrática*: Tribunal de Contas no controle da LRF. Belo Horizonte: Fórum, 2007.

KELSEN, Hans. *Esencia y valor de la democracia*. Tradução de Rafael Luengo Tapia e Luis Legas Lacambra. Granada: Editorial Comares, 2002.

KISSLER, Leo. *Ética e Participação* – Problemas éticos associados à gestão participativa nas empresas. Prólogo de Roberto H. Srour, revisão técnica, compilações e apresentação Francisco G. Heidemann. Florianópolis: Ed. UFSC, 2004. p. 19-20.

KLITGAARD, R. *Controlando la corrupción*: Una indagación práctica para el gran problema social de fin de siglo. Buenos Aires: Editorial Sudamericana, 1994.

LANG, J. J. B. El ejercicio del control y la estabilidad presupuestaria. *PGP*, n. 30, 2002.

_____. El control financiero y la auditoría pública en la nueva Ley General Presupuestaria. *RECE*, n. 18, 2004.

LAPORTA, F. J. La corrupción política: introducción general. VV.AA. La corrupción política. Madrid, 1997.

LARENZ, Karl. *Metodologia de la Ciência Del Derecho*. Barcelona: Ariel, 2001.

LASTRES, Helena Maria Martins; ALBAGLI, Sarita (Orgs.). Chaves para o Terceiro Milênio na Era do Conhecimento. In: LASTRES, Helena Maria Martins; ALBAGLI, Sarita. *Informação e Globalização na era do conhecimento*. Rio de Janeiro: Campus, 1999.

LECHNER, Norbert. *Los patios interiores de la democracia*: subjetividad y política. 2. ed. México: Fondo de Cultura Económica Carretera Pícacho-Ajusco 227, 2002. p.112-113.

LIMBERGER, Têmis. Transparência administrativa e novas tecnologias: o dever de publicidade, o direito a ser informado e o princípio democrático. *Revista da Procuradoria Geral do Estado do Rio Grande do Sul*, Porto Alegre, v. 30, n. 64, jul./dez. 2006.

LOBO, Jorge, coordenador. *Reforma da lei das sociedades anônimas* – Inovações de Questões Controvertidas da Lei nº 10.303, de 31.10.2001. Rio de Janeiro: Forense, 2002.

LONGO, Francisco. *Introducción*. Los directivos públicos ante los retos de la gobernanza contemporánea. In: LONGO, Francisco; YSA, Tamyko. (Eds.). Los Escenarios de la gestión pública del siglo XXI. Barcelona: Escola d'Administración Pública de Catalunya, 2008.

LOPES, Alfredo Cecilio. *Ensaio sôbre o Tribunal de Contas*. São Paulo, 1947.

LÓPES, Fernando Rodrígues. Puede el derecho sancionador frenar la corrupción? Reflexiones desde el análisis económico del Derecho. In: GARCIA, Nicolá Rodríguez; CAPARRÓS, Eduardo Fabián (Coords.). *La corrupción en un mundo globalizado:* análisis interdiciplinar. Salamanca: Ratio Legis, 2004.

LOPES, Maurício Antonio Ribeiro. *Ética e Administração Pública*. São Paulo: Revista dos Tribunais, 1993.

LOZANO, Juan; DINARDI, Valeria Merino (Comps.). *La hora de la transparencia en América Latina* – El manual de anticorrupción en la función pública. Buenos Aires: Juan Granica SA; CIEDLA, 1998.

LUCAS VERDÚ, Pablo. *La lucha por el Estado de Derecho*. Bologna, Publicaciones del Real Colegio de España, 1975.

LUCCI, Elian Alabi. *A Era Pós-industrial, a Sociedade do Conhecimento e a Educação para o Pensar*. Disponível em: <http://www.hottopos.com/vidlib7/e2.htm>

LUQUE, Luis Aguiar de; TREMPS, Pablo Pérez. *Normas Políticas*. 6 ed. Madrid: Tecnos, 2005.

MACHADO, Santiago Muñoz. *Tratado de Derecho Administrativo y Derecho Público General I* – La formación de las instituciones públicas y su sometimiento al Derecho. 2 ed. Madrid: Iustel, 2006.

MACHADO, Santiago Muñoz; PARDO, José Esteves (Dir.). *Derecho de la Regulación Económica I*. Fundamentos y instituciones de la regulación. 1. ed. 2009.

BULL; M. J.; NEWELL, J. L. Introduction. In: BULL; M. J.; NEWELL, J. L. *Corruption in Contemporary Politics*. Londres: Palgrave MacMillan, 2003.

MALEN SEÑA, J. *El fenômeno de la corrupción*. La Corrupción Política. Madrid, 1997.

____. *La corrupción: aspectos éticos, económicos, políticos y jurpidicos*. Barcelona: Editorial GEDISA, 2002.

MALUF, Sahid. *Direito Constitucional*. 16. ed. São Paulo: Saraiva, 1984.

MANIN, Bernard. *Los princípios Del gobierno representativo*. versión de Fernando Vallespín. Madrid: Editorial Alianza, 1998.

MARAVALL, José Antonio. *Estado Moderno y mentalidad social*. Madrid: Alianza, 1986. 2. v.

MARAVALL, José Maria. *El Control de los Políticos*. Madrid: Santillana, 2003.

MARCOU, Gerard *et al*. *La función Pública Directiva en Francia, Italia y España*. Madrid: Instituto Nacional de Administración Pública, 2007.

MARQUES, Maria da Conceição da Costa. *Alguns aspectos da Gestão Pública na Administração central em Portugal*. In: ENCUENTRO IBEROAMERICANO DE CONTABILIDAD DE GESTIÓN, 1, Valencia, nov. 2000. Disponível em: <http://www.observatorio-iberoamericano.org>.

MARTÍN, Araceli Mangas (org.). *Tratado de la Unión Europea, Tratados Constitutivos de las Comunidades Europeas*: y otros actos básicos de Derecho Comunitario. 11. ed. Madrid: Tecnos, 2005.

MARTÍN, Juan Antonio Álvarez. *La responsabilidad en la gestión de los fondos públicos*: La doctrina del Tribunal de Cuentas y Supremo. La acción pública. Barcelona: Bayer Hnos., 2006.

MARTÍN MATEO, Ramon. *La larga marcha hacia la liberación de la economía española*. In: *Homenaje al Profesor VILLAR PALASÍ*. Madrid: Civitas, 1989.

____. *Manual de derecho Administrativo*. 24. ed. Pamplona: Aranzadi, 2005.

MARTÍNEZ PÉREZ, A. *El Tribunal de Cuentas en España*: análisis de sus memorias (1874-1954). Navarra: Thonson-Aranzadi, 2008.

MARTINEZ, Vinício C. *Estado moderno ou Estado de Direito capitalista*. Doutrina Jus Navigandi. maio 2006. Disponível em: <http://jus2.uol.com.br/doutrina/texto.asp?id=8536>. Acesso em: 18 mar. 2009.

MARTINS, Osmar Scarparo. Sistema de Controle Interno. *Revista do Tribunal de Contas do Estado do RS*, Porto Alegre, v. 7, n. 11, dez. 1989.

MARTINS JUNIOR, Walace Paiva. *Transparência Administrativa* – publicidade, motivação e participação popular. São Paulo: Saraiva, 2004.

MATEO, Fabio Pascua. *Las nuevas Leyes de estabilidad presupuestaria*: aspectos formales y materiales. *Revista de Administración Pública*, n. 158, maio/ago. de 2003.

MATTEUCCI, Nicola; BOBBIO, Norberto; PASQUINO, Gianfranco. *Dicionário de Política*. 12. ed. Tradução de Carmen C. Varriale *et al*. Brasília: Ed. UnB, 1999. 2. v.

MATIAS PEREIRA, José. *Finanças Públicas*: a política orçamentária no Brasil. São Paulo: Atlas, 1999.

MAZZILLI, Hugo Nigro. Ministério Público e cidadania. *Revista Jurídica*, Sapucaia do Sul, n. 264, ano 47, out. 1999, p. 12-14.

MEDAUAR, Odete. *O Direito Administrativo em Evolução*. 2. ed. São Paulo: Revista dos Tribunais, 2003.

_____. *Administração Pública: do ato ao processo*. In: ARAGÃO, Alexandre Santos de; MARQUES NETO, Floriano de Azevedo (Coords). *Direito Administrativo e seus novos paradigmas*. Belo Horizonte: Fórum, 2008.

MEINECKE, Friedrich. *La Idea de la razón de Estado en la Edad Moderna*. Madrid: Instituto de Estudios Políticos, 1959.

MEIRELLES, Hely Lopes. *Direito Administrativo Brasileiro*. 30. ed. atual. São Paulo: Malheiros, 2005.

MELADO LIROLA, A. I. Los instrumentos de control parlamentario de la Ley de Presupuestos Generales Del Estado. Teoría y Realidad Constitucional, n. 19, 2007.

MELLO, Celso Antônio Bandeira de. *Curso de Direito Administrativo*. 18. ed. São Paulo: Malheiros, 2005.

MERKL, Adolfo. *Teoria general Del Derecho administrativo*. México: Nacional, 1975.

_____. *Teoria general Del Derecho Administrativo*. Granada: Comares, 2004.

MÉSZÁROS, István. *Para além do capital:* rumo a uma teoria da transição. Campinas: Bom tempo Editorial; Ed.UNICAMP, 2000.

MILESKI, Helio Saul. *O Controle da Gestão Pública*. São Paulo: Revista dos Tribunais, 2003.

_____. Palestra proferida na cidade de Ushuaia, Província de Terra do Fogo, República Argentina In: Reunião Anual Internacional da ASUL, 2; Reunião Anual do Secretariado Permanente dos Tribunais de Contas da República Argentina, 4. Ushuaia. 27 nov. 2002.

_____. Parcerias Público-Privadas: fundamentos, aplicação e alcance da lei, elementos definidores, princípios, regras específicas para licitações e contratos, aspectos controvertidos, controle e perspectivas de aplicação da Lei nº 11.079 de 30.12.2004. *Revista Interesse Público*, Porto Alegre, ano 6, n. 29, jan./fev. 2005.

MORAES, Reginaldo Carmello Correa de Moraes. *Estado, desenvolvimento e globalização*. São Paulo: Ed. UNESP, 2006.

MORALES, Laura. Existe una crisis participativa? La evolución política y el asociacionismo en España. *Revista de Derecho Administrativo*, Espanha, n. 88, out./dez. 1995.

MOREIRA NETO, Diogo de Figueiredo. O Parlamento e a Sociedade como Destinatários do Trabalho dos Tribunais de Contas. In: SOUZA, Alfredo José de et al. *O Novo Tribunal de Contas – Órgão Protetor dos Direitos Fundamentais*. Belo Horizonte: Fórum, 2003.

_____. *Mutações do Direito Público*. Rio de Janeiro: Renovar, 2006.

_____. *Apontamentos sobre a Reforma Administrativa. Emenda Constitucional nº 19 de 4 de junho de 1998*. Rio de Janeiro: Renovar, 1999.

_____. Mutações nos Serviços Públicos. *Revista Eletrônica de Direito Administrativo Econômico*, Salvador, n. 1, mar./abr. 2005. p. 11.

_____. Crisis y regulación de mercados financieros. La autoregulación regulada: ¿una respuesta posible? *Revista de Administración Pública*, n. 180, set./dez. 2009.

_____. *Quatro Paradigmas do Direito Administrativo Pós-moderno:* legitimidade, finalidade, eficiência, resultados. Belo Horizonte: Fórum, 2008.

MORENO, Fernando Sáinz. Ética Pública Positiva. In: ____. (Dir). *Estudios para la reforma de la Administración pública*. reimp. Madrid: Instituto Nacional de Administração Pública, 2005.

____. El valor de la Administración Pública en la Sociedad Actual. In: ____. (Dir*)*. *Estudios para la reforma de la Administración Pública*. reimp. Madrid: Instituto Nacional de Administración Pública, 2005.

MORENO, Pedro T. Nevado-Batalla. *Notas sobre Derecho Administrativo I*. Salamanca: Ratio Legis, 2003.

____. *Notas sobre Derecho Administrativo II*. Salamanca: Ratio Legis, 2003.

MORÓN, Miguel Sánches. *Derecho Administrativo* – Parte General. Madrid: Tecnos, 2005.

____. *Derecho Administrativo* – Parte General. 4. ed. Madrid: Editorial Tecnos, 2008.

____. *La Participación del Ciudadano en la Administración Pública*. Madrid: Centro de Estudios Constitucionales, 1980. capítulo 1.

____. *El control de las Administraciones Públicas y sus problemas*. Madrid: Instituto de España/ Espasa-Calpe, 1991.

____. *Discricionalidad administrativa y control judicial*. Madrid: Tecnos, 1994.

____ (coord.). *La función pública directiva en Francia, Italia y España*. Miguel Sánches Morón, 1. ed. Madrid: Instituto Nacional de Administración Pública, 2007.

MOREIRA, João Batista Gomes. *Direito Administrativo* (Da Rigidez Autoritária à Flexibilidade Democrática). Belo Horizonte: Fórum, 2005.

NAVARRO, Francisco Gonzáles. Una renovación del sistema y de la dogmática del Derecho Administrativo: el 'Tratado' de Santiago Muñoz Machado. *Revista Española de Derecho Administrativo*, n. 122, abr./jun. 2004.

MUÑIZ, José Luis Martinez Lopes. *Introdución al Derecho Administrativo*. Madrid: Tecnos, 1986.

MUÑOZ, Jaime Rodríguez-Arana. *El Buen Gobierno y la Buena Administración de Instituciones Públicas*. Navarra: Aranzadi, 2006.

____. Sobre las últimas reformas administrativas en España. *Rev. Trim. Dir. Pub.*, v. 1, p. 214, 2000.

MUÑOZ ARNAU, Juan Andrés. *Fines del Estado y Constitución en los comienzos del Siglo XXI – La conservación*. Navarra: Aranzadi, 2005.

MUSOLF, Lloyd D. *O Estado e a economia*. Tradução de Luiz Aparecido Caruso. São Paulo: Atlas, 1968.

NAVARRO, Francisco González. *El control de la actuación del Tribunal de Cuentas*. In: *Instituto de Estudios Fiscales, El Tribunal de Cuentas en España*. Madrid: Dirección General de lo Contencioso del Estado, 1982, t. 1.

NAVAS VÁZQUEZ, R. Transparencia y responsabilidad en la gestión pública. *Apu*, n. 37, 2005.

NIETO, Alejandro. *Estudios históricos sobre Administración y Derecho Administrativo*. Madrid: Instituto Nacional de Administración Pública, 1986.

____. *La nueva organización del desgobierno*. Barcelona: Ariel, 2003.

NIETO, Alejandro; TOMÁS-RAMÓN, Fernández. *El derecho y el revés*: diálogo epistolar sobre leyes, abogados y jueces. Barcelona: Ariel, 2004.

NIETO MARTÍN, Adán. Ciudadania europea y Derecho penal. *Manuales de Formación Continuada*, n. 5, CGPJ, Madrid, 1999.

NÓBREGA, Marcos. *Lei de Responsabilidade Fiscal e Leis Orçamentárias*. São Paulo: Editora Juarez de Oliveira, 2000.

NORRIS, Floyd. *News Analysis*: Another Crisis, Another Guarantee. The New York Times, 24 nov. 2008 Disponível em: <http://www.nytimes.com/2008/11/25/business/25assess.html?hp>.

NÚNEZ PÉREZ, M. La transparência en la gestión pública: La contribuición de las instituciones de control. *Apu*, n. 46, 2009.

OBAMA, Barack. *A audácia da esperança*: reflexões sobre a reconquista do sonho americano. Tradução de Candombá. São Paulo: Larousse, 2007.

OCAÑA, Luis Morell. La lealtad y otros componentes de la ética institucional de la administración. *Revista Española de Derecho Administrativo*, n. 114, abr./jun. 2002.

O'DONNELL, Guillermo. *Accountability Horizontal*. La institucionalización legal de la desconfianza Política. *Revista Española de Ciencia Política*, Madrid, n. 11, out. 2004.

OFFE, Claus. *Problemas Estruturais do Estado Capitalista*. Tradução de Bárbara Feitag. Rio de Janeiro: Tempo Universitário, 1984.

OLIVEIRA, Regis Fernandes. *Curso de Direito Financeiro*. 2. tir. São Paulo: Revista dos Tribunais, 2007.

OYHANARTE, Julio C. *El Estado como actor en una Sociedad Dinámica*. Buenos Aires: La Ley, 2001.

ORBAÑANOS, Miguel Ángel Arnedo. El control de la corrupción por el Tribunal de Cuentas: Posibilidades y limitaciones. *RECE*, n. 3, 1999.

ORGANIZACIÓN EUROPEA DE LAS INSTITUCIONES REGIONALES DE CONTROL EXTERNO DEL SECTOR PÚBLICO (EURORAI). *Las instituciones regionales de control externo del sector público en europa*: un estudio comparativo. 2. ed. rev. ampl. Valencia: Torres, 2007.

ORTEGA, Rafael Calvo. *Estado Social y participación asociativa*. 1. ed. Navarra: Civitas, 2009.

ORTEGA, Ricardo Rivero. *Introducción al Derecho Administrativo Económico*. 3. ed. rev. ampl. Salamanca: Ratio Legis, 2005.

____. Corrupción y contratos públicos: las respuestas Europea e Latino americana. In: GARCIA, Nicolá Rodríguez; CAPARRÓS, Eduardo Fabián (coords.). *La corrupción en un mundo globalisado*: análisis interdiciplinar. Salamanca: Ratio Legis, 2004, p. 110.

____. *Administraciones Públicas y Derecho Privado*. Madrid: Marcial Pons, 1998.

____. Es necesaria una revisón del régimen de los contratos administrativos en España? *Revista Española de Derecho Administrativo*, n. 120, out./dez. 2003.

____. *El Estado vigilante*: Considerações jurídicas sobre la función inspectora de la Administración. Madrid: Tecnos, 1999.

_____. El derecho a la buena administración en Europa y el procedimiento administrativo de la Comunidad Autónoma de Castilla y León. *Revista de Administración y Función Pública de Castilla y Leon*, n. 1, abr. 2004d.

PARADA, Ramón. Concepto y Fuentes del Derecho Administrativo. Madrid: Marcial Pons, 2008.

PAREJO ALFONSO, Luciano. *Estado Social y Administración Pública*. Los postulados constitucionales de la Reforma Administrativa. Madrid: Civitas, 1983.

_____. *Constitución y valores del ordenamiento*. Madrid: Centro de Estudios Ramón Areces, 1990.

_____. *Crisis y renovación en el Derecho Público*. Madrid: CEC (Cuadernos y Debates nº 30), 1991.

PASTOR, Juan Alfonso Santamaría. *Sistema jurídico y economía*. Una introducción al análisis económico del Derecho. Madrid: Tecnos, 1989.

_____. La Administración como Poder Regular. In: MORENO, Fernando Sáinz (Dir.). *Estudios para la reforma de la Administración Pública*. Madrid: Instituto Nacional de Administração Pública, 2005.

_____. *Principios de Derecho Administrativo General*. 2. ed. Madrid: Iustel, 2009. 1; 2. v.

_____. *Sobre la génesis del Derecho Administrativo español en el siclo XIX (1812-1845)*. Schille, 1973.

PATINO, María Victoria Muriel. *Aproximación macroeconómica al fenómeno de la corrupción*. In: GARCIA, Nicolá Rodríguez; CAPARRÓS, Eduardo Fabián (coords.). *La corrupción en un mundo globalisado:* análisis interdiciplinar. Salamanca: Ratio Legis, 2004.

PECO, Angel Galgo. *La Red Judicial Europea y los nuevos instrumentos de agilização y coordinación*. In: GARCIA, Nicolá Rodríguez; CAPARRÓS, Eduardo Fabián (coords.). *La corrupción en un mundo globalisado:* análisis interdiciplinar. Salamanca: Ratio Legis, 2004.

PEIRÓ, Manel. *Dirección pública y gestión del compromiso de los profesionales*. In: MORENO, Fernando Sáinz (Dir.). *Estudios para la reforma de la Administración pública*. Madrid: Instituto Nacional de Administração Pública, 2005.

PEREIRA JUNIOR, Jesse Torres. *Controle Judicial da Administração Pública:* da legalidade estrita à lógica razoável. 2. ed. Belo Horizonte: Fórum, 2006.

PÉREZ, Jesús González. *La ética en la Administración Pública*. 2. ed. Madrid: *Cuadernos Civitas*, 2000, p. 33.

PEREZ, Marcos Augusto. *Administração Pública Democrática:* institutos de participação popular na administração pública. Belo Horizonte: Fórum, 2004.

PESSOA, Mário Falcão. *O controle interno no Brasil e combate à corrupção administrativa*. Centro Latinoamericano de Administración para el Desarrollo. Disponível em: <http://old.clad.org/documentos/otros-documentos/o-controle-interno-no-brasil-e-combate-a-corrupcao-administrativa>.

PETREI, Humberto. *Presupuesto y control*: pautas de reforma para a América Latina. Washington: Banco Interamericano de Desarrollo, 1998.

PINO, Eloisa del. *Los ciudadanos y el* Estado – Las actitudes de los españoles hacia las Administraciones y las políticas públicas. Madrid: Instituto Macional de Administración Pública, 2004.

PIRENNE, Henri. *História Econômica e Social da Idade Média*. São Paulo: Mestre Jou, 1963.

PLANO DIRETOR DA REFORMA DO APARELHO DO ESTADO. Brasília: Presidência da República, Câmara da Reforma do Estado, Ministério da Administração Federal e Reforma do Estado, 1995.

PRATS CATALÁ, Joan. Las transformaciones de las Administraciones Públicas de nuestro tiempo. In: MORENO, Fernando Sáinz (dir.). *Estudios para la reforma de la Administración Pública*. Madrid: Instituto Nacional de Administración Pública, 2005.

PRIETO, Luis Maria Cazorla. *Crisis Econômica y Transformación del Estado*. 1 ed.. Navarra: Aranzadi, 2009.

PRIETO SANCHÍS, L. *Ley, princípios, derechos*. Madrid: Dykinson, 1998.

PUIG, Manuel Rebollo. *Sobre la reforma del régimen de responsabilidad patrimonial*. In: LONGO, Francisco; YSA, Tamyko (eds.). Los Escenarios de la gestión pública del siglo XXI. Barcelona: Escola d'Administración Pública de Catalunya, 2008.

____. *La presunción de validez*. Revista Española de Derecho Administrativo n. 128, out./dez. 2005.

RAINS Luisa C; FEBRES, Jorge. *La Corrrupcción en el ambito de la administracion tributaria*. Washington. jan. 1998.

RAMOS, Francisco Javier de Ahumada. *Materiales para el estudio del Derecho Administrativo Económico*. Madrid: Dykinson, 2001.

R. MUÑOZ ÁLVAREZ. *Jornadas sobre la intervención y control de los gastos públicos en las Comunidades Autónomas*. Valladolid, 3-6 maio 1994.

REZENDE, Fernando. *Finanças Públicas*. São Paulo: Atlas, 2006.

REZENDE, Flávio da Cunha. Razões da crise de implementação do Estado Gerencial: desempenho versus ajuste fiscal. *Revista de Sociologia e Política*, Curitiba, n. 19, nov. 2002. Disponível em: <http://www.scielo.br/scielo.php?script=sci_arttex&pid=SO104-44782002000200008>.

REGLA, J Aguiló. *Teoría general de las fuentes del derecho (y del orden jurídico)*. Barcelona: Ariel, 2000.

RIUS, Pilar Jiménez. *El Control de los Fondos Públicos*. Navarra: Thomson-CIVITAS, 2007.

REZZOAGLI, Bruno Ariel. *Corrupción y contratos públicos*: una visón desde la fiscalización del Tribunal de Cuentas. Grupo de Estudio contra la corrupción. Salamanca: Ratio Legis, 2005.

ROCA ROCA, Eduardo; FERNÁNDEZ-CASTANYS, Maria Luisa Roca (orgs.). *Normas administrativas básicas*. Madrid: Tecnos, 2005.

ROCAMORA, Antoni Bayona. Descentalización y Coordinación. In: MORENO, Fernando Sáinz. (dir.). *Estudios para la reforma de la Administración Pública*. Madrid: Instituto Nacional de Administración Pública, 2005.

ROCHA, Cármen Lúcia Antunes. *República e Federação no Brasil* – Traços constitucionais da organização política brasileira. Belo Horizonte: Del Rey, 1996.

ROCHA NETO, Ivan. *Gestão estratégica de conhecimentos & competências:* administrando incertezas e inovações. Brasília: ABIPTI, UCB/Universa, 2003.

RODRIGUES, Antonio Arias. *Resenha de los Encuentros Técnicos de Órganos de Control Externo, 7.* Partida Doble, n. 130, 2002.

_____. *Dos mociones Del Tribunal de Cuentas.* Observatório contable y financiero, n. 8, 2007.

_____. *Más instrumentos contra la corrupción.* 19 abr. 2009. Disponível em: <http://www.fiscalizacion.es>. Acesso em: 28 maio 2009.

RODRÍGUES GARCÍA, Nicolas; CAPARRÓS, Eduardo A. Fabián. (coords.). *La corrupción en un mundo globalizado:* análisis interdisciplinar. Salamanca: Ratio Legis, 2004.

RODRÍGUEZ GARCIA, N.; RIVERO ORTEGA, R. El derecho a un proceso sin dilaciones indebidas en la jurisdicción contencioso-administrativa: refleciones a la luz de la STC 20/1999, de 22 de febrero. *REDA*, n. 120, 1999.

RODRÍGUEZ ÁLVAREZ, J. M; Acto político y control jurisdiccional. *Actualidad Administrativa*, n. 5, 1996.

RODRÍGUEZ-ARANA MUÑOZ, Jaime. *El Buen Gobierno y la Buena Administración de Instituciones Públicas*, adaptado a la Ley 5/2006, de 10 de abril. Navarra: Aranzadi, 2006.

_____. La modernización del Estado según la OCDE, *AA*, n. 11, 2006.

_____. El derecho fundamental al bueno gobierno y la buena administración de instituciones públicas. *REL*, n. 100, 2007b.

_____. Ética pública y buena administración de instituciones públicas, *REL*, n. 98, 2007d.

_____. Sobre la transparencia en la Administración Pública, *REL*, n. 103, 2007s.

RODRÍGUEZ-CAMPOS, Sonia. Las reglas del mercado libre y su proyección en la realidad jurídica y económica. *Revista Española de Derecho Administrativo*, n. 142, abr./jun. 2009.

RODRÍGUEZ-ZAPATA, Jorge. *Teoría y Prática del Derecho Constitucional.* Madrid: Tecnos, 1996.

ROJO, Margarita Beladiez. *Los Princípios jurídicos.* reimp. Madrid: Tecnos, 1997.

ROSA, Joaquim Coelho. *Ética e Serviço Público:* O momento Europeu. Ministério do Planejamento, Orçamento e Gestão: Comissão Européia: Projeto EuroBrasil, 2000.

ROSANVALLON, Pierre. *La crise de L'État-providence.* 2. ed. Paris: Du Seuil, 1978.

ROSE-ACKERMAN, Susan. *La Corrupción y los Gobiernos. Causas, consecuencias y reforma.* Tradução de Alfonso Colodrón Gómez. Madrid: Siglo XXI de España Editores, 2001.

ROTH, Andre-Noël. *O Direito em crise:* Fim do Estado Moderno? p. 2. Disponível em: <http://br.geocities.com/dcentauros/r/roth.pdf.>.

RUIZ, José Carlos Navarro; PASTOR, Roberto Viciano. *Constitución Europea*: El Tratado por el que se establece una Constitución para Europa fue firmado en Roma el 29 de octubre de 2004, por los Jefes de Estado e de Gobierno. Valencia: Tirant lo Blanch, 2005.

RUIZ-HUERTA, Jesús; VILLORIA, Manuel (Dir.). *Gobernanza democrática y fiscalidad:* una reflexión sobre las instituciones. Madrid: Tecnos, 2010.

SÁINZ MORENO, Fernando. *Secreto y transparencia.* In: _____. *Estúdios para la Reforma de la Administração Pública.* Madrid: Instituto Nacional de Administração Pública, 2005.

_____. (Dir). *Estúdios para la reforma de las Administraciones Públicas.* Madrid: Instituto Nacional de Administración Pública, 2004.

SANTOLAYA MACHETTI, P.: El control de los secretos de Estado. La experiencia en Derecho Comparado. *Poder Judicial*, n. 40, 1995.

SANTONJA, Aldo Olcese; *Teoria y Práctica Del Buen Gobierno Corporativo*. Madrid: Marcial Pons, 2005.

SARMENTO, Daniel. Interesses Públicos vs. Interesses Privados na Perspectiva da Teoria e da Filosofia Constitucional. In: SARMENTO, Daniel (Org.). *Interesses Públicos versus Interesses Privados:* Desconstruindo o Princípio da Supremacia do Interesse Público. Rio de Janeiro: Lumen Juris, 2005.

SARMIENTO, Daniel. *El Soft Law Administrativo* – Um estúdio de los aspectos jurídicos de las normas no vinculantes de la Administración. Navarra: Arazandi, 2008.

SARMENTO, Daniel (org.). *et al. Interesses Públicos versus Interesses Privados:* Desconstruindo o Princípio da Supremacia do Interesse Público. Rio de Janeiro: Lumen Juris, 2005.

SARTORI, Giovanni. *La democracia em treinta lecciones.* Tradução de Alejandro Pradera. Madrid: Santillana, 2009.

_____. *A Política: lógica e método nas ciências sociais.* 2. ed. Tradução de Sérgio Bath. Brasília: Ed. UnB, 1997.

SCHIER, Adriana da Costa Ricardo. Administração Pública: Apontamentos sobre os Modelos de Gestão e Tendências Atuais. In: GUIMARÃES, Edgar (Coord.). *Cenários do direito administrativo*: estudos em homenagem ao Professor Romeu Felipe Bacellar Filho. Belo Horizonte: Fórum, 2004.

SCHIER, Paulo Ricardo. Ensaio sobre a Supremacia do Interesse Público sobre o Privado e o Regime Jurídico dos Direitos Fundamentais. In: SARMENTO, Daniel (org.). *Interesses Públicos versus Interesses Privados:* Desconstruindo o Princípio da Supremacia do Interesse Público. Rio de Janeiro: Ed. Lumen Juris, 2005.

SCHIMTT, Carl. *Teoria de la Constitución.* Tradução de Francisco Ayala. Madrid: Alianza Editorial, 2003.

SCHIMIDT-ANSUANN, Eberhard. *La teoría General del Derecho Administratio como sistema* – objeto y fundamentos de la construcción sistemática. Madrid: Marcial Pons, 2003.

SCHIRATO, Vitor Rhein. As agências reguladoras independentes e alguns elementos da Teoria Geral do Estado. In: ARAGÃO, Alexandro Santos; MARQUES NETO, Floriano de Azevedo (Coords.). *Direito Administrativo e seus novos paradigmas.* Belo Horizonte: Fórum, 2008.

SCHNEIDER, Hans-Peter. *La Constitución. Función y estructura.* In: *Democracia y Constitución.* Tradução de Angela Collado Ais e Manuela Bonanhela Mesa. Madrid: Centro de Estúdios Constitucionales, 1991.

SEGADO, Francisco Fernandez. *El sistema constitucional Español.* Madrid: Dykinson, 1992.

SEN, Amartya. *Capitalism Beyon the Crisis. The New York Review of Books,* New York, NY, v. 56, n. 5, 26 mar. 2009. Disponível em: <www.nybooks.com/articles/22490>.

SEÑA, Jorge F. Malem. *LA CORRUPCIÓN* – Aspectos éticos, económicos, políticos y jurídicos. Barcelona: Gedisa, S/A, 2002.

SERRANO, José Luis Esteve. *Uma Aproximación a la Política.* Madrid: El Arcón, 2005.

SILVA, José Afonso da. *Curso de Direito Constitucional Positivo*. 24. ed. São Paulo: Malheiros Editores ltda. 2005, p. 43.

SILVA, Paulo Napoleão Nogueira da. *Curso de Direito constitucional*. 2. ed. rev. atual. São Paulo: Revista dos Tribunais, 1999.

SONTHEIMER, Kurt. *Prediction as the Ain and Problem of Modern Social Science, Law and State*. v. 1. 1970.

SOROS, George; WOODRUF, Judy. The Financial Crisis: Na Interview With Georges Soros. *The New York Review of Books*, New York, v. 55, n. 8., maio 2008. Disponível em: <http://www.nybooks.com/articles/21352>.

SOUZA, Marco Aurélio; GIACOBBO, Mauro. *A gestão do conhecimento e o exercício do controle externo dos recursos públicos*. In: BRASIL. Tribunal de Contas da União. Prêmio Serzedello Corrêa 2005 : monografias vencedoras. Brasília: TCU, 2006.

STIGLITZ, Joseph E. *Os exuberantes anos 90* – uma nova interpretação da década mais próspera da história. Tradução de Sylvia Maria S. Cristóvão dos Santos *et al*. São Paulo: Companhia das Letras, 2003.

_____. *Globalização:como dar certo*. Tradução de Pedro Maia Soares. São Paulo: Companhia das Letras, 2007.

STIGLITZ, Joseph E.; GREENWALD, Bruce. *Rumo a um novo paradigma*. Presentación de Luiz Conzaga Belluzzo. Tradução de Laura Knapp e Cecília Bartalotti. São Paulo: Francis, 2004.

SUBIRATS, Joan. Notas acerca del Estado, la Administración y las políticas públicas. *Revista de Estudios Políticos*, n. 59, 1973.

SROUR, Robert Henry. *Poder, cultura e ética nas organizações*. Rio de Janeiro: Campus, 1998, capítulos 1 e 2.

TÁCITO, Caio. *Direito Administrativo*. São Paulo: Saraiva, 1975.

TOLCHEFF, Enrique Álvarez. Entidades Fiscalizadoras Superiores, Buen Gobierno y cooperación española en iberoamérica, *RECE*, n. 31, 2009.

TORNOS. La actividad de regulación. In: *El Derecho Administrativo en el umbral del siglo XXI*. Libro Homenaje al Prof. Dr. Ramón Martín Mateo, Tirante Lo Blanc, Valencia, 2000. t, 1.

_____. *Discrecionalidad e intervención administrativa económica*. In: *Discrecionalidad administrativa y control judicial, I. Jornadas de Estudio del Gabinete Jurídico de la Junta de Andalucía*. Madrid: Civitas, 1996.

TORRES, Ricardo Lobo. A Legitimidade Democrática e o Tribunal de Contas. *Revista de Direito Administrativo*, Rio de Janeiro, n. 194, p. 31-45, out./dez. 1993.

VALLÈS, Josep M. *Ciencia Política* – Una Introducción. 4. ed. Barcelona: Ariel, 2004.

VASCONCELOS, Walesca de B. de C. Pós-modernidade e democracia participativa na Administração Pública Brasileira. *Fórum Administrativo – Direito Público – FA*, Belo Horizonte, ano 7, n. 76, p. 27.

VERA, José Bermejo. *Aspectos jurídicos del procedimiento de actuación del Tribunal de Cuentas*. In: MINISTERIO DE ECONOMÍA Y HACIENDA; INSTITUTO DE ESTUDIOS FISCALES. El Tribunal de Cuentas en España. v. 1. 1982.

_____. *Derecho Administrativo básico*. Parte general. 7. ed. Madrid: Thomson-Civitas, 2007.

VERA SANTOS, J. M. *El Tribunal de Cuentas y los órganos de control externo de las Comunidades Autónomas*. Madrid: Centro de Estudios Políticos y Constitucionales, 2001.

VILLANUEVA, Luis F. Aguilar. *Gobernanza y Gestión Pública*. México: FCE, 2006.

VILLORIA MENDIETA, M. *La modernización de la Administración como instrumento al servicio de la democracia*. Madrid: Instituto Nacional de Administración Pública y Boletin Oficial del Estado, 1996.

_____. *Ética pública y corrupción*: Curso de ética administrativa. Madrid: Tecnos, 2000.

_____. *La corrupción política*. Madrid: Editorial Síntesis, 2006.

VITORIA, Ximena Lazo. El Estatuto de los funcionarios locales con habilitación estatal y algunas reflexiones en torno al control interno económico-financiero en el ámbito local. *Revista Española de Derecho Administrativo*, n. 141, jan./mar. 2009.

VENÂNCIO FILHO, Alberto. *A intervenção do Estado no domínio econômico*. Rio de Janeiro: Fundação Getúlio Vargas, 1968.

WAGNER, Francisco Sosa. *La construción del Estado y del Derecho administrativo*: ideario jurídico-político de Posada Herrera. Madrid-Barcelona: Marcial Pons, 2001.

WEBER, Max. *Economia y Sociedad*. 8. ed. México: Fondo de Cultura Económica, 1987.

ZATARAÍN DEL VALLE, Reyes. Configuración de las grandes Administraciones Públicas. In: MORENO, Fernando Sáinz (Dir.). *Estudios para la reforma de la Administración Pública*. Madrid: Instituto Nacional de Administración Pública, 2005.

ZAVASCKI, Teori Albino. Ministério Público e Ação Civil Pública. *Revista de Informação Legislativa*, Brasília, ano 29, n. 114, abr./jun. 1992. p. 149-156.

ZARZALEJOS, J. A. *Descripción del fenomeno de la corrupción. Corrupción y ética*. Cuadernos de Teología Deusto, n. 9, 1996.

ZURRO, A. Díaz. El control externo visto desde el control interno. *RECE*, n. 12, 2000.

Esta obra foi composta em fonte Palatino Linotype e Frankfurt, corpo 10
e impressa em papel Offset 75g (miolo) e Supremo 250g (capa)
pela Gráfica e Editora O Lutador, em Belo Horizonte/MG.